Annette Fischer

Abgeordnetendiäten und staatliche Fraktionsfinanzierung in den fünf neuen Bundesländern

PETER LANG
Frankfurt am Main · Berlin · Bern · New York · Paris · Wien

Die Deutsche Bibliothek - CIP-Einheitsaufnahme

Fischer, Annette:

Abgeordnetendiäten und staatliche Fraktionsfinanzierung in den fünf neuen Bundesländern / Annette Fischer. - Frankfurt am Main ; Berlin ; Bern ; New York ; Paris ; Wien : Lang, 1995
Zugl.: Speyer, Hochsch. für Verwaltungswiss., Diss., 1994
ISBN 3-631-47986-7

ISBN 3-631-47986-7
© Peter Lang GmbH
Europäischer Verlag der Wissenschaften
Frankfurt am Main 1995
Alle Rechte vorbehalten.

Das Werk einschließlich aller seiner Teile ist urheberrechtlich geschützt. Jede Verwertung außerhalb der engen Grenzen des Urheberrechtsgesetzes ist ohne Zustimmung des Verlages unzulässig und strafbar. Das gilt insbesondere für Vervielfältigungen, Übersetzungen, Mikroverfilmungen und die Einspeicherung und Verarbeitung in elektronischen Systemen.

Printed in Germany 1 2 3 4 6 7

Inhaltsverzeichnis

Einleitung ___ 15

1. Teil: Grundproblem: Entscheidung in eigener Sache ___ 17

2. Teil: Abgeordnetendiäten in den neuen Ländern ___ 21

  A. Der Abgeordnete ___ 21
    I. Status des Abgeordneten ___ 21
    II. Anspruch auf angemessene Entschädigung ___ 22
      1. Das Diätenurteil ___ 22
        a) "Vollalimentation" ___ 22
        b) "Vollalimentation" auch für die Landesparlamente? ___ 24
        c) Kritik am Erfordernis der "Vollalimentation" ___ 26
      2. Das Bundesverfassungsgerichtsurteil von 1987 ___ 27
  B. Überblick: Bestandteile der Abgeordnetenentschädigung ___ 29
  C. Alimentative Entschädigung aktiver Abgeordneter ___ 29
    I. Grundentschädigung ___ 29
      1. Entwicklung und Höhe der Grundentschädigung ___ 29
        a) Brandenburg ___ 29
        b) Mecklenburg-Vorpommern ___ 32
        c) Sachsen ___ 34
        d) Sachsen-Anhalt ___ 36
        e) Thüringen ___ 38
      2. Kriterien und Vergleiche für die angemessene Höhe der Grundentschädigung ___ 40
        a) Rang im Verfassungsgefüge ___ 41
        b) Verantwortung ___ 41
        c) Welche Tätigkeiten der Abgeordneten dürfen entschädigt werden? ___ 43
        d) Zeitliche Belastung ___ 45
        e) Vergleich mit den Bundestagsdiäten ___ 47
        f) Vergleich mit anderen Landtagsdiäten ___ 47
        g) Orientierung am Einkommen anderer Berufsgruppen und am allgemeinen Einkommensgefüge ___ 48

aa) Ministerbezüge	48
bb) Beamte und kommunale Wahlbeamte	49
cc) Einordnung in das allgemeine Einkommensgefüge	50
3. Stellungnahme	52
II. Dreizehnte Entschädigung in Thüringen	55
III. Öffentliche Bedienstete als Abgeordnete	57
D. Funktionszulagen	**59**
I. Erscheinungsbild der Funktionszulagen	59
1. Personenkreis und Höhe der Funktionszulagen	60
2. Entstehung und Begründung der Funktionszulagen	62
a) Mecklenburg-Vorpommern	62
b) Sachsen	63
c) Sachsen-Anhalt	64
d) Thüringen	65
3. Funktionszulagen in den alten Ländern	66
a) Hessen	66
b) Rheinland-Pfalz	67
c) Schleswig-Holstein	67
d) Saarland	69
II. Beurteilung der Funktionszulagen	69
1. Verbot der Funktionszulagen durch das Diätenurteil	69
2. Der formalisierte Gleichheitssatz	70
3. Auseinandersetzung mit dem Diätenurteil	72
a) Übertragbarkeit des formalisierten Gleichheitssatzes auf den finanziellen Abgeordnetenstatus	72
b) Gleiche Entschädigung auch für die Länderparlamente	73
c) Grundlage der Funktionszulagen: Das Sondervotum Seufferts	75
d) Ausnahmen vom Verbot der Funktionszulagen	77
aa) Größere Belastung der Funktionsträger	77
bb) Finanzielle Benachteiligung der Funktionsträger	78
cc) Weitere Gründe	79
dd) Hervorgehobene Stellung der Funktionsträger	80
4. Fazit	82
E. Entschädigung ehemaliger Abgeordneter	**84**
I. Übergangsgeld	84
1. Entstehen und Höhe des Anspruchs	84
2. Zweck des Übergangsgeldes	85
3. Beurteilung des Übergangsgeldes	86
4. Anrechnung anderer Einkünfte auf das Übergangsgeld	88

      a) Anrechnungspflicht — 88
      b) Anrechnungsvorschriften — 89
      c) Beurteilung der Anrechnungsvorschriften — 90
  II. Altersversorgung — 91
    1. Entstehen des Anspruchs — 91
    2. Höhe der Altersversorgung — 92
    3. Beginn der Zahlungen — 93
    4. Gesundheitsschäden — 93
    5. Verfassungsrechtliche Maßstäbe — 94
      a) Kein verfassungsrechtliches Gebot einer besonderen Altersversorgung — 94
      b) Zulässigkeit einer angemessenen und begrenzten Altersversorgung — 94
    6. Beurteilung der Ausgestaltung der Altersversorgung — 95
      a) Überzogene Altersversorgung — 95
      b) Versorgungsbeispiel Sachsen-Anhalt — 98
      c) Umgestaltung der Altersversorgung — 99
    7. Sonder-Altsversorgung für die ersten Landtage in Brandenburg, Sachsen, Sachsen-Anhalt und Thüringen — 101
      a) Entstehen und Höhe der Sonder-Altersversorgung — 101
      b) Motive der Sonderregelungen — 102
        aa) Brandenburg — 102
        bb) Sachsen — 103
        cc) Thüringen — 104
        dd) Sachsen-Anhalt — 104
      c) Zurückgenommene Pläne in Mecklenburg-Vorpommern — 107
      d) Kritik der Sonder-Altersversorgung — 108
F. Sonstige Versorgung — 109
  I. Versorgungsabfindung — 109
  II. Zuschüsse zu den Krankheitskosten — 109
  III. Sterbegeld (Überbrückungsgeld) — 110
  IV. Hinterbliebenenversorgung — 110
G. Anrechnung von Einkünften — 111
  I. Anrechnungspflicht — 111
  II. Fallgruppen der Anrechnung — 112
    1. Abgeordnetenentschädigung und Einkommen aus Amtsverhältnis oder Verwendung im öffentlichen Dienst — 112
    2. Abgeordnetenentschädigung und Versorgungsansprüche — 114
      a) Beamtenrechtliche Anrechnung — 114
      b) Die Vorschriften Brandenburgs, Mecklenburg-Vorpommerns und Sachsens — 115

       c) Die Vorschriften Sachsen-Anhalts _____ 116
       d) Die Vorschriften Thüringens _____ 117
       e) Anrechnung von Renten _____ 118
       f) Zusammenfassung der 2. Fallgruppe _____ 118
    3. Abgeordnetenversorgung und Einkommen _____ 119
    4. Abgeordnetenversorgung und anderweitige Versorgung _____ 120
    5. Abgeordnetenentschädigung od. -versorgung und Entschädigung od. Versorgung aus einem anderen Parlament _____ 122
  III. Fazit zu den Anrechnungsvorschriften _____ 124
H. Aufwandsentschädigung _____ 124
  I. Überblick _____ 124
  II. Beurteilungskriterien _____ 125
  III. Einzelne Bestandteile der Aufwandsentschädigung _____ 127
    1. Allgemeine Kostenpauschale _____ 127
       a) Höhe und Entwicklung der allgemeinen Kostenpauschalen _ 128
       b) Beurteilung der allgemeinen Kostenpauschalen _____ 129
    2. Zusätzliche Aufwandsentschädigung für besondere Funktionsträger in Sachsen _____ 131
    3. Gleichzeitige Ministeraufwandsentschädigung _____ 133
    4. Tage- oder Sitzungsgeld _____ 134
       a) Höhe und Modalitäten der Tage- od. Sitzungsgelder _____ 134
       b) Beurteilung der Tage- od. Sitzungsgelder _____ 136
    5. Fahrtkostenerstattung _____ 138
       a) Höhe und Modalitäten der Fahrtkostenerstattung _____ 139
       b) Beurteilung der Fahrtkostenerstattung _____ 140
    6. Übernachtungsgeld _____ 142
    7. Kostenerstattung für Mitarbeiter der Abgeordneten _____ 143
       a) Höhe und Begründung der Mitarbeiterkostenerstattung _ 143
       b) Beurteilung der Mitarbeiterkostenerstattung _____ 145
    8. Bürokosten _____ 148
       a) Höhe der Bürokostenerstattung _____ 148
       b) Beurteilung der Bürokostenerstattung _____ 150
  IV. Alternative zur Aufwandsentschädigung: Steuerpflichtige Kostenpauschale bzw. "Einheitslösung" _____ 151
  V. Fazit zur Aufwandsentschädigung _____ 152

3. Teil: Staatliche Fraktionsfinanzierung in den neuen Ländern _____ 157

A. Die Fraktion _____ 157
  I. Rechtsgrundlagen der Fraktion _____ 157
    1. Geschäftsordnungen der Parlamente _____ 157

    2. Rechtsprechung — 157
    3. Verfassungsvorschriften — 159
    4. Fraktionsgesetze — 162
  II. Rechtsstellung der Fraktion — 164
B. **Erscheinungsbild der Fraktionsfinanzierung** — 167
  I. Beiträge der Fraktionsmitglieder — 167
  II. Höhe der Fraktionsfinanzierung — 168
    1. Direkt benannte "Fraktionszuschüsse" — 169
      a) Brandenburg — 169
      b) Mecklenburg-Vorpommern — 170
      c) Sachsen — 170
      d) Sachsen-Anhalt — 171
      e) Thüringen — 171
      f) Vergleich mit westdeutschen Ländern — 172
    2. Zusätzliche Aufwandsentschädigung aus den Fraktionsmitteln für Fraktionsfunktionen in Sachsen — 172
    3. Weitere geldwerte Leistungen — 173
    4. Kritische Anmerkungen — 175
  II. Rechtsgrundlagen der Fraktionsfinanzierung — 176
    1. Bloße Einstellung in den Haushaltsplan in Sachsen — 176
    2. Verfassungsmäßige und gesetzliche Regelung dem Grunde nach in Brandenburg, Mecklenburg-Vorpommern und Sachsen-Anhalt — 176
    3. Gesetzliche Regelung nach Grund und Betrag in Thüringen — 177
C. **Verfassungsrechtliche Anforderungen der Fraktionsfinanzierung und ihre Einhaltung in den neuen Ländern** — 177
  I. Zulässigkeit der staatlichen Fraktionsfinanzierung — 177
  II. Zweckbindung der "Zuschüsse" an die Aufgaben der Fraktion — 178
    1. Abgrenzung der Fraktionsfinanzierung zur indirekten Parteienfinanzierung und zur Amtsausstattung der Abgeordneten — 179
    2. Problematische Bereiche der Fraktionstätigkeit — 180
      a) Maßnahmen für Zwecke der Parteien — 180
      b) Öffentlichkeitsarbeit — 182
        aa) Normierung in den neuen Ländern — 182
        bb) Rechtsprechung des Bundesverfassungsgerichts zur Öffentlichkeitsarbeit von Regierung und Parlament — 183
        cc) Öffentlichkeitsarbeit nur durch das Parlament als Gesamtheit? — 184
        dd) Gefahren der Öffentlichkeitsarbeit der Fraktionen — 186
        ee) Stellungnahme — 186

		c) Personal- und Sachkosten	187
		d) Gutachter- und Sachverständigenkosten	187
		e) Veranstaltungen der Fraktionen	188
		f) Zusammenarbeit mit Fraktionen anderer Parlamente	188
	3.	Zweckbindung des Zuschlags für die Oppositionsfraktionen	189
	4.	Rücklagenbildung	191
	5.	Fazit	193
III.	Gesetzesvorbehalt		195
	1.	Grundlegende Bedeutung für die parlamentarische Demokratie	195
	2.	Politische Umstrittenheit	197
	3.	Publizität durch Verfahren	198
	4.	Ergebnis	199
IV.	Konsequenzen des Gesetzesvorbehalts		200
	1.	Einstellung der Mittel in den Haushaltsplan nicht ausreichend	200
	2.	Ebenfalls ungenügend: Rahmenregelungen	202
	3.	Regelung nach Grund und Betrag erforderlich	203
V.	Absolute Obergrenze		204
VI.	Haushaltsrechtliche Veranschlagung		206
VII.	Öffentliche Rechenschaftslegung		208
VIII.	Finanzkontrolle durch die Rechnungshöfe		210
	1.	Rechtsgrundlagen der Prüfungskompetenz	211
		a) Art. 114 II GG bzw. entsprechende Bestimmungen der Landesverfassungen i.V.m. §§ 42 I HGrG, 88 I, 90 BHO/LHO	211
		b) § 91 I Nr. 3 BHO/LHO bzw. fehlende Rechtsgrundlagen	212
		c) Regelungen der Abgeordneten- bzw. Fraktionsgesetze in den neuen Ländern	213
		d) Ergebnis	214
	2.	Prüfungsmaßstäbe und -inhalt	216
		a) Bundesverfassungsgericht: Gleiche Maßstäbe wie bei der Prüfung anderer Staatsmittel	216
		b) Fraktionsgesetze und Gesetzentwürfe: Eingeschränkte Prüfung	216
		c) Rechnungshofkontrolle politischer Entscheidungen	217
		d) Ergebnis	219
	3.	Bisher erfolgte Rechnungshofprüfung in den neuen Ländern	220

4. Teil: Verbesserungsvorschläge für das Verfahren der Festsetzung der Abgeordnetendiäten und der Fraktionsfinanzierung und ihre Verwirklichung in den neuen Ländern 223

    A. Einrichtung von unabhängigen Kommissionen 223
        I. Beratende Kommission 223
            1. Kommissionen in den alten Ländern und im Bund 224
            2. Kommissionen in den neuen Ländern 225
                a) Sachsen-Anhalt 226
                b) Sachsen 226
                c) Thüringen 227
                d) Brandenburg 228
                e) Mecklenburg-Vorpommern 229
        II. Kommission mit Entscheidungsbefugnissen 229
        III. Bewertung 231
    B. Verschärfte Anforderungen an das Gesetzgebungsverfahren 233
    C. Wirkung der Gesetze erst in der nächsten Legislaturperiode 234
    D. Erweiterung des Antragsrechts zu den Verfassungsgerichten 235
    E. Automatische Anpassung der Entschädigung nach der Thüringer Verfassung 236
        I. Begründung der Anpassungsregelung 236
        II. Kritik der Anpassungsregelung 238

Zusammenfassung 243

Tabellenanhang 253

Abkürzungsverzeichnis 261

Literaturverzeichnis 265

Vorwort

Die vorliegende Arbeit wurde nach Begutachtung durch Prof. Dr. Hans Herbert von Arnim und Prof. Dr. Helmut Quaritsch im Sommersemester 1994 an der Hochschule für Verwaltungswissenschaften Speyer als Dissertation angenommen.

Gesetzgebung, Rechtsprechung und Literatur wurden, soweit nicht im Einzelfall anders angegeben, bis Oktober 1993 berücksichtigt. Nach Fertigstellung der Arbeit wurden noch die Kommentierung des Art. 54 der Thüringer Verfassung sowie das Brandenburger Fraktionsgesetz eingearbeitet.

Meinem sehr geschätzten Doktorvater, Prof. Dr. von Arnim, danke ich für die Anregung zur Promotion, die hilfreichen Hinweise und die kritische Begleitung des Vorhabens.

Besonderer Dank gilt meinem Vater Wolfgang Fischer, der diese Arbeit durch seine großzügige Unterstützung erst ermöglicht hat. Ihm sowie Barbara Kalms, Dr. Manfred Krohn und Gregor Weiser bin ich für das Korrekturlesen besonders verbunden.

Schließlich möchte ich noch meine Freude darüber zum Ausdruck bringen, daß die ostdeutschen Landesverbände des Bundes der Steuerzahler e.V. und ihre westdeutschen Partnerverbände über das Karl-Bräuer-Institut des Bundes der Steuerzahler e.V. ein größeres Kontingent der Arbeit vorweg abgenommen und so die Veröffentlichung der Dissertation gefördert haben.

Berlin, im September 1994 *Annette Fischer*

Einleitung

Die vorliegende Arbeit beschäftigt sich mit der staatlichen Finanzierung der Landtagsabgeordneten und der Landtagsfraktionen in den fünf neuen Ländern. Maßgebliche Vorschriften hierfür sind außer dem Grundgesetz und den (vorläufigen) Landesverfassungen die Abgeordnetengesetze sowie etwaige Fraktionsgesetze. Die Abgeordnetengesetze sind in den neuen Ländern zwischen Dezember 1990 und März 1991 erlassen und seitdem schon mehrfach geändert worden. Fast alle Gesetzesbestimmungen über die Fraktionsfinanzierung, sofern es überhaupt welche gibt, existieren erst seit der Jahreswende 1992/93.

Die Brisanz des Themenbereichs zeigen zwei beim Bundesverfassungsgericht anhängige Verfahren gegen Bestimmungen der Abgeordnetengesetze von Thüringen[1] und Rheinland-Pfalz,[2] die zur Entscheidung anstehen und deren Ausgang wegen der Vergleichbarkeit vieler Regelungen entscheidenden Einfluß auf alle deutschen Abgeordnetengesetze haben dürfte.

Außerdem haben sich auf Bundesebene in der jüngsten Zeit zwei unabhängige Kommissionen u.a. mit dem Bereich der Abgeordnetendiäten und dem der Fraktionszuschüsse befaßt, zum einen die von Bundespräsident von Weizsäcker berufene Parteienfinanzierungskommission[3] und zum anderen

---

1   Az. 2 BvH 3/91. Die Klage zweier Abgeordneter der Fraktion Neues Forum/Grüne/Demokratie Jetzt richtet sich gegen die Funktionszulagen für die Fraktionsvorsitzenden, deren Stellvertreter, die parlamentarischen Geschäftsführer der Fraktionen und die Ausschußvorsitzenden sowie gegen die Zahlung einer dreizehnten Entschädigung im Jahr.
2   Az. 2 BvH 4/91. Die Klage einer Landtagsabgeordneten der Fraktion der Grünen wendet sich im wesentlichen gegen die Funktionszulagen, die Amtsaufwandsentschädigungen, die Anrechnungsbestimmungen beim Zusammentreffen von Entschädigung oder Versorgung mit Einkommen oder anderweitiger Versorgung, die Kostenpauschale und die Tagegeldpauschale für Ministerabgeordnete, die Gewährung des Übergangsgeldes für mehr als zwölf Monate und ohne Anrechnung von Einkünften, den Zahlungsbeginn der Altersversorgung ab Vollendung des 55.-60. Lebensjahres und den Anspruch auf eine Höchstversorgung in Höhe von 75% der Entschädigung bereits nach 20 Mandatsjahren.
3   Empfehlungen der Kommission unabhängiger Sachverständiger zur Parteienfinanzierung v. 17.2.1993, BT-Drs. 12/4425 v. 19.2.1993.

die von der Bundestagspräsidentin Süssmuth eingesetzte, nach ihrem Vorsitzenden so genannte Kissel-Kommission.[4]

Bei den Abgeordnetendiäten und Fraktionszuschüssen stellen sich im wesentlichen folgende Fragen: Wieviel Geld bekommen die Abgeordneten und Fraktionen? Für welchen Zweck? Sind die Zahlungen angemessen, was sind die Kriterien dafür?[5] Welches sind die rechtlichen Grundlagen? Wie sieht es mit der Kontrolle der Mittelvergabe und -verwendung der Mittel aus? Haben die ostdeutschen Länder die Möglichkeit zu strukturell neuen Regelungen genutzt? Oder haben sie sich an die Regelungssysteme der Alt-Länder gehalten?

Um diese Fragen zu beantworten, sollen die einfachgesetzlichen Regelungen unter Berücksichtigung der verfassungsrechtlichen Bestimmungen und Grundsätze näher betrachtet werden. Zudem bieten sich Vergleiche mit den Regelungen westdeutscher Parlamente an.

Außer der verfassungsrechtlichen Problematik ist aber auch der politische Charakter des Themas zu berücksichtigen. Denn es ist vor allem eine politische Frage, in welcher Höhe die Abgeordneten und die Fraktionen mit staatlichen Geldern bedacht werden. Schließlich stehen die Diäten und Fraktionszuschüsse als Teile der staatlichen Politikfinanzierung im Zusammenhang mit den von Bundespräsident von Weizsäcker[6] maßgeblich entfachten öffentlichen Auseinandersetzungen der letzten Zeit um den "Staat als Beute der Parteien" bzw. "die Parlamente als Selbstbedienungsläden" der Politiker[7] und die allenthalben beklagte zunehmende Partei- und Politikverdrossenheit der Bürger.

---

4   Bericht und Empfehlungen der Unabhängigen Kommission zur Überprüfung des Abgeordnetenrechts v. 19.5.1993, BT-Drs. 12/5020 v. 3.6.1993.
5   Zu diesem Problem von Arnim, "Verdienen Politiker, was sie verdienen?", in: FAZ v. 16.6.1992; Klaus von Beyme, Wie bemißt man Lohn und Leistung von Berufspolitikern?, in: Das Parlament Nr. 41 v. 2.10.1992.
6   Richard von Weizsäcker im Gespräch mit Günter Hofmann und Werner A. Perger, 1992; auszugsweise in: Die Zeit v. 19.6.1992.
7   Vgl. etwa von Arnim, "Die Bonner Beutemacher", Die Zeit v. 22.11.1991; ders., Parteienstaat - der Staat als Beute?, in: Theo Schiller, Hrsg., Parteien und Gesellschaft, S. 71-87, Stuttgart 1992; ders., "Fesseln für Selbstbediener", Die Zeit v. 26.3.1993.

1. Teil: Grundproblem: Entscheidung in eigener Sache

Über die Abgeordnetendiäten und die Fraktionszuschüsse aus dem Staatshaushalt befinden die Parlamente, die aus Abgeordneten und Fraktionen bestehen, selbst durch den Erlaß entsprechender Gesetze bzw. das Einstellen der Mittel in den Haushaltsplan. Es handelt sich dabei also um Entscheidungen der Betroffenen in eigener Sache.[1] H.-J. Vogel[2] spricht in diesem Zusammenhang auch von einer "kollektiven Organbetroffenheit ... der Abgeordneten insgesamt", bei der die jeweilige Entscheidung tatsächliche oder wenigstens vermutete finanzielle Auswirkungen auf das eigene Einkommen der Entscheidenden habe.[3] Solche "In-sich-Geschäfte" sind dem Öffentlichen Recht sonst fremd,[4] im Bereich der Diäten aber durch die Verfassungen vorgeschrieben aufgrund des Regelungserfordernisses durch Gesetz, wie auch das Bundesverfassungsgericht bestätigt hat.[5] Bei den Fraktionszuschüssen besteht zwar teilweise mangels entsprechender verfassungsrechtlicher Regelungen kein ausdrückliches Erfordernis eines Gesetzes. Wie noch darzulegen sein wird, besteht ein solches aber bereits aus verfassungsrechtlichen Grundsätzen.[6]

Die Entscheidung der Begünstigten in eigener Sache birgt verschiedene Gefahren: Da alle Abgeordneten und Fraktionen von den staatlichen Geldern profitieren, herrscht darüber zumeist eine fraktionsübergreifende Einigkeit im Parlament.[7] Es ermangelt des sonst eingreifenden "korrigierenden Ele-

---

1 Das gleiche Grundproblem besteht bei den anderen Bereichen der staatlichen Politikfinanzierung, wie der Finanzierung der Parteien, der politischen Stiftungen und in ähnlicher Weise bei den Ministerbezügen. Hierzu von Arnim, Die Partei, insbes. S. 5 ff., 230 f. u. ders., Ministerprivilegien, S. 21-24.
2 Vogel, ZG 1992, 293 (294 f.).
3 Allerdings geht es entgegen Vogel bei der gesamten Problematik der Politikfinanzierung weniger um die Gefahr des Wirtschaftens in den eigenen privaten Topf, sondern vielmehr um die Gefahr unzulässiger verdeckter Parteienfinanzierung bzw. Mischfinanzierung.
4 Von Arnim, Haushaltsrechtliche Veranschlagung, S. 21.
5 Vgl. BVerfGE 40, 296 (327).
6 Siehe 3. Teil, C. III.
7 Nur die Gruppen/Fraktionen der Grünen, Bündnis 90, Demokratie Jetzt, Neues Forum, z.T. auch PDS/LL, sind oft als kleine, nicht entscheidende Minderheiten anderer Ansicht.

ments gegenläufiger politischer Interessen" der parlamentarischen Opposition.[8] So besteht die Gefahr der übermäßigen Selbstbegünstigung und des Mißbrauchs.[9] Dies bestätigen etwa die enormen Steigerungen der staatlichen Zahlungen an die Fraktionen[10] und eine Reihe von Diäten- und Versorgungsskandalen der letzten Jahre. Genannt seien der Hessische "Diätenfall" vom Februar 1988,[11] der Hamburger Diäten- und Senatorenversorgungs-Skandal von 1991[12] sowie die Affäre um die Versorgungsbezüge des saarländischen Ministerpräsidenten im Jahre 1992.[13]

Ein weiterer problematischer Aspekt liegt darin, daß die Parlamentarier und Fraktionen zwar in die organisierte Staatlichkeit eingefügt bzw. Teile davon sind, andererseits aber eng mit den politischen Parteien verbunden sind. Deshalb kann es über die staatlichen Gelder an Abgeordnete und Fraktionen zu verdeckter Parteienfinanzierung und damit zu Wettbewerbsnachteilen der außerparlamentarischen Mandatsbewerber und Parteien kommen, die nicht noch über den Topf der parlamentarischen Gelder verfügen können.[14]

Die weitestgehende Übereinstimmung der Entscheidenden und zugleich Empfangenden in der Sache korrespondiert mit der Einigkeit in der Methode. Um nicht bei den Wahlbürgern als "unersättlich" in Verruf zu geraten, wird die wahre Höhe der gesamten Zahlungen durch die Aufsplittung auf die verschiedensten Entschädigungs- und Anrechnungsregeln und auf unterschiedliche Haushaltspositionen verschleiert. In den Haushaltsplänen sind zudem die in ihrer Bedeutsamkeit kaum zu überschätzenden geldwerten Leistungen an die Fraktionen in ungenügender Weise ausgewiesen. Diese ge-

---

8   BVerfGE 85, 264 (291 f.) = DVBl. 1992, 764 (767); s.a. Henke, BK, Art. 21, Bearbeitung 1991, Rz. 321.
9   Von Arnim, Die Abgeordnetendiäten, S. 41 ff., 49; ders., Ministerprivilegien, S. 21.
10 Vgl. von Arnim, Die Partei, S. 88 ff., 365; Der Spiegel Nr. 34 v. 19.8.1991 S. 34 ff.; von Arnim, "Wachstumsraten wie im Schlaraffenland", Südd. Ztg. v. 19.1.1993; Parteienfinanzierungskommission v. 1993 S. 75.
11 Vgl. von Arnim, Macht, durchgehend; ders., Der Staat als Beute, S. 29-62; Der Spiegel Nr. 26 v. 27.6.1988 S. 20-23.
12 Siehe von Arnim, Der Staat als Beute, S. 67-134; ders., "Geld läßt das Gewissen schweigen", FAZ v. 28.9.1991; ders., "Wie kommt ein Politiker schnell zu einer hohen Pension?", FR v. 22.11.1991; Der Spiegel Nr. 37 v. 9.9.1991 S. 112 ff.; Nr. 49 v. 2.12.1991 S. 18-22 u. Nr. 51 v. 16.12.1991 S. 30-35.
13 Vgl von Arnim, Ministerprivilegien, insbes. S. 21-60; Der Spiegel Nr 20 v. 11.5.1992 S. 26-33 u. Nr. 23 v. 1.6.1992 S. 28 f.; von Arnim, Der Staat als Beute, S. 135-173; ders., "Wachstumsraten wie im Schlaraffenland", Südd. Ztg. v. 19.1.1993.
14 Wewer, Plädoyer für eine integrierende Sichtweise von Parteien-Finanzen und Abgeordneten-Alimentierung, in: ders. (Hrsg.), Parteienfinanzierung und politischer Wettbewerb, S. 420 (427, 434-437).

ringe Transparenz erschwert eine effektive Kontrolle durch die Öffentlichkeit.
Schließlich ist die institutionalisierte Kontrolle über die Zahlungen bisher nur lückenhaft möglich. Die innerparlamentarische Kontrolle durch die Opposition entfällt zumeist wegen der fraktionsübergreifenden Einigkeit. Zwar gibt es als außerparlamentarische Kontrollinstanzen die Verfassungsgerichte und die Rechnungshöfe. Deren Kontrollmöglichkeiten sind indes beschränkt. Die Verfassungsgerichte können nur auf Antrag eines eng begrenzten Kreises, nämlich wiederum der selbst Betroffenen, d.h. der Abgeordneten, der Regierung oder einer Fraktion entscheiden.[15] Die Rechnungshöfe können im wesentlichen nur die Ausgaben, kaum aber die Bewilligung der Mittel kontrollieren. Zudem ist der Umfang der Rechnungshofprüfung bei den Fraktionen noch umstritten.[16] So bleibt die Öffentlichkeit als wichtigste und wirksamste Kontrolle.[17]

---

15 Vgl. Art. 93 I GG, §§ 13, 71 BVerfGG. Zur Verfassungsklage am Beispiel Hessens von Arnim, Macht, S. 142-146.
16 Siehe 3. Teil, C. VIII. 2.
17 Vgl. BVerfGE 40, 296 (327); von Arnim, Die Partei, insbes. S. 10; Parteienfinanzierungskommission v. 1993 S. 40.

2. Teil: Abgeordnetendiäten in den neuen Ländern

A. Der Abgeordnete

I. Status des Abgeordneten

Art. 38 I S. 2 GG und die vergleichbaren landesrechtlichen Vorschriften[1] bestimmen den verfassungsrechtlichen Status des Abgeordneten, mit dem die Entschädigung in engem Zusammenhang steht.[2] Denn die Entschädigung dient der Mandatsfreiheit gegenüber finanziellen Zwängen zum Lebensunterhalt, aber auch gegenüber seiner politischen Partei, und verstärkt so die Wirkungen des Art. 38 I S. 2 GG.[3]

"Der Abgeordnete ist - vom Vertrauen der Wähler berufen - Inhaber eines öffentlichen Amtes, Träger des freien Mandats und Vertreter des ganzen Volkes, er hat einen repräsentativen Status und übt sein Mandat in Unabhängigkeit aus." Im Unterschied zum Beamten, für den das Beamtenverhältnis "die Pflicht begründet, seine volle Arbeitskraft auf Lebenszeit dem Dienstherrn zur Verfügung zu stellen, schuldet der Abgeordnete rechtlich keine Dienste." Auch "das Berufsbild des Abgeordneten unterscheidet sich von dem des Beamten in grundlegender Weise. Der Abgeordnete wird für die Dauer einer Wahlperiode gewählt. Mandatszeit und Mandatsausübung stellen für ihn in der Regel einen atypischen Abschnitt außerhalb seiner bis-

---

1 - Zunächst: § 2 des Gesetzes über die vorläufige Sicherung der Arbeitsfähigkeit des Landtags und der Regierung des Landes Brandenburg vom 1.11.1990, GVBl. S. 2 (Vorschaltgesetz); § 2 I des Vorläufigen Statutes für das Land Mecklenburg-Vorpommern vom 26.10.1990, GVBl. S. 2; § 2 I des Gesetzes zur Herstellung der Arbeitsfähigkeit des Sächsischen Landtags und der Sächsischen Regierung vom 27.10.1990, GVBl. S. 1 (Vorschaltgesetz); § 2 I der Vorläufigen Landessatzung für das Land Thüringen vom 7.11.1990, GVBl. S. 1, geändert am 30.1.1991, GVBl. S. 1. - Anschließend: Art. 56 I Brdb. Verfassung v. 20.8.92, GVBl. S. 297; Art. 39 III Sächs. Verfassung v. 27.5.1992, GVBl. S. 243; Art. 41 II Verfassung von SAnh. v. 16.7.1992, GVBl. S. 600; Art. 22 I Verfassung des Landes MVp.v. 23.5.1993, GVBl. S. 372; Art. 53 I Verfassung des Freistaats Thüringen v. 25.10.1993, GVBl. S. 625.
2 BVerfGE 4, 144 (151); 32, 157 (163 ff.); 40, 296 (311-314); Maunz in: MDHS, GG, Art. 48 Rz.14.
3 H.-P. Schneider, Alternativkomm., Art. 48 Rz. 10; s.a. Maunz a.a.O. - Zur Drei-Status-Lehre (Freiheit, Gleichheit, Öffentlichkeit) des Abgeordneten siehe insbes. Häberle, NJW 1976, 537 (538-542).

herigen und künftigen beruflichen Laufbahn dar. Meistens bildet die Mandatszeit eine vorübergehende, mindestens teilweise Unterbrechung seines Berufslebens."[4]

II. Anspruch auf angemessene, die Unabhängigkeit sichernde Entschädigung

Nach Art. 48 III S. 1 GG haben die Bundestagsabgeordneten Anspruch auf eine angemessene, ihre Unabhängigkeit sichernde Entschädigung. Diesen Wortlaut haben die neuen Bundesländer größtenteils übernommen.[5]

1. Das Diätenurteil

a) "Vollalimentation"

Nach dem sogen. Diätenurteil[6] des Bundesverfassungsgerichts vom 5.11.1975 bedeutet angemessene, die Unabhängigkeit sichernde Entschädigung, die Entschädigung müsse für die Abgeordneten und ihre Familien "während der Dauer ihrer Zugehörigkeit zum Parlament eine ausreichende Existenzgrundlage abgeben können" und "außerdem der Bedeutung des Amtes unter Berücksichtigung der damit verbundenen Verantwortung und Belastung und des diesem Amt im Verfassungsgefüge zukommenden Ranges gerecht werden." Auch dürfe die Höhe der Entschädigung "die Entscheidungsfreiheit des Abgeordneten und die praktische Möglichkeit, sich seiner eigentlichen parlamentarischen Tätigkeit auch um den Preis, Berufseinkommen ganz oder teilweise zu verlieren, widmen zu können," nicht gefährden.

---

4 BVerfGE 76, 256 (341 f.); s.a. BVerfGE 40, 296 (316). - Zum Wandel des Abgeordnetenbildes vom finanziell unabhängigen Honoratioren zum Volksabgeordneten und der Entschädigung von einer Kostenerstattung für die Ausübung eines Ehrenamtes zum Abgeordneteneinkommen ausführlich von Arnim, BK, Art. 48 Rz. 76-82 m.w.N.; Maunz in: MDHS, GG, Art. 48 Rz. 14-16 m.w.N., ferner von Arnim, Entschädigung u. Amtsausstattung, in: Schneider/Zeh (Hrsg.), Parlamentsrecht u. -praxis, § 16 Rz. 7 f.; Weyer-Kommission S. 8; Kommission der Landtagsdirektoren S. 5 ff.

5 - Zunächst: § 6 I Vorschaltgesetz Brandenburg, § 4 III Vorläufiges Statut Mecklenburg-Vorpommern, § 3 Vorschaltgesetz Sachsen, § 8 IV Vorläufige Landessatzung Thüringen. - Anschließend: Art. 60 Brdb. Verf., Art. 42 III Sächs. Verf., Art. 56 V SAnh. Verf., Art. 22 III Verf. MVp.; Art. 54 I Thür. Verf.

6 BVerfGE 40, 296 (315 ff.). Erste Stellungnahmen dazu etwa von Thaysen, ZParl 1976, 3 (10-15); Conradi, ebenda, S. 113 ff.; Menger, VerwArch 1976, 303 (311-315); Roth, in: Parteienjahrbuch 1976, S. 276 (278); Dittmann, ZRP 1978, 52 ff.

Die Entschädigung sei "also so zu bemessen, daß sie auch für den, der, aus welchen Gründen immer, kein Einkommen aus einem Beruf hat, aber auch für den, der infolge des Mandats Berufseinkommen ganz oder teilweise verliert, eine Lebensführung gestattet, die der Bedeutung des Amtes angemessen ist", stelle demnach eine "Vollalimentation aus der Staatskasse" dar. "Anderen Zwecken als denen der Unterhaltssicherung, beispielsweise einer Mitfinanzierung der Fraktion oder politischen Partei oder der Beteiligung an Wahlkampfkosten, hat die Entschädigung nicht zu dienen." Auch sei es nicht zulässig, die Abgeordnetenentschädigung an die Beamtenbesoldung zu koppeln, denn das Parlament müsse über jede Veränderung der Höhe der Entschädigung im Plenum diskutieren und vor den Augen der Öffentlichkeit eine selbständige Entscheidung darüber treffen.[7]

Zur Begründung der Erforderlichkeit einer "Vollalimentation" schildert das Gericht zunächst die Entwicklung von der "liberal-repräsentativen Demokratie" mit wirtschaftlich unabhängigen Honoratioren-Abgeordneten hin zur "egalitären parteienstaatlichen Demokratie" mit auf Entschädigung angewiesenen Volksvertretern. Vor allem jedoch stellt das Bundesverfassungsgericht auf den wegen der Komplexität der Wirtschafts- und Industriegesellschaft stark gestiegenen Umfang der Inanspruchnahme durch das Mandat, die Entwicklung zu einer Hauptbeschäftigung, ab. Diese tatsächlichen Veränderungen hätten auch die rechtliche Ausgestaltung der Abgeordnetenentschädigung beeinflußt: Aus einer bloßen Aufwandsentschädigung sei über verschiedene Formen der Entschädigung eine "Alimentation", eine "Bezahlung" der Abgeordneten geworden, sie erhielten ein "Entgelt" oder "Einkommen" für die Mandatsausübung, jedenfalls im Bund und im Saarland (um dessen Landtagsgesetz es ging). Für die Auslegung des Art. 48 III S. 1 GG sei auch die geschilderte Entwicklung maßgebend.[8]

Was hat das Bundesverfassungsgericht mit "Vollalimentation" gemeint? Der Begriff der Alimentation ist dem Beamtenrecht entnommen, wonach der Beamte amtsangemessenen Lebensunterhalt bekommt, der im wesentlichen aus Besoldung, Beihilfe und Versorgung besteht. Das Bundesverfassungsgericht bezeichnet im Diätenurteil[9] die Abgeordnetenentschädigung auch als Entgelt, Bezahlung, Besoldung, Gehalt oder Einkommen.[10] In den

---

7 Dagegen meinte Seuffert in seinem Sondervotum (BVerfGE 40, 330 [344, 349]), das Grundgesetz verlange keine selbständige Entscheidung des Parlaments über die Entschädigungshöhe, auch enthalte es kein Koppelungs- und kein Delegationsverbot. Warum dies doch verlangt wird, für die Abgeordnetenentschädigung wie für die Fraktionsfinanzierung, siehe 3. Teil, C. III., insbes. 3.
8 BVerfGE 40, 296 (311-315).
9 BVerfGE 40, 296 (311, 314).
10 Unter Verweisung auf E 4, 144 (151) u. E 32, 157 (164 f.).

weiteren Ausführungen wird erklärt, durch den Charakter der Entschädigung als "Vollalimentation" werde die Entschädigung aber, da der Abgeordnete rechtlich keine Dienste schulde, sondern in Unabhängigkeit sein Mandat ausübe, keineswegs zu einem arbeitsrechtlichen Anspruch, mit dem ein dienstrechtlicher Anspruch auf Erfüllung korrespondieren würde oder zu einem Gehalt im beamtenrechtlichen Sinn und habe deshalb nichts mit den verfassungsrechtlich hergebrachten Grundsätzen des Berufsbeamtentums zu tun.[11]

In diesem Zusammenhang betrachtet, wird klar, daß der Begriff "Vollalimentation" nicht im beamtenrechtlichen Sinn mit der Garantie lebenslanger Versorgung u.ä. gemeint ist, sondern im Sinn von Einkommen oder Existenzgrundlage und daß die anderen verwendeten Begriffe nur eine Umschreibung und Erklärung des einkommensartigen Charakters der Entschädigung sein sollen.[12] Dieses "Einkommen" für das Mandat soll die Möglichkeit für den Abgeordneten sichern, sich dem Mandat auch dann, wenn er anderes Einkommen nicht hat, ganz widmen zu können.[13]

b) "Vollalimentation" auch für die Landesparlamente?

Die dargestellten Grundsätze zur Auslegung des Art. 48 III GG hat das Bundesverfassungsgericht im Diätenurteil im Hinblick auf die Entschädigung der Bundestagsabgeordneten entwickelt. Fraglich ist, ob diese Auslegung des Entschädigungsbegriffs auch für die Landesbestimmungen gilt. Für das Saarland wendete das Gericht mangels Landesverfassungsbestimmung über die Entschädigung der Abgeordneten die aus Art. 48 III GG entwickelten Grundsätze über das Homogenitätsgebot des Art. 28 I S. 1 GG an. Art. 48 III GG, so das Gericht, gehöre zu den "Essentialien" des demokratischen Prinzips, das in Art. 28 I S. 1 GG als ein für die verfassungsmäßige Ordnung in den Ländern wesentlicher Bestandteil gefordert werde. Demnach müsse eine landesrechtliche Regelung zur Abgeordnetenentschädigung an Art. 48 III GG gemessen werden. Wie es sich mit der Interpretation von Landesverfassungsbestimmungen verhält, die Regelungen über die Entschädigung enthalten, hat das Bundesverfassungsgericht zwar ausdrücklich offengelassen.[14] Gemäß seiner Logik müßten sich aber alle landesrechtlichen Regelungen zur Abgeordnetenentschädigung über Art. 28 I S. 1 GG an den

---

11 BVerfGE 40, 296 (316).
12 So Geiger, ZParl 1978, 522 (527).
13 Vgl. Rosenberg-Beirat S. 39; Häberle, NJW 1976, 537 (538); Schlaich/Schreiner, NJW 1979, 673 (675 f.).
14 BVerfG a.a.O. S. 319.

Grundsätzen zu Art. 48 III GG messen lassen,[15] gegebenenfalls im Wege der grundgesetzkonformen Auslegung.[16] Diese Frage kann jedoch nur bei einer grundlegenden Abweichung der landesrechtlichen Regelung von Art. 48 III S. 1 GG erheblich sein,[17] nicht hingegen, wenn die Landesbestimmungen, wie in den neuen Ländern, (fast) genau dem Wortlaut von Art. 48 III GG entsprechen[18] und zudem noch die gesetzgeberischen Motive dafür in der Rechtsprechung des Bundesverfassungsgerichts liegen.[19]

In Thüringen wird allerdings seit der Verabschiedung der Verfassung mit der besonderen Anpassungsregelung des Art. 54 II, wonach die Höhe der Entschädigung sich jährlich auf der Grundlage der jeweils letzten Festlegung nach Maßgabe der allgemeinen Einkommensentwicklung im Freistaat verändert, die Auffassung vertreten, diese Regelung schreibe mittelbar die Vollalimentation fest.[20] Dagegen läßt sich allerdings einwenden, daß Art. 54 II doch nur die jährliche automatische Anpassung der Entschädigungshöhe betrifft, davon aber die Befugnis des Landtags unberührt bleibt, grundlegende Veränderungen der Entschädigungsstruktur vorzunehmen, da dies nicht unter die bloße jährliche Veränderung der Entschädigungshöhe zu subsumieren ist. Darüberhinaus verstieße eine derartige Beschneidung der

---

15 Schlaich/Schreiner, NJW 1979, 673 (675).
16 Von Arnim, Das neue Abgeordnetengesetz Rheinland-Pfalz, S. 4 f.
17 So auch die Kommission der Landtagsdirektoren S. 4.
18 Bezüglich Sachsen-Anhalts, solange es noch keine Verfassung besaß, lag der Fall insoweit wie 1975 beim Saarland.
19 Vgl. für *Brdb.* den Bericht des Präsidenten Dr. Knoblich über die Angemessenheit der Entschädigung v. 25.9.1991, LT Brdb., Plpr. 1/25 S. 1891. Für *MVp.* die mdl. Begründung des Gesetzentwurfs durch den Abg. Dr. Timm am 26.10.1990, LT MVp., Plpr. 1/1 S. 23 und den Berichterstatter Dr. Buske am 29.11.1990, Plpr. 1/4 S. 70 sowie die Begründung des 2. Änderungsgesetzes v. 12.12.1991, Drs. 1/1041 S. 5. Für *Sachs.* die Beschlußempfehlung des Präsidiums zur Entschädigung v. 15.11.1990, LT Sachs., Drs. 1/22 in Plpr. 1/3 S. 125 sowie deren mdl. Begründung durch den Präsidenten Iltgen am 15.11.1990, Plpr. 1/3 S. 112 und den Abg. Schimpff am 21./22.2.1991, Plpr. 1/11 S. 527. Für *SAnh.* die mdl. Begründung des Gesetzentwurfs durch den Abg. Angelbeck am 6.12.1990, LT SAnh., PlPr. 1/5 S. 23 und den Bericht des Präsidenten Dr. Keitel über die Angemessenheit der Entschädigung v. 5.2.1992, Drs. 1/1173 S. 2 u. 4. Für *Thür.* die mdl. Begründung des Änderungsgesetzes durch den Abg. Möller am 7.3.1991, LT Thür., Plpr. 1/12 S. 473 und den Bericht des Präsidenten Dr. Müller über die Angemessenheit der Entschädigung v. 5.7.1991, Plpr. 1/25 S. 1533.
20 Linck, Art. 54 Rz. 2, in: Linck/Jutzi/Hopfe, Die Verfassung des Freistaats Thüringen.

Kompetenz des Landtags gegen das Rechtsstaats- und das Demokratieprinzip.[21]

Im übrigen sind die neuen Landtage, wie fast alle alten im Anschluß an das Diätenurteil, auch angesichts der zeitlichen Belastung der Abgeordneten in der Aufbauphase der neuen Länder,[22] zumindest faktisch von einer Verpflichtung zur "Vollalimentation" der Landtagsabgeordneten ausgegangen und bezahlen ihre Parlamentarier dementsprechend, gemäß den in Ostdeutschland niedrigeren Löhnen und Gehältern prozentual niedriger.

c) Kritik am Erfordernis der "Vollalimentation"

Es müssen Zweifel erlaubt sein, ob die vom Bundesverfassungsgericht selbst angenommenen Voraussetzungen für die im Diätenurteil entwickelten Grundsätze zur Entschädigung der Abgeordneten, insbesondere zum Erfordernis der "Vollalimentation", überhaupt generell vorliegen.[23] Die "Vollalimentation" hat das Gericht im wesentlichen wegen des Umfangs der Inanspruchnahme durch das Mandat gefordert. In den Ländern liegt jedoch wegen der geringeren Gesetzgebungskompetenzen und der kleineren Entfernungen als im Bund eine weniger starke Inanspruchnahme durch das Mandat vor. Sind Landesparlamente in der Lage, ihre Organisation und Arbeitsweise so zu strukturieren, daß das Mandat generell keine Hauptbeschäftigung darstellt, sondern neben dem bisherigen Beruf ausgeübt werden kann,[24] ist jedoch nicht einzusehen, warum für so ein "Teilzeitparlament" eine "Vollalimentation" zwingend sein soll.[25]

Zwar hat das Bundesverfassungsgericht auch gefordert, die Bemessung der Entschädigung dürfe die Entscheidungsfreiheit des Abgeordneten, die Möglichkeit, sich dem Mandat auch ganz zu widmen, nicht gefährden, weshalb die Entschädigung auch für Abgeordnete ohne weiteres berufliches Ein-

---

21 Näheres hierzu im 4. Teil, E.
22 Zur zeitlichen Belastung siehe C. I. 2. d).
23 So auch Kloepfer, DVBl. 1979, 378 (379).
24 So für Schleswig-Holstein Pappi, Der Zeitaufwand der Abgeordneten für Parlamentsarbeit, S. 36. Auch nach Ansicht der Kissel-Kommission, S. 10, sind "Zweifel erlaubt, ob die Tätigkeit eines Landtagsabgeordneten generell als so umfassend anzusehen ist, daß sie als Ausübung eines 'Hauptberufs' gewertet werden muß."
25 Vgl. Seuffert, Sondervotum zu BVerfGE 40, 330 (338); Henkel, DÖV 1975, 819 (820); Kloepfer, DVBl. 1979, 378 (379); Behrend, DÖV 1982, 774 (776); von Arnim, Die Partei, S. 150-155. Kritisch zur Verpflichtung der "Vollalimentation" für die Landtage auch Menger, VerwArch 1976, 303 (311 f.). Für die Zulässigkeit von "Teilalimentationen" H.-P. Schneider, Alternativkommentar, Art. 48 Rz. 11 f.

kommen ausreichend sein müsse.[26] Allerdings kann diese Forderung nicht völlig losgelöst als Selbstzweck, sondern nur im Zusammenhang mit der zuvor vom Gericht geschilderten und zwei Sätze zuvor erwähnten[27] tatsächlichen Entwicklung der Abgeordnetentätigkeit, d.h. auch der Belastung durch das Mandat, gesehen werden.[28] Ist etwa nach der Arbeitsweise des Parlaments grundsätzlich nur eine Teilzeit-Beschäftigung mit dem Mandat erforderlich und angemessen und gibt es, wie der Begriff "Entschädigung" vom Wortsinn her nahelegt, einen entsprechenden Ausgleich für die mandatsbedingten Minderungen oder Ausfälle des Erwerbseinkommens,[29] so ist kein Grund ersichtlich, warum dann noch die Möglichkeit, sich unnötigerweise ganztägig mit mit dem Mandat zu beschäftigen, schützenswert, d.h. entschädigenswert sein muß.

Zu fragen ist auch nach dem in der jeweiligen Landesverfassung verankerten Leitbild vom Abgeordneten. Sieht dieses nicht eher eine bürgernahe Betätigung und repräsentative Zusammensetzung der Vertreter des Volkes vor? Und steht dieses Leitbild nicht in einem gewissen Gegensatz zum Typus des Berufspolitikers, der gerade aufgrund seiner Vollalimentation de facto zuerst seiner Partei und seiner Fraktion verpflichtet ist?[30]

Zusammenfassend läßt sich feststellen, daß die Übertragung der vom Diätenurteil geforderten "Vollalimentation" für die Bundestagsabgeordneten auf die Landesparlamente sowohl aus verfassungspolitischen als auch aus verfassungsrechtlichen Gründen nicht zwingend erscheint.

2. Das Bundesverfassungsgerichtsurteil von 1987

In seiner Entscheidung vom 30.9.1987 zu § 55 BeamtVG[31] scheint das Bundesverfassungsgericht von der Verpflichtung zur "Vollalimentation" der Abgeordneten abgerückt zu sein. In der einschlägigen Passage der Urteilsbe-

---

26 BVerfGE 40, 296 (315 f.); hierzu auch Schlaich/Schreiner, NJW 1979, 673 (675 f.); von Arnim, BK, Art. 48 Rz.112.
27 BVerfGE a.a.O. S. 315.
28 Ähnlich auch Kloepfer, DVBl. 1979, 378 (379); Behrend, DÖV 1982, 774 (776 f.).
29 Vgl. Seuffert, Sondervotum zu BVerfGE 40, 296, 330 (339); Günther, ZRP 1989, 265 (267).
30 Kritisch zum Typus des stärker partei- u. fraktionsabhängigen Berufspolitikers Henkel, DÖV 1975, 819 (819 f.); Häberle, NJW 1976, 537 (537 f.); Hanauer, ZParl 1979, 115 (119); H.-P. Schneider, Alternativkomm., Art. 48 Rz. 11 f.; Günther, ZRP 1989, 265 (267 f.).
31 BVerfGE 76, 256.

gründung[32] werden zunächst grundlegende statusrechtliche Unterschiede zwischen Abgeordneten und Beamten festgestellt. Danach übt der Abgeordnete in Unabhängigkeit sein freies Mandat aus und schuldet rechtlich keine Dienste, der Beamte hingegen ist verpflichtet, seine volle Arbeitskraft dem Dienstherrn grundsätzlich auf Lebenszeit zur Verfügung zu stellen. Sodann heißt es: "Der Beamte kann - aufgrund verfassungsrechtlicher Gewährleistung - regelmäßig vom Zeitpunkt seines Eintritts in das Beamtenverhältnis an mit einer dauernden Vollalimentation - auch für den Versorgungsfall - rechnen. Für den Abgeordneten kennt das Verfassungsrecht keine Garantien dieser Art."[33] Anschließend wird das grundlegend unterschiedliche Berufsbild geschildert. Als ausschlaggebend für die verfassungsrechtliche Betrachtung wird erachtet, daß die Abgeordnetenentschädigung ihre Grundlage in einem anderen Sach- und Regelungszusammenhang des Grundgesetzes hat als das beamtenrechtliche Alimentationsprinzip. Deswegen seien Vergleichbarkeiten grundsätzlich ausgeschlossen. Das Abgeordnetengesetz des Bundes sei allerdings von der Voraussetzung ausgegangen, daß Abgeordnetenentschädigung und -versorgung nach dem Alimentationsprinzip zu bemessen sei.[34]

Von entscheidender Bedeutung ist hier die Frage, wie die fehlenden "Garantien dieser Art" in diesem Zusammenhang zu verstehen sind. Zunächst könnte man meinen, dabei gehe es um die fehlende Garantie der "Vollalimentation" im Sinne eines vollen Gehalts, von der das Gericht damit abgerückt wäre.[35] Zu denken gibt aber der vorhergehende Satz, der beim Beamten die Garantie der *dauernden* Vollalimentation, auch für den *Versorgungsfall*, hervorhebt. Dieser Satz läßt den Schluß zu, es gehe nur um die mangelnde Garantie einer *dauernden* "Vollalimentation" des Abgeordneten, inclusive *Versorgung*, nicht aber um die "Vollalimentation" im übrigen.[36] Für diese Interpretation spricht auch der Gesamtzusammenhang der Entscheidung, in der es um die Anrechnung von Renten aus der gesetzlichen Rentenversicherung auf Beamtenversorgungsbezüge, u.a. im Vergleich zu der Anrechnung bei Bundestagsabgeordneten, geht. Jedenfalls läßt sich dem Urteil keine eindeutige Distanzierung von dem im Diätenurteil statuierten Gebot der "Vollalimentation" der Abgeordneten entnehmen. Von daher sind

---

32 BVerfGE a.a.O., ab S. 341 Mitte.
33 BVerfGE a.a.O. S. 341 f.
34 BVerfGE a.a.O. S. 342 f.
35 So von Mangoldt/Klein/Achterberg/Schulte, Art. 48 Rz. 49; Linck, Art. 54 Rz. 2, in: Linck/Jutzi/Hopfe, Die Verfassung des Freistaats Thüringen; ebenso der Thür. LT-Präs. Dr. Müller, Bericht des Präsidenten zur Angemessenheit der Entschädigung v. 5.7.1991, LT Thür., Plpr. 1/25 S. 1533.
36 So auch Wieland, Rechtsgutachten AbgG RhPf., S. 36 f. ; zweifelnd von Arnim, Entschädigung und Amtsausstattung, Rz. 19 f.

auch die ansonsten fehlenden Reaktionen von Parlamenten und Literatur auf die Entscheidung zu erklären.

B. Überblick: Bestandteile der Abgeordnetenentschädigung

Die Abgeordnetenentschädigung setzt sich aus verschiedenen Bestandteilen zusammen. Die aktiven Abgeordneten erhalten eine einkommensartige steuerpflichtige Entschädigung, auch "Diät" genannt. In Mecklenburg-Vorpommern, Sachsen,[37] Sachsen-Anhalt und Thüringen gibt es außerdem nicht nur für die Parlamentspräsidenten und deren Stellvertreter, sondern ebenfalls für die Ausübung anderer besonderer Funktionen eine zusätzliche Entschädigung.

Zur Abdeckung des besonderen mandatsbedingten Aufwandes bekommen die Abgeordneten - außer der Amtsausstattung - eine steuerfreie allgemeine Kostenpauschale und weitere Aufwandsentschädigungen wie die Erstattung von Fahrt- und Übernachtungskosten, Tagegeld u.ä. Die allgemeine Kostenpauschale ist in Brandenburg und Sachsen erhöht für besondere Funktionsträger.

Hinzu kommt Unterstützung im Krankheitsfall, ggf. Sterbegeld und Hinterbliebenenversorgung sowie für ehemalige Abgeordnete Übergangsgeld und Versorgungsabfindung oder Altersversorgung.

Damit entsprechen die Abgeordnetengesetze der neuen Länder in ihrer Systematik den Gesetzen der alten Länder und des Bundes.

C. Alimentative Entschädigung aktiver Abgeordneter

I. Grundentschädigung

1. Entwicklung und Höhe der Grundentschädigung

a) Brandenburg

In Brandenburg betrug die monatliche Grundentschädigung nach § 5 I AbgG im Jahre 1990 2.900 DM, ab Januar 1991 3.500 DM.[38] Dieser Betrag wurde

---

37 Sonderfall Sachsen: Funktionszulagen nach § 6 VI 3 AbgG i.V.m. Haushpl. aus den Fraktionszuschüssen.
38 Gesetz über die Rechtsverhältnisse der Mitglieder des Landtages Brandenburg vom 15.3.1991, GVBl. S. 16.

zum Oktober 1991 um fast 40% erhöht auf 4.875 DM.[39] Zum 1.1.1993 hat eine weitere Erhöhung auf 5.290 DM stattgefunden, die ab 1.1.1994 auf 5.740 DM ansteigen soll.[40]

Bei der Festlegung der Entschädigung auf zunächst 2.900 DM[41] meinte der Hauptausschuß, sich in maßvoller Höhe dem Einkommensniveau der Bevölkerung angepaßt zu haben.[42] Die Tätigkeit eines Abgeordneten in Brandenburg sei eine Vollzeitbeschäftigung und müsse dementsprechend anerkannt werden.[43] Die auf 3.500 DM erhöhte Diät zum Januar 1991, die die SPD im Hauptausschuß beantragt hatte,[44] wurde mit den Anfang 1991 erwarteten neuen Tarifrunden und der daraus resultierenden allgemeinen Einkommenssteigerung begründet. Auch wollte man die sonst erforderliche erneute Diätendiskussion vermeiden, um die Zeit sinnvoll für die politische Arbeit nutzen zu können.[45] Gegen die Erhöhung waren nur die Fraktionen von Bündnis 90 und PDS-LL,[46] denn 2.900 DM seien angesichts der Gesamtsituation im Lande maßvoll[47] und außerdem wolle man abwarten, wie sich die wirtschaftliche Lage weiterentwickele.[48]

Der nächsten Erhöhung der Entschädigung auf 4.875 DM zum 1.10.1991 lag ein Gesetzentwurf der Fraktionen der SPD, CDU, PDS-LL und FDP zugrunde.[49] Sie wurde als eine Anpassung an die Entwicklung der Einkommen und Lebenshaltungskosten gerechtfertigt. Denn das durchschnittliche Bruttoeinkommen der erwerbstätigen Bevölkerung in den neuen Ländern habe sich seit dem 1.1.1991 um 38% und das verfügbare Einkommen um 24% erhöht, die Lebenshaltungskosten seien um mehr als 15% gestiegen.[50] Au-

---

39 Gesetz zur Änderung des Brdb. Abgeordnetengesetzes vom 15.11.1991, GVBl. S. 504.
40 2. Gesetz zur Änderung des AbgG Brdb. v. 13.5.1993, GVBl. S. 166.
41 Siehe den Gesetzentwurf der Fraktionen der SPD, PDS-LL, FDP u. Bündnis 90 vom 30.10.1990, LT Brdb., Drs. 1/8.
42 Vgl. den Bericht des Hauptausschusses zu dem Gesetzentwurf der Drs. 1/8, Drs. 1/16 vom 13.11.1990, S. 29.
43 Abg. Muschalla bei der 2. Lesung des Gesetzentwurfs am 1.11.1990, LT Brdb., Plpr. 1/2 S. 28 f.
44 Anlage 1 zum Bericht des Hauptausschusses vom 13.11.1990, LT Brdb., Drs. 1/16, S. 32.
45 Abg. Birthler bei der 2. Lesung am 22.11.1990, LT Brdb., Plpr. 1/3 S. 42.
46 Änderungsantrag der Fraktion Bündnis 90 vom 22.11.1990, LT Brdb., Plpr. 1/3 S. 40 und die Äußerung des Abg. Vietze, Plpr. 1/3 S. 41.
47 Abg. Vietze, LT Brdb., Plpr. 1/3 v. 22.11.1990 S. 44.
48 Abg. Nooke, LT Brdb., Plpr. 1/3 v. 22.11.1990 S. 41.
49 LT Brdb., Drs. 1/390 v. 20.9.1991.
50 Vgl. den Gesetzentwurf der SPD, CDU, PDS/LL u. FDP v. 20.9.1991, LT Brdb., Drs. 1/390, sowie die Äußerungen der Abg. Meyer und Siebert bei der 1. Lesung des

ßerdem sei der öffentliche Dienst mittlerweile bei 60% der Westgehälter angelangt.[51] Die Fraktion der PDS/LL sah die Diätenerhöhung auch als legitimes Mittel zur Finanzierung ihrer Partei an,[52] was als verdeckte Parteienfinanzierung bedenklich ist. Abgelehnt wurde die Erhöhung lediglich von der Fraktion Bündnis 90, da sie nicht der allgemeinen Einkommensentwicklung entspräche und der Glaubwürdigkeit und Akzeptanz der Abgeordneten schade. Stattdessen hätten nach ihrer Ansicht die Diäten bis Juni 1992 4.000 DM und ab Juli 1992 4.500 betragen sollen.[53]

Die Erhöhung der Diäten auf 5.290 DM rückwirkend zum 1.1.1993 beruht auf dem Vorschlag der vom Landtagspräsidenten einberufenen sogen. "ad-hoc-Sachverständigenkommission". Diese empfahl, als Anpassung den Realwert der Entschädigung von 1992 zu erhalten. Dabei wurde eine durchschnittliche Preissteigerungsrate für die jungen Bundesländer von 8,5-9% gemäß den Schätzungen der Deutschen Bundesbank, des Sachverständigenrats und des Gemeinschaftsgutachtens der Wirtschaftsforschungsinstitute zugrundegelegt. Einer stärkeren Erhöhung stand nach Ansicht der Kommission das gesamtwirtschaftliche Umfeld der neuen Länder, welches durch eine erhebliche Diskrepanz zwischen relativ hohem Einkommensniveau gekennzeichnet sei, entgegen.[54] Der Abgeordnete Häßler (CDU) wertete die Erhöhung der Diäten um 8,5% (415 DM) in der zweiten Beratung des Entwurfs[55] nicht nur als "Nullrunde", sondern sogar als "tatsächliche Minus-Runde", wie sich aus dem Vergleich mit der Diätenhöhe in den westdeutschen Flächenländern ergebe.[56] Demgegenüber gab es insgesamt drei Anträge von jeweils mehreren Abgeordneten, die sich durch Verzicht oder Verschiebung der Erhöhung für eine "ehrliche Nullrunde" aussprachen.[57]

ÄnderungsG am 25.9.1991, Plpr. 1/25 S. 1892 u. 1894 und den Bericht des Präsidenten über die Angemessenheit der Entschädigung vom 25.9.1991, Plpr. 1/25 S. 1891.
51 Abg. Siebert bei der 1. Lesung des Änderungsgesetzes am 25.9.1991, LT Brdb., Plpr. 1/25 S. 1894.
52 Abg. Stobrawa bei der 1. Lesung des Änderungsgesetzes am 25.9.1991, LT Brdb., Plpr. 1/25 S. 1893.
53 Abg. Nooke bei der 2. Lesung des Änderungsgesetzes am 9.10.1991, LT Brdb., Plpr. 1/27, S. 2008; Änderungsantrag vom 9.10.1991, Drs. 1/453.
54 LT Brdb., Bericht der ad-hoc-Sachverständigenkommission v. 1.4.1993, Anlage zu Drs. 1/1915 S. 2 ff.
55 LT Brdb., Drs. 1/1907 v. 26.4.1993.
56 Abg. Häßler, LT Brdb., Plpr. 1/68 v. 29.4.1993 S. 5346 f.
57 LT Brdb., Drs.: 1/1894 v. 20.4.1993 (Antrag von 8 SPD-Abg., Verzicht auf eine Erhöhung); 1/1940 v. 28.4.1993 (Antrag von 5 Bündnis 90-Abg., Verschiebung der Erhöhung auf 1.5.1993); 1/1941 v. 29.4.1993 (Antrag von 11 PDS/LL-Abg., Verschiebung der Erhöhung auf 1.10.1993).

Die Mehrheit des Landtags stimmte jedoch der im Gesetzentwurf von SPD, FDP und Bündnis 90 vorgeschlagenen Erhöhung zu. Gleichzeitig beschloß das Parlament, ohne daß eine entsprechende Empfehlung der Kommission vorlag, eine weitere 8,5%ige Erhöhung auf 5.740 DM ab 1.1.1994. Ausdrücklich gab es dafür keine Begründung. In der Aussprache wurde die fortschreitende Annäherung an die West-Diäten mit nunmehr 70% davon angeführt.[58] Vier Abgeordnete der CDU und ein fraktionsloser Abgeordneter hatten einen anderen Vorschlag gemacht. Sie wollten die Entschädigungshöhe zwar für 1993 einfrieren, sie aber ab 1994 auf 6.500 DM anheben, was dann immerhin einer Erhöhung um 33,3% entspräche.[59] Diese Idee, für die die CDU-Fraktion "in Flurgesprächen" von Abgeordneten Zustimmung erfahren haben wollte, wurde jedoch vom Landtag knapp abgelehnt.

b) Mecklenburg-Vorpommern

Mecklenburg-Vorpommern setzte die Entschädigung gemäß § 6 I AbgG zunächst auf 3.500 DM,[60] dann zum Dezember 1991 auf 4.550 DM fest.[61] Zum Juli 1993 wurde sie auf 5.350 DM erhöht; gleichzeitig wurde bereits die nächste Erhöhung auf 5.620 DM zum 1.1.1994 beschlossen.[62]

Bei der Festsetzung der Höhe war dem Rechtsausschuß die Übereinstimmung mit den entsprechenden Regelungen in den anderen neuen Ländern und das Einfügen der Entschädigung in das allgemeine Lohngefüge der neuen Bundesländer wichtig.[63] Gemäß dem vorhandenen Lebensniveau in den östlichen Ländern erachtete man 50% der Entschädigung eines westlichen Landes, wie etwa Schleswig-Holsteins, für angemessen.[64] Weiterhin hielt man es für wichtig, daß trotz des erwarteten hohen Arbeitsanfalls eine

---

58 LT Brdb., Plpr. 1/67 v. 28.4.1993, Abg. Birthler (SPD), S. 5255; Abg. Lietzmann (FDP), S. 5258.
59 LT Brdb., Drs. 1/1944 v. 29.4.1993.
60 Gesetz über die Rechtsverhältnisse der Mitglieder des Landtages von Mecklenburg-Vorpommern vom 20.12.1990, GVBl. S. 3., geändert am 12.9.1991, GVBl. S. 350.
61 Zweites Gesetz zur Änderung des AbgG MVp. vom 17.12.1991, GVBl. S. 534.
62 Drittes Gesetz zur Änderung des AbgG MVp. v. 16.7.1993, GVBl. S. 679, beschlossen am 23.6.1993 i.d.F. von Beschlußempfehlung u. Bericht des Rechtsaussch., Drs. 1/3266 (neu) v. 18.6.1993.
63 Berichterstatter Dr. Buske bei der 2. Lesung des AbgG am 29.11.1990, LT MVp., Plpr. 1/4 S. 70.
64 So die Abgeordneten in LT MVp., Plpr. 1/4 v. 29.11.1990: Csallner, S. 72, Thomas, S. 73 f., Caffier, S. 73, Goldbeck, S. 74. Zweifel und Kritik an der Höhe aber bei den Abgeordneten Schoenenburg und Kozian von der LL-PDS, S. 71 u. 73.

Berufstätigkeit der Abgeordneten, zumindest eine Teilzeitberufstätigkeit, möglich bliebe, da es sich bei der parlamentarischen Arbeit um eine besondere Art der öffentlichen Verpflichtung dem Land gegenüber handele und nicht um einen Spezialberuf.[65]

Die Erhöhung der Diäten zum 1.12.1991 wurde mit dem allgemeinen Anstieg der Löhne und Gehälter auf über 60% des westdeutschen Niveaus und einer entsprechenden Anpassung der Entschädigung erklärt. Diese betrage damit ca. 60% der durchschnittlichen Entschädigung in den Ländern Niedersachsen, Rheinland-Pfalz und Saarland und orientiere sich auch an den angehobenen Entschädigungen in Brandenburg und Sachsen sowie an Sachsen-Anhalt.[66]

Die nächste Anhebung der Diäten zum 1.7.1993 und zum 1.1.1994 wurde mit der weiteren Einkommensentwicklung in Ostdeutschland begründet. Um jedoch der wirtschaftlichen und finanziellen Lage des Landes Rechnung zu tragen, wurde nunmehr Schleswig-Holstein als Bundesland mit einer niedrigen Entschädigung als Orientierungsgröße gewählt. Von dieser Entschädigung sollte die Grundentschädigung in Mecklenburg-Vorpommern ab 1.1.1993 80% und ab 1.1.1994 85% betragen. Den entsprechenden Ausführungen des vom Landtagspräsidenten im Einvernehmen mit dem Ältestenrat einberufenen Sachverständigengremiums[67] schlossen sich der Landtagspräsident mit seinem Bericht über die Angemessenheit der Entschädigung[68] und der Gesetzentwurf der Fraktionen der CDU, SPD und der FDP an.[69] Dagegen beantragte die Fraktion der LL/PDS vergeblich, die Abgeordnetendiäten für den Zeitraum der laufenden Legislaturperiode nicht zu erhöhen.[70] Auf einen Änderungsantrag der Fraktionen der CDU, SPD und der FDP hin, der unmittelbar vor der Verabschiedung eingebracht wurde, verzichtete man auf die vorgesehene rückwirkende Geltung ab 1.1.1993 und setzte stattdessen die Erhöhung erst mit Wirkung zum 1.7.1993 in Kraft.[71]

---

65 Berichterstatter Dr. Buske am 29.11.1990, LT MVp., Plpr. 1/4 S. 70.
66 Vgl. die Begründung des Gesetzentwurfs zur 2. Änderung des AbgG MVp., LT MVp., Drs. 1/1041 vom 12.12.1991 S. 5.
67 Stellungnahme des Sachverständigengremiums zur Überprüfung der Angemessenheit der Entschädigung v. 23.4.1993, Drs. 1/3149 v. 13.5.1993, S. 9 f.
68 LT MVp., Drs. 1/3149 v. 13.5.1993, S. 4 f.
69 LT MVp., Drs. 1/3152 v. 13.5.1993.
70 LT MVp., Drs. 1/3102 v. 28.4.1993.
71 LT MVp., Drs. 1/3311 v. 22.6.1993.

c) Sachsen

In Sachsen erhielten die Landesparlamentarier nach § 5 I AbgG bis Dezember 1991 3.500 DM monatlich,[72] zum Januar 1992 stieg die Entschädigung auf 4.550 DM,[73] d.h. um 30 %. Zum 1.5.1993 ist die Entschädigung um 17,6% auf 5.350 DM angehoben worden.[74]

Das Präsidium des Landtags sah zunächst 3.200 DM Entschädigung, "knapp 50% des Durchschnitts der Grundentschädigung in den westdeutschen Flächenstaaten," als den "dem hiesigen Preis- u. Gehaltsgefüge angemessenen Betrag für die in besonderer Weise qualifizierte Tätigkeit des Abgeordneten," die nur als Vollzeittätigkeit verstanden werden könne, an.[75] Daran orientierte sich zunächst auch der erste Gesetzentwurf aller Fraktionen.[76] Erst mit dem Beschluß der Rechtsstellungskommission vom 20.12.1990 legte der Gesetzentwurf aller Fraktionen die Grundentschädigung auf 3.500 DM fest.[77] Dabei seien die tatsächliche wirtschaftliche Struktur des Landes in der Gesamtheit beachtet und Vergleiche zu anderen Bundesländern angestellt worden.[78] Im Zuge der Anhebung der Gehälter im öffentlichen Dienst ab Juli 1991 auf 60% der Westgehälter, der Vereinbarung in der Metallindustrie über 70% der Westlöhne zum April 1992 und der in dem Partnerland Baden-Württemberg auf 6.539 DM erhöhten Entschädigung sowie "im Hinblick auf die 90-Stunden-Woche eines Großteils der Abgeordneten" hielten im Juli 1991 die vom Präsidium eingesetzte Diätenkommission und der Landtagspräsident eine Erhöhung der Diäten auf 4.550 DM, d.h. 70% der baden-württembergischen Entschädigung, ab Januar 1992 für angebracht.[79] Der Landtag verabschiedete dann den dementsprechend begründeten Gesetz-

---

72 Gesetz über die Rechtsverhältnisse der Mitglieder des Sächsischen Landtags vom 26.2.1991, GVBl. S. 44.
73 Erstes Gesetz zur Änderung des Sächs. Abgeordnetengesetzes vom 14.11.1991, GVBl. S. 380, geändert durch 2. Gesetz zur Änderung des AbgG vom 8.1.1992, GVBl. S. 1 und 3. ÄndG v. 24.6.1992, GVBl. S. 268.
74 Viertes Gesetz zur Änderung des AbgG Sachs. v. 13.5.1993, GVBl. S. 461.
75 Beschlußvorschlag des Präsidiums, LT Sachs., Drs. 1/22 v. 15.11.1990 in Plpr. 1/3 S. 125 f.
76 LT Sachs., Drs. 1/36 v. 29.11.1990.
77 LT Sachs., Drs. 1/36, Stand 20.12.1990.
78 Berichterstatter Dr. Kröber bei der 2. Lesung des AbgG am 21./22.2.1991, LT Sachs., Plpr. 1/11 S. 524.
79 Vgl. den Bericht des Präsidenten über die Angemessenheit der Entschädigung vom 24.7.1991, LT Sachs., Plpr. 1/25 S. 1650 f. und die Begründung des Gesetzentwurfs von SPD, CDU u. FDP vom 24.7.1991, Drs. 1/782.

entwurf der Fraktionen der CDU, SPD und FDP,[80] gegen die Stimmen von LL/PDS und Bündnis 90/Grüne.[81]

Bei der Begründung des Vorschlags zur Erhöhung auf 5.350 DM ging die Diätenkommission davon aus, die Tätigkeit eines sächsischen Landtagsabgeordneten sei ein "full-time-job". Für die Bemessung der Erhöhung orientierte sie sich an den Diäten der Bundestagsabgeordneten, der anderen Landtagsabgeordneten und den Einkommen bestimmter Berufsgruppen in Wirtschaft und Verwaltung und berücksichtigte die in den neuen Ländern noch niedrigeren Löhne und Gehälter als im Westen.[82] Als Zeitpunkt der Erhöhung empfahl die Kommission den 1.1.1993. Davon ging ebenfalls der Gesetzentwurf der CDU-Fraktion aus.[83] Demgegenüber beantragte die SPD-Fraktion eine Erhöhung auf 5.200 DM mit Wirkung vom 1.7.1993.[84] Sie begründete diesen Betrag als Teil eines Stufenplans, der bis etwa Ende des Jahrzehnts vergleichbare Lebensverhältnisse in Ost- und in Westdeutschland anstrebe. Bei dieser Angleichung sollten die Abgeordneten indes "nicht an der Spitze dieses Zuges stehen". Eine rückwirkende Erhöhung könne daher für die SPD nicht in Betracht kommen. Der 1. Juli 1993 sei ein angemessener Termin, da ein "großer Teil unserer Bevölkerung, nämlich alle die, die im öffentlichen Dienst beschäftigt sind", ab diesem Datum mit 80% der Westgehälter entlohnt würden und mit dieser Arbeitnehmergruppe "wir Abgeordneten in einer besonderen Weise eine Verknüpfung" hätten.[85] Die Fraktion Bündnis 90/Grüne erinnerte daran, daß im Juni 1992 "sich Stimmen aus mehreren Fraktionen für eine Nullrunde 1993" aussprachen. Sie halte auch heute noch eine Nullrunde für die beste Lösung, sei aber, da sie erleben müsse, daß eine solche nicht durchsetzbar sei, "im Interesse eines Kompromisses in dieser wichtigen Frage" erstmals bereit, eine begrenzte Erhöhung um einen Betrag von 400 DM mitzutragen. Diese Erhöhung auf 4.950 DM sei gerechtfertigt, da sie mit einer Steigerung von 8,8% knapp unter der Steigerungsrate der Lebenshaltungskosten liege.[86] Die Fraktion der LL/PDS lehnte eine Anhebung der Entschädigung mit der Begründung ab, damit entferne man sich noch weiter vom allgemeinen Durchschnittseinkommen Sachsens.[87] Die Fraktionen der CDU und der FDP schlossen sich hinsichtlich der Anhebung und zunächst auch bezüglich des Termins den

---

80 LT Sachs., Drs. 1/782 vom 24.7.1991.
81 Siehe LT Sachs., Plpr. 1/30 vom 25.10.1991 S. 1939.
82 Sächs. Diätenkommission, Pressemitteilung v. Jan. 1993.
83 LT Sachs., Drs. 1/3068 v. 25.3.1993.
84 LT Sachs., Drs. 1/3148 v. 20.4.1993.
85 LT Sachs., Abg. Adler, Plpr. 1/66 v. 22.4.1993 S. 4631, 4634.
86 LT Sachs., Abg. Dr. Gerstenberg, Plpr. 1/66 S. 4633.
87 LT Sachs., Abg. Bartl, a.a.O. S. 4632.

Empfehlungen der Kommission an.[88] Am Tag der zweiten Lesung des Gesetzentwurfs gab die CDU-Fraktion durch einen Änderungsantrag einen Meinungsumschwung bezüglich des Inkrafttretens des Gesetzes zu erkennen.[89] Sie hielt nunmehr für richtig, das Gesetz nicht rückwirkend, sondern mit Wirkung vom 1.5.1993 in Kraft zu setzen. Dieser Antrag fand sodann gegen die Anträge der anderen Fraktionen die Mehrheit des Landtags.

d) Sachsen-Anhalt

Die Abgeordneten des Landtags von Sachsen-Anhalt bekamen von Oktober 1990 bis Dezember 1992 gemäß § 6 I AbgG eine Grunddiät in Höhe von 4.832 DM.[90] Rückwirkend zum 1.1.1993 ist die Entschädigung auf 5.252 DM hochgesetzt worden, ab 1.10.1993 beträgt sie 5.600 DM.[91]

Dem Abgeordnetengesetz lag ein Gesetzentwurf aller Fraktionen vom 29.11.1990 zugrunde, wonach sich Sachsen-Anhalt an den Regelungen des Abgeordnetengesetzes des Bundes angelehnt und hinsichtlich der Diätenhöhe an vergleichbaren Bundesländern orientiert habe. Wegen des niedrigeren Einkommensniveaus und der in weiten Bereichen auch niedrigeren Lebenshaltungskosten in Sachsen-Anhalt seien allerdings 40% von den Beträgen der Länder bzw. 50% von den Bundestagsdiäten abgezogen worden.[92]

In ihrem Bericht vom 24.5.1991 hielt die vom Landtagspräsidenten berufene Diätenkommission unter Berücksichtigung der allgemeinen Lohn-, Einkommens- u. Rentenentwicklung und der hohen Arbeitslosigkeit im Lande und auch wegen der bis dahin sehr kurzen Laufzeit der Regelung von nur einem halben Jahr eine Anhebung der Diäten noch nicht für gerechtfertigt.[93]

Zum 1.1.1992 schlug die Diätenkommission eine Anhebung der Entschädigung um 3,4%, d.h. auf 4.996 DM vor. Denn die Diäten der Altbundesländer seien gestiegen, so daß Sachsen-Anhalt mit der Erhöhung erst ca. 64% davon erreiche. Auch die allgemeine Einkommensentwicklung mit Tarifabschlüssen von 60-69% der westlichen Löhne bzw. Gehälter sowie der

---

88 LT Sachs., Abg. Schiemann (CDU), a.a.O. S. 4630 f.; Abg. Dr. Kröber (FDP), a.a.O. S. 4631 f.
89 LT Sachs., Drs. 1/3159 v. 22.4.1993; Abg. Schiemann, Plpr. 1/66 S. 4636.
90 Gesetz über die Rechtsverhältnisse der Mitglieder des Landtages von Sachsen-Anhalt vom 24.1.1991, GVBl. S. 1, geändert am 28.3.1991, GVBl. S. 15 u. am 25.6.1992, GVBl. S. 600.
91 Drittes Gesetz zur Änderung des AbgG SAnh. v. 29.4.1993, GVBl. S. 212.
92 Begründung zum AbgG SAnh. in der Anlage zu LT SAnh., Drs. 1/40 vom 29.11.1990 S. 7; siehe auch die mündliche Begründung des Gesetzentwurfs durch den Abg. Angelbeck am 6.12.1990, Plpr. 1/5 S. 22 f.
93 LT SAnh., Drs. 1/601 vom 26.6.1991.

von August 1990 bis August 1991 um 17,8% gestiegene Preisindex für die Lebenshaltungskosten rechtfertige eine Erhöhung der Diäten.[94] Mit einer derartigen maßvollen Erhöhung vermeide man große Sprünge, die zu erheblichen Diskussionen führen würden.[95] Einen dementsprechenden Gesetzesentwurf brachten die Fraktionen der CDU, SPD und FDP am 27.5.1992 ein.[96] Gegen die Diätenerhöhung waren außer Bündnis 90/Grüne und PDS[97] auch neun CDU-Abgeordnete, die ihre Ablehnung im wesentlichen mit der finanzpolitischen und wirtschaftlichen Situation begründeten.[98] Auf Empfehlung des Finanzausschusses wurde dann auf eine Erhöhung der Grundentschädigung verzichtet.[99]

Die Erhöhungen für 1993 beruhen auf Empfehlungen der Diätenkommission Sachsen-Anhalts.[100] Diese berücksichtigte dafür laut ihrem Bericht das allgemeine Einkommensgefüge in Sachsen-Anhalt und dessen Entwicklung, den Preisindex der Lebenshaltungskosten sowie die soziale und wirtschaftliche Lage des Landes. Auch wurden Vergleiche mit den Diäten der alten Flächenländer (außer Hessen) angestellt. Dabei ordnete man die Abgeordneten wegen der herausgehobenen Bedeutung ihres Amtes in die Gruppe derer ein, die monatlich mehr als 3.000 DM verdienten, nur 14% aller Mehrpersonen-Haushalte Sachsen-Anhalts. Letztlich hielt die Kommission die Tätigkeit der Abgeordneten mit leitenden Tätigkeiten in Wirtschaft und Verwaltung für vergleichbar. Die Entschädigung müsse im Hinblick auf die zentrale politische Aufgabe der Abgeordneten bei der Mitwirkung an der Staatswillensbildung und der Kontrolle der Regierung im oberen Bereich der Einkommensskala liegen.[101] Der Präsident des Landtags schloß sich in seinem Bericht zur Angemessenheit der Entschädigung vom 12.2.1993 den Empfehlungen der Kommission an. Dabei erwähnte er u.a., daß die Grunddiät, die im November 1990 65% der genannten alten Länder betragen habe, zwischenzeitlich durch Erhöhungen im Westen auf 61,7% gesunken und

---

94 Bericht der SAnh. Diätenkommission v. 3.12.1991, Anlage zu LT SAnh., Drs. 1/1173 S. 5 f. Daran anschließend der Bericht des Präsidenten des Landtags zur Angemessenheit der Entschädigung, Drs. 1/1173 vom 5.2.1992 S. 4 f.
95 Der Präsident des Landtags von Sachsen-Anhalt a.a.O.
96 LT SAnh., Drs. 1/1522 v. 27.5.1992, Begründung S. 6 u. mündliche Begründung durch den Abg. Scharf, Plpr. 1/33 v. 4.6.1992, S. 130 ff.
97 Vgl. Plpr. 1/33 v. 4.6.1992, Abg. Claus, S. 137 und Abg. Heidecke, S. 140.
98 Änderungsantrag in LT SAnh., Drs. 1/1536, Begründung S. 4 und Abg. Angelbeck, Plpr. 1/33, S. 133 ff.
99 Beschlußempfehlung, Drs. 1/1536 S. 4.
100 LT SAnh., Drs. 1/2326 v. 12.2.1993.
101 Diätenkommission SAnh. v. 1993, a.a.O., S. 2 f.; s.a. Abg. Scharf (CDU) u. Abg. Prof. Dr. Haase (FDP), Plpr. 1/45 v. 11.3.1993 S. 5208, 5210.

durch die Erhöhung auf 5.252 DM auf 67% der Westdiäten gestiegen sei; mit der Anhebung auf 5.600 DM zum 1.10.1993 würden dann 71,5% erreicht.[102] Es folgte dann ein entsprechender Gesetzentwurf der Fraktionen der CDU und der FDP,[103] dem der Landtag am 2.4.1993 zustimmte. Dagegen wurde der Antrag der PDS-Fraktion, die Höhe der Entschädigung für den Rest der Legislaturperiode beizubehalten,[104] abgelehnt. Die PDS hatte den Antrag mit den wesentlich niedrigeren Durchschnittseinkommen in Sachsen-Anhalt begründet.[105]

e) Thüringen

In Thüringen betrug die dreizehnmal im Jahr gezahlte Entschädigung nach § 5 I AbgG bis Februar 1992 3.500 DM.[106] Seit März 1992 erhalten die Abgeordneten monatlich 4.900 DM, bei weiterhin dreizehnmaliger Zahlung.[107] Dies ergibt auf zwölf Monate umgerechnet einen Betrag von 5.308 DM pro Monat.

Im Oktober 1990 waren vom politisch-beratenden Ausschuß noch 2.700 DM bei zwölfmaliger Zahlung vorgeschlagen worden.[108] Die Entschädigung wurde aber aufgrund des Gesetzentwurfs[109] der Fraktionen von CDU, SPD, FDP und LL/PDS und der Beschlußempfehlung des Justizausschusses[110] auf 3.500 DM festgesetzt. Der Thüringer Landtagspräsident Dr. Müller begründete die Höhe der Diäten von 3.500 DM u.a. mit dem Verhältnis zur Einkommenssituation im öffentlichen Dienst und anderen Berufszweigen, wobei man tarifpolitisch möglichst neutral habe verfahren wollen, um mit der Festlegung der Diäten für 1991 nicht zu weiteren Lohn- u. Gehaltsforderungen anzureizen. Deshalb sei von ca. 50% der Entschädigung eines vergleichbaren westdeutschen Landes, wie etwa Rheinland-Pfalz, ausgegangen worden. Dabei stehe dem Gesetzentwurf nicht zwingend der "Vollzeitberufsparlamentarier" vor Augen, vielmehr sei es für das Parlament besser, wenn der Abgeordnete in seinem Beruf verankert bliebe, dies sei allerdings wegen des

---

102 LT SAnh., Drs. 1/2327 v. 12.2.1993, insbes. S. 9 f.
103 LT SAnh., Drs. 1/2365 v. 3.3.1993.
104 LT SAnh., Drs. 1/2360.
105 LT SAnh., Abg. Dr. Sitte, Plpr. 1/45 v. 11.3.1993 S. 5209
106 Gesetz über die Rechtsverhältnisse der Abgeordneten des Thüringer Landtags vom 7.2.1991, GVBl. S. 27.
107 1. Änderungsgesetz zum AbgG Thür. vom 6.4.1992, GVBl. S. 99.
108 Angabe des Abg. Grabe bei der 1. Lesung des AbgG, LT Thür., Plpr. 1/8 vom 10.1.1991 S. 236.
109 LT Thür., Drs. 1/48 v. 20.12.1990.
110 LT Thür., Drs. 1/85 v. 22.1.1991.

Arbeitsaufwandes nur schwer möglich.[111] Der Abgeordnete Wolf (CDU) meinte, 3.500 DM seien nicht das Einkommen eines Spitzenverdieners, auch nicht in den neuen Ländern. Im übrigen müsse es auch für Abgeordnete mit höheren Berufseinkommen erstrebenswert sein, sich um ein Mandat zu bewerben.[112] Im Gegensatz dazu gab der Abgeordnete Eckstein (CDU) an, er jedenfalls verdiene im Landtag wesentlich mehr als in seinem Beruf als Angestellter im öffentlichen Dienst.[113] Die Fraktion Neues Forum/Grüne/Demokratie Jetzt trug den Gesetzentwurf nicht mit. Sie war dafür, angesichts der sozialen und wirtschaftlichen Lage in Thüringen, der Finanzsituation des Landes, den meist niederigeren Einkommen der Bevölkerung und der hohen Arbeitslosigkeit, bei den 2.700 DM zu bleiben.[114] Bedenken gegen die Höhe der Diäten kamen auch von der LL/PDS, obwohl diese den Entwurf mitunterzeichnet hatte.[115]

In seinem Bericht über die Angemessenheit der Entschädigung vom 5.7.1991 verzichtete der Präsident auf einen Vorschlag zur Erhöhung und Änderung der Struktur der Diäten, obwohl sich das Einkommensgefüge zwischen den Abgeordneten und gehobenen Positionen in Wirtschaft und Verwaltung seit dem Jahresbeginn 1991 zu ungunsten der Parlamentarier verschoben habe, aber die Zeit solle genutzt werden, um weitere Erfahrungen zu sammeln und die Rechtsentwicklung zu beobachten.[116]

Die Erhöhung auf 4.900 DM rückwirkend zum 1.3.1992[117] beruht auf den Empfehlungen einer vom Präsidenten eingesetzten unabhängigen Diätenkommission und dem daran anschließenden Gesetzentwurf der Fraktionen der CDU, SPD und FDP. Begründet wurde die Anhebung im wesentlichen mit einer Anpassung an Einkommenssteigerungen bei vergleichbaren Berufsgruppen. Die Kommission meinte, die Erhöhung halte sich in einem akzeptablen Rahmen, auch im Hinblick auf die wirtschaftlichen Verhältnisse. Sie trage im übrigen der sehr großen Belastung der Abgeordneten Rechnung und orientiere sich an den Entschädigungen der anderen neuen Länder.[118]

---

111 LT Thür., Plpr. 1/8 vom 10.1.1991 S. 234 f.
112 LT Thür., Abg. Wolf, Plpr. 1/8 S. 237.
113 LT Thür., Abg. Eckstein, Plpr. 1/9 v. 30.1.1991 S. 296.
114 LT Thür., Abg. Grabe, Plpr. 1/8 S. 236 u. Abg. Möller, Plpr. 1/9 S. 294.
115 LT Thür., Abg. Höpcke, Plpr. 1/8 S. 236.
116 LT Thür., Plpr. 1/25 vom 5.7.1991 S. 1533 f.
117 Ursprünglich war das Inkrafttreten schon zum 1.1.1992 vorgesehen.
118 Siehe den Bericht des Präsidenten über die Angemessenheit der Entschädigung vom 25.3.1992, LT Thür., Plpr. 1/48 S. 372 f. und die mdl. Begründung des Gesetzentwurfs bei der 1. Lesung des 1. Änderungsgesetzes am 25.3.1992 durch den Abg. Schröter (CDU), Plpr. 1/48 S. 3174.

Gegen die Anhebung sprach sich erneut die Fraktion Bündnis 90/Grüne[119] wegen der geringen Einkommen in Thüringen und des Zwangs zum Sparen aus. Darüberhinaus kritisierte der Abgeordnete Päsler die Zusammensetzung der Kommission, dort seien überwiegend Vertreter der Wirtschaft, es hätten einige sozial relevante Gruppen gefehlt, z.b. Vertreter von Arbeitsloseninitiativen. Vor allem aber sei der Auftrag der Kommission zu eng gefaßt gewesen, diese hätte nur Empfehlungen auf der Basis der vorgegebenen problematischen Regelungsstruktur geben können.[120] Ähnliche Kritik kam von der LL/PDS. Sie bemängelte zusätzlich das eilige Verfahren bei der Gesetzesänderung, die Beratung und Beschlußfassung binnen zweier Tage unter Fristverkürzungen und bei teilweiser Unkenntnis der Abgeordneten von Vorlagen.[121] Der Abgeordnete Höpcke führte noch aus, das Gefühl für die Lage im Lande erlaube eine solche Erhöhung zu diesem Zeitpunkt nicht und verwies insbesondere auf die Durchschnittseinkommen in Thüringen von 1.331 DM, in Sachsen-Anhalt 1.628 DM, und die hohe Arbeitslosigkeit.[122]

Aufgrund von Art. 54 II der Thüringer Verfassung wird, wenn die Verfassungsbestimmung im Abgeordnetengesetz im Herbst/Winter 1994 näher konkretisiert worden ist, sich die Grundentschädigung nach einer vorherigen grundlegenden Festsetzung jährlich auf der Grundlage der allgemeinen Einkommensentwicklung in Thüringen automatisch verändern.[123]

2. Kriterien und Vergleiche für die angemessene Höhe der Grundentschädigung

Kriterien für die Höhe einer angemessenen Grundentschädigung könnten außer den vom Bundesverfassungsgericht[124] genannten - ausreichende Existenzgrundlage, Rang des Landtagsabgeordneten im Verfassungsgefüge, mit dem Amt einhergehende Verantwortung und zeitliche Belastung - folgende Vergleiche sein:

Die Höhe der Entschädigung für Bundestagsabgeordnete und für Abgeordnete in anderen Bundesländern, die Einkommen eventuell vergleichbarer

---

119 Vgl. den Gesetzentw., LT Thür., Drs. 1/1159 v. 23.3.1992.
120 LT Thür., Abg. Päsler, Plpr. 1/48 S. 3178.
121 LT Thür., Abg. Dr. Hahnemann, Plpr. 1/48 S. 3179, ; ähnl. Abg. Möller (Bündnis 90/Grüne), Plpr. 1/49 v. 26.3.1992 S. 3238.
122 LT Thür., Abg. Höpcke, Plpr. 1/49 S. 3225.
123 Zu diesem Verfahren 4. Teil, E.
124 BVerfGE 40, 296 (315).

Berufsgruppen und das allgemeine Einkommensgefüge, unter Berücksichtigung der Preisentwicklung, der allgemeinen Wirtschafts- und Beschäftigungslage und der Haushaltsgegebenheiten des Landes.[125] Außerdem ist zu fragen, welche Tätigkeiten der Abgeordneten entschädigt werden dürfen.

a) Rang im Verfassungsgefüge

Die Landtagsabgeordneten gehören einem obersten Landesverfassungsorgan an. Sie repräsentieren in Unabhängigkeit als einzige unmittelbar demokratisch legitimierte Verfassungsorgane die jeweilige Landesbevölkerung und üben den legislativen Anteil an der Staatsführung aus.[126] Im Hinblick auf ihre zentralen politischen Aufgaben der Mitwirkung an der Staatswillensbildung und der Kontrolle der Regierung[127] haben sie ein von der Verfassung hervorgehobenes Amt inne. Wegen der gleichberechtigten Staatsqualität von Bund und Ländern besitzen sie einen gleich hohen Rang im Verfassungsgefüge wie die Bundestagsabgeordneten.[128]

Der verfassungsrechtliche Rang der Abgeordneten legt demnach eine eher im "oberen Bereich" angesiedelte Entschädigung nahe.[129]

b) Verantwortung

Das Maß der Verantwortung der Parlamente und damit der Abgeordneten hängt entscheidend von ihren Aufgaben und deren Gewichtigkeit ab. Den Parlamenten kommen im wesentlichen vier Funktionen zu: Die Wahl der Regierung, die Gesetzgebung, die Kontrolle der Regierung und die Öffentlichkeits- oder Forumsfunktion.[130]

---

125 So z.B. die Thür. Diätenkommission v. 1992 (zitiert im Bericht des Präsidenten), LT Thür., Plpr. 1/48 v. 25.3.1992 S. 3171; SAnh. Diätenkommission v. 1993, LT SAnh., Drs. 1/2326 S. 2 ff.
126 H. H. Klein in: Handbuch des Staatsrechts II, § 4o Rz. 1 ff; Diätenkommission des BT v. 1990, BT-Drs. 11/7398 S. 3.
127 Geiger, ZParl 1978, 522 (523); im Anschluß daran Maaß/Rupp S. 47; SAnh. Diätenkommission v. 1993 S. 2 f.
128 Weyer-Kommission S. 10; von Arnim, BK, Art. 48 Rz. 113; a.A. Kissel-Kommission S. 10.
129 So auch die Nds. Kommission v. 1992 S. 6; Diätenkommission des BT v. 1990, BT-Drs. 11/7398 S. 3; SAnh. Diätenkommission v. 1993 S. 2 f.
130 Hmb. Enquete-Kommission "Parlamentsreform" S. 17. Zu den Funktionen der Landesparlamente im einzelnen siehe Herbert Schneider, Länderparlamentarismus in der Bundesrepublik, S. 30-68 und ders., Parlamentsreform in Hessen, S. 7-10.

Die Gesetzgebung gilt nach klassischem Verständnis als die Hauptfunktion mit dem höchsten Rang. Hierfür spricht, daß alle wesentlichen Entscheidungen im Staat vom Gesetzgeber getroffen werden müssen.[131] Die Gesetzgebung hat sich allerdings zunehmend beim Bund zentralisiert oder neuerdings auch auf die EG-Ebene verlagert. Wegen ihres weiteren Geltungsbereichs und ihrer größeren Tragweite besitzen Bundesgesetze mehr Gewicht. Von daher hat die gesetzgeberische Funktion der Landesparlamente abgenommen und ist geringer als die des Bundes.[132]

Eine größere Bedeutung wird neuerdings teilweise der Funktion der Kontrolle und der Öffentlichkeitsfunktion beigemessen.[133] Diese Funktionen stehen aber in ihrer Wichtigkeit hinter der der Gesetzgebung zurück. Die Kontrollmöglichkeiten der Länderparlamente sind gegenüber den Länderregierungen in vielen Bereichen der bundespolitischen Mitwirkung über den Bundesrat und der Vielzahl von länderübergreifenden Vereinbarungen wiederum eingeschränkt.[134] Eine wichtigere politische Bedeutung hat allerdings die Öffentlichkeits- und Forumsfunktion der Länderparlamente erlangt. Dies folgt aus der mittlerweile gesteigerten Bedeutung der Öffentlichkeit für die Politik, der öffentlichen Diskussion in den Parlamenten als zentralen Organen der politischen Willensbildung.[135]

Zusammenfassend läßt sich trotz der auf Landesebene nicht zu unterschätzenden politischen Bedeutung und Verantwortung der Landtagsabgeordneten im Vergleich zum Bundestag jedenfalls eine geringere Verantwortung feststellen.[136] Im übrigen ist die Frage der Funktion und Verantwortung eines Parlaments zugleich eine Frage des politischen Selbstverständnisses des Parlaments und deshalb nur begrenzt verobjektivierbar.

Die geringere Verantwortung der Landtagsabgeordneten, verglichen mit den Bundestagsabgeordneten, ist für die alten Bundesländer festgestellt worden, dürfte aber auch für die neuen Länder gelten, die in das bestehende Sy-

---

131 Weyer-Kommission S. 12.
132 Friedrich, Der Landtag als Berufsparlament?, S. 26 ff.; Weyer-Kommission S. 11 f.; von Arnim, BK, Art. 48 Rz. 113; s.a. Hess. Präsidentenbeirat S. 17.; SH Kommission v. 1989 S. 9; Hmb. Enquete-Kommission "Parlamentsreform" S. 17. Ausführlich zum gesetzgeberischen Kompetenzverlust der Landtage Eicher, Der Machtverlust der Landesparlamente, S. 76-82.
133 So die SH Kommission v. 1989 S. 9; Hmb. Enquete-Kommission "Parlamentsreform" S. 18 f.
134 Friedrich, Der Landtag als Berufsparlament?, S. 30 ff.; Weyer-Kommission S. 12; von Arnim, BK, Art. 48 Rz. 113; ders., Macht, S. 66.
135 Hmb. Enquete-Kommission "Parlamentsreform" S. 19.
136 Weyer-Kommission S. 12; von Arnim, BK, Art. 48 Rz. 113; SH Kommission v. 1989 S. 9.

stem eingefügt worden sind. Zwar ist in den östlichen Landtagen noch eine sehr rege Gesetzgebungstätigkeit zu verzeichnen,[137] hierbei handelt es sich jedoch um eine Besonderheit der ersten Legislaturperiode, da beginnend mit dem Oktober 1990 erst einmal alle landesrechtlichen Vorschriften neu geschaffen werden mußten.

c) Welche Tätigkeiten der Abgeordneten dürfen entschädigt werden?

Fraglich ist, gerade im Zusammenhang mit der zeitlichen Belastung der Abgeordneten, welche Tätigkeiten überhaupt zur Mandatstätigkeit zählen und von der Entschädigung umfaßt werden dürfen.

Die Entschädigung ist für die Unterhaltssicherung und Unabhängigkeit des Abgeordneten bestimmt. "Anderen Zwecken," so das Diätenurteil, "beispielsweise einer Mitfinanzierung einer Fraktion oder politischen Partei oder der Beteiligung an Wahlkosten, hat die Entschädigung nicht zu dienen."[138]

Parteipolitische Tätigkeiten des Abgeordneten dürfen danach nicht für die Bemessung der Diäten berücksichtigt werden. Ebenfalls eindeutig ist die Sachlage bei der eigentlichen Parlamentsarbeit. Für diese Tätigkeit wird der Abgeordnete selbstverständlich entschädigt. Schwierig wird es dagegen bei den Tätigkeiten außerhalb des Parlaments, bei den vielfältigen sonstigen politisch-gesellschaftlichen Tätigkeiten, die in einem Zusammenhang mit der Abgeordnetentätigkeit stehen. Das Problem ist vor allem, objektiv zu bestimmen, welche außerparlamentarischen Abgeordnetentätigkeiten noch unmittelbar zur Parlamentsarbeit gehören und welche nur noch mittelbar damit zusammenhängen.[139]

Als Ansatz zur Lösung dieses Problems erscheint die von dem Soziologen Prof. Pappi in seiner Untersuchung von Dezember 1988 über die Arbeitsbelastung schleswig-holsteinischer Abgeordneter vorgenommene Unterschei-

---

137 Z.B. sind in Brandenburg laut Auskunft der Landtagsverwaltung bis zum 19.2.1992 60 Gesetze verabschiedet worden. In Sachsen sind es nach Angaben des Landtagspräsidenten Iltgen bis zum 24.7.1991 32 Gesetze, zusätzlich weiterer 18 im Laufe des Jahres 1991 (Vgl. Plpr. 1/25 S. 1649 f.); bis April 1993 sollen nach Angaben des Abg. Schiemann mehr als 100 Gesetze verabschiedet worden sein (LT Sachs., Plpr. 1/66 v. 24.4.1993 S. 4630 f.). Sachsen-Anhalt hat bis zum 11.7.1991 43 Gesetze verabschiedet (Siehe das Parlament Nr. 32 vom 2.8.1991). In Thüringen beträgt die Anzahl der bis zum 11.10.1991 verabschiedeten Gesetze 43 (Statistische Übersicht des Thüringer Landtags).
138 BVerfGE 40, 296 (316).
139 Vgl. Geiger, in: Politik als Beruf?, S. 44; von Arnim, Die Partei, S. 155-159; Pappi, Der Zeitaufwand der Abgeordneten für Parlamentsarbeit, LT SH, Anl. zu Drs. 12/180, S. 13-17.

dung der Parlamentsarbeit von der nur mandatsbezogenen Tätigkeit und anderen Tätigkeiten nach dem Kriterium der allgemein anerkannten Parlamentsfunktionen sinnvoll: "Soweit die Tätigkeit (des Abgeordneten) außerhalb des Parlaments auf die Erfüllung der Parlamentsfunktionen bezogen ist, handelt es sich um Parlamentsarbeit."[140]

Zur Parlamentsarbeit zählen danach die Sitzungen des Parlaments, seiner Organe und der Fraktionen, die Vorbereitung auf diese Sitzungen und - im Rahmen der Öffentlichkeits- oder Forumsfunktion des Parlaments - Informationsgespräche mit Verbänden, Ministerien, Behörden, Kammern u.ä. über bestimmte Gesetzesvorhaben, Anträge und Anfragen im Landtag sowie die Öffentlichkeitsarbeit im Landeshaus, d.h. Pressekonferenzen, Betreuung von Besuchergruppen usw.[141]

Um lediglich mandatsbezogene Tätigkeiten handelt es sich bei Tätigkeiten, die bei Gelegenheit der Abgeordnetentätigkeit anfallen, aber nicht direkt von der Parlamentsarbeit verursacht werden, sondern im Umfeld der Abgeordnetentätigkeit als periphere Rollenelemente neben den zentralen Elementen der Parlamentsarbeit auftreten. Problematisch bei diesem Bereich ist seine mangelnde Normierung, so daß sein Umfang von der subjektiven Auffassung des Abgeordneten abhängt und daher beliebig vermehrbar ist. Hierzu zählen etwa der Besuch von Veranstaltungen aufgrund von Einladungen an die Abgeordneten (nicht Veranstaltungen des Landtags oder der Partei), die Mitarbeit in Gremien, in die man als Abgeordneter gewählt ist, z.B. im Rundfunkrat (nicht in Parteigremien), Bürgersprechstunden im Wahlkreis, die Vorbereitung und Informationsgespräche zu diesen Tätigkeiten, Hintergrundgespräche mit den Medien sowie andere politische Informationsgespräche allgemeiner Art.[142]

Schließlich gibt es noch den weiten Bereich der allgemeinen politisch-gesellschaftlichen Aktivitäten der Abgeordneten wie die Wahrnehmung kommunaler Ämter, Parteiarbeit und ehrenamtliche Verbandstätigkeit, die nur noch in mittelbarem Zusammenhang zur eigentlichen Parlamentsarbeit stehen und die auch von anderen Bürgern auch ehrenamtlich ausgeübt werden.[143] Auch die allgemeine politische Information und Mediennutzung wie das Lesen von Tages- und Wochenzeitungen, von Informationsdiensten der Parteien, Verbände etc. und das Hören und Sehen politischer Sendungen in

---

140 Pappi, a.a.O., S. 15; ähnl. Herbert Schneider, Parlamentsreform in Hessen, S. 21 f.
141 Pappi, a.a.O., S. 15 f.
142 Pappi, a.a.O., S. 16 f.
143 Pappi, a.a.O., S. 17 f.; von Arnim, Die Partei, S. 155-158; Nds. Kommission v. 1987 S. 4.

Rundfunk und Fernsehen hängen nur in sehr weitem Sinne mit der eigentlichen Abgeordnetentätigkeit im Parlament zusammen.[144]
Nach dieser engeren Auffassung der Abgeordnetentätigkeit dürfen die lediglich mandatsbezogenen Tätigkeiten höchstens in begrenztem Umfang bei der Frage der zeitlichen Belastung der Abgeordneten durch das Mandat und bei der Bemessung der Entschädigung berücksichtigt werden.[145] Denn die durch staatliche Bezahlung geförderte, erhöhte Präsenz des Abgeordneten bei politischen Veranstaltungen, im Wahlkreis bei der Bürgersprechstunde und bei Gesprächen u.ä. mit den Medien verschafft ihm einen Wettbewerbsvorteil gegenüber außerparlamentarischen (inner- und außerparteilichen) Konkurrenten und beeinflußt so den offenen politischen Wettbewerb.[146] Werden parteipolitische Tätigkeiten zur Abgeordnetentätigkeit gezählt und deshalb von der Abgeordnetenentschädigung mitumfaßt, liegt darin eine unzulässige verdeckte Parteienfinanzierung.[147]

d) Zeitliche Belastung

Die zeitliche Belastung von Landtagsabgeordneten wird allgemein geringer eingeschätzt als die von Bundestagsabgeordneten.[148] Trotzdem verstehen sich die meisten Landesparlamente, wohl auch in Reaktion auf das Diätenurteil, als Vollzeitparlamente.[149]
In den neuen Ländern ist die Situation dadurch geprägt, daß eine völlige Neunormierung der Rechtsordnung der Länder erforderlich geworden ist und die Abgeordneten sich wie ihre Mitbürger erst in das System der parlamentarischen Demokratie einarbeiten müssen. Daraus resultiert eine Arbeitsbelastung der Abgeordneten, die allgemein mit über acht Stunden pro

---

144 Pappi, a.a.O., S. 17 f.
145 Ähnl. auch Geiger, in:Politik als Beruf?, S. 144; von Arnim, Die Partei, S. 155-159; Herbert Schneider, Parlamentsreform in Hessen, S. 21 f.; vgl. auch Lothar Späth, LT BW, Plpr. 7/42 v. 27.1.1978 S. 2783.
146 Von Arnim, Die Partei, S. 157 ff.
147 Von Arnim, Die Partei, S. 157 ff.
148 Weyer-Kommission S. 11; von Arnim, BK Art. 48 Rz. 113. Vgl. zu SH: Pappi, Der Zeitaufwand der Abgeordneten für Parlamentsarbeit, LT SH Drs. 12/180; zu BW: Holl, Landtagsabgeordnete in Baden-Württemberg, S. 142 ff.; zu Bayern Oberreuter, Landtage im Spannungsfeld zwischen Bürgerinitiative und Parteiloyalität, in: Kremer (Hrsg.), Das Selbstverständnis des Landesparlamentarismus, S. 98 ff.; zu Hmb.: Ronge, Mandatsausübung in der Bürgerschaft der Freien und Hansestadt Hamburg, Anlage I zu Hmb. Bgsch., Drs. 14/2600.
149 Von Arnim, Die Partei, S. 212.

Tag angegeben wird.[150] Diese Belastung wird aber nach der Aufbauphase zurückgehen.[151]

Im Zusammenhang mit der zuvor getroffenen Unterscheidung von Parlamentsarbeit, mandatsbezogener Tätigkeit und allgemeiner politischer Tätigkeit[152] müssen die Angaben der Abgeordneten über ihre zeitliche Belastung durch das Mandat allerdings unter Vorbehalten betrachtet werden.[153]

Wenn etwa die Niedersächsische Kommission von 1992, basierend auf den Angaben der Fraktionsvorsitzenden, von einer zeitlichen Belastung der niedersächsischen Abgeordneten von 50-70 Stunden pro Woche ausgeht, dürften hierunter nicht nur die parlamentarischen Abgeordnetentätigkeiten fallen, sondern auch Tätigkeiten in Parteiorganisationen, die Zeit für die Wahrnehmung eines kommunalen Mandats und allgemeine politisch-gesellschaftliche Aktivitäten.[154]

Auch die Bundestags-Kommission von 1990 hat zu den unmittelbar mit dem Mandat zusammenhängenden Verpflichtungen die Parteiarbeit, d.h. die Teilnahme an Parteikonferenzen und die Präsenz in Parteigliederungen, ge-

---

150 Z.B. beträgt nach Angaben des Abg. Goldbeck vom 29.11.1990 in *MVp.* der Arbeitstag eines Abgeordneten mehr als 8,75 Stunden (Plpr. 1/4 S. 74 f.). Der LTPräs. konstatierte eine erhebliche zeitl. und arbeitsmäßige Inanspruchnahme, deshalb müsse auch von einer Vollzeitbeschäftigung ausgegangen werden (Bericht des Präsidenten v. 13.5.1993, Drs. 1/3149 S. 4 f.) In *Sachs.* soll laut Parlamentspräsident Iltgen ein 14-16-Stunden-Tag nicht selten sein (Plpr. 1/3 vom 15.11.1990 S. 113). Die Diätenkommission des Sächs. Landtags v. 1991 geht von einer 90-Stunden-Woche eines Großteils der Abgeordneten aus (Plpr. 1/25 vom 23./24.7.1991 S. 1651); 1993 (Pressemitt. v. Jan. 1993) spricht sie von einem "full-time-job". Die *SAnh.* Diätenkommission stellt in ihrem Bericht vom 24.5.1991 (Drs. 1/601) eine erhebliche Mehrarbeit ihrer Parlamentarier im Vergleich zu den westlichen Kollegen fest. *Thür.* betreffend gab der Abg. Wolf am 10.1.1991 an, für die meisten Abgeordneten sei es ein 10-12-Stunden-Tag in einer 7-Tage-Arbeitswoche (Plpr. 1/8 S.237). Die Thür. Diätenkommission v. 1992 konstatiert ebenfalls eine "sehr große Belastung der Abgeordneten," vgl. den Bericht des LTPräs., Plpr. 1/48 v. 25.3.1992 S. 3172.
151 So auch der LTPräs. von Thür. Dr. Müller in Plpr. 1/8 S. 234.
152 Siehe oben 2. c).
153 Z.B. hat Holl (Landtagsabgeordnete in BW, S. 142-147), einen Anteil von 50% der Arbeitszeit für Tätigkeiten außerhalb des LT festgestellt. Nach Pappi (LT SH, Drs. 12/180, S. 27), macht die engere Parlamentsarbeit nur durchschn. 27,36 Stunden pro Woche aus (zzgl. Wegezeiten), die mandatsbezogenen Tätigkeiten 10,34 Std., die Parteiarbeit 11,15 Std., kommunale Ämter 3,42 Std. und Verbandstätigkeit 1,03 Std. Nach Ronge (Anlage I zu Hmb. Bgsch., Drs. 14/2600, S. 14 f.) macht die "reine Mandatsausübung" nur rd. durchschn. 19 Std. in der Woche gegenüber rd. 30 Std. "Mandatsnebentätigkeit" aus.
154 Dies hat auch die Nds. Kommission v. 1987, LT Nds., Drs. 11/1030 S. 4, angenommen.

zählt und kam so zu einem durchschnittlichen Zeitaufwand von "selten unter 50-60 Wochenstunden." Bei besonderen Funktionen könne sich dieses Zeitbudget leicht auf 80 und mehr Wochenstunden erhöhen.[155] Darüberhinaus ist anzumerken, daß die zeitliche Belastung der Abgeordneten eng mit der Organisation des Parlamentsbetriebs zusammen hängt. Bei durchgreifenden Parlamentsreformen müßte es möglich sein, die zeitliche Inanspruchnahme der Volksvertreter durch die parlamentarische Arbeit erheblich zu reduzieren.[156]

e) Vergleich mit den Bundestagsdiäten

Wegen der allgemein geringeren Verantwortung und Belastung der Landtagsabgeordneten ist ein angemessener Abstand zu der Entschädigung der Bundestagsabgeordneten einzuhalten.[157] Die Größe der Differenz ist z.T. mit einem Abschlag von 33-40% beziffert worden.[158] Diesen "Achtungsabstand" gegenüber den Bundestagsdiäten haben die Diäten der neuen Länder stets mit großer Distanz gewahrt.

f) Vergleich mit anderen Landtagsdiäten

Im Vergleich zu den westdeutschen Flächenländern, deren Entschädigungssummen von 6.539 DM in Baden-Württemberg bis hin zu 10.660 DM in Hessen, im Durchschnitt 8.212 DM (Stand Jan. 1993), jedenfalls nicht ungemessen niedrig sein dürften, erreichten die ostdeutschen Abgeordnetendiäten Anfang 1991 durchschnittlich ca. 40-50%, Ende 1991/Anfang 1992 ca. 60-70%, Mitte 1993 ungefähr 70-80%.

Die neuen Länder haben sich, wie sich aus allen Beratungen über die Abgeordnetengesetze ergibt, auch aneinander orientiert. Anfang 1991 betrug die Entschädigung in vier Ländern 3.500 DM, nur in Sachsen-Anhalt lag sie mit 4.832 DM deutlich höher. Ende 1991 war die Mehrheit der neuen Länder bei 4.550-4.875 DM angelangt. 1992 setzte sich Thüringen mit 5.308 DM (13 Zahlungen von je 4.900 DM umgerechnet auf 12 Zahlungen)

---

155 BT-Drs. 11/7398 S. 4f.
156 Von Arnim, Die Partei, S. 158; s.a. Pappi, Der Zeitaufwand der Abgeordneten für Parlamentsarbeit, S. 34 ff.
157 Geiger, ZParl 1978, 522 (528); Kommission der Landtagsdirektoren S. 10; ähnl. auch Maaß/Rupp S. 47 f.; Hess. Präsidentenbeirat S. 16-19; von Arnim, BK, Art. 48 Rz. 113 f.; Nds. Kommission v. 1992 S. 8; Henkel, DÖV 1977, 350 (351). Die Kissel-Kommission, S. 10, spricht von einer "deutlichen Abstufung".
158 33%: Kissel-Kommission S. 19. 40%: Friedrich, Der Landtag als Berufsparlament?, S. 58 f. u. Weyer-Kommission, S. 12 f.

an die Spitze. Für den Anfang des Jahres 1993 liegt Sachsen mit 5.350 DM vorne, wird aber ab Oktober 1993 von Sachsen-Anhalt mit dann 5.600 DM und im Januar 1994 von Brandenburg mit 5.740 DM überholt.

g) Orientierung am Einkommen anderer Berufsgruppen und am allgemeinen Einkommensgefüge

Auf der Suche nach geeigneten Maßstäben für die Angemessenheit der Abgeordnetenentschädigung werden Vergleiche zu anderen Berufen angestellt. Hierbei wird insbesondere an Minister, Ministerpräsidenten, Beamte, kommunale Wahlbeamte sowie freiberuflich Tätige gedacht. Außerdem wird eine Einordnung der Abgeordnetenbezüge in das allgemeine Einkommensgefüge versucht.

aa) Ministerbezüge

Die Bezüge von Ministerpräsidenten liegen in den alten Flächenländern bei 16.558-20.070 DM (ohne Ortszuschlag), in den neuen Ländern bei 74% davon, also zwischen 12.253 in Brandenburg und Mecklenburg-Vorpommern 13.924 DM und 13.924 DM in Sachsen-Anhalt. Minister verdienen etwa 10-15% weniger.[159] Die Ministerbezüge liegen damit erheblich, z.T. mehr als 50%, über den Abgeordnetenentschädigungen.

Als Maßstab für die Abgeordnetenentschädigung sind die Ministerpräsidentenbezüge jedoch ungeeignet, weil der Ministerpräsident als Spitze der Exekutive das Land nach außen vertritt, einen anderen Rang und ein höheres Maß an Verantwortung und Belastung hat als ein Abgeordneter. Ähnliches gilt für Minister, die im Rahmen ihrer Ressortzuständigkeiten Führungsaufgaben wahrnehmen und für das Funktionieren ihres Ministeriums die politische Verantwortung tragen.[160]

---

159 Stand Dez. 1992. Ausgangsbasis B 11 (15.052 DM) und B 10 (13.787 DM), zzgl. Ortszuschläge (mind. 982 DM), gültig ab 1.3.91 aufgrund des Gesetzes über die Anpassung von Dienst- u. Versorgungsbezügen in Bund und Ländern v. 21.2.92, BGBl. I S. 266. Etwaige Erhöhungen aufgrund der Tarifrunde im öffentlichen Dienst vom Frühjahr 1992 sind nicht berücksichtigt. In den neuen Ländern gelten bis zum 31.12.93 Übergangsregelungen nach den Übergangsbestimmungen der Ministergesetze. - Vgl. auch die Übersicht bei von Arnim, Ministerprivilegien, S. 102-105.
160 Von Arnim, Reform der Abgeordnetenentschädigung, S. 27; Kommission der Landtagsdirektoren S. 8; Hess. Präsidentenbeirat S. 11 f.; a.A. Hirsch, Kurzgutachten, S. 2; SAnh. Diätenkommission v. 1993 S. 2 ff.

bb) Beamte und kommunale Wahlbeamte

Eine direkte Koppelung der Abgeordnetenentschädigung an die Beamtenbesoldung "widerstreitet der verfassungsrechtlich gebotenen selbständigen Entscheidung des Parlaments über die Bestimmung dessen, was nach seiner Überzeugung 'eine angemessene, die Unabhängigkeit sichernde Entschädigung' ist," so das Diätenurteil. Jede Veränderung in der Höhe der Entschädigung muß vom Plenum diskutiert und vor den Augen der Öffentlichkeit als selbständige politische Frage entschieden werden.[161]

Beim Vergleich mit der Besoldung von Beamten und kommunalen Wahlbeamten, z.B. hauptamtlichen Landräten und Bürgermeistern, ist deren anders gearteter Beamtenstatus zu bedenken. Denn beide stehen in einem öffentlich-rechtlichen Dienst- u. Treueverhältnis, die Abgeordneten hingegen schulden rechtlich keine Dienste, sondern üben in Unabhängigkeit ihr Mandat aus.[162]

Trotzdem ist z.B. auch in Sachsen-Anhalt bei dem im Januar 1993 gescheiterten Versuch einiger CDU- und DSU-Abgeordneter,[163] eine "drastische Erhöhung" der Diäten um 41% zu erreichen,[164] vor allem mit der höheren Besoldung kommunaler Wahlbeamter argumentiert worden. Der Landrat des kleinsten Kreises, so der Antrag, verdiene inzwischen schon 7.809 DM, während die Abgeordnetenentschädigung auf das Gehaltsniveau von Oberstudienräten (Besoldungsgr. A 14) abgesunken sei. Als angemessen erachteten die Antragsteller hingegen eine Besoldung wie die der Bürgermeister von Gemeinden mit 15.000-20.000 Einwohnern, nämlich 6.814 DM monatlich (ohne Berücksichtigung der Sonderzuwendung).

Erwähnenswert in diesem Zusammenhang folgende, von dem sächsischen Abgeordneten Schiemann (CDU) anläßlich der Diätenerhöhung auf 5.350 DM gestellte, wohl eher rhetorische Fragen: "Wieviel soll ein sächsischer Abge-

---

161 BVerfGE 40, 296 (316 f.).
162 Vgl. BVerfGE 40, 296 (316); 76, 256 (341 f.); Kommission der Landtagsdirektoren S. 8 f.; Maaß/Rupp S. 46 f.; Geiger, ZParl 1978, 522 (526); Henkel, DÖV 1977, 350 (351); a.A. Hanauer, ZParl 1979, 115 (116). - Von Arnim, Reform der Abgeordnetenentschädigung, S. 25 f., weist außerdem darauf hin, die kommunalen Wahlbeamten könnten nicht, wie die Abgeordneten, noch nebenher einem Beruf nachgehen und trügen für ihre Entscheidungen selbst die Verantwortung, bei den Abgeordneten hingegen betreffe die politische Zurechnung zumeist die Fraktion.
163 Vgl. LT SAnh., Drs. 1/2109 u. deren Berichtigung v. 4.1.1993. Zunächst standen hinter dem Antrag 19 Abgeordnete aus DSU, CDU und FDP, später dann nur noch 11 Abgeordnete aus CDU und DSU, das Zurückziehen einiger Unterschriften führte dann zur Nichtigkeit.
164 Vgl. FAZ v. 12.12.1992.

ordneter eigentlich verdienen? Soll er soviel verdienen wie ein Bürgermeister eines kleinen Dorfes? Soll er soviel verdienen wie der Oberbürgermeister von Leipzig? Das wären annähernd - wenn ich das sagen dürfte - vielleicht 10.000 DM. Soll er soviel verdienen wie z.B. der Direktor einer Mittelschule oder einer Grundschule? Oder soll er etwa soviel verdienen wie ein Gewerkschaftsfunktionär, der sich für die Interessen der Mitglieder einsetzt und der hierzulande etwa 5.900 DM verdient?"[165]

cc) Einordnung in das allgemeine Einkommensgefüge

Ein geeignetes Kriterium für die Bemessung der Abgeordnetendiäten ist das allgemeine Einkommensgefüge und seine Entwicklung unter Berücksichtigung auch der Sozialhilfesätze und Renten.[166]

Von daher macht es einen Sinn, Erhöhungen der Diäten mit den durchschnittlichen Einkommens- und Preissteigerungen zu rechtfertigen, wie es stets geschieht. Zu bemängeln ist aber, daß nie gefragt wird, ob denn die Ursprungsbeträge je tatsächlich angemessen waren, sondern dies einfach unterstellt wird.[167] Auch wird von den Diätenkommissionen grundsätzlich nicht auf den durchschnittlichen Verdienst der erwerbstätigen Bevölkerung abgestellt, sondern es wird nur mit dem recht hohen Einkommen besonders qualifizierter Berufe, meist mit Hochschulabschluß oder ähnlicher Vorbildung, verglichen.

Maaß und Rupp meinten in diesem Zusammenhang, "im Hinblick auf die zentrale politische Aufgabe, die der Abgeordnete durch seine Mitwirkung an der Staatswillensbildung und an der Kontrolle der Regierung erfüllt, wird dabei die Einstufung der Abgeordnetenentschädigung im oberen Bereich der Einkommensskala liegen müssen". Dies bedeute aber nicht, daß die Entschädigung Spitzenverdiensten in Wirtschaft und Verwaltung entsprechen könne.[168]

Der Hessische Präsidentenbeirat hielt 1988 eine Orientierung vor allem an dem Durchschnittsverdienst der freiberuflich Tätigen und der Besol-

---

165 Abg. Schiemann, LT Sachs., Plpr. 1/66 v. 22.4.1993 S. 4630.
166 Vgl. Hanauer, ZParl 1979, 115 (116); Kommission der Landtagsdirektoren S. 9; Hess. Präsidentenbeirat S. 13; von Mangoldt/Klein/ Achterberg/Schulte, GG, Art. 48 Rz. 53; Thür. Diätenkommission v. 1992 (lt. Bericht des Präsidenten zur Angemessenheit der Entschädigung v. 25.3.1992, Plpr. 1/48 S. 3172); SAnh. Diätenkommission v. 1993 S. 2 ff.
167 Vgl. z.B. Nds. Kommission v. 1992, S. 7.
168 Maaß/Rupp S. 47; sich anschl. SAnh. Diätenkommission v. 1993 S. 3; Hmb. Enquete-Kommission "Parlamentsreform" S. 164 f.; Bericht des LTPräs. MVp. zur Angemessenheit der Entschädigung v. 13.5.1993, Drs. 1/3149 S. 4.

dungsgruppe B5/R5 für angemessen. Denn das Abgeordnetenmandat müsse auch für Bewerber mit einem überdurchschnittlich hohen Berufseinkommen attraktiv sein, um eine repräsentative Zusammensetzung der Parlamente zu erreichen. Auch in der privaten Wirtschaft seien Einkommen für eine begrenzte Zeit wie beim Abgeordneten auf vier Jahre wesentlich höher als Dauereinkommen. Außerdem würden besonders hohe Anforderungen an die schnelle Einarbeitungsfähigkeit der Abgeordneten gestellt.[169]

Die Einordnung der Abgeordneten in die Gruppe der freiberuflich Tätigen teilt die Fachkommission "Politikfinanzierung" von Bündnis 90/Die Grünen im Bundestag. Die in Hessen ermittelte Größenordnung von ca. 10.700 DM erscheint ihr vertretbar, allerdings müsse man auch konsequent sein und die Abgeordneten insbesondere hinsichtlich ihrer Altersversorgung und ihres Aufwendungsersatzes wie Selbständige behandeln.[170]

Die Berater der Präsidentin des Bundestags von 1990 vertraten die Auffassung, die Angemessenheit der Entschädigung als Staatsleistung eigener Art müsse sich im Hinblick auf die Kriterien Verantwortung, Belastung und verfassungsrechtlichem Rang an entsprechenden Positionen von Wirtschaft, Verwaltung und Politik gleichermaßen orientieren, wobei neben Staatssekretären und kommunalen Wahlbeamten auch Rechtsanwälte, Wirtschaftsprüfer, Professoren, Geschäftsführer und Vorstandsmitglieder von Wirtschaftsgesellschaften zu berücksichtigen seien.[171]

Dagegen hielt die Bayerische Kommission von 1991 den Vergleich mit der Vergütung höherer Beamter und Richter für einen geeigneteren Ausgangspunkt. Wegen des Wirkens der Abgeordneten für das Staatsganze und ihrer Bedeutung als erster Gewalt im Staat seien sie noch am ehesten mit der zweiten und der dritten Gewalt, den Richtern und Beamten, vergleichbar.[172] Keinesfalls könne die Entschädigung so hoch sein, daß die Bezieher hoher Einkommen wie etwa Vorstandsmitglieder oder Geschäftsführer von Wirtschaftsunternehmen, Freiberufler, Chefärzte, Künstler u.a. nicht einen empfindlichen Einkommensverlust hinnehmen müßten. Gerade dieser Personenkreis würde die Übernahme eines Mandats auch kaum anstreben. Denn aufgrund seines großen beruflichen Engagements sei er nicht in der Lage oder nicht gewillt, die für Erlangung eine Mandats notwendige, vorherige und länger andauernde politische Arbeit, meist in einer Partei, zu leisten. Wer aber politisch so stark engagiert sei, daß er neben seinem Beruf ohne finan-

---

169 Hessischer Präsidentenbeirat S. 15.
170 Fachkommission "Politikfinanzierung" von B 90/Die Grünen im BT, Reformvorschläge zur Parlamentsfinanzierung v. 25.1.1993, S. 2 f.
171 Diätenkommission des BT v. 1990 S. 8 f.
172 Bayer. Kommission v. 1991 S. 4 f.

ziellen Ausgleich die politischen Voraussetzungen für die Erlangung eines Mandats schaffe, der werde das erlangte Mandat dann auch trotz einer für seine Verhältnisse geringen Entschädigung wahrnehmen, wie die Zusammensetzung des Bayerischen Landtags bestätige.[173]

Auch die Niedersächsische Kommission von 1992 knüpfte auf der Suche nach vergleichbaren Tätigkeitsfeldern und Verantwortungsbereichen vorrangig an bestimmte Ämter im Öffentlichen Dienst und deren Einkommen an. Denn der Abgeordnete übe ein öffentliches Amt und keine private Tätigkeit aus. Sie erachtete das Einkommen eines Ministerialrats oder Leitenden Regierungsdirektors der Besoldungsgruppe A 16 für (zur Zeit) der Abgeordnetentätigkeit angemessen, da es im oberen Bereich, aber nicht an der Spitze liege und Tätigkeitsfeld und Verantwortungsbereich vergleichbar seien.[174]

Die Kissel-Kommission zog in Anlehnung an den Rosenberg-Beirat[175] des Bundestags von 1976 insbesondere einen Vergleich mit den Amtsträgern anderer Verfassungsorgane, da auch der Legislative trotz der verschiedenen Kompetenzen politische Leitungsgewalt erwachse. Indes fehle dem Abgeordneten die behördliche Leitungsgewalt, so daß die Abgeordnetenentschädigung vor allem mit den Bezügen für Parlamentarische Staatssekretäre und Richter des Bundesverfassungsgerichts, wenn auch diesen gegenüber mit einem Abschlag von ca. 40%, vergleichbar sei.[176]

3. Stellungnahme

Die Abgeordnetenstellung als "status sui generis"[177] besitzt gegenüber der Stellung anderer Berufe einige Besonderheiten, die Schwierigkeiten bei der Bestimmung der angemessenen Entschädigung bereiten.

Zunächst haben die Abgeordneten als vom Volk gewählte Mitglieder oberster Verfassungsorgane eine von der Verfassung hervorgehobene besondere Bedeutung für die Willensbildung des Staates. Diese verfassungsmäßige Bedeutung spricht für eine im oberen Bereich angesiedelte Entschädigung,[178]

---

173 Bayer. Kommission v. 1991 S. 7 f.
174 Nds. Kommission v. 1992 S. 7 f.
175 BT-Drs. 7/5531 S. 40 ff.
176 Kissel-Kommission S. 9.
177 U. Müller, Anhör. Hess. AbgG 1989, S. 25; H. Meyer, ebenda, S. 36.
178 Siehe oben 2. a).

wegen der geringeren Verantwortung und Belastung aber jedenfalls unterhalb von Ministerbezügen.[179]

Zum anderen sind die Abgeordneten als gewählte Volksvertreter in die Staatsorganisation eingegliedert, ohne jedoch wie Beamte weisungsgemäß zu einer Arbeitsleistung verpflichtet zu sein, da sie Inhaber eines verfassungsgemäß freien Mandats sind.[180] Insofern sind die Abgeordneten schlecht mit den Beamten vergleichbar.[181]

Weiterhin hat das freie Mandat auch zur Folge, daß es nur wenige rechtliche Bestimmungen über den Inhalt seiner Ausübung gibt, so daß der Abgeordnete zumindest rechtlich weithin selbständig über Art und Ausmaß seiner Tätigkeit entscheidet. Insoweit ähnelt seine Situation mehr der eines Selbständigen oder Freiberuflers denn der eines Arbeitnehmers.[182] Das Ausmaß der Belastung des Abgeordneten durch das Mandat kann wegen seiner verfassungsrechtlichen Unabhängigkeit sehr unterschiedlich sein und hängt entscheidend von seinen anderen politischen Aktivitäten ab.[183] Diese anderen gesellschaftlich-politischen Tätigkeiten ergeben sich vor allem daraus, daß sie zur Verbesserung seiner Wiederwahlchancen von Vorteil sind und daß der Abgeordnete fast immer auch Mitglied einer Partei ist, für die er sich engagieren muß.[184]

Aber auch eine Orientierung an Freiberuflern und Selbständigen macht Schwierigkeiten. Und dies weniger, weil, wie die Niedersächsische Kommission von 1987 meinte, große Einkommensunterschiede bei dieser Gruppe bestehen.[185] Entscheidend ist vielmehr, daß Freiberufler und Selbständige selbst das ganze finanzielle berufliche Risiko tragen, insbes. ihre Kranken- und ihre Altersversorgung selbst finanzieren müssen,[186] wogegen Abgeordnete während der Mandatsdauer und zu großen Teilen auch danach (Wiedereinstellungsgarantie für abhängig Beschäftigte, Übergangsgeld u. Versorgungsabfindung, Nachversicherung bzw. Altersversorgung) beamtenähnlich abgesichert sind. Das Risiko der Nichtwiederwahl wird dadurch finanziell weitgehend abgemildert. Dieses dem demokratischen Grundsatz der Wahlen auf Zeit immanente Risiko sollte darüberhinaus nicht durch eine höhere Ent-

---

179 Siehe oben 2. b), g) aa).
180 S.o. A. I.
181 Siehe oben 2. g) bb).
182 Nds. Kommission v. 1987 S. 4; Diätenkommission des BT v. 1990 S. 8 f.; Fachkommission "Politikfinanzierung" von B 90/Die Grünen im BT, Reformvorschläge zur Parlamentsfinanzierung v. 25.1.1993, S. 2 f.
183 Siehe oben 2. c), d).
184 Siehe oben 2. c), d); dort insbes. von Arnim, Die Partei, S. 155 ff.
185 Nds. Kommission v. 1987, S. 4.
186 Von Arnim, Anhör. Hess. AbgG 1989, S. 13; Morell, ebenda, S. 19.

schädigung abgegolten werden,[187] zumal im Berufsleben für Arbeitnehmer auch ein gewisses Kündigungsrisiko besteht.[188]
Jedenfalls sollte sich, da die Abgeordneten nach Art. 38 I S. 2 GG das ganze Volk repräsentieren, die Abgeordnetenentschädigung nicht nur an Spitzenpositionen, sondern ebenfalls an den vielen Beziehern geringerer Einkünfte orientieren. Weiterhin ist zu bedenken, daß die Abgeordnetentätigkeit, wie hoch Arbeitsbelastung und Verantwortung auch sein mögen, im Gegensatz zu höheren Positionen in Wirtschaft, Verwaltung und Politik nicht notwendigerweise eine lange und qualifizierte berufliche Vorbildung erfordert.[189]

Das Anlegen der vom Bundesverfassungsgericht vorgegebenen Kriterien des verfassungsrechtlichen Rangs, der Verantwortung und der Belastung des Abgeordneten sowie das Anstellen von Vergleichen mit Einkommen anderer Berufsgruppen stellt indes nur einen begrenzt tauglichen Versuch dar, die Frage der Angemessenheit der Abgeordnetenentschädigung scheinbar zu verobjektivieren. In Wirklichkeit handelt es sich aber bei den Fragen, was "angemessen" und zur "Sicherung der Unabhängigkeit" erforderlich ist, nicht um Rechtsfragen, nicht um sogen. "unbestimmte Rechtsbegriffe", die nach gehöriger Anstrengung des Geistes den Zugang zur richtigen Auslegung ermöglichten.[190] Vielmehr ist die Höhe der Entschädigung, der Versorgung etc. eine politische Frage, eine politische und budgetäre Entscheidung,[191] die auch vom Selbstverständnis der Parlamente geprägt wird und für die es letztlich keinen objektiv gültigen Bewertungsmaßstab gibt.

So läßt sich an dieser Stelle lediglich sagen, daß sich die Grundentschädigungen der Abgeordneten in den neuen Ländern von 5.308-5.600 DM (Okt. 1993) innerhalb des weiten Gestaltungsspielraums[192] einer angemessenen Entschädigung bewegen. Sie geben, insbesondere unter Berücksichtigung der niedrigeren Löhne und Gehälter (Okt. 1991: durchschnittl. 2.086 DM Brutto-Monatsverdienst; Okt. 1992: 2.711 DM[193]) und der teilweise noch

---

187 So aber die Diätenkommission des BT v. 1990 S. 8 f.; Nds. Kommission v. 1992 S. 6.
188 So auch Hirsch, Anhör. Hess. AbgG 1989, S. 40.
189 So auch H. Meyer, Anhör. Hess. AbgG 1989, S. 36.
190 Rupp, ZG 1992, 285 (291).
191 Rupp a.a.O.; ähnl. Meyer, Anhör. Hess. AbgG 1989, S. 37; Morell, ebenda, S. 40 b; Fachkommission "Politikfinanzierung" von B 90/Die Grünen im BT, Reformvorschläge zur Parlamentsfinanzierung v. 25.1.1993, S. 3; Kissel-Kommission S. 21.
192 BVerfGE 76, 256 (342); von Mangoldt/ Klein/ Achterberg/Schulte, GG, Art. 48 Rz. 53.
193 Durchschnittliche Bruttomonatsverdienste der Arbeiter und Angestellten. Quelle: Wirtschaft und Statistik, Heft Nr. 7/92, S. 476; Nr. 6/93, S. 423.

nicht so hohen Lebenshaltungskosten in Ostdeutschland, eine ausreichende Existenzgrundlage ab. Allerdings liegen die Entschädigungsbeträge deutlich über den durchschnittlichen Einkommen der erwerbstätigen Bevölkerung in den neuen Ländern. Auch würden die überaus angespannten Haushaltslagen eher noch niedrigere Entschädigungen nahelegen.

Eine abschließende isolierte Beurteilung der Angemessenheit der Entschädigung kann nicht angestellt werden, da der Zusammenhang der verschiedenen Entschädigungsbestandteile gesehen werden muß. Insbesondere müssen die weiteren alimentativen Bestandteile wie Altersversorgung, Übergangsgeld und beihilfeähnliche Krankenversicherung einbezogen (insbesondere bei Vergleichen mit anderen Berufen) und berücksichtigt werden, ob aus den Aufwandsentschädigungen noch Einkommensbestandteile verbleiben.[194]

II. Dreizehnte Entschädigung in Thüringen

In Thüringen erhalten die Abgeordneten, wie sonst nur seit 1985 in Rheinland-Pfalz[195] und von 1981 bis 1989 in Hessen,[196] eine dreizehnte Entschädigung im Jahr (§ 5 I AbgG).

Die Einführung der dreizehnten Zahlung im Jahre 1981 in Hessen, "ein echtes Novum in der Geschichte der Parlamentsdiäten",[197] wurde weder im Gesetzentwurf der Fraktionen von CDU, SPD und FDP[198] noch in der ersten und zweiten Lesung begründet.[199] Die Sonderzahlung wurde 1989 im Zuge der Änderungen nach dem Hessischen Diätenskandal gestrichen.

In Rheinland-Pfalz wurde die dreizehnte Entschädigung 1985 eingeführt aufgrund eines Gesetzentwurfs der Fraktionen von SPD und CDU[200] und einer Beschlußempfehlung des Haushalts- und Finanzausschusses.[201] Die Sonderzahlung sah man als Methode zur Erhöhung der Grundentschädigung an.

---

194 Vgl. von Arnim, BK, Art. 48 Rz. 98; Kommission der Landtagsdirektoren S. 19; Nds. Kommission v. 1992 S. 3.
195 § 5 III AbgG Rheinland-Pfalz seit der Fassung vom 8.7.85, GVBl. S. 161, jetzt i.d.F.v. 5.10.90, GVBl. S. 295.
196 AbgG Hess. i.d.F.V. 1.7.81, GVBl. I S. 205, Wegfall mit § 5 I AbgG v. 18.10.1989, GVBl. I S. 261.
197 Von Arnim, Macht, S. 53.
198 LT Hessen, Drs. 9/4870 v. 22.6.1981.
199 Vgl. LT Hessen, Präs. Dr. Wagner, Plpr. 9/57 v. 22.6.1981 S. 3552-3555 u. Plpr. 9/58 v. 23.6.1981 S. 3593. Eingehend hierzu von Arnim, Macht, S. 53 ff.
200 LT RhPf., Drs. 10/1560 v. 20.6.1985.
201 LT RhPf., Drs. 10/1589 v. 27.6.1985.

Schließlich erhielten, so der Landtagspräsident, auch Beamte und kommunale Wahlbeamte diese Zahlung.[202] Damit widersprach der Landtag der Stellungnahme des Sachverständigengremiums,[203] das daraufhin zurücktrat. In Thüringen wurde die dreizehnte Entschädigung bei der Begründung des Gesetzentwurfs noch nicht einmal erwähnt, geschweige denn, begründet.[204] Lediglich die Fraktion NF/Grüne/DJ äußerte sich insofern dazu, als sie bei der ersten Beratung am 10.1.1991 äußerte, sie bleibe bei der vom politisch-beratenden Ausschuß im Oktober 1990 vorgeschlagenen zwölfmaligen Zahlung.[205]

Ansonsten war die dreizehnte Entschädigung Gegenstand eines Gesetzentwurfs[206] der Fraktionen Neue Forum/Grüne/Demokratie Jetzt, der auf ihre Streichung abzielte. Der Gesetzentwurf verwies zur Begründung auf die nach dem Diätenurteil[207] verbotene Annäherung an besoldungsrechtliche Grundsätze und auf die verschleierte Erhöhung der Entschädigung sowie die mangelnde Transparenz. Im übrigen sei die Regelung auch angesichts der wirtschaftlichen und sozialen Lage Thüringens unerträglich und unsozial.[208] Dem schloß sich die LL/PDS an.[209] Der Antrag wurde jedoch abgelehnt, SPD und CDU verwiesen in der ersten Beratung[210] lediglich auf die beim Bundesverfassungsgericht anhängige Klage gegen das Thüringer Abgeordnetengesetz,[211] deren Streitgegenstand u.a. die dreizehnte Entschädigung ist. Die Thüringer Diätenkommission von 1992 nahm zur Sonderzahlung keine Stellung.[212]

Die dreizehnte Zahlung ist mit dem Status eines Abgeordneten nicht vereinbar. Die Sonderzuwendung stellt ihrer Natur und Zweckbestimmung nach eine am Ende des Jahres gezahlte Treueprämie bzw. Gratifikation für geleistete Dienste dar. Dies bedeutet eine Anlehnung an beamtenrechtliche Vor-

---

202 Vgl. LT RhPf., Präs. Dr. Volkert, Plpr. 10/47 v. 27.6.1985 S. 2678 f. u. Abg. Brandt, Plpr. 10/48 v. 28.6.1985 S. 2746.
203 RhPf. Kommission v. 1985 S. 2.
204 Siehe die beiden Lesungen des AbgG, LT Thür., Plpr. 1/8 v. 10.1.1991 S. 234 ff. u. 1/9 v. 30.1.1991 S. 292 ff.
205 LT Thür., Plpr. 1/8 S. 236.
206 Vgl. LT Thür., Drs. 1/156 v. 4.3.1991.
207 BVerfGE 40, 296 (316).
208 LT Thür., Drs. 1/156, Begründ. S. 5 f.; mdl. Begründ. Abg. Möller am 7.3.1991, Plpr. 1/12 S. 473 f. u. am 20.3.1991, Plpr. 1/13 S. 590 f.
209 LT Thür., Abg. Dr. Hahnemann, Plpr. 1/13 S. 591.
210 LT Thür., Abg. Dr. Stelzner u. Klein, Plpr. 1/12 S. 476 u. 477.
211 Az. 2 BvH 3/91.
212 Thür. Diätenkommission v. 1992 lt. Bericht des Präsidenten zur Angemessenheit der Entschädigung v. 25.3.1992, Plpr. 1/48 S. 3171 f.

schriften, die wegen des elementaren statusrechtlichen Unterschieds zwischen Abgeordneten, die rechtlich keine Dienste schulden, sondern in Unabhängigkeit ihr Mandat wahrnehmen und Beamten, die in einem öffentlichrechtlichen Dienst- u. Treueverhältnis stehen,[213] unzulässig ist.[214]
Darüberhinaus ist die dreizehnte Zahlung auch deswegen abzulehnen, weil sie in verschleiernder Weise die Entschädigung um ein Zwölftel erhöht und daher das aus dem Demokratie- und dem Rechtsstaatsprinzip folgende Transparenzgebot[215] bei Entscheidungen des Parlaments in eigener Sache tangiert.[216]

III. Öffentliche Bedienstete als Abgeordnete

Nach den Abgeordnetengesetzen ist die Ausübung bestimmter öffentlicher Ämter und Tätigkeiten wegen der Gefahr möglicher Interessenkollisionen und des Grundsatzes der Gewaltenteilung mit dem Landtagsmandat nicht vereinbar.

Vor dem Diätenurteil im Jahre 1975 gab es in einigen Bundesländern Regelungen, nach denen die ins Parlament gewählten Abgeordneten aus dem öffentlichen Dienst, die ein inkompatibles Amt hatten, in den Ruhestand traten und ein Ruhegehalt neben der Entschädigung bezogen. Diese Praxis wurde vom Bundesverfassungsgericht für verfassungswidrig erklärt, denn "eine Alimentation des Beamten für die Zeit, in der er trotz Dienstfähigkeit seiner Dienstpflicht nicht nachkommt und die geschuldete Dienstleistung nicht erbringt, gibt es außerhalb ... des Erholungsurlaubs, der Fortbildung und der kurzfristigen Dienstbefreiung nicht." Das Beamtenprivileg habe seine Berechtigung in dem Augenblick verloren, in dem der Abgeordnete angemessen alimentiert werde. Im übrigen verstoße die doppelte Alimentation aus öffentlichen Kassen gegen die gebotene einheitliche Entschädigung nach dem formalisierten Gleichheitssatz.[217]

---

213 BVerfGE 40, 296 (316); 76, 256 (341).
214 So schon die Materialien zum Entwurf eines Gesetzes zur Neuregelung der Rechtsverhältnisse der Mitglieder des Deutschen Bundestages vom 30.6.1976, BT-Drs. 7/5531 S. 7. Vgl. desweit. RhPf. Kommission v. 1985 S. 2; Maaß/Rupp S. 46 f.; Pestalozza, NJW 1987, 818 (820); Hess. Präsidentenbeirat S. 13 f.; SH Kommission v. 1989 S. 6; Kommission d. Landtagsdirektoren S. 13 f.; Nds. Kommission v. 1987 S. 5 f.; Kissel-Kommission S. 10.
215 Vgl. BVerfGE 40, 296 (327).
216 Von Arnim, Die Partei, S. 146 f.; Wieland, Zur Verfassungsmäßigkeit des Thüringer Abgeordnetengesetzes, S. 3.
217 BVerfGE 40, 296 (322, 307).

Die anschließend in einigen Ländern eingeführten Ausgleichsbeträge für öffentliche Bedienstete mit einem unvereinbaren Amt wurden als Ersatz für das Ruhegehalt ebenfalls als verfassungswidrig angesehen.[218] Dagegen ist die teilweise Ausübung des Dienstes bei entsprechender Teilbesoldung mit dem Diätenurteil vereinbar, da es nur Einkommen verbietet, für das der Beamte keine Dienste leistet.[219]

Die neuen Länder haben in ihren Abgeordnetengesetzen keine Ruhegehälter oder Ausgleichsbeträge für Abgeordnete mit einem imkompatiblen Amt vorgesehen. Dies wäre wegen der "voll alimentierenden" Entschädigung auch unzulässig, da dann - unabhängig von der Frage eines Verstoßes gegen den formalisierten Gleichheitssatz - eine unangemessen hohe Überalimentation vorläge.[220] Es wird jedoch vertreten, Ausgleichsbeträge seien bei "Teilalimentationen" zulässig, weil sie als Quasi-Verdienstausfallentschädigung nicht dem formalen Gleichheitssatz unterfielen.[221] Dieser Frage wird hier, da solche Bestimmungen in den neuen Ländern nicht existieren, nicht weiter nachgegangen.

In den neuen Ländern umfaßt der Kreis der unvereinbaren Ämter und Tätigkeiten im wesentlichen Beamte und Richter des Landes, Angestellte im öffentlichen Dienst und Wahlbeamte auf Zeit. Es sind aber nicht alle Beamte und Angestellte im öffentlichen Dienst von der Inkompabilität betroffen. Bei den Beamten ist die Unvereinbarkeit in Mecklenburg-Vorpommern (§ 34 AbgG) und Sachsen-Anhalt (§ 34 AbgG) auf Beamte einer obersten Landesbehörde oder Leiter einer Landesbehörde beschränkt, in Sachsen (§ 29 AbgG) auf höhere Beamte ab einer mittleren Landesbehörde vom Amtmann aufwärts. Teilweise fallen nicht nur Angestellte juristischer Personen des Öffentlichen Rechts, sondern auch Angestellte, Geschäftsführer und Vorstandsmitglieder von Organisationen des Öffentlichen Rechts oder des Privatrechts, an denen das Land zu über 50% beteiligt ist, unter die Inkompabilitätsvorschriften, so in Sachsen (§ 29 AbgG) und auch Thüringen (§ 40 AbgG), dort aber nur leitende Angestellte.

---

218 Vgl. von Arnim, BK, Art. 48 Rz. 135, 141; ders., Entschädigung und Amtsausstattung, Rz. 70.
219 Vgl. von Arnim, BK, Art. 48 Rz. 140; ders., Entschädigung und Amtsausstattung, Rz. 69.
220 Vgl. Kloepfer, DVBl. 1979, 378 (382).
221 So Kloepfer, DVBl. 1979, 378 (382 f.); Henkel, DÖV 1975, 819 (820); Menger, VerwArch 1976, 303 (313 f.); a.A. Schlaich/Schreiner, NJW 1979, 673 (678 ff.). So rechtfertigen auch Bremen und Baden-Württemberg ihre Ausgleichszahlungen, obwohl in BW mit 6.900 DM Entschädigung (Stand Jan. 1993) faktisch eine "Vollalimentation" vorliegt.

Bei den Abgeordneten mit einem unvereinbaren Amt oder Arbeitsverhältnis ruhen die Rechte und Pflichten aus dem öffentlich-rechtlichen Dienstoder Arbeitsverhältnis. Nach Beendigung des Mandats sind die Betreffenden wiederzuverwenden. Die Zeit der Parlamentsmitgliedschaft wird in allen neuen Ländern außer Brandenburg nicht als Dienstzeit im Sinne des Versorgungsrechts angerechnet, bzw. in Thüringen nur dann versorgungsrechtlich angerechnet, wenn weder ein Anspruch noch eine Anwartschaft auf Altersentschädigung erworben wurde.[222] In Brandenburg kann es bedenklicherweise zur zweifachen Berücksichtigung der Mandatszeit einmal bei der Abgeordnetenversorgung und zum anderen bei der Beamtenversorgung kommen.

Für Abgeordnete, die ein mit dem Mandat vereinbares öffentliches Amt oder Arbeitsverhältnis haben, gibt es in den Ländern Mecklenburg-Vorpommern, Sachsen-Anhalt und Sachsen die Möglichkeit, die Arbeitszeit auf 40%[223] bzw. bis auf 30%[224] zu ermäßigen bei entsprechend niedrigeren Bezügen. Diese Abgeordneten sind also nicht, wie Abgeordnete mit einem unvereinbaren öffentlichen Amt, völlig auf die Abgeordnetenentschädigung zum Bestreiten ihres Lebensunterhalts angewiesen, haben dann aber auch die dienstrechtliche Verpflichtung zur Teilzeitarbeit neben dem Mandat.

D. Funktionszulagen

I. Erscheinungsbild der Funktionszulagen

Nicht nur für den Landtagspräsidenten und die Vizepräsidenten, wie allgemein üblich und anerkannt, sondern darüberhinaus für die Ausübung bestimmter weiterer Funktionen[225] im Parlament und in den Fraktionen gibt es in einigen neuen und alten Ländern zusätzliche Entschädigungen, die nach den Abgeordnetengesetzen gewährt werden[226] oder die die Fraktionen aus

---

222 AbgG: Brdb. § 30 III, MVp. § 37 III, Sachs. § 32 III, SAnh. § 37 III, Thür. § 36 I.
223 §§ 42 f., 45 AbgG MVp., §§ 42 f. AbgG SAnh.
224 § 37 AbgG Sachs.
225 Zu den Organen des Parlaments und ihren Aufgaben im einzelnen: Zeh, Gliederung und Organe des Bundestags, in: Schneider/Zeh (Hrsg.), Parlamentsrecht u. -praxis, § 42 Rz. 27-50; ders., Parlamentarisches Verfahren, a.a.O., § 43 Rz. 57-63. Zur Organisation der Fraktionen siehe Kretschmer, Fraktionen, S. 94-121; von Mangoldt/Klein/Achterberg/Schulte, GG, Art. 38 Rz. 97-104.
226 Hessen, Rheinland-Pfalz, Schleswig-Holstein, Saarland, Mecklenburg-Vorpommern, Sachsen-Anhalt, Thüringen.

ihren Mitteln für die Ausübung von Fraktionsfunktionen zahlen.[227] In den neuen Ländern bezahlen, soweit bekannt, nur die Fraktionen in Sachsen den Inhabern von Fraktionsfunktionen Zusatzentschädigungen aus ihren Haushaltsmitteln.

Es wird zu klären sein, ob derartige Zahlungen überhaupt zulässig sind, denn nach dem vom Bundesverfassungsgericht entwickelten sogenannten formalisierten Gleichheitssatz[228] könnten - außer beim Parlamentspräsidenten und den Vizepräsidenten, die insoweit eine besondere verfassungsrechtliche Stellung besitzen - Abweichungen von einer einheitlichen alimentativen Entschädigung verfassungswidrig sein.

1. Personenkreis und Höhe der Funktionszulagen

Zulagenbedacht sind in den neuen Ländern - in unterschiedlicher Zusammensetzung - folgende Ämter:

- **Landtagspräsident**
Der Landtagspräsident vertritt als dessen Spitze das Parlament nach außen, regelt dessen Geschäfte und soll bei seiner gerechten und unparteiischen Verhandlungsleitung im Plenum und im Ältestenrat bzw. Präsidium die Rechte des gesamten Parlaments vor Augen haben.[229] Der Präsident erhält eine Funktionszulage in Höhe von 100% der Grundentschädigung.
- **Vizepräsidenten**
Die Vizepräsidenten vertreten den Präsidenten bei der Leitung der Verhandlungen und bei den Geschäften und wirken ebenfalls im Ältestenrat bzw. Präsidium mit. Die zusätzliche Enschädigung der Vizepräsidenten beträgt 50% der normalen Entschädigung, in Thüringen 70%.
- **Ausschußvorsitzende**
Den Ausschußvorsitzenden obliegt die Vorbereitung, Einberufung und Leitung der Ausschußsitzungen. Zu diesem Zweck sprechen sie sich mit den Vorsitzenden der Fraktionsarbeitskreise über Termine, Tagesordnung und Dauer der Sitzungen, sowie über die Planung von Anhörungen

---

227 Zu den Funktionszulagen aus den Fraktionskassen in den alten Ländern siehe insbes. von Arnim, BK, Art. 48 Rz. 124; ders., Die Partei, S. 173 f., Kommission der Landtagsdirektoren S. 17.
228 Siehe II. 1. und 2.
229 Vgl. Zeh, Gliederung und Organe des Bundestags, a.a.O., § 42 Rz. 29 ff.; Grosse-Sender, in: Schneider/Zeh, Parlamentsrecht u. -praxis, § 64 Rz. 10.

etc. ab.[230] Die Ausschußvorsitzenden erhalten eine erhöhte Entschädigung von 20-40% der Grundentschädigung.[231]
- **Fraktionsvorsitzende**
Die Fraktionsvorsitzenden sind als führende Mitglieder des Fraktionsvorstandes für die gesamte Politik ihrer Fraktion nach innen und außen verantwortlich, für die Koordination der Politikbereiche in der Fraktion zuständig und stellen die Hauptsprecher ihrer Fraktion im Plenum und in der Öffentlichkeit dar.[232] Ihre Zusatzentschädigung beträgt 100% der normalen Entschädigung.
- **Stellvertretende Fraktionsvorsitzende**
Die Stellung und Aufgaben der stellvertretenden Fraktionsvorsitzenden ergibt sich aus der Vertretung der Fraktionsvorsitzenden und daraus, daß sie ebenfalls Mitglieder im Fraktionsvorstand sind.[233] Die Höhe ihrer Zulage liegt zwischen 25 und 40% der Grundentschädigung.[234]
- **Parlamentarische Geschäftsführer der Fraktionen**
Den parlamentarischen Geschäftsführern der Fraktionen obliegt als "Vollzugsmanagement" die Erledigung der organisatorischen, juristischen und parlamentarischen laufenden Arbeiten der Fraktion nach deren Verteilung durch den Fraktionsvorstand, in welchem sie Mitglied sind. Außerdem unterstützen sie den Fraktionsvorsitzenden bei der Koordination der Fraktions-Diskussionsbeiträge im Plenum und treffen interfraktionelle Absprachen mit den anderen Fraktionen.[235] Sie bekommen eine Zusatzentschädigung von 50-75% der Grundentschädigung.[236]
- **Vorsitzende der Fraktionsarbeitskreise**
Sie leiten die fachlich meist parallel zu den Ausschüssen eingerichteten Fraktionsarbeitskreise. Dabei koordinieren sie fraktionsintern die Politik der Fraktion im Ausschuß, sorgen dafür, daß in den Ausschüssen die Fraktionslinie vertreten wird und sind für ihren Zuständigkeitsbereich Sprecher der Fraktion im Plenum.[237] Die Vorsitzenden der Fraktionsar-

---

230 Zeh, Parlamentarisches Verfahren, a.a.O., § 43 Rz. 57 f.
231 20% in SAnh., 30% in MVp., 40% in Thür., - in Sachs.
232 Vgl. Kretschmer, Fraktionen, S. 115 f.; s.a. von Mangoldt/ Klein/Achterberg/Schulte, GG, Art. 38 Rz. 100.
233 Kretschmer, Fraktionen, S. 113 f.; von Mangoldt/ Klein/Achterberg/Schulte, GG, Art. 38 Rz. 99 f.
234 25% in Sachs., 30% in MVp. u. SAnh., 40% in Thür.
235 Kretschmer, Fraktionen, S. 117; von Mangoldt/Klein/ Achterberg/Schulte, GG, Art. 38 Rz. 103.
236 50% in Sachs., 60% in SAnh., 70% in Thür., 75% in MVp.
237 Kretschmer, Fraktionen, S. 107 f.

beitskreise erhalten Zulagen von 20-25% der Grundentschädigung,[238] nicht jedoch in Thüringen.
- **Schatzmeister der Fraktionen**
Für die Verwaltung der Finanzen der Fraktionen erhalten die Schatzmeister in Sachsen eine Zusatzentschädigung aus den Fraktionskassen in Höhe von 25% der Grundentschädigung.

Nach diesem Katalog von zulagenbedachten Funktionen erhalten in Mecklenburg-Vorpommern und Sachsen-Anhalt ungefähr zwei Drittel aller Abgeordneten Zusatzentschädigungen, in kleineren Fraktionen bekommt sogar jeder Abgeordnete eine Zulage. In Thüringen und Sachsen erhalten immerhin noch ca. ein Drittel der Abgeordneten Funktionszulagen.[239] In Sachsen kommt dazu noch eine größere Anzahl von Abgeordneten, die eine höhere Amtsaufwandsentschädigung erhalten.[240]

2. Entstehung und Begründung der Funktionszulagen

a) Mecklenburg-Vorpommern

Die Funktionszulagen Mecklenburg-Vorpommerns nach § 6 II AbgG basieren auf der Beschlußempfehlung des Rechtsausschusses vom 16.11.1990.[241] Der Berichterstatter des Ausschusses Dr. Buske begründete die Zulagen in der zweiten Lesung des Entwurfs des Abgeordnetengesetzes wie folgt:

"Der Ausschuß ist sich bewußt, daß das ... Prinzip der Funktionszulagen von den Juristen in den Altbundesländern breit diskutiert wird. Daß von einem unterschiedlichen Arbeitsanfall in den einzelnen Funktionen auszugehen ist, wird von niemandem bestritten. Diskutiert wird allein, wie dem Rechnung zu tragen ist. Nach Abwägung aller Argumente hat sich der Ausschuß für das hier vorgelegte Prinzip entschlossen, da es für die Öffentlichkeit anderen Verfahrensweisen gegenüber das durchsichtigere ist."[242]

Für die Erhöhung der Funktionszulagen für Fraktionsvorsitzende von 90 auf 100% der Grundentschädigung und für Vorsitzende der Fraktionsarbeitskreise von 20 auf 25% der Grundentschädigung zum 1.12.1991 lautete die Begründung des Gesetzentwurfs der Fraktionen von CDU, SPD und FDP

---

238 20% in SAnh., 25% in MVp. u. Sachs.
239 Nach Angaben in den Handbüchern der Landtage. Haushpl. Sachs. 1993, Einzelpl. 01, Titel 684 04: von 160 Abg. bekommen ca. 55 Zulagen.
240 Siehe H. III. 2.
241 LT MVp., Drs. 1/35 v. 16.11.1990.
242 LT MVp., Abg. Dr. Buske, Plpr. 1/4 v. 29.11.1990 S. 70.

lediglich, die Funktionszulagen würden der Aufgabenbelastung angepaßt.[243] Weitere Worte wurden darüber auch nicht in der gleichzeitigen ersten und zweiten Lesung am 27.11.1991 verloren,[244] die mangels Aussprache sehr schnell vonstatten ging.

Das "Sachverständigengremium zur Überprüfung der Angemessenheit der Entschädigung" verzichtete in seinem Bericht vom 7.5.1993 "mit Rücksicht auf die beim Bundesverfassungsgericht anhängigen Verfahren auf eine Stellungnahme" zu den Funktionszulagen.[245]

b) Sachsen

In Sachsen können die Fraktionen gemäß § 6 VI S. 3 AbgG den Inhabern von Fraktionsfunktionen Zusatzentschädigungen aus ihren Mitteln zahlen. Gemäß seiner Überschrift bezieht sich § 6 nur auf Aufwandsentschädigungen. Bei den erwähnten Fraktionsfunktionszulagen handelt es sich aber nicht um steuerfreie Aufwandsentschädigungen, sondern um steuerpflichtige Entschädigungen. Deshalb ist die Einordnung unter dem Begriff der "Aufwandsentschädigung" falsch. Sie läßt sich nur aus dem Zusammenhang mit den in Satz 1 genannten Amtsaufwandsentschädigungen erklären. Aus diesem Grund werden die aus staatlichen Mitteln gewährten Zusatzentschädigungen für Fraktionsfunktionen, deren Personenkreis und Höhe sich aus dem Haushaltsplan unter dem Titel der "Fraktionszuschüsse" ergibt,[246] hier wie die nach den Abgeordnetengesetzen gezahlten Funktionszulagen in den anderen Ländern behandelt.

Die Zahlung der Funktionszulagen aus den Fraktionsmitteln beruht auf einer Beschlußempfehlung des Verfassungs- und Rechtsausschusses.[247] Der Abgeordnete Schimpff bezeichete dies in der Beratung als "Weg der Offenheit," da im Abgeordnetengesetz gesagt würde, daß etwas gezahlt werde und im Haushaltsgesetz erkennbar sei, wieviel das sei.[248] Diese Beurteilung kann indes nicht geteilt werden, da sich Höhe und Kreis der Berechtigten der Zusatzentschädigung erst aus dem Haushaltsplan ergibt, was gerade nicht offen und transparent ist.

---

243 LT MVp., Drs. 1/1041 Stand 12.12.1991 u. Drs. 1/1042 v. 27.11.1991.
244 LT MVp., Plpr. 1/35 v. 27.11.1991 S. 1645.
245 LT MVp., Drs. 1/3149 v. 13.5.1993 S. 12.
246 Haushpl. Sachs. 1991 u. 1992, Einzelpl. 01, Titel 684 01 m. Erläut.
247 LT Sachs., Drs. 1/136 A v. 20.2.1991.
248 LT Sachs., Abg. Schimpff, Plpr. 1/11 v. 21./22.2.1991 S. 528.

An die Schaffung "direkter" Funktionszulagen nach dem Abgeordnetengesetz[249] hatte man auch einmal gedacht, wie aus einem Bericht des Verfassungs- und Rechtsausschusses zu dem Entwurf des Abgeordnetengesetzes hervorgeht.[250] Dabei sollte der Kreis der Funktionsträger außer den Fraktionsvorsitzenden und ihren Stellvertretern, den Ausschußvorsitzenden, den Parlamentarischen Geschäftsführern und den Vorsitzenden der Fraktionsarbeitskreise noch die übrigen Präsidiumsmitglieder und den stellvertretenden Vorsitzenden des Petitionsausschusses umfassen. Die zusätzlichen Amtsaufwandsentschädigungen sollten gleichzeitig gestrichen werden.[251] Diese Überlegungen wurden jedoch schnell wieder verworfen.[252]

c) Sachsen-Anhalt

Die Funktionszulagen Sachsen-Anhalts (§ 6 II AbgG) beruhen auf einem Gesetzentwurf eines Abgeordnetengesetzes aller Fraktionen vom 29.11.1990.[253] Die Begründung des Gesetzentwurfs ging jedoch auf die Zulagen nicht ein,[254] ebensowenig wie die zwei direkt aufeinanderfolgenden Lesungen.[255] Auch die Diätenkommission behandelte in ihrem Bericht vom 24.5.1991 die Funktionszulagen nicht.[256] Erst bei Beratung der Stellungnahme des Landtags zu den beim Bundesverfassungsgericht anhängigen Verfahren gegen die Abgeordnetengesetze von Thüringen und Rheinland-Pfalz führte der Berichterstatter des Justizausschusses Koch aus, der Landtag habe bei der Beschlußfassung des Abgeordnetengesetzes für Abgeordnete mit besonderen parlamentarischen Funktionen zwingende Gründe für Abweichungen vom formalisierten Gleichheitssatz gesehen. Dabei habe sich der Sachsen-Anhaltinische Landtag auch von der Praxis in den alten Ländern leiten lassen, wo, gebe es keine Zusatzentschädigung nach dem Abgeordnetengesetz, die Fraktionen aus ihren Mitteln den Funktionsinhabern zusätzliche Beträge zuwendeten. Es sei jedoch transparenter, die Zulagen in das Abgeordnetengesetz zu übernehmen. Im übrigen unterlägen die Abgeordneten mit besonderen parlamentarischen Funktionen gerade unter den Bedingungen des Aufbaus des Parlamentarismus und der Schaffung einer neuen Rechtsordnung in den

---

249 Im Gegensatz zu den "indirekten" Funktionszulagen über die "Fraktionszuschüsse".
250 LT Sachs., Drs. 1/136 B, S. 3 f. zu § 5 II.
251 LT Sachs., Drs. 1/136 B, S. 5 zu § 6 V a.F.
252 LT Sachs., Drs. 1/136 B, S. 10 zu § 5.
253 LT SAnh., Drs. 1/40.
254 LT SAnh., Anlage zu Drs. 1/40.
255 LT SAnh., Plpr. 1/5 v. 6.12.1990 S. 22-28.
256 LT SAnh., Drs. 1/601.

neuen Ländern besonders hohen zeitlichen Belastungen, die keine weitere
Berufstätigkeit zuließen.[257]

d) Thüringen

Die bereits im Gesetzentwurf[258] der Fraktionen von CDU, SPD und FDP
vorgesehenen Funktionszulagen nach § 5 II AbgG erläuterte der Landtagspräsident Dr. Müller während der ersten Lesung des Abgeordnetengesetzes
am 10.1.1991 dahingehend, aus der Wertung der Fraktionsarbeit als entscheidender Voraussetzung für eine leistungsfähige Parlamentsarbeit ergäbe
sich auch die Rechtfertigung der Funktionszulagen. Es sei zwar umstritten,
ob eine solche Differenzierung zulässig sei, insbesondere nach der vom Diätenurteil verlangten Gleichbehandlung aller Abgeordneten. Es könne aber
gewagt werden, auf eine Weiterentwicklung der Rechtssituation zu vertrauen.[259] Nur die Fraktion Neues Forum/Grüne/Demokratie Jetzt sprach sich
gegen die Funktionszulagen aus.[260] Der federführende Justizausschuß beschäftigte sich zwar in seiner Sitzung am 18.1.1991 mit den Zusatzentschädigungen,[261] verlor aber in seiner Beschlußempfehlung vom 22.1.1991[262]
ebensowenig ein Wort dazu wie die Berichterstatterin Grosse bei der zweiten Lesung.[263]

Die Fraktion Neues Forum/Grüne/Demokratie Jetzt machte die Streichung der Funktionszulagen (mit Ausnahme derjenigen für Präsident und
Vizepräsidenten) am 4.3.1991 zum Gegenstand eines Gesetzentwurfs.[264] Sie
begründete die weitgehende Abschaffung der Zulagen mit der großen Anzahl von höher bezahlten Funktionsträgern und mit dem formalisierten
Gleichheitssatz des Diätenurteils. Außerdem gehörten die parlamentarischen
Funktionen der Ausschußvorsitzenden, Fraktionsvorsitzenden und parlamentarischen Geschäftsführer zur originären Aufgabenerfüllung und seien daher
durch die Grundentschädigung abgegolten. Die Zulagen führten zur Inflationierung von Funktionen, nur um in den Genuß der Zulagen zu gelangen.
Die betreffenden Funktionen repräsentierten auch nicht wie der Präsident
das ganze Verfassungsorgan Landtag. Nur aus der Vertretung des gesamten
Parlaments rechtfertige sich aber die höhere Entschädigung für den Präsi-

---

257 LT SAnh., Abg. Koch, Plpr. 1/25 v. 5./6.12.1991 S. 89.
258 LT Thür., Drs. 1/48 v. 20.12.1990.
259 LT Thür., Präs. Dr. Müller, Plpr. 1/8 S. 235.
260 LT Thür., Abg. Grabe, Plpr. 1/8 S. 236.
261 LT Thür., Prot. d. Sitz. d. Justizausschusses v. 18.1.1991, TOP 3.
262 LT Thür., Drs. 1/85.
263 LT Thür., Plpr. 1/9 v. 30.1.1991 S. 292 f.
264 LT Thür., Drs. 1/156.

denten. Eine umfangreichere parlamentarische Tätigkeit rechtfertige hingegen keine höhere Entschädigung, zumal es kein Maß für die Aktivität des Abgeordneten, sein Engagement in einzelnen parlamentarischen Funktionen, gebe. Es bestünden ferner Manipulationsmöglichkeiten, etwa die Schaffung von neuen Ausschüssen, um an die Zulagen zu gelangen. Schließlich sei die Differenzierung der Zulagen von 40-100% der Grundentschädigung rein willkürlich und nicht sachlich bedingt.[265] In der Beratung des Gesetzentwurfs schloß die Fraktion LL/PDS sich der Initiative an.[266] Dagegen verwiesen die Fraktionen von CDU und SPD lediglich auf das erwartete Urteil des Bundesverfassungsgerichts[267] und ließen den Entwurf scheitern.

Die vom Präsidenten des Thüringer Landtags eingesetzte unabhängige Kommission äußerte sich in ihrem Bericht von 1992 nicht zur Frage der Zulässigkeit und Begründung der Funktionszulagen.[268] Das könnte auch an ihrem eingeschränkten Auftrag zur "Stellungnahme zur Angemessenheit der Grundentschädigung und der Aufwandsentschädigung und erforderlichenfalls Empfehlungen zur Anpassung" gelegen haben.

3. Funktionszulagen in den alten Ländern

Die Funktionszulagen Mecklenburg-Vorpommerns, Sachsen-Anhalts und Thüringens stammen von der schleswig-holsteinischen Regelung ab. In Hessen, Rheinland-Pfalz und im Saarland bekommen nur die Fraktionsvorsitzenden erhöhte Entschädigungen.

a) Hessen

Als erstes Bundesland hat Hessen im Jahre 1988 eine zusätzliche ruhegehaltsfähige Entschädigung für Fraktionsvorsitzende in Höhe von 100% der Grundentschädigung nach dem Abgeordnetengesetz eingeführt.[269] Grundlage hierfür war ein Gesetzentwurf der Fraktionen von CDU, SPD und FDP.[270] Landtagspräsident Lengemann begründete die Zulage mit der "faktischen

---

265 Vgl. die Begründung des Gesetzentwurfs, LT Thür., Drs. 1/156, insbes. S. 5; Abg. Möller, Plpr. 1/12 v. 7.3.1991 S. 473 f.; ders., Plpr. 1/13 v. 20.3.1991 S. 590 f.
266 LT Thür., Abg. Dr. Hahnemann, Plpr. 1/13 S. 591.
267 LT Thür., Abge. Dr. Stelzner u. Klein, a.a.O. S. 476 f.
268 Bericht des Präsidenten zur Angemessenheit der Entschädigung, LT Thür., Plpr. 1/48 v. 25.3.1992 S. 3171 f.
269 § 5 II AbgG Hess. i.d.F.v. 11.2.1988, GVBl. I S. 62.
270 LT Hess., Drs. 12/1489 v. 26.1.1988.

Sonderbelastung" der Fraktionsvorsitzenden.[271] Vizepräsident Dr. Lang fügte hinzu, der Fraktionsvorsitzende sei nach seiner Funktion mit den Maßstäben eines Ministers zu messen, weswegen er eine entsprechende Dotierung erhalten solle.[272]

b) Rheinland-Pfalz

Die Funktionszulagen für Fraktionsvorsitzende in Rheinland-Pfalz gibt es seit der Änderung des Abgeordnetengesetzes von 1989.[273] Basis dafür war die Beschlußempfehlung des Haushalts- und Finanzausschusses.[274] Gerechtfertigt wurde die zusätzliche Entschädigung mit "der Bedeutung des Amtes der Fraktionsvorsitzenden und ihrer hohen Arbeitsbelastung". Indem diese wesentlich zur Sicherung des Arbeitsablaufs im Parlament beitrügen, übten die Fraktionsvorsitzenden eine Tätigkeit aus, die für die Funktionsfähigkeit des Parlaments von herausragender Bedeutung sei. Auch schließe ihre zeitliche Inanspruchnahme die Ausübung einer Erwerbstätigkeit neben Mandat und Fraktionsvorsitz faktisch aus.[275]

c) Schleswig-Holstein

Der Landtag in Schleswig-Holstein hat im Jahr 1990 diverse Funktionszulagen aufgrund einer entsprechenden Stellungnahme der Diätenkommission von 1989 eingeführt.[276] Diese sah zwingende Gründe für Abweichungen vom Grundsatz der formalisierten Gleichbehandlung der Abgeordneten und hielt deswegen eine erhöhte Entschädigung für Fraktionsvorsitzende und deren Stellvertreter, die parlamentarischen Geschäftsführer der Fraktionen, die Ausschußvorsitzenden und die Vorsitzenden der Fraktionsarbeitskreise für geboten. Die Kommission war der Auffassung, die Arbeitsfähigkeit des Parlaments und die materielle Gerechtigkeit rechtfertigten für die genannten Funktionen eine zusätzliche Entschädigung. Denn diese Abgeordneten übten nicht nur ihr Mandat aus, sondern hätten herausgehobene Funktionen im Parlament bzw. den Fraktionen inne, welche die innere Organisation des

---

271 LT Hess., Plpr. 12/29 v. 2.2.1988 S. 1540.
272 LT Hess., Plpr. 12/29 v. 2.2.1988 S. 1540 f.
273 § 5 II AbgG RhPf. i.d.F.v. 21.11.1989, GVBl. S. 240.
274 LT RhPf., Drs. 11/3166 v. 27.10.1989.
275 LT RhPf., Abg. Heinz, Plpr. 11/65 v. 2.11.1989 S. 4582, ähnl. Abg. Mohr, a.a.O. S. 4573, Abg. Kutscheid, a.a.O. S. 4576 f., dagegen nur die Grünen, Abg. Bill, a.a.O. S. 4584 f.
276 § 6 II AbgG SH i.d.F.v. 15.7.1990, GVBl. S. 437.

Parlaments prägten. [277] Diese Funktionen würden den Abgeordneten nicht durch das Volk, sondern aufgrund besonderer Wahl- oder Bestellungsakte durch die Mitglieder des Parlaments übertragen. Mit den Funktionen sei eine besondere Verantwortung für die Parlamentsarbeit verbunden, der besondere Pflichten und nicht nur zeitliche Belastungen entsprächen.[278] Außerdem stünden die besonderen Funktionsträger ohne die zusätzliche Entschädigung finanziell schlechter als einfache Abgeordnete, die neben dem Mandat noch eher wenigstens teilweise ihrem Beruf nachgehen könnten, was den Funktionsträgern aufgrund ihrer zeitlichen Belastung meist nicht möglich sei.[279] Darüberhinaus meinte die Kommission, die Zahlung von Funktionszulagen nach dem Abgeordnetengesetz sei transparenter und für die Öffentlichkeit besser kontrollierbar als die vielfach praktizierten undurchschaubaren Zahlungen aus den Fraktionskassen.[280]

Die Schleswig-Holsteinische Kommission von 1992 empfahl, den Kreis der zulagenberechtigten Funktionsträger einzuschränken und auf die Fraktionsgröße abzustimmen, damit nicht, wie es gegenwärtig noch der Fall ist, eine unverhältnismäßig große Zahl von Abgeordneten eine erhöhte Entschädigung erhält. Es sei untragbar, daß bei kleineren Fraktionen jedes Mitglied eine zusätzliche Entschädigung bekomme.[281] Dieser Kritik schloß sich die Landtagspräsidentin an und schlug in Übereinstimmung mit einem Gesetzentwurf[282] der SPD-Fraktion und des SSW-Abgeordneten vor, die Zahl der stellvertretenden Fraktionsvorsitzenden auf einen je angefangene 15 Mitglieder, höchstens aber 3, zu begrenzen.[283] Dieser Vorschlag wurde bei der Änderung des Abgeordnetengesetzes im Dezember 1992 berücksichtigt.[284] Dagegen blieb der darüberhinausgehende Gesetzentwurf der FDP-Fraktion, der auch einen Wegfall der Funktionszulagen für die Vorsitzenden der Fraktionsarbeitskreise forderte, erfolglos.[285]

---

277 SH Kommission v. 1989 S. 12 f. Daran anschließend der Bericht der Präsidentin, Drs. 12/300 v. 13.4.1989. Vgl. auch die Lesungen des Gesetzentwurfs, Plpr. 12/56 v. 12.6.1990 S. 3352-3361 u. Plpr. 12/58 v. 26.6.1990 S. 3411-3418.
278 Insoweit wie Seuffert, Sondervotum, BVerfGE 40, 330 (340).
279 Insoweit wie von Arnim, BK, Art. 48 Rz. 25.
280 SH Kommission v. 1989 S. 15 f.
281 SH Kommission v. 1992 S. 17 f.
282 LT SH, Drs. 13/308 v. 9.9.1992.
283 Bericht der LTpräs. SH, Drs. 13/280 v. 1.9.1992 S. 280.
284 Änderung des AbgG SH (§ 6 III) v. 18.12.1992, GVBl. S. 534.
285 LT SH, Drs. 13/278 v. 28.8.1992; vgl. dazu Abg. Kubicki, Plpr. 13/7 v. 9.9.1992 S. 430.

d) Saarland

Seit dem Jahr 1991 gewährt auch das Abgeordnetengesetz des Saarlands eine Zulage für die Fraktionsvorsitzenden.[286] Begründet wurde die Neuerung aufgrund eines Gesetzentwurfs von SPD, CDU und FDP[287] mit ähnlichen Argumenten wie in Schleswig-Holstein und den anderen genannten Ländern. So sagte Landtagspräsident Herold, die erhöhte Entschädigung sei auch für Fraktionsvorsitzende geboten, da die Fraktionen als zentrale Institutionen des Parlaments für dessen Funktionsfähigkeit von herausragender Bedeutung seien. In Anbetracht der Stellung der Fraktionsvorsitzenden im Gefüge des Parlaments und der ihnen obliegenden Arbeitslast bei der Mitwirkung an der Organisation der Tätigkeit des Parlaments müsse ihnen, in Gleichstellung mit dem Präsidenten, eine erhöhte Entschädigung zugestanden werden.[288]

II. Beurteilung der Funktionszulagen

1. Verbot der Funktionszulagen durch das Diätenurteil

Das Bundesverfassungsgericht ist im Diätenurteil[289] davon ausgegangen, aufgrund des formalisierten Gleichheitssatzes stehe jedem Abgeordneten eine gleich hoch bemessene alimentative Entschädigung zu, unabhängig davon, ob die Inspruchnahme durch die parlamentarische Tätigkeit größer oder geringer oder ob der individuelle finanzielle Aufwand verschieden hoch sei. Denn der Gleichheitssatz fordere für den Sachbereich der Wahlen in Bund und Ländern, jeder müsse nicht nur sein aktives und passives Wahlrecht, sondern auch das darauf beruhende Mandat in formal möglichst gleicher Weise ausüben können. Das Grundgesetz kenne im Wahl- und Parlamentsrecht keine für den Status des Abgeordneten erheblichen besonderen, in seiner Person liegenden Umstände, die eine Differenzierung innerhalb des Status rechtfertigen könnten, weshalb alle Parlamentsmitglieder einander formal gleichgestellt seien. Eine Ausnahme hiervon sei aus zwingenden Gründen nur für den Parlamentspräsidenten und seine Stellvertreter anzuerkennen, da deren angemessene Entschädigung dadurch mitbestimmt werde, daß sie an der Spitze eines obersten Verfassungsorgans stehen. Die

---

286 § 5 II AbgG Saarl. i.d.F.v. 27.2.1991, Amtsbl. S. 430.
287 LT Saarl., Drs. 10/357 v. 4.2.1991.
288 LT Saarl., Präs. Herold, Plpr. 10/13 v. 6.2.1991 S. 631. Vgl. auch Abg. Gruschke, Plpr. 10/14 v. 27.2.1991 S. 680.
289 BVerfGE 40, 296 (317 f.).

einheitliche Entschädigung mit Alimentationscharakter schließe deshalb alle weiteren, der Höhe nach differenzierten, individuellen oder pauschalierten finanziellen Leistungen an einzelne Abgeordnete aus öffentlichen Mitteln aus, die nicht einen Ausgleich für sachlich begründeten, besonderen, mit dem Mandat verbundenen Aufwand darstellten. Danach würden u.a. gestaffelte Diäten für Abgeordnete mit besonderen parlamentarischen Funktionen entfallen müssen.

Damit hat das Bundesverfassungsgericht Funktionszulagen für besondere Funktionen im Parlament - außer für die Präsidenten und die Vizepräsidenten - für unzulässig erklärt. Dabei hat es nicht nur die parlamentarischen Funktionen im engeren Sinne, sondern auch die besonderen Funktionen in den Fraktionen gemeint, zumal diese als Gliederungen und Einrichtungen des Parlaments dem parlamentarischen Bereich zuzurechnen sind.[290]

2. Der formalisierte Gleichheitssatz

Der vom Bundesverfassungsgericht gegen die Funktionszulagen angeführte formalisierte[291] Gleichheitssatz läßt Differenzierungen nur bei Vorliegen eines besonderen rechtfertigenden und zwingenden Grundes zu. Dem Gesetzgeber sind erheblich engere Grenzen gezogen als bei dem bloßen Willkürverbot des allgemeinen Gleichheitssatzes.[292]

Entwickelt wurde der formalisierte Gleichheitssatz vom Bundesverfassungsgericht erstmals in einer Entscheidung vom 5.4.1952, in der es um eine 7,5%-Klausel im schleswig-holsteinischen Landeswahlrecht ging.[293] Dort hat das Gericht den formalisierten Gleichheitssatz nicht nur auf das Wahlrecht des einzelnen Bürgers nach Art. 38 I S. 1 GG, sondern auch auf die Mitwirkung der politischen Parteien an den Wahlen bezogen. So sei eine Beeinträchtigung von Parteien bei der Verhältniswahl nur zulässig, wenn sie durch zwingende Gründe gerechtfertigt werden könne. Denn jede Wählerstimme müsse aufgrund der demokratischen Gleichheit aller Staatsbürger

---

290 Vgl. Linck, ZParl 1976, 54 (57, 59).
291 Zu der hier nicht vorgenommenen begrifflichen Differenzierung zwischen dem strengen und dem formalisierten Gleichheitssatz siehe von Arnim, DÖV 1984, 85 ff., insbes. S. 87 f.
292 Vgl. von Arnim, DVBl. 1983, 712 (713); v. Mangoldt/Klein/ Achterberg/Schulte, GG, Art. 38 Rz. 128.
293 BVerfGE 1, 208 (248 f., 255). Seitdem std. Rspr., vgl. BVerfGE 4, 375 (382 f.); 11, 266 (272); 11, 351 (360 f.); 12, 10 (25); 12, 73 (77); 36, 139 (141); 40, 296 (317); 51, 222 (234 ff.); 58, 177 (190); 69, 92 (106); 78, 350 (358); 79, 169 (170 f.).

nicht nur den gleichen Zählwert, sondern auch den gleichen Erfolgswert haben.[294]

In Fortführung dieses Ansatzes ist der formalisierte Gleichheitssatz ausgedehnt worden vom gesamten Wahlverfahren auf andere Bereiche der Mitwirkung an der politischen Willensbildung, etwa die staatliche Parteienfinanzierung, die Verteilung von Sendezeit für Wahlwerbung der Parteien in Rundfunk und Fernsehen, die Regelung der Abgeordnetenentschädigung[295] und die Ausübung des Mandats.[296]

Konzeptioneller Ausgangspunkt für den formalisierten Gleichheitssatz bildet demnach die demokratische formale Gleichheit des Bürgereinflusses auf die politische Willensbildung. Davon wird die Chancengleichheit der Parteien abgeleitet.[297]

Die Begründung für die Strenge des Gleichheitssatzes auf dem Gebiet der Mitwirkung an der politischen Willensbildung liegt zum einen in dem besonderen Gewicht, das die Gleichheit des Bürgereinflusses, des Wahlrechts des einzelnen und der Chancen der Parteien für die Politik in der Demokratie hat. Hier geht es um die Machtverteilung im Staat, der alle unterworfen sind. Zum anderen ist die Einhaltung des Gleichheitsgrundsatzes hier besonders gefährdet, weil die Parlamente bzw. die in ihnen vertretenen Parteien in eigener Sache über die wahlrechtlichen und die damit zusammenhängenden Bestimmungen entscheiden. Von diesen Bestimmungen hängt aber ihr Einfluß auf die politische Willensbildung des Volkes, d.h. letztlich ihre Chancen, bei der nächsten Wahlen wieder möglichst stark im Parlament vertreten zu sein, mit ab.[298]

---

294 BVerfGE 1, 208 (247 ff.).
295 Zu diesen Bereichen eingehend von Arnim, DÖV 1984, 85 ff. m.w.N.
296 Vgl. BVerfGE 40, 296 (317 ff.); Bay.VerfGH, BayVBl. 1976, 751 (751); ders., NVwZ 1984, 34 (35); Schreiber, Handbuch des Wahlrechts, § 1 Rz. 21; v. Mangoldt/Klein/Achterberg/Schulte, GG, Art. 38 Rz. 129.
297 Von Arnim, DÖV 1984, 85 (87); Stern, Staatsrecht I, S. 304 ff.; Böckenförde, Demokratie als Verfassungsprinzip, Rz. 42 ff.; v. Mangoldt/Klein/Achterberg/Schulte, GG, Art. 38 Rz. 153.
298 Von Arnim, DÖV 1984, 85 (86); ders., Entschädigung und Amtsausstattung, in: Schneider/Zeh (Hrsg.), Parlamentsrecht u. -praxis, § 16 Rz. 22.

3. Auseinandersetzung mit dem Verbot der Funktionszulagen

Das Verbot der Funktionszulagen durch das Diätenurteil ist auf zahlreiche Kritik in der Literatur gestoßen.[299] Im folgenden soll versucht werden, diese Kritik systematisch darzustellen.

a) Übertragbarkeit des formalisierten Gleichheitssatzes auf den finanziellen Abgeordnetenstatus

Zunächst ist, ohne daß dazu nähere Ausführungen gemacht worden wären, angezweifelt worden, ob der formalisierte Gleichheitssatz vom Wahlrecht auf das Abgeordnetenrecht übertragen werden könne.[300]

Das Bundesverfassungsgericht hat den formalisierten Gleichheitssatz im Hinblick auf die "grundsätzlich privilegienfeindliche Demokratie" des Grundgesetzes auch auf die Ausgestaltung und Bemessung der Abgeordnetenentschädigung erstreckt.[301] Der Grund hierfür liegt im gleichen Status aller Abgeordneten und in der zu wahrenden Chancengleichheit der Bewerber um ein Mandat, zumal die Ausgestaltung der Entschädigung die tatsächliche Möglichkeit des Zugangs zum Parlament beeinflußt.[302]

Zwar stützt sich das Bundesverfassungsgericht in einer neueren Entscheidung vom 16.7.1991[303] zur Begründung der formalen Gleichstellung der Abgeordneten nicht auf Art. 38 I S. 1 GG, da der Anwendungsbereich dieser Vorschrift auf Wahlen beschränkt sei. Stattdessen zieht es den Grundsatz der einheitlichen Repräsentation nach Art. 38 I S. 2 GG heran. Auch dieser

---

299 Vgl. insbes. Seuffert, Sondervotum, BVerfGE 40, 330 ff.; Linck, ZParl 1976, 54 (57 ff.); ders., Art. 54 Rz. 5, in: Linck/Jutzi/Hopfe, Die Verfassung des Freistaats Thüringen; Maunz in: MDHS, GG, Art. 48 Rz. 25; Henkel, DÖV 1977, 350 (352); von Arnim, Gemeinwohl und Gruppeninteressen, S. 407 f.; ders., BK, Art. 48 Rz. 123; ders., DÖV 1984, 85 (88 f.); Weyer-Kommission S. 15 f.; Schlaich/Schreiner, NJW 1979, 673 (677-680); Stern, Staatsrecht I, S. 1057; H. H. Klein, Status des Abgeordneten, in: Isensee/Kirchhof (Hrsg.), Handbuch des Staatsrechts II, § 40 Rz. 36 FN 118; Maaß/Rupp S. 52 f.; Kommission der Landtagsdirektoren S. 15 ff.; Hess. Präsidentenbeirat S. 21 f.; SH Kommission v. 1989 S. 12 f.; Hmb. Enquete-Kommission "Parlamentsreform" S. 165-168.
300 Linck, ZParl 1976, 54 (57); Henkel, DÖV 1977, 350 (352); Weyer-Kommission S. 15.
301 BVerfGE 40, 296 (317 f.).
302 Vgl. Weyer-Kommission S. 15; von Arnim, BK, Art. 48 Rz. 7 f.; ders., DVBl. 1983, 712 (713); ders., DÖV 1984, 85 (88); H. H. Klein, Status des Abgeordneten, in: Isensee/Kirchhof (Hrsg.), Handbuch des Staatsrechts II, § 40 Rz. 35.
303 BVerfGE 84, 304 (324 f.).

beruht aber letztlich auf der Wahlrechtsgleichheit und damit auf der demokratischen Bürgergleichheit als dem grundlegenden Prinzip.[304] Die demokratische Gleichheit ist eine schematische Gleichheit. Sie gilt für die Stellung und Rechte der Abgeordneten. Das folgt aus dem Demokratieprinzip und dem repräsentativen Charakter des Parlaments. Da die unmittelbar gewählten Volksvertreter das ganze Volk repräsentieren, kommt jedem einzelnen Abgeordneten das gleiche demokratische Mitwirkungsrecht an den Verhandlungen und Entscheidungen des Parlaments zu.[305] Zu den Rechten der Abgeordneten zählt der Anspruch auf eine angemessene Entschädigung. Bei einer unterschiedlichen Höhe der Entschädigung eröffnen sich aber unterschiedliche Möglichkeiten der Gestaltung der Mandatsausübung, die zu unterschiedlich starken Einflußmöglichkeiten z.B. auf die Fraktion, die Partei und die Wähler führen können. So sind beispielsweise mit höheren Diäten auch höhere Zahlungen an die Fraktion und an die Partei möglich, weiterhin können zusätzliche Mitarbeiter bezahlt werden, die bei der Wahlkreisbetreuung, bei der Parteiarbeit des Abgeordneten, beim Wahlkampf und dessen Vorbereitung helfen oder es kann die Werbung für die eigene Wiederaufstellung intensiviert und die Wahlkampfkasse aufgebessert werden.

Von daher ist eine grundsätzlich gleiche Entschädigung aller Abgeordneten geboten. Die Erstreckung des formalisierten Gleichheitssatzes auf die Diäten als Teil der Abgeordnetenrechte ist demnach nur eine logische Fortführung der demokratischen Gleichwertigkeit der Bürger und damit der sie repräsentierenden Abgeordneten.[306]

b) Gleiche Entschädigung auch für die Länderparlamente

Fraglich ist, ob der formale Gleichheitssatz und damit die grundsätzlich gleiche Entschädigung auch für die Länder nach Art. 28 I S. 1 GG verbindlich sein muß.[307] Das Bundesverfassungsgericht hat im Diätenurteil den von

---

304 Von Arnim, DÖV 1984, 85 (87 ff.); Badura, Die parlament. Demokratie, in: Isensee/Kirchhof (Hrsg.), Handb. d. Staatsrechts I, § 23 Rz. 31.
305 Böckenförde, Demokratie als Verfassungsprinzip, in: Isensee/Kirchhof (Hrsg.), a.a.O., § 22 Rz. 45; ders., Staat, Verfassung und Demokratie, S. 330 f. Zum gleichen Mitwirkungsrecht s.a. BVerfGE 44, 308 (316); 56, 396 (405); 80, 188 (217 f.); 84, 304 (321).
306 Im Ergebnis ebenso Wieland, Klagschrift v. 30.8.1991 im Verfahren 2 BvH 4/91, S. 16.
307 Schlaich/Schreiner, NJW 1979, 673 (677).

ihm auch für die Grundsätze des Art. 48 III GG entwickelten formalen Gleichheitssatz zu den "Essentialien des demokratischen Prinzips" gezählt.[308] Nach dem Homogenitätsgebot des Art. 28 I S. 1 GG muß die verfassungsmäßige Ordnung in den Ländern den Grundsätzen des republikanischen, demokratischen und sozialen Rechtsstaats entsprechen. Dabei wird nur ein Mindestmaß an Homogenität gefordert, eine Bindung an die leitenden Prinzipien, an die Fundamentalentscheidungen des Grundgesetzes.[309] Der Inhalt der leitenden Prinzipien ist, soweit nicht explizit in Art. 28 GG selbst genannt, aus Art. 20 I-III GG und dem Gesamtsinn des Grundgesetzes zu entnehmen.[310] Im wesentlichen handelt es sich dabei um das Prinzip der Gewaltenteilung,[311] die Notwendigkeit einer funktionsfähigen, selbständigen und verantwortlichen Regierung,[312] die Volkssouveränität und die Grundsätze der demokratischen Organisation und Legitimation von Staatsorganen,[313] allgemeine verfassungsrechtliche Grundsätze wie Art. 3, 20 II, 25 GG,[314] das Rechtsstaatsprinzip[315] und die Parteienfreiheit nach Art. 21 GG.[316]

Betrachtet man die aus den genannten Entscheidungen des Bundesverfassungsgerichts ersichtlich restriktive Anwendung des Homogenitätsgebots, mag das Aufgeben der Zurückhaltung in der hier interessierenden Frage erstaunen.[317] Es läßt sich aber durchaus eine plausible Begründung dafür finden:

Zweifellos müssen die Länderverfassungen demokratisch sein im Sinne einer gewaltenteilenden, freiheitlichen, bürgerlichen Demokratie mit Volksvertretungen, die aus allgemeinen, unmittelbaren, freien, gleichen und geheimen Wahlen hervorgegangen sind.[318] Ein leitendes verfassungsrechtliches Prinzip der freiheitlich demokratischen Grundordnung ist die demokratische

---

308 BVerfGE 40, 296 (318 f.); vgl. auch von Arnim, Entschädigung und Amtsausstattung, in: Schneider/Zeh (Hrsg.), Parlamentsrecht u. -praxis, § 16 Rz. 23-26.
309 Vgl. BVerfGE 9, 268(279); 24, 367 (390 f.); 27, 44 (56); 36, 342 (360 f.); 41, 88 (116, 119); 83, 37 (58); Maunz in: MDHS, GG, Art. 28 Rz. 17; Stern, BK, Art. 28 Rz. 26; Roters in: von Münch, GG, Art. 28 Rz. 12.
310 Stern, BK, Art. 28 Rz. 24; Roters in: von Münch, GG, Art. 28 Rz. 14.
311 BVerfGE 2, 307 (312); 9, 268 (279); 34, 52 (58).
312 BVerfGE 9, 268 (281 f.).
313 BVerfGE 83, 60 (71).
314 BVerfGE 1, 208 (223).
315 BVerfGE 2, 380 (403).
316 BVerfGE 1, 208 (227); 4, 375 (378); 6, 367 (375); 23, 33 (39); 60, 53 (61); 66, 107 (114).
317 Schlaich/Schreiner, NJW 1979, 673 (677).
318 Vgl. nur Maunz in: MDHS, GG, Art. 28 Rz. 24 u. 27.

Bürgergleichheit im Bereich der politischen Willensbildung. Hieraus resultiert die strenge Wahlrechtsgleichheit nach Art. 38 I GG.[319] Aus der Gleichheit der Wahl folgt wiederum der gleiche Abgeordnetenstatus, der gleiche Mitwirkungsrechte der Abgeordneten beinhaltet. Die institutionell gleichen Abgeordnetenrechte bedingen eine grundsätzlich gleiche Entschädigung aller Abgeordneten, damit diese zumindest in den finanziellen und sachleistungsbedingten Möglichkeiten der Ausübung des Mandats gleichgestellt sind und so möglichst gleichermaßen das gesamte Volk repräsentieren.

Unter Zugrundelegung der demokratischen schematischen Gleichheit der Bürger als Fundamentalentscheidung des Grundgesetzes und einer logischen Gedankenkette von der Bürgergleichheit zur gleichen Abgeordnetenentschädigung ist es dann folgerichtig, die gleiche Entschädigung als Ausfluß der demokratischen Bürgergleichheit ebenfalls zu den Fundamentalentscheidungen des Grundgesetzes, zu den, wie es das Bundesverfassungsgericht ausdrückt, "Essentialien des demokratischen Prinzips"[320] zu rechnen.

c) Grundlage der Funktionszulagen: Das Sondervotum Seufferts

Der frühere Bundesverfassungsrichter Seuffert hat in seinem Sondervotum zum Diätenurteil eingewendet, die Funktionszulagen hätten eine andere Grundlage und Rechtsnatur als die "normale" Entschädigung und seien deshalb nicht mit dieser vergleichbar:

"Die ... Sondervergütungen fließen ... nicht aus dem Mandat, sondern haben ihre Grundlage durch eigene Wahl- oder Bestellungsakte des Parlaments. Diejenigen, die Ämter oder Funktionen im Parlament übernommen haben, sind in der Wahrnehmung nicht so frei, wie sie es bei der Ausübung ihres Mandats selbst sind. Sie haben Verpflichtungen gegenüber dem Parlament zur Anwesenheit in Sitzungen und zur Erledigung von Amtsgeschäften; sie können vom Parlament mit Aufträgen versehen werden, die sie auszuführen haben, und mit Verantwortungen belastet werden, für die sie einzustehen haben. Diese Verpflichtungen können durchaus als rechtliche qualifiziert werden. Erhalten sie Vergütungen ..., so sind diese Vergütungen nicht unter Art. 3 I GG mit der Abgeordnetenentschädigung vergleichbar; sowohl die Grundlage wie die Rechtsnatur sind andere. Diese Sondervergütungen, die nicht dem Mandat, sondern der inneren Organisation des Parlaments angehören, können deswegen in das Gebot, daß die Abgeordnetenentschädigung gleich sein muß, nicht einbezogen werden."[321]

---

319 Von Arnim, DÖV 1984, 85 (86 f.).
320 BVerfGE 40, 296 (319).
321 Seuffert, Sondervotum BVerfGE 40, 296, 330 (340).

Dieser Kritik haben sich, allerdings zumeist ohne eigene Begründung, verschiedene Stimmen in der Literatur angeschlossen.[322]

An dieser Stelle werden von Seufferts Kritik zunächst nur die Fragen nach Grundlage und Rechtsnatur der Zulagen, die die Vergleichbarkeit mit der Entschädigung ausschließen sollen, behandelt.[323]

Die besonderen Funktionen beruhen zweifelsohne auf Wahl- und Bestellungsakten des Parlaments bzw. der Fraktionen. Diese Tatsache führt aber noch nicht zwangsläufig zu dem Schluß, deswegen flössen die Zulagen nicht aus dem Mandat und seien daher nicht mit der Entschädigung vergleichbar. Die Wahl- und Bestellungsakte des Parlaments bzw. der Fraktionen sind nämlich nicht die einzige, eigentliche Grundlage für die besonderen Funktionen. Die gesamte Parlamentsarbeit und jede der aus Gründen der besseren Organisation und Arbeitsteilung geschaffenen Funktionen im Parlament beruht letztlich auf dem "Auftrag" der Bürger an die Abgeordneten, das Volk zu vertreten bei der Ausübung der Staatsgewalt. Dieser umfassende "Auftrag" der repräsentativen Demokratie erstreckt sich auf die gesamte, für die Ausübung nötige Arbeit und Arbeitsteilung im Parlament. Dafür erhalten die Abgeordneten eine Entschädigung aus staatlichen Mitteln. Daher fließen auch die Funktionszulagen letztlich aus dem vom Bürger erhaltenen Mandat.[324] Eine Trennung in Parlamentsfunktionen einerseits und Fraktionsfunktionen andererseits, wobei erstere "in erster Linie dem Wähler", letztere "den Mitgliedern (der Fraktionen, die Verfasserin) und dem Parlament als Ganzem" verantwortlich seien,[325] erscheint somit verfehlt.

Aber auch die Zuordnung der Funktionszulagen zum Selbstorganisationsrecht des Parlaments erscheint fragwürdig.

Das Selbstorganisationsrecht des Parlaments und der Fraktion für ihren Bereich umfaßt die Konzipierung und Errichtung einer inneren Gliederung durch Bildung interner sachlicher und politischer Einrichtungen mit bestimmten Zuständigkeiten und die Ordnung dieser Zuständigkeiten durch Rechtsregeln.[326] Davon ist die Kreation besonderer Funktionen zum Zwecke der Arbeitsteilung und -erleichterung gedeckt, nicht aber zugleich die Schaf-

---

322 Maunz in: MDHS, GG, Art. 48 Rz. 25; Henkel, DÖV 1977, 350 (352); wohl auch Weyer-Kommission S. 16; Maaß/Rupp S. 52; Hess. Präsidentenbeirat S. 22; Kewenig, Anhör. Hess. AbgG 1989, S. 21 f.
323 Zu den anderen Punkten sogleich.
324 Ähnl. Wieland, Klagschrift v. 30.8.1991, S. 19 u. Schrifts. v. 14.7.1992, S. 9 f. (Verfahren 2 BvH 4/91), wegen des gleichen Abgeordnetenstatus der Abgeordneten und des für alle Abgeordneten freien Mandats.
325 Kissel-Kommission S. 11.
326 Steiger, Selbstorganisation und Ämterbesetzung, Rz. 2-7.

fung besonderer Vergütungen dafür.[327] Derartige Vergütungen überschreiten den selbstorganisatorischen Bereich der Einrichtung von Organen, ihrer Zuständigkeiten und der verfahrensmäßigen Koordination und betreffen den Status der Abgeordneten.

d) Ausnahmen vom Verbot der Funktionszulagen

Das Verbot der Funktionszulagen durch den formalisierten Gleichheitssatz erlaubt Ausnahmen nur bei Vorliegen zwingender Gründe.

aa) Größere Belastung der Funktionsträger

Als ein Grund für eine Ausnahme vom Verbot der Zulagen wird die gegenüber "einfachen" Abgeordneten erheblich zeit- und arbeitsaufwendigere Tätigkeit von Funktionsträgern, insbesondere von Fraktionsvorsitzenden und Ausschußvorsitzenden, genannt.[328]

Die größere Arbeitsbelastung und zeitliche Inanspruchnahme von Funktionsinhabern wie Fraktionsvorsitzenden und Ausschußvorsitzenden ist unbestritten. Nach dem Diätenurteil ist aber die Entschädigung kein Korrelat zur Arbeitsleistung, da der Abgeordnete keine Arbeitsleistung schuldet, sondern in Unabhängigkeit sein Mandat wahrnimmt. Vielmehr soll die Entschädigung unabhängig von der Inanspruchnahme durch das Mandat in für alle gleicher Weise den Lebensunterhalt und die Unabhängigkeit der Abgeordneten sichern.[329] Danach dürfte die höhere zeitliche Belastung von Funktionsinhabern nicht zu einer höheren Entschädigung führen.[330]

Andererseits muß nach Ansicht des Gerichts die Entschädigung auch der Bedeutung des Amtes unter Berücksichtigung von Verantwortung, Belastung und verfassungsmäßigem Rang gerecht werden.[331] Demnach könnte die besondere Belastung von Funktionsträgern bei Bemessung der Entschädigung doch berücksichtigt werden. Wenn aber die Entschädigung, wie in fast allen Ländern (außer Bremen und Hamburg) und im Bund, schon so hoch bemessen ist, daß sie ein angemessenes "Entgelt" für die Mandatsausübung bis hin zur ganztägigen Beschäftigung darstellt, hat damit der höhere Arbeitsauf-

---

327 Mißverständlich insoweit die Kissel-Kommission, S. 11.
328 Linck, ZParl 1976, S. 58 f.; ders., Art. 54 Rz. 5, in: Linck/Jutzi/Hopfe, Die Verfassung des Freistaats Thüringen; Weyer-Kommission S. 16; Hess. Präsidentenbeirat S. 21; SH Kommission v. 1989 S. 15; Hmb. Enquete-Kommission "Parlamentsreform" S. 165-168.
329 BVerfGE 40, 296 (315-318).
330 So auch von Arnim, Die Partei, S. 172; H. Meyer, Anhör. Hess. AbgG 1989, S. 38.
331 BVerfGE 40, 296 (315).

wand von Funktionsträgern bereits hinreichend Berücksichtigung gefunden.[332]

Eine andere Beurteilung könnte sich bei einer bloßen "Teilalimentation"[333] für grundsätzlich teilzeitbeschäftigte Abgeordnete ergeben. Wären gewisse Funktionsträger dann vollzeittätig, wären sie mit einer bloßen "Teilalimentation", die nicht den vollen, angemessenen Lebensunterhalt abdeckte, ungerechtfertigt benachteiligt. Darin könnte eine aus Gründen der materiellen Gerechtigkeit zwingende Ausnahme vom Gebot der gleichen Entschädigung gesehen werden. Jedoch liegen die Voraussetzungen der "Teilalimentierung" und des "Teilzeitmandats" in den neuen Ländern zur Zeit nicht vor.

bb) Finanzielle Benachteiligung der Funktionsträger

Weiterhin wird angeführt, aufgrund ihrer höheren Arbeitsbelastung könnten die Funktionsträger nicht wie andere Abgeordnete nebenbei berufliches Einkommen erzielen und seien daher finanziell schlechter gestellt.[334]

Die höhere Arbeitsbelastung etwa der Fraktionsvorsitzenden soll nicht bestritten werden. Sie ist aber zumindest dann irrelevant, wenn die Abgeordneten "voll alimentiert" werden und das Mandat als Vollzeitbeschäftigung ausgelegt ist,[335] wie es nach den Selbstdarstellungen der Parlamente in fast allen Ländern, einschließlich der neuen, der Fall ist. Es ist widersprüchlich, einerseits unter Hinweis auf die volle Arbeitsbelastung der Abgeordneten eine "Vollalimentation" festzusetzen und andererseits Funktionsträgern Zulagen zu gewähren mit dem Argument, diese seien finanziell benachteiligt, da sie nicht nebenbei berufstätig sein könnten.

Aber auch unabhängig vom Vorliegen eines "Vollzeitmandats" ist nicht einzusehen, daß eventuelle Zusatzverdienstmöglichkeiten von "einfachen" Abgeordneten den Staat verpflichten sollen, den Funktionsinhabern mehr als den angemessenen vollen Lebensunterhalt zu zahlen. Anders wäre es möglicherweise bei bloßen "Teilalimentationen".[336]

---

332 Vgl. auch Wieland, Klagschrift v. 30.8.1991 im Verfahren 2 BvH 4/91, S. 19 f.
333 Siehe hierzu A. II. 1.c).
334 Henkel, DÖV 1977, 350 (352); Weyer-Kommission S. 16; von Arnim, Gemeinwohl, S. 407; ders., BK, Rz. 123; ders., DÖV 1984, 85 (89); ders., Fraktionsfinanzierung, S. 45 f.
335 Vgl. zu diesem Ansatz, aber im Ergebnis anders, Linck, ZParl 1976, 54 (58) und von Arnim, BK, Rz. 123. Ähnl. wie hier Wieland, Rechtsgutachten AbgG RhPf., S. 33 ff.
336 Vgl. hierzu von Arnim, Die Partei, S. 173.

cc) Weitere Gründe

Als weitere Gründe für Ausnahmen vom Verbot der Funktionszulagen werden die Funktionsfähigkeit des Parlaments, die z.T. längere Praxis der Parlamente, Zulagen zu gewähren und Gründe der Transparenz gegenüber den Zahlungen an Funktionsinhaber aus den Fraktionskassen genannt.[337]

Gegen das Vorliegen oder die Gefahr einer Beeinträchtigung der Funktionsfähigkeit der Parlamente spricht schon, daß bis 1987 alle Länder und der Bund ohne Funktionszulagen nach den Abgeordnetengesetzen für andere Funktionen als Präsident und Vizepräsident funktioniert haben. Erst seit 1988 gibt es in einzelnen Ländern weitere Funktionszulagen.[338]

Eine Parlamentspraxis der Zahlung von Funktionszulagen nach dem Abgeordnetengesetz gibt es nur in Hessen seit 1988, Rheinland-Pfalz seit 1989, Schleswig-Holstein seit 1990, Saarland seit 1991, daran anknüpfend Mecklenburg-Vorpommern, Sachsen-Anhalt und Thüringen seit 1990. Aus dieser dem Diätenurteil widersprechenden, keinesfalls langjährigen Praxis, ergibt sich jedoch kein zwingender Grund für eine Ausnahme vom Verbot der Funktionszulagen, sondern nur ein Anlaß zur Überprüfung des Verbots.[339]

Die größere Transparenz von nach dem Abgeordnetengesetz gezahlten Funktionszulagen gegenüber den schlecht durchschaubaren Zahlungen aus den Fraktionskassen liegt nicht an ihrer Lozierung und Herkunft, sondern daran, daß (größtenteils noch) entsprechende Vorschriften für die Regelung und Offenlegung der Fraktionsausgaben fehlen.[340] Mit derartigen detaillierten Vorschriften ließe sich die gleiche Transparenz wie im Abgeordnetengesetz erreichen.

Im übrigen sind die Zahlungen an die Funktionsträger aus den Fraktionskassen, zumal diese ihrerseits durch Staatsmittel finanziert werden,[341] als Umgehung des Verbots der Funktionszulagen ebenso zu bewerten wie Zahlungen nach den Abgeordnetengesetzen.[342]

---

337 Kommission der Lantagsdirektoren S. 16 f.; SH Kommission v. 1989 S. 15 f.; zur Frage der Transparenz auch Starzacher, Anhör. Hess. AbgG 1989, S. 63 f.; Kewenig, ebenda, S. 65.
338 So auch Wieland, Schrifts. v. 14.7.1992 im Verfahren 2 BvH 4/91, S. 12 f.
339 Vgl. Wieland, a.a.O., S. 13 f.
340 Siehe 3. Teil, C. VI. u. VII.
341 Siehe 3. Teil, B. II.
342 Vgl. von Arnim, BK, Art. 48 Rz. 124.

dd) Hervorgehobene Stellung der Funktionsträger

Weiterhin wird die hervorgehobene Stellung gewisser Funktionsträger im Parlament als Rechtfertigung für die Funktionszulagen herangezogen. Dazu wird ausgeführt, bei den parlamentarischen Funktionen der Ausschußvorsitzenden und den Fraktionsfunktionen der Fraktionsvorsitzenden handele es sich um besonders verantwortungsvolle Tätigkeiten, die für die Herrschafts- und Funktionsfähigkeit des Parlaments von großer Bedeutung seien.[343] Ohne die Fraktionen und die Ausschüsse sei eine sinnvolle parlamentarische Arbeit nicht möglich. Wegen ihrer durch Verfassung und Geschäftsordnung hervorgehobenen Funktion im Parlament seien für die Fraktions- und die Ausschußvorsitzenden Funktionszulagen gerechtfertigt.[344] Schließlich habe das Bundesverfassungsgericht die besondere Stellung und Funktion der Ausschüsse und Fraktionen in seinen Entscheidungen selbst herausgestellt.[345]

Tatsächlich hat das Bundesverfassungsgericht die Fraktionen als "notwendige Einrichtungen des Verfassungslebens,"[346] als "politisches Gliederungsprinzip für die Arbeit" des Parlaments bezeichnet[347] und ihre vorbereitende Tätigkeit als "tragendes Element" und die Fraktionen selbst als "maßgebliche Faktoren der parlamentarischen Willensbildung" angesehen, die einen wesentlichen Teil der Parlamentsarbeit leisteten.[348]

Die Funktion der Ausschüsse hat das Bundesverfassungsgericht ebenfalls betont: "In ihnen vollzieht sich ein wesentlicher Teil des Willensbildungs- und Entscheidungsprozesses" des Parlaments. Indem sie die Beschlüsse des Plenums mit ihrer Arbeit vorbereiten und dazu Empfehlungen abgeben, formten sie die Entscheidungen des Parlaments der Sache nach vor. Damit komme "der Institution der Ausschüsse unter dem Gesichtspunkt der Repräsentation des Volkes durch das Parlament erhebliches Gewicht zu."[349]

---

343 Linck, ZParl 1976, 54 (58); Hess. Präsidentenbeirat S. 21; Starzacher, Anhör. Hess. AbgG 1989, S. 63 f.; Kewenig, ebenda, S. 64; Maaß/Rupp S. 53; SH Kommission v. 1989 S. 12 f.; Schlaich/Schreiner, NJW 1979, 673 (680); Hmb. Enquete-Kommission "Parlamentsreform" S. 166 ff.; Kissel-Kommission S. 11.
344 Weyer-Kommission S. 15 f.; Hmb. Enquete-Kommission "Parlamentsreform" a.a.O.
345 Weyer-Kommission S. 15 f.; Schlaich/Schreiner, NJW 1979, 673 (680); Maaß/Rupp S. 53.
346 BVerfGE 10, 4 (14); 20, 56 (104). S.a. Brem. StGH, DÖV 1970, 639 (639 f.).
347 BVerfGE 80, 188 (219); s.a. E 84, 304 (322).
348 BVerfGE 44, 308 (317 f.); s.a. E 43, 142 (149); 70, 324 (350 f.); 80, 188 (219); 84, 304 (322). Ähnl. Bay. VerfGH, BayVBl. 1976, 431 (434).
349 BVerfGE 44, 308 (318).

Diese Aspekte hat das Gericht in seiner Entscheidung vom 13.6.1989 in ähnlicher Weise wiederholt und hinzugefügt, auch ein wesentlicher Teil der Informations-, Kontroll- und Untersuchungsaufgaben des Parlaments werde durch die Ausschüsse wahrgenommen. Da ein Großteil der eigentlichen Sacharbeit des Parlaments von den Ausschüssen bewältigt werde, habe für den einzelnen Abgeordneten die prinzipielle Möglichkeit, in einem Ausschuß mitzuwirken, eine der Mitwirkung im Plenum vergleichbare Bedeutung. Schließlich eröffne sich den Abgeordneten vor allem in den Ausschüssen die Chance, ihre eigenen politischen Vorstellungen in die parlamentarische Willensbildung einzubringen.[350]

Fraglich ist jedoch, ob die besondere Funktion und die daraus resultierende Stellung der Fraktionen und der Ausschüsse auch zwingend eine erhöhte Entschädigung für die Fraktionsvorsitzenden, evtl. für weitere Funktionsinhaber der Fraktionen und die Ausschußvorsitzenden gebietet.

Bei dem Parlamentspräsidenten und seinen Stellvertretern hat das Bundesverfassungsgericht einen zwingenden Grund für eine erhöhte Entschädigung darin gesehen, daß der Präsident an der Spitze eines obersten Verfassungsorgans steht und dabei von den den Vizepräsidenten vertreten wird.[351] Damit hat das Gericht dem Präsidenten die Zulage nicht wegen seiner Funktionen im Parlament, sondern wegen seiner formalen Stellung im Staatsgefüge als "zweiter Mann im Staat" hinter dem Bundespräsidenten bzw. dem Ministerpräsidenten zugebilligt.[352] Schließlich repräsentiert der Parlamentspräsident das Verfassungsorgan Parlament nach außen.

Eine derartige formal hervorgehobene Stellung als Spitze eines Verfassungsorgans kommt indes den Fraktionsvorsitzenden und den Ausschußvorsitzenden nicht zu. Die Fraktionsvorsitzenden repräsentieren nur ihre Fraktion, die Ausschußvorsitzenden nur ihren Ausschuß, also lediglich Teile des Parlaments. Auch besitzen diese Funktionsinhaber nur im Rahmen ihrer parlamentsinternen Funktionen der Leitung der Fraktionen bzw. Ausschüsse und Abstimmung der darin stattfindenden Willensbildung eine besondere Stellung im Parlament. Verfassungsrechtlich haben sie jedoch den gleichen Abgeordnetenstatus wie alle anderen Abgeordneten,[353] so daß Funktionszulagen abzulehnen sind.

---

350 BVerfGE 80, 188 (221 f.); s.a. E 84, 304 (323).
351 Vgl. BVerfGE 40, 296 (317 f.).
352 Von Arnim, Anhör. Hess. AbgG 1989, S. 66.
353 Wieland, Schriftsatz v. 14.7.1992 im Verfahren 2 BvH 4/91, S. 8 f.

4. Fazit

Die Abgeordnetenentschädigung unterliegt wegen ihres Zusammenhangs mit der Wahlrechtsgleichheit dem formalisierten Gleichheitssatz. Dieser erlaubt eine Ungleichbehandlung nur bei Vorliegen zwingender Gründe. Zwingende Gründe für Ausnahmen vom Gebot der gleichen Abgeordnetenentschädigung liegen nicht vor. Auch kann aus der Kumulierung mehrerer, jeweils für sich genommen nicht zwingender Gründe keine zwingende Ausnahme konstruiert werden, wie der Thüringer Landtag annimmt.[354] Die Gewährung von Funktionszulagen an Fraktionsvorsitzende, weitere Inhaber von Fraktionsfunktionen und Ausschußvorsitzende ist daher wegen Verstoßes gegen den formalisierten Gleichheitssatz, der über Art. 28 I GG auch für die Länder gilt, unzulässig.

Im übrigen spricht gegen die zusätzlichen Entschädigungen, daß sie sich an für Abgeordnete bedenklichen beamtenrechtlichen Vorstellungen anlehnen, wonach höhere Funktionen auch höhere Bezahlungen bedeuten.[355] Mit der unterschiedlichen Bezahlung wird einer "finanziellen Hierarchisierung der Abgeordneten Vorschub" geleistet,[356] die im Hinblick auf die Gleichheit und Freiheit des Mandats problematisch ist. Indem die Zusatzentschädigungen nämlich einen finanziellen Anreiz bieten, Funktionen zu übernehmen, wird den Fraktionen, die maßgeblich über die Verteilung der Funktionen entscheiden, damit ein finanzielles Druckmittel in die Hände gegeben. Macht etwa ein Funktionsträger in einer Weise von seiner Funktion Gebrauch, die seiner Fraktion mißfällt oder gerät er sonst bei ihr in Ungnade, muß er nicht nur um seinen Posten, sondern auch noch um einen nicht unerheblichen Teil seines Einkommens fürchten. So wird die Unabhängigkeit des einzelnen Abgeordneten und die Freiheit des Mandats geschwächt.[357] Auch aus diesem Grund kann es schon gar nicht den Fraktionen überlassen werden, Zulagen und Kreis der Berechtigten festzulegen und die Gelder aus den entsprechend erhöhten staatlichen Mitteln an die Fraktionen auszuschütten, wie es die Kissel-Kommission vorschlägt.[358]

Sollte man dennoch die Zulässigkeit von Funktionszulagen befürworten, so bleibt zu prüfen, welche Funktionen im einzelnen wirklich besonders verantwortungsvoll und hervorgehoben und daher zulagenwürdig sein sollen.

---

354 Antragserwiderung des Thür. LT im Verfahren 2 BvH 3/91, S. 18 ff., zitiert nach Wieland, Schriftsatz v. 14.7.1992 im Verfahren 2 BvH 4/91, S. 12.
355 H. Meyer, Anhör. Hess. AbgG 1989, S. 65.
356 Ebenda.
357 Wieland, Schrifts. v. 14.7.1992 im Verfahren 2 BvH 4/91, S. 17.
358 Kissel-Kommission S. 11.

Die unterschiedliche Palette von höher dotierten Funktionen in den einzelnen Ländern zeigt schon die Relevanz dieser Frage. Unter den Befürwortern der Funktionszulagen herrscht über den Kreis der Berechtigten keinesfalls Einigkeit. Einige halten nur die Fraktionsvorsitzenden für besonders hervorgehobene Funktionen,[359] andere noch die Ausschußvorsitzenden,[360] wieder andere zusätzlich die stellvertretenden Fraktionsvorsitzenden und die parlamentarischen Fraktions-Geschäftsführer[361] bis hin zu den Fraktionsarbeitskreisvorsitzenden[362] und den Schatzmeistern der Fraktionen.[363] Warum aber sollten eigentlich nicht auch alle Präsidiums- bzw. Ältestenratsmitglieder,[364] die Schriftführer[365] und sämtliche Mitglieder der Fraktionsvorstände hervorgehobene, zulagenwürdige Funktionen haben?

Das führt zu dem paradoxen Ergebnis, daß in Thüringen und Sachsen ein Drittel der Abgeordneten eine hervorgehobene Stellung innehaben und eine Zusatzentschädigung erhalten. Ihren vorläufigen Höhepunkt hat die "inflatorische Entwicklung"[366] der Zusatzentschädigungen indes in Schleswig-Holstein, Mecklenburg-Vorpommern und Sachsen-Anhalt[367] erreicht: Dort bekommen zwei Drittel aller Abgeordneten Funktionszulagen.

---

359 Hess. Präsidentenbeirat S. 21; Maaß/Rupp S. 53; Kewenig, Anhör. Hess. AbgG 1989, S. 21, 64; Kissel-Kommission S. 11.
360 Weyer-Kommission S. 15 f.; Hmb. Enquete-Kommission "Parlamentsreform" S. 166 ff.
361 Z.B. der Thür. LT.
362 SH Kommission v. 1989 S. 12 f.; daran anschließend SH, MVp. u. SAnh.
363 Sächs. LT.
364 Wie man zeitweilig in Sachsen überlegte, s.o. I. 2. b).
365 Hmb. Enquete-Kommission "Parlamentsreform" S. 167 f.
366 Von Arnim, Anhör. Hess. AbgG 1989, S. 63; ähnl. H. Meyer, ebenda, S. 38; Wieland, Schrifts. v.14.7.1992 im Verfahren 2 BvH 4/91, S. 16.
367 Die Gefahr der Ämterinflation durch Zulagen hat sich etwa in SAnh. bei der Fraktion der DSU gezeigt, für deren Bildung der bei kleinen Fraktionen sehr hohe Anteil an zulagenberechtigten Funktionsträgern mit entscheidend gewesen sein soll, so Wieland a.a.O. unter Hinweis auf FR v. 9.6.1992, S. 3.

E. Entschädigung ehemaliger Abgeordneter

I. Übergangsgeld

1. Entstehen und Höhe des Anspruchs

Bei Ausscheiden nach einem Jahr Parlamentszugehörigkeit erhalten die ostdeutschen Landtagsabgeordneten, wie ihre Kollegen in den westdeutschen Ländern und im Bund auch, ein Übergangsgeld in Höhe der dreifachen Grundentschädigung.[368] Daraus ergibt sich ein Mindest-Betrag von mittlerweile 14.700 DM in Thüringen, 16.050 DM in Sachsen, 16.800 DM in Sachsen-Anhalt, 16.860 DM in Mecklenburg-Vorpommern und 17.220 DM in Brandenburg.[369]

Mit jedem weiteren Jahr der Mitgliedschaft erhöht sich das Übergangsgeld um die Höhe einer Grundentschädigung. Der Höchstbetrag, der nach 22 Mandatsjahren (in Thüringen nach 10 Jahren) erreicht werden kann, beträgt den einer 24fachen Entschädigung (in Thüringen einer 12fachen), das sind 58.800 DM in Thüringen, 128.400 DM in Sachsen, 134.400 DM in Sachsen-Anhalt, 134.880 DM in Mecklenburg-Vorpommern und 137.760 DM in Brandenburg.

In Brandenburg und Thüringen gibt es das Übergangsgeld in Höhe der Grundentschädigung, der Landtagspräsident und die Vizepräsidenten Brandenburgs sowie die verschiedenen Funktionsträger Thüringens erhalten demnach kein erhöhtes Übergangsgeld. Der Präsident und die Vizepräsidenten des Sächsischen Landtags bekommen entsprechend ihrer höheren Entschädigung auch ein erhöhtes Übergangsgeld. In Mecklenburg-Vorpommern und Sachsen-Anhalt richtet sich die Höhe des Übergangsgeldes ggf. nach der erhöhten Entschädigung, weswegen diverse Funktionsinhaber von den Fraktionsarbeitskreisvorsitzenden über die Fraktionsvorsitzenden bis hin zum Präsident mehr Übergangsgeld erhalten als einfache Abgeordnete.

Stirbt der ehemalige Abgeordnete während des Bezugs von Übergangsgeld, wird es an seine Hinterbliebenen weitergezahlt, wenn diese keinen Anspruch auf Hinterbliebenenversorgung nach dem Abgeordnetengesetz haben. Nur in Thüringen erlischt der Anspruch dann.[370]

---

368 Vgl. § 10 AbgG Brdb., § 16 AbgG MVp., § 12 AbgG Sachs., § 16 AbgG SAnh., §§ 10 f. AbgG Thür.
369 Stand 1.1.1994, Thür. 1.7.1993.
370 AbgG: Brdb. § 10 VI, MVp. § 16 IV, Sachs. § 12 V, SAnh. § 16 IV, Thür. § 10 III.- Allerdings ist gar kein Fall denkbar, in dem es nicht wenigstens eine Mindest-

2. Zweck des Übergangsgeldes

Zwar muß die Entschädigung der Abgeordneten nur "während der Dauer ihrer Zugehörigkeit zum Parlament eine ausreichende Existenzgrundlage abgeben können."[371] Die Zulässigkeit der Gewährung von Übergangsgeld[372] folgt jedoch aus einer gewissen Nachwirkung des Abgeordnetenstatus, "weil die Umstellung von der parlamentarischen Tätigkeit in eine neue berufliche Tätigkeit ihre Zeit braucht und Aufwendungen mit sich bringt."[373]

Der Zweck des Übergangsgeldes besteht darin, es den ausscheidenden Abgeordneten zu erleichtern, wieder in ihren alten Beruf zurückzukehren oder sich eine andere berufliche Existenz aufzubauen und dabei den Lebensstandard der neuen wirtschaftlichen Situation anzupassen. Es soll somit eine Start- und Anpassungshilfe darstellen.[374] Die Hamburger Enquete-Kommission "Parlamentsreform" von 1992 sieht darüberhinaus den Zweck, es müsse "die Erstattung der mit dem Ausscheiden aus dem Parlament verbundenen Kosten sichergestellt werden", wozu auch die finanzielle Abwicklung der Aufwendungen für das Büro und die Hilfskraft gehöre.[375]

Auch bei dem Übergangsgeld ist, wie im gesamten Bereich der Abgeordnetenentschädigung, das Gebot der Angemessenheit[376] gemäß Art. 48 III GG und den entsprechenden Landesvorschriften[377] zu beachten.

Hinterbliebenenversorgung gäbe, da Voraussetzung neben der Hinterbliebeneneigenschaft nur die Zugehörigkeit des ehemaligen Abgeordneten zum Parlament ist.
371 BVerfGE 40, 296 (315).
372 Auch das Diätenurteil hat das Übergangsgeld nicht grundsätzlich in Frage gestellt, BVerfGE 40, 296 (330).
373 Geiger, ZParl 1978, 522 (533).
374 Weyer-Kommission S. 21; von Arnim, BK, Art. 48 Rz. 127; ders., Die Partei, S. 161; Maaß/Rupp S. 64; Kommission der Landtagsdirektoren S. 26; Wieland, Rechtsgutachten AbgG RhPf., S. 56; Kissel-Kommission S. 13 f.; BayVerfGHE 45, 23 = DÖV 1992, 627 (627).
375 Hmb. Bgsch., Drs. 14/2600, S. 180.
376 Von Arnim, BK, Art. 48 Rz. 98, 127; ders., Die Partei, S. 160 f.
377 Zunächst: § 6 VorschaltG Brdb., § 4 III Vorl. Statut MVp., § 3 VorschaltG Sachs., § 8 IV Vorl. Landessatzung Thüringen, für SAnh. galt bis zur Geltung der Landesverfassung Art. 48 III GG unmittelbar. - Nunmehr: Art. 60 Brdb. Verf., Art. 42 III Sächs. Verf., Art. 56 V SAnh. Verf., Art. 22 III Vorläuf. Verfassung MVp., Art. 54 I Thür. Verfassung.

3. Beurteilung des Übergangsgeldes

An den zuvor dargelegten Maßstäben gemessen, erscheint es problematisch, wenn das Übergangsgeld für eine Zeit von bis zu zwei Jahren gezahlt wird.[378] In Schleswig-Holstein gibt es sogar maximal 30 Monate lang Übergangsgeld,[379] im Bund gar 36 Monate.[380] Da die Mitgliedschaft im Parlament grundsätzlich nur auf Zeit angelegt ist, müssen die Abgeordneten von vornherein damit rechnen, das Parlament nach Ablauf einer oder mehrerer Wahlperioden wieder zu verlassen und es kann von ihnen erwartet werden, daß sie sich auf eine andere Lebensgrundlage nach Beendigung des Mandats einstellen.[381] Der Überbrückungsfunktion des Übergangsgeldes entspräche die Zahlung für eine wirkliche Übergangszeit von etwa drei Monaten[382] bis zu maximal einem Jahr,[383] wie es in Ostdeutschland nur in Thüringen und in Westdeutschland nur in Hessen[384],

---

378 Vgl. von Arnim, Das neue Abgeordnetengesetz Rheinland-Pfalz, S. 16 f., der außerdem darauf hinweist, daß sogar Beamte mit Dienstbezügen, die nicht auf ihren eigenen Antrag entlassen werden, höchstens das Sechsfache der monatlichen Dienstbezüge als Übergangsgeld erhalten nach § 47 I BeamtVG. - S.a. ders., BK, Art. 48 Rz. 127.
379 § 16 I AbgG SH, ab 13. WP. Diese lange Bezugsdauer ist auch auf Kritik der SH Kommission v. 1992, S. 12, gestoßen. Dieser Punkt wurde beim Änderungsgesetz v. 18.12.1992, GVBl. S. 534, nicht berücksichtigt.
380 § 18 AbgG Bund.
381 Wieland, Rechtsgutachten AbgG RhPf., S. 56 f.
382 Geiger, ZParl 1978, 522 (533).
383 So auch Hessischer Präsidentenbeirat S. 40 ff.; Kommission der Landtagsdirektoren S. 28 f.; SH Kommission v. 1989, S. 26 f.; Nds. Kommission v. 1989, S. 5 , v. 1992, S. 9 f.; Hmb. Enquete-Kommission "Parlamentsreform" S. 181 f.; RhPf. Kommission v. 1992, S. 10 (Trotz der Kommissionskritik gibt es immer noch bis zu 20 Monaten Übergangsgeld, § 10 I AbgG RhPf. i.d.F.v. 2.3.1993, GVBl. S. 141); Kissel-Kommission S. 14, letztere hält lediglich eine Höhe von 75%. der Entschädigung für angemessen. - Wieland, Rechtsgutachten AbgG RhPf., S. 56 f., verweist noch auf ein weiteres Indiz für die Frist von bis zu einem Jahr, nämlich auf die Vorschrift des § 100 I S. 1 BVerfGG, wonach ein Richter des BVerfG, der sein Amt wenigstens zwei Jahre ausgeübt hat, für die Dauer eines Jahres ein Übergangsgeld in Höhe seiner üblichen Bezüge erhält, wenn er auf seinen Antrag gemäß § 12 BVerfGG aus dem Amt entlassen wird. - Dagegen halten die Weyer-Kommission, S. 21 und Maaß/Rupp, S. 64, letztere unter Hinweis auf Bay. VGH 22, 148 (167), bei einer langen Parlamentszugehörigkeit auch die entsprechend lange, bis zu zwei Jahren dauernde Zahlung des Übergangsgeldes nicht für bedenklich, da damit der allgemeinen Erfahrung Rechnung getragen werde, daß eine Wiedereingliederung in das Berufsleben umso schwerer falle, je länger die ursprünglich ausgeübte Tätigkeit unterbrochen worden sei.
384 § 9 AbgG Hess.

Bremen[385] und seit 1993 in Niedersachsen[386] der Fall ist. Außerdem sollte das Übergangsgeld vom tatsächlichen Bestehen finanzieller Übergangsschwierigkeiten abhängig gemacht und nicht schon pauschal nach einer Mindestmandatszeit gewährt werden.[387]

In diesem Zusammenhang ist der Vorschlag der Hamburger Enquete-Kommission "Parlamentsreform" interessant. Die Kommission hat das für die verschiedenen Berufsgruppen unterschiedliche Risiko, nach Ablauf der Mandatstätigkeit wieder problemlos einer Erwerbstätigkeit nachgehen zu können, betrachtet und befürwortet daher eine "differenzierte Ausgestaltung der Reintegrationsleistungen." Sie schlägt vor, wegen der finanziellen Abwicklung des Mandats an alle ausscheidenden Abgeordneten ein Übergangsgeld in Höhe einer dreimonatigen Entschädigung zu zahlen. Bei Bedürftigkeit solle darüberhinaus eine "Übergangshilfe" für bis zu neun weitere Monate in Höhe von 50% der Entschädigung gezahlt werden.[388] Dieser Vorschlag ist im Hinblick auf die sehr kurze Dauer des vollen Übergangsgeldes und die von Bedürftigkeit abhängende, erheblich gekürzte sowie in Anlehnung an die Bezugsdauer von Arbeitslosengeld befristete "Übergangshilfe" begrüßenswert.

Zu den zulagenbedachten Funktionsträgern:

Daß ehemalige Funktionsträger wie der Präsident und die Vizepräsidenten in Sachsen und verschiedene Funktionsträger in Mecklenburg-Vorpommern und Sachsen-Anhalt zur Überbrückung finanzieller Übergangsschwierigkeiten und zur Wiedereingliederung in den Beruf tatsächlich ein bis zu 100% erhöhtes Übergangsgeld benötigen, also erheblich größere finanzielle Anpassungsschwierigkeiten nach Ende der Mandatszeit haben, muß bezweifelt werden.[389] Bestätigt wird dies auch durch anderslautende Regelungen in Thüringen, Hessen,[390] Rheinland-Pfalz[391] und Schleswig-Holstein,[392] wo das Übergangsgeld sich auch für Funktionsträger nach der Grundentschädigung richtet.

---

385 § 11 I AbgG Brem.
386 § 16 III AbgG Nds. i.d.F.v. 30.11.1992, GVBl. S. 311.
387 So auch Fachkommission "Politikfinanzierung" von B 90/Die Grünen im BT, Reformvorschläge zur Parlamentsfinanzierung v. 25.3.1993, S. 3; s.a.. Hmb. Enqete-Kommission "Parlamentsreform" S.180 ff.
388 Hmb. Enqete-Kommission "Parlamentsreform" S. 180 ff.
389 Auch die Hmb. Enqete-Kommission "Parlamentsreform", S.181 f., kann (in Hmb.) "keine höheren Integrationsaufwendungen als bei 'einfachen' Abgeordneten erkennen."
390 § 9 I AbgG Hes.
391 § 10 I AbgG RhPf.
392 § 16 I AbgG SH (alte u. neue Fassung).

Ebenfalls von dem Zweck des Übergangsgeldes als Start- und Anpassungshilfe nicht gedeckt und daher nicht angemessen ist die weitere Auszahlung im Todesfalle des ehemaligen Abgeordneten an seine Hinterbliebenen. Denn die Zahlung an die Hinterbliebenen dient schließlich nicht dazu, dem Abgeordneten die Rückkehr in seinen ursprünglichen Beruf oder die Aufnahme einer neuen Tätigkeit zu erleichtern.[393] Im übrigen erhalten die Hinterbliebenen in diesem Fall ein Sterbe- bzw. Überbrückungsgeld und Hinterbliebenenversorgung.

4. Anrechnung anderer Einkünfte auf das Übergangsgeld

a) Anrechnungspflicht

Das Gebot der Angemessenheit und der besondere Charakter des Übergangsgeldes als zeitweiliger Maßnahme zur Vermeidung finanzieller Anpassungsschwierigkeiten erfordern eine Anrechnungspflicht für alle Einkünfte des ehemaligen Abgeordneten. Nicht nur Einkünfte aus öffentlichen Kassen, wozu auch Renten aus der gesetzlichen Rentenversicherung zählen,[394] sondern ebenfalls private berufliche Einkünfte müssen angerechnet werden.[395] Für die unterschiedliche Behandlung von Einkünften der Abgeordneten aus staatlichen, halbstaatlichen und aus privaten Kassen gibt es keinen sachlich zureichenden Grund.[396] Soweit solche Einkünfte reichen, bestehen keine finanziellen Übergangsschwierigkeiten, die das Übergangsgeld abzudecken

---

393 So auch der Hess. Präsidentenbeirat S. 41.
394 BVerfGE 76, 256 (343). S.a. Rauschenbach, Anhör. Hess. AbgG 1989, S. 110; ferner BayVerfGH, DÖV 1992, 627 (627) zur Anrechnung von Einkommen aus einer Verwendung im öffentlichen Dienst.
395 Weyer-Kommission S. 21 f.; von Arnim, Das neue Abgeordnetengesetz Rheinland-Pfalz, S. 16 f.; ders., BK, Art. 48 Rz. 127; Hess. Präsidentenbeirat S. 41 f.; Kommission der Landtagsdirektoren S. 28 f.; Wieland, Rechtsgutachten AbgG RhPf.,S. 57 ff; Nds. Kommission v. 1992, S. 9 f.; RhPf. Kommission v. 1992, S. 10; Fachkommission "Politikfinanzierung" von Bündnis 90/Die Grünen im BT,Reformvorschläge zur Parlamentsfinanzierung v. 25.1.1993, S. 3; Kissel-Kommission S. 14. S.a. Bay. VGH 35, 148 (167 f.) u. DÖV 1992, 627 (627), der allerdings nur auf die Zulässigkeit, nicht aber auf das Gebotensein der Anrechnung eingeht.
396 Weyer-Kommission S. 22. - Die Offenlegung ihrer Vermögensverhältnisse während des Beziehens von Übergangsgeld ist den früheren Abgeordneten ebenso zuzumuten wie anderen Bürgern, die staatliche Leistungen in Anspruch nehmen; vgl. von Arnim, Das neue AbgG Rheinland-Pfalz, S. 17; ders., BK, Art. 48 Rz. 127; Hess. Präsidentenbeirat S. 42.

hätte.[397] Auch sollte im Hinblick auf die Anrechnung eine Vorauszahlung des Übergangsgelds für mehrere Monate in einer Summe ausgeschlossen werden.[398]

b) Anrechnungsvorschriften

Einkommen und Versorgungsansprüche aus öffentlichen Kassen wie Bezüge aus einem Amtsverhältnis, einer Verwendung im öffentlichen Dienst, der Mitgliedschaft in einem anderen deutschen Parlament bzw. im Europaparlament sowie die zusätzliche Alters- und Hinterbliebenenversorgung für Angehörige des öffentlichen Dienstes werden in allen neuen Ländern auf das Übergangsgeld angerechnet.[399] Dies entspricht den westdeutschen Länder- und den Bundesvorschriften.

Renten aus der gesetzlichen Rentenversicherung hingegen werden in Brandenburg und Sachsen nicht angerechnet. In Mecklenburg-Vorpommern[400] und Sachsen-Anhalt[401] richtet sich die Anrechnung von Renten nach dem Beamtenversorgungsrecht.

Einkommen aus einer Beschäftigung bei Vereinigungen, Einrichtungen oder Unternehmen, deren Kapital (Grundkapital, Stammkapital) sich zu mehr als 50% in öffentlicher Hand befindet oder die zu mehr als der Hälfte aus öffentlichen Mitteln unterhalten werden, werden in Mecklenburg-Vorpommern,[402] Sachsen[403] und Sachsen-Anhalt[404] voll angerechnet.

---

397 Wieland, Rechtsgutachten AbgG RhPf., S. 58 f.
398 Kissel-Kommission S. 14.
399 In Brdb. erfolgt die Anrechnung von Einkommen u. Versorgung aus Amtsverhältnis od. Verwendung im öffentl. Dienst nur zu 50% des Betrags, um den Übergangsgeld und Einkommen/Versorgung die Grundentschädigung übersteigen (§§ 10 II, 21 III, IV AbgG). - Während des Beziehens von Entschädigung aus einem anderen deutschen Parlament oder dem Europaparlament entfällt bzw. ruht der Anspruch auf Übergangsgeld in Brdb. (§ 10 V AbgG), MVp. (§ 16 III AbgG) Sachs. (§ 12 IV AbgG), SachsAnh. (§ 16 III AbgG); in Thür. (§§ 11 III, 23 III AbgG) ruht das Übergangsgeld bis zur Höhe der anderen Entschädigung. - Während der Zahlung von Abgeordnetenaltersversorgung gibt es es kein Übergangsgeld (§ 10 III AbgG Thür.), bzw. der Anspruch auf Altersentschädigung ruht während des Beziehens von Übergangsgeld (§ 24 III AbgG Brdb., § 29 III AbgG MVp., § 26 V AbgG Sachs.; § 29 III AbgG SAnh., hier ruht die Altersvers. in Höhe des Übergangsgeldes).
400 §§ 16 II, 32 IV AbgG MVp.
401 §§ 16 II, 32 IV AbgG SAnh.
402 §§ 16 II, 32 II AbgG MVp.
403 § 12 II AbgG Sachs.
404 §§ 16 II, 32 II AbgG SAnh.

Erwerbseinkommen aus einer Beschäftigung oder Tätigkeit außerhalb des öffentlichen Dienstes werden in Mecklenburg-Vorpommern[405] und Sachsen-Anhalt,[406] deren Bestimmungen Schleswig-Holsteins entsprechen,[407] sowie in Thüringen,[408] das sich an Hessen[409] gehalten hat, auf das Übergangsgeld angerechnet.

Thüringen rechnet alle anderweitigen Einkommen, auch außerhalb des öffentlichen Dienstes, nach §§ 11 III, 23 I AbgG an. Das Übergangsgeld ruht, soweit es und die Einkünfte die Grundentschädigung übersteigen. Entsprechendes gilt für Versorgungsbezüge und Renten.

c) Beurteilung der Anrechnungsvorschriften

Der gebotenen Anrechnungspflicht auf das Übergangsgeld für alle beruflichen Einkünfte der ehemaligen Abgeordneten aus öffentlichen und privaten Kassen genügen im wesentlichen Mecklenburg-Vorpommern, Sachsen-Anhalt und Thüringen.

Zu bemängeln ist in Sachsen und Brandenburg die fehlende Anrechnung von privaten Erwerbseinkommen und Renten aus der gesetzlichen Rentenversicherung sowie in Brandenburg außerdem die Nichtberücksichtigung von beruflichen Einkünften aus einer Beschäftigung bei überwiegend staatlichen Einrichtungen oder Unternehmen.

Mecklenburg-Vorpommern, Sachsen-Anhalt und Thüringen gehen mit ihren Anrechnungsvorschriften weiter als der Bund und die meisten alten Länder, in denen nur in Schleswig-Holstein[410], Hessen[411] und neuerdings auch in Niedersachsen[412] alle beruflichen Einkünfte, auch private, und Renten auf das Übergangsgeld angerechnet werden. In Baden-Württemberg[413] und im Saarland[414] werden immerhin Renten angerechnet; in Baden-Württemberg, Bayern,[415] Berlin[416] und Rheinland-Pfalz[417] werden Erwerbseinkommen aus der

---

405 § 16 II AbgG MVp.
406 § 16 II AbgG SAnh.
407 Vgl. §§ 16, 32 AbgG SH seit der Fassung v. 15.7.1990 (in Kraft seit 13. Wahlperiode), GVBl. S. 437.
408 §§ 11 III, 23 AbgG Thür.
409 § 9 III AbgG Hes.
410 § 16 II AbgG SH (ab 13. WP).
411 §§ 9 II, 26 II, IV AbgG Hes.
412 § 17 I AbgG Nds. i.d.F.v. 30.11.1992.
413 § 10 II AbgG BW.
414 § 10 II AbgG Saarl.
415 Art. 11 II AbgG Bay.
416 § 10 II AbgG Berl.
417 §§ 10 II, 27 AbgG RhPf.

Beschäftigung bei überwiegend staatlichen Einrichtungen und Unternehmen berücksichtigt.

Im Bereich der Anrechnung liegt auch ein Mangel des Vorschlags der Hamburger Enquete-Kommission "Parlamentsreform." Diese empfiehlt die Anrechnung von Einkünften aus Berufstätigkeit nämlich nur bei der "Übergangshilfe", nicht aber bei dem vollen Übergangsgeld für die ersten drei Monate im Anschluß an die Mandatszeit.[418] Bei Abgeordneten, die unmittelbar im Anschluß an das Mandat wieder oder weiterhin berufstätig sind und daraus Einkommen beziehen (das sind insbesondere Angehörige des öffentlichen Dienstes, abhängig Beschäftigte und, bei den weiterhin Tätigen, Geschäftsführer von Unternehmen, Vorstandsvorsitzende von Aktiengesellschaften u.a.), erscheint jedoch fraglich, ob sie tatsächlich finanzielle Übergangsschwierigkeiten haben, die ein dreimonatiges volles Übergangsgeld rechtfertigen. Die etwaige Kündigung von Büroraum, Mitarbeitern, Telefon und Fachliteratur dürfte jedenfalls kaum dem entsprechende Kosten verursachen.[419]

II. Altersversorgung

Die Abgeordneten der neuen Bundesländer erwerben nach einer bestimmten Mindestmitgliedszeit im Landtag Anspruch auf eine lebenslange Altersversorgung, ohne dafür eigene Beiträge zu leisten.[420] Die Altersversorgung soll Versorgungslücken schließen, die durch die Mandatszeit entstehen können. Auch muß der Abgeordnete sich ein Ausscheiden aus dem Parlament leisten können und soll nicht aus finanziellen Gründen gezwungen sein, am Mandat zu kleben.[421]

1. Entstehen des Anspruchs

Der Anspruch auf lebenslange Altersversorgung entsteht in den neuen Ländern meist nach acht Jahren der Parlamentsmitgliedschaft. In Thüringen rei-

---

418 Vgl. Hmb. Enqete-Kommission "Parlamentsreform" S.180 ff.
419 Ähnl. die Kissel-Kommission, S. 14, die für die Abwicklung des Mandats die Fortzahlung der Entschädigung in dem auf das Ausscheiden folgenden Monat für ausreichend erachtet.
420 AbgG: Brdb. §§ 11 f., MVp. §§ 17 f., Sachs. §§ 13 f., SAnh. §§ 17 f., Thür. §§ 12 f., 42 II.
421 Kommission der Landtagsdirektoren S. 34.

chen sechs Jahre, in Sachsen-Anhalt sind zwei Wahlperioden erforderlich, die zusammen mindestens sechs Jahre gedauert haben müssen.

In Westdeutschland sind zumeist auch acht Jahre Parlamentszugehörigkeit für das Entstehen eines Anpruchs auf Altersversorgung nötig, Ausnahmen bilden Berlin mit sieben Jahren und Hessen mit sechs Jahren.

Für Angehörige der ersten ostdeutschen Landtage gibt es in vier Ländern Sonderregelungen, nach denen der Anspruch schon früher entsteht.[422]

Zeiten der Mitgliedschaft in einem anderen deutschen Parlament, die 10. Wahlperiode der Volkskammer der DDR inbegriffen, oder dem Europaparlament zählen bei der Berechnung der Mindestzeit der Mitgliedschaft auf Antrag mit.[423] Bei Anrechnung derartiger Zeiten beträgt die Höhe der Altersversorgung für jedes Jahr der tatsächlichen Mitgliedschaft in dem jeweiligen ostdeutschen Landtag ein Achtel (ein Sechstel in Thüringen) der Mindestaltersversorgung.[424]

2. Höhe der Altersversorgung

Die betragsmäßige Höhe der Altersversorgung berechnet sich nach der jeweils (ab Beginn und während der Versorgungszeit maßgeblichen) aktuellen Entschädigungshöhe. Insofern sind die folgenden Zahlen nur theoretisch, weil davon ausgegangen werden kann, daß sich die ostdeutschen Diäten in den nächsten Jahren schrittweise bis zum Erreichen des ungefähren West-Niveaus erhöhen werden.

Die Mindestrente beträgt in Thüringen 29% (1.421 DM) der Grundentschädigung, in Brandenburg 33% (1.894 DM), in Mecklenburg-Vorpommern 35% (1.967 DM), Sachsen 35% (1.873 DM) und in Sachsen-Anhalt 38,5% (2.156 DM).

Mit jedem weiteren Jahr der Parlamentsmitgliedschaft steigert sich die Altersentschädigung wie folgt (in % der Entschädigung): In Thüringen um 3%, in Brandenburg um 3,5%, in Sachsen um 4% und in Mecklenburg-Vorpommern und Sachsen-Anhalt um 5%.

Die Höchstrente von 75% der Grundentschädigung wird in Mecklenburg-Vorpommern u. Sachsen-Anhalt nach 16 Jahren, in Sachsen nach 18 Jahren, in Brandenburg nach 20 Jahren und in Thüringen nach 22 Jahren Mandats-

---

422 Dazu unter 7.
423 AbgG: Brdb. § 13, MVp. § 19, Sachs. § 15, SAnh. § 19, Thür. § 14.
424 Dabei werden in Brdb. (§§ 13 II, 12 II AbgG) u. Sachs. (§ 14 S. 3 AbgG) Zeiten, in denen der Abgeordnete die Funktion eines Präsidenten oder dessen Stellvertreters ausübte, entsprechend höher bewertet.

zeit erreicht. Sie beträgt 4.215 DM in Mecklenburg-Vorpommern, 4.305 DM in Brandenburg, 3.675 DM in Thüringen, 4.013 DM in Sachsen und 4.200 DM in Sachsen-Anhalt.

Eine entsprechend der höheren Entschädigung erhöhte Altersversorgung gibt es, wie auch in den meisten alten Bundesländern, in Brandenburg und Sachsen für die Landtagspräsidenten und deren Stellvertreter. Die verschiedenen Funktionszulagen in Mecklenburg-Vorpommern, Sachsen-Anhalt und Thüringen sind dagegen nicht ruhegehaltsfähig.

In der prozentualen Grundrente, Steigerungsrate und Mandatszeit für die Höchstrente entspricht die Regelung Brandenburgs der von Nordrhein-Westfalen, Mecklenburg-Vorpommerns der von Schleswig-Holstein,[425] Sachsens der von Bayern, Sachsen-Anhalts der von Niedersachsen[426] und Thüringens der von Hessen.

3. Beginn der Zahlungen

Die Zahlung der Altersversorgung beginnt in Sachsen-Anhalt und Thüringen mit der Vollendung des 55. Lebensjahres, in Mecklenburg-Vorpommern und Sachsen ab dem vollendeten 60. Lebensjahr und in Brandenburg ab dem vollendeten 65. Lebensjahr. Mit jedem weiteren Jahr der Parlamentszugehörigkeit entsteht der Anspruch ein Jahr früher, in Mecklenburg-Vorpommern 2 Jahre, frühestens jedoch mit Vollendung des 55. Lebensjahres. Bei der Berechnung der Mandatsdauer wird mit Ausnahme von Mecklenburg-Vorpommern ein Rest von mehr als 182 Tagen als ein volles Jahr gezählt.

In Westdeutschland beginnt die Zahlung der Altersentschädigung nur in Hessen bereits ab Vollendung des 55. Lebensjahres, bis Ende 1992 war das auch in Niedersachsen so. In Baden-Württemberg, Bremen, Nordrhein-Westfalen, Rheinland-Pfalz, Saarland und seit 1993 auch in Niedersachsen fängt sie ab Vollendung des 60. Lebensjahres an, in Bayern, Schleswig-Holstein[427] und im Bund erst ab dem vollendeten 65. Lebensjahr.

4. Gesundheitsschäden

Erleidet der Abgeordnete ohne sein Verschulden einen Gesundheitsschaden, der seine Arbeitsfähigkeit dauernd wesentlich beeinträchtigt, erwirbt er, wie

---

425 (Altes) AbgG SH i.d.F.v. 26.9.1983, GVBl. S. 412.
426 (Altes) AbgG Nds. i.d.F.v. 3.3.1992, GVBl. S. 57.
427 Mit Beginn der 13. Wahlperiode in Kraft getretene Fassung des AbgG SH.

von der Kommission der Landtagsdirektoren 1989 gefordert,[428] unabhängig von den Voraussetzungen der Mitgliedszeit und des Lebensalters einen Anspruch auf eine (Mindest-)Altersversorgung.[429] Dies ist auch in den westlichen Ländern und im Bund so geregelt.

5. Verfassungsrechtliche Maßstäbe

a) Kein verfassungsrechtliches Gebot einer besonderen Altersversorgung

Die angemessene Entschädigung soll die wirtschaftliche Unabhängigkeit der Abgeordneten während der Dauer ihrer Zugehörigkeit zum Parlament gewährleisten.[430] Deswegen ist eine besondere Abgeordnetenaltersversorgung verfassungsrechtlich nicht geboten, sondern es würde genügen, die Entschädigung so hoch zu bemessen, daß es den Abgeordneten im Rahmen einer angemessenen Lebensführung möglich ist, Vorsorge für Arbeitsunfähigkeit und Alter zu treffen.[431] Ausgehend von dem weiten Gestaltungsspielraum des Gesetzgebers bei der Konkretisierung der angemessenen Entschädigung ist jedoch die Gewährung einer Altersversorgung für Abgeordnete grundsätzlich möglich.[432]

b) Zulässigkeit einer angemessenen und begrenzten Altersversorgung

Nach dem Gebot der Angemessenheit der Entschädigung ist nur eine angemessene und begrenzte Altersversorgung zulässig.[433] Begrenzt heißt, da die Mitgliedschaft im Landtag nur einen Teil des Berufslebens der Abgeordneten ausmacht, daß die Ansprüche auf Altersversorgung aus dieser Zeit sich auch nur auf einen entsprechenden Teil einer Versorgung erstrecken dür-

---

428 Kommission der Landtagsdirektoren S. 25.
429 AbgG: Brdb. § 14, MVp. § 20, Sachs. § 16, SAnh. § 20, Thür. § 20.
430 BVerfGE 40, 296 (315).
431 Geiger, ZParl 1978, 522 (533); Weyer-Kommission S. 23; von Arnim, BK, Art. 48 Rz. 129; Hess. Präsidentenbeirat S. 29; s.a. Fachkommission "Politikfinanzierung" von Bündnis 90/Die Grünen im BT, Vorschläge zur Parlamentsfinanzierung v. 25.1.1993, S. 2, 4; dagegen hält die Kissel-Kommission, S. 14, eine besondere Altersversorgung für zwingend.
432 Vgl. BVerfGE 32, 157 (165), indirekt auch E 40, 296 (314, 330); von Arnim, BK, Art. 48 Rz. 98, 130; a.A. Geiger, ZParl 1978, 522 (532).
433 BVerfGE 32, 157 (165); von Arnim, BK, Art. 48 Rz. 132; Kommission der Landtagsdirektoren S. 34; Wieland, Rechtsgutachten AbgG RhPf., S. 64 ff.

fen.[434] Dabei ist von dem Sinn der Altersversorgung, mandatsbedingte Versorgungslücken zu schließen, auszugehen.[435] Auch muß sich die Altersversorgung der Abgeordneten an den für Arbeitnehmer gültigen und praktizierten Rentensystemen orientieren. Leistungsverminderungen in der gesetzlichen Rentenversicherung und der Beamtenversorgung müssen sich entsprechend auf die Abgeordnetenversorgung auswirken.[436] Für die Abgeordneten erheblich günstigere Abweichungen gegenüber den anderen großen Alterssicherungssystemen sind nach dem allgemeinen Gleichheitssatz nur dann gerechtfertigt, wenn sie wegen des besonderen Abgeordnetenstatus oder aus anderen sachlichen Erwägungen geboten sind.[437]

6. Beurteilung der Ausgestaltung der Altersversorgung

a) Überzogene Altersversorgung

Was die Angemessenheit der Altersversorgung unter Beachtung des allgemeinen Gleichheitssatzes angeht, bestehen hinsichtlich ihrer Ausgestaltung in den neuen Ländern - wie auch in den Altbundesländern[438] - Bedenken.[439] Dies verwundert nicht, haben sich doch die neuen Länder an den Bestimmungen der alten Länder orientiert. So entspricht Brandenburgs Vorschrift bis auf den hier späteren Zahlungsbeginn der Nordrhein-Westfalens, Mecklenburg-Vorpommern gleicht bis auf den hier früheren Zahlungsbeginn Schleswig-Holstein, Sachsens Bestimmung entspricht der baden-württembergischen, Sachsen-Anhalt hat sich an Niedersachsen (vor 1993) orientiert, nur das frühere Entstehen des Anspruchs und der höheren Steigerungssatz von

---

434 Von Arnim, BK, Art. 48 Rz. 129, 132; ders., Die Partei, S. 166 f.; Wieland, Rechtsgutachten AbgG RhPf., S. 64; Hmb. Enquete-Kommission "Parlamentsreform" S. 182 f.
435 Kommission der Landtagsdirektoren S. 34; Hmb. Enquete-Kommission "Parlamentsreform" S. 182 f.
436 Kommission der Landtagsdirektoren S. 31; RhPf. Kommission v. 1992, S. 11; Nds. Kommission v. 1992 S. 11; siehe auch Dt. BT, Entschließung vom 10.3.1988, BT-Drs. 11/4142, Stenogr. Bericht der 132. Sitz., S. 9771.
437 Weyer-Kommission S. 25; ähnl. Kommission der Landtagsdirektoren S. 31; Hmb. Enquete-Kommission "Parlamentsreform" S. 182 f.
438 Hierzu insbesondere von Arnim, Die Partei, S. 165 ff.; Hmb. Enquete-Kommission "Parlamentsreform S. 182-188.
439 Die Sächs. Diätenkommission v. 1993 (Pressemitteilung v. Jan. 1993) hätte wohl auch Übergangsgeld und Altersversorgung geprüft, wäre nicht der gesetzl. Auftrag nach § 24 I AbgG zu eng beschränkt auf die Angemessenheit und evtl. Anpassung der Entschädigung und der Aufwandsentschädigung.

5% entspricht der Berliner und der alten schleswig-holsteinischen Regelung vor der dreizehnten Wahlperiode. Thüringens Vorschrift schließlich gleicht der hessischen.

Die wesentlichen Kritikpunkte der Altersversorgung:
- Schnelles Entstehen eines hohen Mindestversorgungs-Anspruchs
Schon nach 6-8 Jahren, etwa einem Fünftel des normalen Arbeitslebens, erwerben die Abgeordneten mit der Mindestversorgung von 29-38,5% der Entschädigung bereits fast die Hälfte der Altersvollversorgung.[440] Diese Privilegierung der Abgeordneten kann nicht einfach mit einem "spezifischen Sicherungsbedürfnis", hergeleitet aus der begrenzten Mandatsdauer, gerechtfertigt werden,[441] zumal Abgeordnete meistens noch andere Rentenansprüche aus ihrem vorherigen oder späteren Berufsleben besitzen, so daß es zu einer teilweisen Doppelversorgung kommen könnte.[442] Außerdem ist die Wiederverwendung nach Beendigung des Mandats für einen großen Kreis der Abgeordneten, nämlich den Beschäftigten im Öffentlichen Dienst und den abhängig in der Privatwirtschaft Beschäftigten gesetzlich abgesichert.[443]
- Hohe Steigerungsraten
Die jährlichen Steigerungsraten von 3-5%, die weit über denen für Beamte (1,875%) und für Versicherte der gesetzlichen Rentenversicherung (1,5%) liegen, sind unangemessen. Sie führen dazu, daß die Altersvollversorgung von 75% der Entschädigung bereits nach 16-22 Mandatsjahren, d.h. schon nach knapp einem halben Arbeitsleben, erworben wird.[444] Beamte hingegen erhalten die Vollversorgung erst nach 40 Arbeitsjahren, andere Arbeitnehmer noch später. Die hohen Steigerungssätze der Abgeordnetenversorgung entsprechen nicht einer angemesse-

---

440 Kritisch hierzu Morell, Anhör.Hess. AbgG 1989, S. 122; von Arnim, Die Partei, S. 166 f.; Nds. Kommissionen v. 1989 S. 6 f. u. 1992 S. 13; Hmb. Enquete-Kommission "Parlamentsreform" S. 183.
441 So aber der Hess. Präsidentenbeirat, S. 31 f.
442 Dies läßt auch die Weyer-Kommission, S. 24 f., außer acht. Wie hier die Kommission der Landtagsdirektoren S. 34, ähnl. Hmb. Enquete-Kommission "Parlamentsreform" S. 185.
443 So auch Nds. Kommission v. 1992 S. 11f.
444 Kritisch dazu von Arnim, Die Partei, S. 166 f.; Nds. Kommission v. 1992 S. 13; Hmb. Enquete-Kommission "Parlamentsreform" S. 184 f. Die Kissel-Kommission, S. 15, hält eine jährliche Steigerungsrate von 2,5 % für angemessen. Wie bekannt wurde, wollte sie die Steigerung zunächst auf 2 % jährlich begrenzen. Als sich bei einer Anhörung mehrere Abgeordnete darüber beklagten, gab die Kommission nach (Vgl. Der Spiegel Nr. 20/93 v. 17.5.1993, S. 21).

nen, entsprechend dem zeitlichen Anteil der Parlamentszugehörigkeit an der Lebensarbeitszeit begrenzten Altersversorgung.
- Früher Zahlungsbeginn
  Bedenklich ist das generelle Einsetzen der Altersversorgung in Sachsen-Anhalt und Thüringen schon mit der Vollendung des 55. Lebensjahres,[445] denn diese Altersgrenze liegt weit vor dem Erreichen des normalen Ruhestandsalters von vollendeten 65 bzw. 63 Lebensjahren. Daran hat sich nur Brandenburg, entsprechend dem Bund, Bayern, Schleswig-Holstein (ab der 13. WP) und, seit Januar 1993, Niedersachsen, gehalten. Es kann aber nicht pauschal unterstellt werden, ehemalige Abgeordnete könnten nach Vollendung des 55. Lebensjahres keinen Beruf mehr ausüben.[446]
- Relativ hohes verdecktes Zusatzeinkommen
  Errechnet man die Prämien, die die Abgeordneten für einen entsprechend hohen Versorgungsanspruch bei einer Lebensversicherung oder Pensionskasse aus dann versteuertem Einkommen bezahlen müßten, ergibt sich ein hohes verdecktes Zusatzeinkommen.[447] Das ist nicht nur wegen des Grundsatzes der Steuergleichheit von Einkommen[448] und des Angemessenheitsgebotes bei der Entschädigung bedenklich. Auch das demokratische Gebot der Transparenz, die Notwendigkeit der Durchschaubarkeit gerade von Entscheidungen des Parlaments in eigener Sache,[449] ist betroffen.
- Doppelanrechnung von mehreren Parlamentszeiten möglich
  Zu bemängeln ist weiterhin, daß bei den Vorschriften der Abgeordnetengesetze, die Mandatszeiten in anderen Parlamenten für die Altersversorgung anrechnen, Bestimmungen fehlen, die eine Doppelanrechnung von Parlamentszeiten ausschließen.[450] Nach der jetzigen Rechtslage wäre es

---

445 In Sachsen-Anhalt und Thüringen schon nach der Mindestzeit, in den anderen Ländern erst nach einer längeren Mandatszeit.
446 Kommission der Landtagsdirektoren S. 32 f.; s.a. Maaß/Rupp S. 72; von Arnim, Die Partei, S. 167 f.; Nds. Kommissionen v. 1989 S. 6 f. u. v. 1992 S. 12; SH Kommission v. 1992 S. 12; Hmb. Enquete-Kommission "Parlamentsreform" S. 184; die Kissel-Kommission, S. 15, empfiehlt als Zahlungsbeginn die Vollendung des 63. Lebensjahres. - A.A. die Weyer-Kommission, S. 25.
447 So für die alten Länder von Arnim, BK, Art. 48 Rz. 132; ders., Die Partei, S. 165; kritisch auch Morell, Anhör. Hess. AbgG. 1989, S. 122; vgl. auch die Beispielsrechnung der Nds. Kommission v. 1989 S. 6. Für die neuen Länder gilt, bis auf die noch geringeren Summen, im Prinzip das gleiche.
448 Vgl. z.B. BVerfGE 40, 296 (328).
449 Siehe oben 1. Teil, Grundproblem. Vgl. BVerfGE 40, 296 (327); Geiger, ZParl 1978, 522 (533); von Arnim, BK, Art. 48 Rz. 89 f.; ders., Die Partei, S. 181 f.
450 So auch Wieland, Rechtsgutachten AbgG RhPf., S. 66.

z.B. möglich, daß bei zwei aufeinander folgenden Mandatszeiten in zwei verschiedenen Parlamenten jedes Parlament die Mandatszeit des anderen auf die zeitlichen Voraussetzungen für die Altersversorgung nach seinem AbgG anrechnet. Dies ist nur in Sachsen-Anhalt seit dem 2. Änderungsgesetz vom 18.9.1992 durch § 27 AbgG ausgeschlossen. Nach dieser Vorschrift erhalten die Abgeordneten des Sachsen-Anhaltinischen Landtags keine Altersversorgung nach dem AbgG SAnh., wenn Zeiten als Abgeordneter von Sachsen-Anhalt bei der Bemessung von Versorgungsbezügen als Mitglied eines anderen Parlaments erfaßt werden.

b) Versorgungs-Beispiel Sachsen-Anhalt

Sachsen-Anhalt ist ein besonderes Beispiel für die Privilegierung der Abgeordneten bei der Altersversorgung. Nach nur 6 Mandatsjahren (wenn die Wahlperioden verkürzt waren, sonst nach 8 Jahren), unter Berücksichtigung beispielsweise der Mitgliedschaft in der 10. Wahlperiode der DDR-Volkskammer, erhält der Abgeordnete einen Anspruch auf 51% der Altersvollversorgung. Bei einem jährlichen Steigerungssatz von 5% ab dem 9. Mandatsjahr ist dann nach 16 Mandatsjahren die Vollversorgung erreicht. Die Mindestversorgung beträgt 2.156 DM, die Höchstversorgung 4.200 DM.[451] Dies wird sich aber nach oben hin ändern, wenn die neuen Länder von jetzt durchschnittlich ca. 60-75% in einigen Jahren auf 100% der West-Entschädigungen angelangt sein werden.

Bezeichnenderweise hält auch die Diätenkommission von Sachsen-Anhalt (1991) die Altersversorgung der sachsen-anhaltinischen Abgeordneten im Vergleich zum Bundestag und zu den meisten anderen Landtagen für überhöht und im Hinblick auf die besonderen Verhältnisse in Sachsen-Anhalt für nicht angemessen.[452] Die Kommission von 1993 hat sich wegen der ausstehenden Entscheidungen des Bundesverfassungsgerichts zu den Abgeordnetengesetzen Thüringens und Rheinland-Pfalz[453] nicht zur Altersversorgung geäußert.[454]

---

451 In *MVp.* wird nach 8 J. 46,7% der Vollversorgung mit 1.965 DM, nach 16 J. die Vollvers. mit 4.215 DM erreicht. In *Sachs.* gibt es nach 8 J. 46,7% der Vollvers. mit 1.873 DM, nach 18 J. Vollvers. (4.013 DM). *Thür.* zahlt nach 6 J. 38,6% der Vollvers. mit 1.421 DM (nach 8 J. 44,6%), nach 20 J. 3.675 DM Vollvers. *Brdb.* zahlt nach 8 J. 44% der Vollvers. (1.894 DM), nach 20 J. 4.305 DM Vollvers.
452 SAnh. Diätenkommission v. 1991 S. 10.
453 Az. 2 BvH 3/91 u. 4/91.
454 SAnh. Diätenkommission v. 1993 S. 1.

c) Umgestaltung der Altersversorgung

Gemäß den zuvor geschilderten Kritikpunkten[455] müßte die Altersversorgung im wesentlichen folgendermaßen umgestaltet werden: Für eine der Zeit der Parlamentstätigkeit angemessene Altersversorgung müßten die hohen jährlichen Steigerungsraten so erheblich gesenkt werden, daß diese jedenfalls nicht wesentlich über dem für die Beamtenversorgung geltenden Satz liegen und erst nach 35-40 Jahren der rechnerische Höchstsatz von 75% der Entschädigung erreicht würde. Auch sollten die hohen Sockelbeträge abgeschafft und die Abgeordnetenversorgung linearisiert, d.h. ein einheitlicher Prozentsatz für jedes Jahr festgelegt werden, damit nur die tatsächlichen mandatsbedingten Versorgungslücken geschlossen werden.[456] Weiterhin dürfte die Versorgung wegen der gebotenen Orientierung an den anderen Versorgungssystemen zumindest im Regelfall erst mit Erreichen des gesetzlichen Rentenalters einsetzen.[457]

Es gibt in der letzten Zeit Überlegungen und Gesetzesänderungen, die diesen Anforderungen in unterschiedlichem Maße genügen. Als zeitlich erster und in der Absenkung den Steigerungsraten bei Beamten entsprechend, ist der Vorschlag der Niedersächsischen Kommission von 1989 zu nennen, den Sockelbetrag abzuschaffen und eine Altersversorgung mit einer linearen jährlichen Steigerung von 1,875% einzuführen.[458] Ebenfalls ein Fortschritt, wenngleich den Abgeordneten gegenüber wegen des Sockelbetrags und des rechnerischen Steigerungssatzes von 3,1% für die ersten 8 Jahre um einiges großzügiger, ist der Vorschlag der Niedersächsischen Kommission von 1992, nach einer Parlamentszeit von acht Jahren ab Vollendung des 65. Lebensjahres eine Mindestversorgung von 25% der Entschädigung bei einer jährlichen Steigerungsrate von 3,5% ab dem neunten Mandatsjahr zu gewähren, so daß erst nach 23 Jahren die Höchstrente von 75% erreicht wird.[459] Wegen des geringeren Sockelbetrags bemerkenswert ist die Empfehlung der Rheinland-Pfälzischen Kommission von 1992. Danach betrüge die Versorgung nach fünf Mandatsjahren 10% der Entschädigung, zahlbar ab Vollendung des 60. Lebensjahrs, bei einem Steigerungssatz von jährlich 2% ab dem 6. Mandatsjahr bis zum Erreichen der Höchstversorgung von 75% der Ent-

---

455 Oben 6. a).
456 Siehe oben 6. a); vgl. insbes. Kommission der Landtagsdirektoren S. 33 f.; von Arnim, Die Partei, S. 167 f.; Hmb. Enquete-Kommission "Parlamentsreform" S. 182-186.
457 Siehe oben 6. a); vgl. insbes. Kommission der Landtagsdirektoren a.a.O.; von Arnim a.a.O.; Hmb. Enquete-Kommission "Parlamentsreform" a.a.O.
458 Nds. Kommission v. 1989 S. 7.
459 Nds. Kommission v. 1992 S. 12 f.

schädigung nach 38 Jahren.[460] Mit dem Verzicht auf einen Sockelbetrag, einer kontinuierlichen Steigerungsrate von 2% jährlich und dem Einsetzen der Altersversorgung ab dem vollendeten 63. Lebensjahr ist der Vorschlag der Hamburger Enquete-Kommission "Parlamentsreform"[461] in der Reduzierung ähnlich weitgehend wie der der Niedersächsischen Kommission von 1989.

An den Empfehlungen der zuvor genannten Kommissionen hat sich die Kissel-Kommission des Bundestags von 1993 orientiert. Sie will die Altersversorgung der Bundestagsabgeordneten ebenfalls schmälern und schlägt dazu folgendes vor: Der Sockelbetrag von bisher 35% der Entschädigung nach 8 Jahren soll entfallen. Stattdessen soll die Versorgung jährlich linear mit 2,5% ansteigen. Die Höchstversorgung wird dann nicht wie bisher mit 75% nach 18 Jahren, sondern erst nach 24 Jahren Parlamentszugehörigkeit mit nur 60% der Entschädigung erreicht.[462]

Die Vorschläge der Kommission zur prozentualen Absenkung der Altersversorgung sind jedoch im Zusammenhang mit der von ihr gleichzeitig vorgeschlagenen Erhöhung der Entschädigung von 10.366 auf 14.000 DM zu sehen. Danach erhalten ehemalige Bundestagsabgeordnete mit einer 1-22jährigen Parlamentszugehörigkeit weniger als nach dem bisherigen System, wobei diese Differenz mit der Dauer der Zugehörigkeit abnimmt. Langgediente Abgeordnete, die 23 Jahre und länger im Parlament waren, erhalten hingegen mehr als bisher. Insgesamt stellen die Vorschläge der Kissel-Kommission zur Altersversorgung tatsächlich eine Reduzierung dar. Die Kommission selbst rechnet mit einer Ersparnis von insgesamt mit ca. 3 Mio. DM, d.h. ca. 10% der Kosten.[463]

Die Kissel-Kommission erblickt in der von ihr vorgeschlagenen Versorgung lediglich einen "versorgungsrechtlichen Baustein", der erst zusammen mit den im Beruf erworbenen Anwartschaften bzw. Ansprüchen die Gesamtversorgung ergebe.[464] Davon kann aber wohl nur bei den Versorgungen für kürzere Parlamentszeiten gesprochen werden, bei den höheren Versorgungen nach längerer Mandatszeit geht indes der "Charakter eines Bausteins verloren".[465]

Wegen der zunehmenden Kritik an der Ausgestaltung der Altersversorgung hat Niedersachsen nach den Empfehlungen seiner Diätenkommission

---

460 RhPf. Kommission v. 1992 S. 10 f.
461 Hmb. Enquete-Kommission "Parlamentsreform" S. 188; zustimmend Fachkommission "Politikfinanzierung" von Bündnis 90/Die Grünen im BT, Vorschläge zur Parlamentsfinanzierung v. 25.1.1993, S. 4.
462 Kissel-Kommission S. 15.
463 Kissel-Kommission, Anlage 28, S. 81.
464 Kissel-Kommission S. 15.
465 U. Battis, Der Spiegel Nr. 20/93 v. 17.5.1993 S. 21.

von 1992[466] mit Beginn des Jahres 1993 die Altersversorgung der Abgeordneten entsprechend gesenkt.[467] Rheinland-Pfalz hingegen ist dem Rat seiner Kommission nicht gefolgt und hat es bei der bisherigen Versorgungsregelung belassen.

Eine denkbare sinnvolle Alternative zu der staatlichen Abgeordnetenpension wäre es, diese abzuschaffen und dafür die Grundentschädigung so zu bemessen, daß jeder Abgeordnete sich davon selbst eine angemessene Versorgung entsprechend dem Anteil der Mandatszeit zu dem sonstigen Arbeitsleben verschaffen könnte.[468] Möglich wäre auch ein Versicherungssystem in Form einer als Körperschaft des öffentlichen Rechts organisierten Hilfskasse, an die die Abgeordneten einen Versicherungsbeitrag zahlen.[469] Diese Lösung ließe sich gut mit dem unabhängigen Status des Abgeordneten vereinbaren und stellte keine wegen des unterschiedlichen Status von Abgeordneten und Beamten[470] bedenkliche Annäherung an beamtenrechtliche Vorschriften dar.[471] Auch würde die Charakteristik der Mandatszeit als atypischen, zeitlich begrenzten Abschnitts im Berufsleben der Abgeordneten eher berücksichtigt.[472]

7. Sonder-Altersversorgung für die ersten Landtage in Brandenburg, Sachsen, Sachsen-Anhalt und Thüringen

In Brandenburg, Sachsen und Thüringen, mit Wirkung vom 1.1.1992 auch in Sachsen-Anhalt,[473] gibt es Sonderregelungen für die Altersversorgung der Abgeordneten der ersten Wahlperiode.

a) Entstehen und Höhe der Sonder-Altersversorgung

In Brandenburg gibt es für Angehörige des 1. Landtags bei Erreichen des gesetzlichen Rentenalters nach 4 Jahren Parlamentszugehörigkeit eine Rente

---

466 Nds. Kommission v. 1992 S. 11-24.
467 Vgl. §§ 19 f. AbgG Nds. i.d.F.v. 30.11.1992, GVBl. S. 311.
468 Von Arnim, Die Partei, S. 168 f.; ähnl. Nds. Kommission v. 1989 S. 6; Fachkommission "Politikfinanzierung" von B 90/Die Grünen im BT, Vorschläge zur Parlamentsfinanzierung v. 25.1.1993, S. 4.
469 Weyer-Kommission S. 23 ff.; SH Kommission v. 1989, S. 29 ff.; Nds. Kommission v. 1989, S. 6 f.
470 Hierzu BVerfGE 76, 256 (342).
471 So schon die Weyer-Kommission S. 23 f.
472 BVerfGE 76, 256 (342); Hess. Präsidentenbeirat S. 30 f.
473 AbgG: Brdb. § 34 V; Sachs. § 42; SAnh. § 47 a, seit 2. ÄnderungsG v. 25.6.1992, GVBl. S. 600; Thür. §§ 12 f. i.V.m. § 42 II.

von 19% der Entschädigung.[474] Sachsen zahlt nach 3 Jahren im 1. Landtag 25% der Entschädigung bei Erreichen des 53. vollendeten Lebensjahres. In Sachsen-Anhalt erhalten die Parlamentarier der ersten Wahlperiode, die mindestens 3 Jahre gedauert haben muß, ab Vollendung des 55. Lebensjahres eine Altersentschädigung in Höhe von 38,5% der Entschädigung. Die ersten Thüringer Abgeordneten erwerben nach der 1. Wahlperiode, vorausgesetzt, diese hat mehr als 3 Jahre und 6 Monate gedauert, einen Anspruch auf Altersversorgung in Höhe von 29% der Entschädigung ab Erreichen des vollendeten 55. Lebensjahres.

Von diesen Sonderregelungen werden unmittelbar nach Abschluß der ersten Legislaturperioden, die voraussichtlich bis Oktober 1994 dauern werden, eine größere Anzahl von Parlamentariern profitieren: In Brandenburg 3 von 88 Abgeordneten, in Sachsen 58 von 160 (ca. 1/3), in Sachsen-Anhalt 32 von 106 (knapp 1/3), in Thüringen nur 16 von 89 Abgeordneten (ca. 2/11).[475]

Relevant werden die Regelungen aber für alle Abgeordnete der ersten Landtage, sofern sie nach Ende der ersten Wahlperiode aus dem Parlament ausscheiden und später einmal das vorgesehene Alter erreichen. Für die 3-4 Jahre Mitgliedschaft im ersten Landtag erhalten sie dann immerhin zwischen 25% (Brandenburg) und 51% (Sachsen-Anhalt) der Vollversorgung.[476]

b) Motive der Sonderregelungen

aa) Brandenburg

In Brandenburg war im ersten Gesetzentwurf der Fraktionen von SPD, PDS/LL, FDP und Bündnis 90 vom 30.10.1990[477] noch keine Regelung über eine Sonderaltersversorgung des ersten Landtags enthalten. Dies änderte sich aufgrund eines Antrags der PDS/LL im Hauptausschuß zu § 11 des Gesetzentwurfs.[478] Daraufhin empfahl der Beschluß des Ausschusses vom 13.11.1990, einen Anspruch auf Altersversorgung bereits dann entstehen zu lassen, wenn der Abgeordnete das gesetzliche Rentenalter erreicht und dem Landtag mindestens eine Legislaturperiode angehört hat. Die Höhe dieser Mindestaltersversorgung sollte für das erste Jahr 8,5% der Entschädigung

---

474 Bei vorzeitiger Auflösung des Landtags wird die Versorgung um 3,5% pro Jahr gekürzt.
475 Berechnet nach den Angaben in den Handbüchern der Landtage.
476 Sachs. 33% der Vollversorgung, Thür. 39%.
477 LT Brdb., Drs. 1/8.
478 LT Brdb., Bericht des Hauptausschusses, Drs. 1/16 Anlage 3, S. 34.

betragen und sich für jedes weitere Jahr in Höhe von 3,5% der Entschädigung steigern, so daß es nach vier Jahren 19% der Entschädigung geben sollte.[479] Die Begründung für die Herabsetzung der Anspruchszeit von acht Jahren auf die Zeit einer Legislaturperiode, so der Hauptausschuß, "bestand in den Besonderheiten der Gegenwart. Abgeordnete, die jetzt aus ihrem Beruf ausscheiden, sich voll der parlamentarischen Arbeit widmen und damit beruflichen Abstand gewinnen, treffen nach acht Jahren auf erhebliche arbeitsmäßige Probleme, vor allem im mittleren Lebensalter."[480] In einer neuen Beschlußempfehlung desselben Ausschusses vom 20.11.1990 wurde zwar die Anspruchszeit des § 11 AbgG wieder auf acht Jahre festgesetzt, dafür wurden aber die leicht übersehenen Übergangsregelungen geändert. Nach dem neu angefügten § 34 V AbgG sind "bei einem Abgeordneten des ersten Landtags ... die zeitlichen Voraussetzungen für einen Anspruch auf Altersversorgung erfüllt, wenn er dem Landtag die gesamte erste Legislaturperiode angehört hat." Nach Abs. VI beträgt dann "in den Fällen des Absatzes V ... die Altersversorgung nach vier Jahren 19% der Entschädigung nach § 5 I. Sie erhöht sich jährlich um 3,5% bis zum Erreichen des 20. Jahres."[481] Die Änderung des § 34 AbgG wurde in der zweiten Lesung des Gesetzentwurfs am 22.11.1990 nur kurz und indirekt von dem Abgeordneten Vietze (PDS/LL) erwähnt, der meinte, die Übergangsregelungen entsprächen den gegenwärtigen konkreten Bedingungen des Landes.[482]

bb) Sachsen

In Sachsen war die Sonderaltersversorgung für den ersten Landtag bereits in dem Gesetzentwurf aller Fraktionen, Stand vom 29.11.1990, enthalten.[483] § 39 des Entwurfs sah bei Ausscheiden nach der ersten Legislaturperiode und Vollendung des 55. Lebensjahrs eine Altersentschädigung von 18% der Entschädigung vor. Die neuere Fassung des Gesetzentwurfs vom 20.12.1990 setzte die Mindestversorgung auf 19% hoch und erweiterte den Anwendungsbereich auch auf die Fälle, in denen Abgeordnete erst in die laufende Wahlperiode eintreten.[484] Die Beschlußempfehlung des Verfassungs- und Rechtsausschusses[485] setzte noch das erforderliche Alter auf das vollendete

---

479 Bericht des Hauptausschusses, a.a.O., zu §§ 11 f.
480 Bericht des Hauptausschusses, a.a.O., S. 30.
481 LT Brdb., Drs. 1/16 A.
482 LT Brdb., Abg. Vietze, Plpr. 1/3 S. 44.
483 LT Sachs., Drs. 1/36, Stand 29.11.1990.
484 LT Sachs., Drs. 1/36, Stand 20.12.1990.
485 LT Sachs., Drs. 1/136 A.

53. Lebensjahr und die die zeitliche Voraussetzung auf 3 Jahre herab, nach denen es Versorgung in Höhe von 25% der Entschädigung, bei einer Steigerungsrate von jährlich 5%, gibt. Nach vier Jahren Parlamentsmitgliedschaft sind das 30% der Entschädigung. Begründet wurde die Sonderaltersversorgung weder in dem Gesetzentwurf noch in der Beschlußempfehlung. Auch in der Beratung des Plenums wurde sie nicht erwähnt.[486]

cc) Thüringen

In Thüringen basiert die die Sonder-Altersversorgung nach §§ 12 f. i.V.m. § 42 II AbgG auf einem Gesetzesentwurf der Fraktionen von CDU, SPD, PDS/LL und FDP vom 20.12.1990.[487] Im weiteren Verlauf der Entstehung des Thüringer Abgeordnetengesetzes und auch des ersten Änderungsgesetzes wurde die Sonderaltersversorgung nicht erwähnt, geschweige denn, begründet.[488]

In einem Gespräch mit der Verfasserin im Dezember 1992 rechtfertigte der Landtagsvizepräsident Friedrich (sinngemäß) die Sonderaltersversorgung mit den Besonderheiten der Aufbau- und Übergangsphase zur parlamentarischen Demokratie. Die Abgeordneten hätten, oft im Alter von Ende vierzig, Anfang fünfzig Jahren, ihren Beruf aufgegeben und sich entschlossen, am Aufbau der Demokratie mitzuarbeiten und mit vollem Einsatz Politik zu machen. Dabei hätten sie nicht an ihre spätere berufliche Zukunft oder ihre Rente gedacht. Die spezielle Altersversorgung für Mitglieder des ersten Landtags, so Friedrich, sei ein Ausgleich für dieses Engagement und vor allem für das eingegangene Risiko der beruflichen Ungewißheit.

dd) Sachsen-Anhalt

Die Regelung in Sachsen-Anhalt (§ 47 a AbgG), rückwirkend in Kraft seit 1.1.1992, beruht auf einem Änderungsantrag von acht CDU-Abgeordneten und dem CDU-Hospitanten Angelbeck anläßlich der zweiten Änderung des Abgeordnetengesetzes.[489] Bei diesen Abgeordneten, z.B. dem ehemaligen Ministerpräsidenten Gies und den Parlamentariern Knolle und Scheffler sowie verschiedenen anderen CDU-Abgeordneten wurde der Verdacht geäu-

---

486 Vgl. LT Sachs., Plpr. 1/11 v. 21./22.2.1991 S. 523-531.
487 LT Thür., Drs. 1/48 vom 20.12.1990.
488 Vgl. LT Thür., Ergebnisprotokoll der Sitz. des Justizaussch. v. 18.1.1991; Beschlußempfehlung desselben v. 22.1.1991, Drs. 1/85; Beratungen Plpr. 1/8 v. 10.1.1991, S. 234-238 u. Plpr. 1/9 v. 30.1.1991 S. 292-297.
489 LT SAnh., Drs. 1/1536 v. 4.6.1992.

ßert, ihnen sei die günstige Altersgeld-Regelung besonders wichtig, da sie wegen Turbulenzen in der CDU-Fraktion befürchten müßten, 1994 nicht wieder in den Landtag zu kommen.[490] Begründet wurde die Neuerung, ähnlich wie in den anderen neuen Ländern, mit den "Besonderheiten der 1. Wahlperiode", während der die Abgeordneten wegen ihres "Engagements für den Neuaufbau" der Demokratie nur erheblich eingeschränkte Möglichkeiten hätten, sich auf die "Bedingungen einer völlig umstrukturierten Gesellschafts- und Wirtschaftsordnung" und auf den Anschluß im Berufsleben einzustellen. Dies könne besonders für ältere Abgeordnete zu Härten führen. Die Regelung orientiere sich an entsprechenden Bestimmungen für kommunale Wahlbeamte und Minister der 1. Wahlperiode. Sie rechtfertige sich auch deshalb, weil die Abgeordneten des 1. Landtags sich ohne Wissen um die konkreten künftigen (finanziellen) Bedingungen des Mandats - anders als spätere Abgeordnete - zur Verfügung gestellt hätten. Außerdem gebe es in drei anderen neuen Ländern ähnliche Regelungen.[491] Beim Präsidenten des Landtags waren derartige Überlegungen schon vorher auf Verständnis gestoßen.[492] Kritik gab es lediglich von der PDS[493] und Bündnis 90/Grüne.[494] Besonders heftige Kritik äußerte der Fraktionssprecher Tschiche von Bündnis 90/Grüne. Er hielt den Abgeordneten "Selbstbedienungsmentalität" und eine "fürstliche Rentenabsicherung" vor angesichts der massiven Arbeitslosigkeit und der gemeinhin niedrigeren Renten nach einem ganzen Arbeitsleben.[495] Der Ausschuß für Finanzen übernahm die Übergangsvorschrift zur Altersentschädigung in seine Beschlußempfehlung vom 23.6.1992.[496] Dies geschah, wie der Berichterstatter

---

490 Siehe Neue Zeit v. 20.6.1992, "Kritik an Diätenforderung. Abgeordnete wollen 'füstliche Rentenabsicherung'"; FAZ v. 25.6.1992, "Soziale Absicherung für Abgeordnete. Sachsen-Anhalt entscheidet über Rentenansprüche"; s.a. FAZ v. 29.6.1992, "Grunddiäten werden nicht erhöht. Landtagsbeschluß in Sachsen-Anhalt / Altersgeldregelung."
491 Begründung des Änderungsantrags, LT SAnh., Drs. 1/1536 v. 4.6.1992, S. 6; s.a. Abg. Angelbeck, Plpr. 1/33 v. 4.6.1992 S. 134 f. u. Abg. Schaefer, Plpr. 1/34 v. 25.6.1992 S. 118 ff.
492 LT SAnh., Bericht des Präsidenten zur Angemessenheit der Entschädigung, Drs. 1/1173 v. 5.2.1992 S. 8 ; mdl. in Plpr. 1/28 v. 6.2.1992 S. 81 ff.
493 LT SAnh., Abg. Claus, Plpr. 1/33 S. 137.
494 LT SAnh., Abg. Heidecke, a.a.O., S. 142.
495 Vgl. Mitteldeutsche Zeitung v. 19.6.1992, Andreas Montag, "Heftiger Streit um neue Regelungen. Tschiche: Selbstbedienungsmentalität- Angelbeck: Bestimmungen in neuen Ländern ähnlich"; Neue Zeit v. 20.6.1992, "Kritik an Diätenforderung. Abgeordnete wollen 'füstliche Rentenabsicherung'"; Neues Deutschland v. 23.6.1992, Ella Stratmann, "Bedient". S.a. Abg. Tschiche, LT SAnh., Plpr. 1/34 S. 123 f.
496 LT SAnh., Drs. 1/1586, § 47 a.

des Ausschusses Schaefer am 25.6.1992 im Plenum erklärte, mit fünf gegen vier Stimmen bei zwei Enthaltungen. Er führte weiterhin aus, Hintergrund der Schaffung von besonderen Versorgungsansprüchen für die Abgeordneten des ersten Landtags sei die Tatsache, daß der "Umbruch vom kommunistischen System zur parlamentarischen Demokratie" im wesentlichen von diesen Parlamentariern vollzogen worden sei, die nach der ersten Legislaturperiode nicht nur Benachteiligte sein sollten. Die dann über 55jährigen Abgeordneten hätten nicht die Möglichkeit gehabt, ihre berufliche Qualifikation den neuen Anforderungen anzupassen, da sie sich dem Aufbau einer neuen Gesellschaftsordnung gewidmet hätten. In ihrem Alter hätten sie aber auf dem Arbeitsmarkt kaum noch Chancen. Schließlich hätten auch drei der anderen neuen Länder für diesen Fall Vorsorge getroffen. Auch die Spitzenbeamten in den Kommunen und Landkreisen in Sachsen-Anhalt seien ähnlich abgesichert.[497] Dafür gab es Zustimmung bei der DSU[498] und der FDP.[499]

Im Gegensatz dazu hielt die Diätenkommission 1991 bereits die schon bestehende normale Versorgung für überhöht, da diese noch über die Regelung im Bundestag hinausgehe.[500] In einer Presseerklärung vom 23.6.1992 zur Sonder-Altersversorgung erklärte die Diätenkommission ihre eindeutige Haltung "gegen die Begünstigung in der Altersversorgung für Landtagsabgeordnete". Sie vertrat die Ansicht, auch für die sachsen-anhaltinischen Landtagsabgeordneten sollte eine Regelung der Altersversorgung wie im Bundestag gelten, die erst mit Vollendung des 65. Lebensjahrs und nach 8 Parlamentsjahren einsetze. Eine "doppelte Begünstigung" in Sachsen-Anhalt, d.h. früher Zahlungsbeginn bereits ab Vollendung des 55. Lebensjahrs und das nach nur einer Legislaturperiode, hielt die Kommission "nicht zuletzt im Hinblick auf die derzeitigen wirtschaftlichen und sozialen Probleme im Lande für eine kaum zu begründende Bevorzugung. Der Nachteilsausgleich für verloren gegangene Berufsjahre bzw. Beitragsjahre der Abgeordneten in vorherigen individuellen Regelungen zur Altersvorsorge," so die Kommission, "ist durch die Einzahlung einer Rentenversicherung oder alternativ einer einmaligen Auszahlung ... in befriedigender Weise geregelt."[501]

---

497 LT SAnh., Abg. Schaefer, Plpr. 1/34 S. 118 ff., mit einer kurzen Schilderung der Stimmung im Ausschuß.
498 LT SAnh., Abg. Ballhorn, Plpr. 1/34 S. 121 f.
499 LT SAnh., Abg. Dr. Haase, a.a.O., S. 127 f.
500 SAnh. Diätenkommission v. 1991 S. 10 f., sowie deren Vorsitzender, der Präsident des Landesrechnungshofs Schröder, zitiert vom Abg. Schaefer, Plpr. 1/34 S. 120 f.
501 SAnh. Diätenkommission, Presseerklärung v. 23.6.1992.

Durch eine im April 1993 vorgenommene redaktionelle Änderung des einschlägigen § 47 a AbgG[502] ist klargestellt worden, daß ausschließlich bei Abgeordneten, die dem Landtag nur in der ersten Wahlperiode angehörten, diese Zeit der Parlamentszugehörigkeit doppelt gezählt wird. Die "Doppelzählung" gilt auch für die Angehörigen des ersten Landtags, die dem Landtag noch in einer beliebigen weiteren Wahlperiode angehören, insgesamt aber nicht das gemäß § 17 AbgG vorgeschriebene Erfordernis einer Zugehörigkeit von 6 Jahren erreichen.[503]

c) Zurückgenommene Pläne in Mecklenburg-Vorpommern

Auch im Schweriner Landtag gab es Pläne zu einer Altersversorgung für Mitglieder des ersten Landtags schon nach Ablauf der ersten Wahlperiode. Als Motiv dafür wurde, ähnlich wie in Sachsen-Anhalt, die besondere Beanspruchung der Abgeordneten der ersten Legislaturperiode durch den Prozeß der Wiedervereinigung angeführt. Dies geht aus einem Arbeitspapier des Landtagspräsidenten Dr. Prachtl vom April 1992 an den Ältestenrat hervor, das an die Presse gelangte. Die Überlegungen wurden jedoch im Zuge der Einsetzung einer unabhängigen Diäten-Kommission und wegen des noch ausstehenden Urteils des Bundesverfassungsgerichts zu den Abgeordnetengesetzen von Rheinland-Pfalz und Thüringen eingestellt, so Dr. Prachtl.[504] Ein weiterer Grund dafür, daß die geplante Sonderregelung wieder in der Schublade landete, dürfte allerdings auch das verheerende Presseecho gewesen sein, wie auch der Direktor des Landtags Mecklenburg-Vorpommern Dr. Bernzen in einem Gespräch mit der Verfasserin am 23.10.1992 durchblicken ließ. Das Bekanntwerden der Überlegungen führte nämlich zu Schlagzeilen wie "Die Selbstbediener planen ihren nächsten Coup - Superrenten für Landtag",[505] "Fette Rente für Abgeordnete?",[506] "Für vier Jahre Landtag dicke Rente zusätzlich"[507] und "Rentner sauer auf die Landtags-Rente".[508]

---

502 3. Gesetz zur Änderung des AbgG SAnh. v. 29.4.1993, GVBl. S. 212.
503 LT SAnh., Begründung zum Änderunsantrag der CDU u. der FDP, Drs. 1/2486 v. 31.3.1993; Begründung des Änderungsantrags der SPD, Drs. 1/2487 v. 31.3.1993.
504 Vgl. Andreas Frost, "Die Selbstbediener planen ihren nächsten Coup", Mecklenburger Morgenpost v. 2.9.1992; Präs. Prachtl in einem offenen Brief v. 2.9.1992 an Andreas Frost und die Presse in Mecklenburg-Vorpommern.
505 Andreas Frost, Mecklenburger Morgenpost v. 2.9.1992.
506 Schweriner Volkszeitung v. 3.9.1992.
507 Ostsee-Zeitung v. 3.9.1992.
508 Mecklenburger Morgenpost v. 4.9.1992.

Darüberhinaus wurde die Vermutung geäußert, bei der geplanten Sonderregelung spiele auch eine Rolle, daß mehr als die Hälfte der jetzigen Abgeordneten, insbes. Abgeordnete der CDU und der LL/PDS, die zwei fraktionslos gewordenen Abgeordneten und viele frühere "Blockflöten", wahrscheinlich nicht mehr in den nächsten Landtag einziehen würden und sich mit der kurzen Landtagsmitgliedschaft ihre Zukunft finanziell absichern wollten.[509]

d) Kritik der Sonder-Altersversorgung

Gegen die Sonder-Altersversorgung ist mit der Diätenkommission von Sachsen-Anhalt einzuwenden, daß etwaige Versorgungsnachteile auch für nach der 1. Wahlperiode ausscheidende Abgeordnete durch die Versorgungsabfindung bzw. die Möglichkeit der Nachversicherung zur gesetzlichen Rentenversicherung ausgeglichen werden.[510] So beträgt die Versorgungsabfindung in Sachsen-Anhalt gemäß Angaben des Präsidenten des Landesrechnungshofs Sachsen-Anhalt, Schröder,[511] nach 4 Jahren Landtag 50.000 DM (unter der Voraussetzung, daß kein Anspruch auf Altersversorgung besteht), dazu gibt es noch Übergangsgeld in Höhe von 28.992 DM[512] nach 4 Parlamentsjahren. Schon an diesem Beispiel ist erkennbar, daß es nicht zutrifft, Abgeordnete der 1. Wahlperiode hätten wegen ihrer besonderen Inanspruchnahme durch das Mandat tatsächlich Versorgungsnachteile zu befürchten.

Entsprechende Regelungen für kommunale Wahlbeamte und Landesminister, wonach diese zum Teil schon nach 2 Jahren einen Anspruch auf Altersversorgung erwerben, dürfen wegen ihres anderen Status nicht auf Abgeordnete übertragen werden und sagen zudem noch nichts über ihre Angemessenheit.

Was also, wie die "Frühaltersversorgung" für die ersten Landtage, mehr als die durch das Mandat entstandenen Versorgungslücken abdeckt, entspricht nicht der begrenzten Mandatsdauer und ist daher unangemessen. Dies gilt insbesondere für die Regelung Sachsen-Anhalts, wo die Abgeordneten des ersten Landtags nach der ersten Wahlperiode von mindestens 3 Jahren und bei Vollendung des 55. Lebensjahres schon eine Altersversorgung von 38,5% der Entschädigung, d.h. von 51% der Vollversorgung, erwerben. Dies kann keineswegs mehr als bloßes Abdecken der mandatsbedingten Ver-

---

509 Mecklenburger Morgenpost v. 2.9.1992.
510 SAnh. Diätenkommission v. 1991 S. 10 f.; Pressemitteilung der Diätenkommission v. 23.6.1992.
511 Lt. FAZ v. 25.6.1992.
512 Beisp. SAnh., berechnet nach Diät bis Ende 1992 i.H.v. 4.832 DM.

sorgungslücken nach 3-4 Parlamentsjahren, sondern nur als unangemessen und daher verfassungswidrig angesehen werden. Im übrigen entsteht bei den Sonderregelungen der Verdacht, die Abgeordneten wollten sich einfach großzügig gegen das in einer Demokratie übliche Risiko ihrer Nichtwiederwahl finanziell mehrfach absichern.

F. Sonstige Versorgung

In "Kopie beamtenrechtlicher Regelungselemente"[513] erhalten die Abgeordneten außer der Altersversorgung weitere Bestandteile einer Versorgung.

I. Versorgungsabfindung

Abgeordnete, die bei Ausscheiden aus dem Parlament die für die Altersversorgung vorgeschriebene Mindestzeit von 6-8 Mandatsjahren[514] nicht erreichen, erhalten auf Antrag eine Versorgungsabfindung. Diese beträgt für jeden angefangenen Monat der Mitgliedschaft 70-120% des jeweiligen Höchstbeitrags zur Rentenversicherung der Angestellten.[515] Damit ist die Versorgungsabfindung wirtschaftlich wesentlich ungünstiger als die Altersversorgung.

Anstelle der Versorgungsabfindung können die Abgeordneten (in zumeist entsprechender Anwendung des § 23 VII, VIII AbgG Bund) bei der gesetzlichen Rentenversicherung nachversichert werden. Bei Beamten und Richtern werden anstelle der Versorgungsabfindung die Parlamentszeiten als Dienstzeiten im Sinne des Besoldungs- und Versorgungsrechts berücksichtigt.

II. Zuschüsse zu Krankheitskosten

In Krankheits-, Geburts- od. Todesfällen erhalten die Abgeordneten und Versorgungsempfänger beihilfeähnliche Zuschüsse zu den notwendigen Ko-

---

513 Maaß/Rupp S. 71.
514 Für Mitglieder des 1. LT in Brdb., Sachs., SAnh. u. Thür. nur 3-4 Jahre Mindest-Parlamentszeit, siehe oben E. II. 7.
515 Höhe der Versorgungsabfindung in % des Höchstbetrags zur Rentenversicherung für Angestellte nach dem AbgG: Brdb. 120% (§ 15), MVp. 100% (§ 21), Sachs. 70% (§ 17), SAnh. 120% (§ 21), Thür. 100% (§ 16).

sten entsprechend dem Beamtenrecht oder wahlweise Zuschüsse zur Krankenversicherung in Höhe von 50% des Höchstbetrags der gesetzlichen Krankenversicherung.[516]

III. Sterbegeld (Überbrückungsgeld)

Bei Tod eines (ehemaligen) Abgeordneten bekommen seine Hinterbliebenen ein Sterbegeld (Überbrückungsgeld) in Höhe einer zumeist zweifachen Grund- bzw. Altersentschädigung.[517] Zweck des Sterbegeldes ist, den Hinterbliebenen die Umstellung auf die durch den Tod des (ehemaligen) Abgeordneten geänderten finanziellen Lebensverhältnisse zu erleichtern.[518] Mit der Gewährung von Sterbegeld sind die Hinterbliebenen der Abgeordneten nicht besser gestellt als 90% der Arbeitnehmer, Beamten, Rentner und Versorgungsempfänger, die ebenfalls derartige Leistungen in Höhe von durchschnittlich zwei Monatseinkommen erhalten.[519]

IV. Hinterbliebenenversorgung

Die Hinterbliebenen eines Abgeordneten, d.h. der überlebende Ehegatte sowie seine Kinder, erhalten bei dessen Tod eine Hinterbliebenenversorgung.[520] Danach erhält der überlebende Ehegatte 60% der Altersentschädigung, wenn der Verstorbene die Voraussetzungen für die Altersversorgung erfüllte oder bis auf das erforderliche Lebensalter erfüllte. War auch die Mindestmandatszeit für das Erlangen der Altersentschädigung nicht gegeben, erhält der Ehegatte 60% der Mindestaltersversorgung. Die Kinder bekommen entsprechend Waisengeld in Höhe von 20% (Vollwaisen) od. 12%[521] (Halbwaisen) der Alters- bzw. Mindestversorgung.

Die Hinterbliebenenversorgung knüpft somit an die Vorschriften über die Altersversorgung an. Damit erstrecken sich die Bedenken, die hinsichtlich der Höhe, insbes. bezüglich der Sockelbeträge, der Steigerungsraten und des schnellen Erreichens des Höchstsatzes, und des frühen Einsetzens bestehen, gleichfalls auf die Hinterbliebenenversorgung.

---

516 AbgG: Brdb. § 19 (nur Zuschuß zur Krankenversicherung), MVp. § 25, Sachs. § 21, SAnh. § 25, Thür. § 19.
517 AbgG: Brdb. § 16, MVp. § 22 (2,5fache Entschädigung), Sachs. § 18, SAnh. § 22, Thür. § 17.
518 Kommission der Landtagsdirektoren S. 39.
519 Kommission der Landtagsdirektoren S. 38 f.
520 AbgG: Brdb. § 17, MVp. § 23, Sachs. § 19, SachsAnh. § 23, Thür. § 18.
521 In MVp. u. SAnh. 13%.

G. Anrechnung von Einkünften

Neben der Abgeordnetenentschädigung od. -versorgung können Einkommen oder Versorgungsbezüge aus einem Amtsverhältnis, einer Verwendung im öffentlichen Dienst[522] oder aus anderen öffentlichen Kassen anfallen. So z.B. Gehalt oder Versorgung eines Ministers, Parlamentarischen Staatssekretärs, eines Angehörigen des öffentlichen Dienstes, aus einer weiteren Parlamentsmitgliedschaft, aus einem kommunalen Amt oder Rentenansprüche. Wegen der weitgehenden Inkompatibilität von Amt und Mandat[523] wird bei dieser Untersuchung das Hauptaugenmerk auf die (ehemaligen) Minister gerichtet. Es ist zu fragen, ob und inwieweit eine Anrechnung der verschiedenen Einkünfte verfassungsrechtlich geboten ist.

I. Anrechnungspflicht

Das Bundesverfassungsgericht hat 1975 im Diätenurteil angemerkt, es fehle an jedem sachlich zureichenden Grund, den Fall des Zusammentreffens der Abgeordnetenbezüge mit anderen Bezügen aus öffentlichen Kassen anders als entsprechend den im Beamtenrecht geltenden Grundsätzen zu behandeln und die Abgeordneten zu privilegieren. Das wäre unvereinbar mit dem Gleichheitssatz.[524] In seiner Entscheidung von 1987 hat das Gericht hervorgehoben, wenn der Gesetzgeber die Abgeordnetenentschädigung u. -versorgung tatsächlich nach dem Alimentationsprinzip des Beamtenrechts bemessen habe, dann sei es wenig folgerichtig, bei einem Zusammentreffen von Abgeordnetenbezügen mit anderen Bezügen aus öffentlichen Kassen von deren Anrechnung abzusehen.[525] Zwar ist der Abgeordnete kein Beamter und auch nicht einem Beamten vergleichbar.[526] Es liegt aber der gleiche innere Grund für die Kürzung vor, der darin besteht, daß die öffentliche Kasse nicht dop-

---

522 Zum Begriff der Verwendung im öffentl. Dienst siehe § 53 V BeamtVG.
523 Siehe C. III.
524 BVerfGE 40, 296 (329 f.) unter Hinweis auf E 32, 157 (166); dagegen meinte Seuffert, Sondervotum, BVerfGE 40, 330 (341 f.), bei einer Anrechnung zwischen Abgeordnetenentschädigung und anderen Bezügen aus öffentlichen Kassen entsprechend den im Beamtenrecht geregelten Grundsätzen "werde Unvergleichbares in einen Topf geworfen". Es widerspreche dem Gebot der gleichen Entschädigung für alle Abgeordneten und Art. 3 I GG, Bezüge aus öffentlichen Kassen, die nicht der Abgeordnetenentschädigung selbst zuzurechnen seien, wie auch Bezüge aus anderen Kassen, mit der Entschädigung zu verrechnen. Ähnl. Henkel, Amt und Mandat, S. 60 ff.
525 BVerfGE 76, 256 (343); von Arnim, Die Partei, S. 174 ff.
526 BVerfGE 76, 256 (342).

pelt leisten soll, wenn die Existenzsicherung der Grund für die Leistung ist.[527]

Wenn die Abgeordnetenentschädigung Alimentationscharakter hat, müssen folglich auch Einkommen und Versorgungsbezüge aus öffentlichen Kassen, die ebenfalls Alimentationscharakter besitzen, angerechnet werden.[528] Es darf nicht zu Doppelversorgungen kommen, die die Abgeordneten gegenüber anderen Berufsgruppen ungerechtfertigt privilegieren würden.[529]

Dies gilt auch für die neuen Länder, deren Entschädigungen zwar (noch) erheblich niedriger sind als die der westdeutschen Parlamente, unter Berücksichtigung der niedrigeren Gehälter, Löhne und Renten in Ostdeutschland aber durchaus alimentierenden Charakter haben.

II. Fallgruppen der Anrechnung

Beim Zusammentreffen von Abgeordnetenbezügen mit anderen Einkünften aus öffentlichen Kassen sind im wesentlichen fünf verschiedene Fallgruppen zu unterscheiden.

1. Abgeordnetenentschädigung und Einkommen aus Amtsverhältnis oder Verwendung im öffentlichen Dienst

Hauptfall dieser Gruppe sind Minister und Parlamentarische Staatssekretäre, die neben ihrem Gehalt eine Abgeordnetenentschädigung beziehen.

Beamtenrechtlich vergleichbar ist der Fall des Zusammentreffens von Dienstbezügen aus mehreren Hauptämtern, für den § 5 BBesG[530] bestimmt, daß grundsätzlich nur die Besoldung aus dem höher dotierten Amt gewährt wird. Hiervon abweichende Regelungen bestehen für Professoren, die gleichzeitig ein Richteramt nach R1 od. R2 ausüben (Vorbemerkung 5 zur Besol-

---

527 Geiger, Politik als Beruf, S. 142; von Arnim, BK, Art. 48 Rz. 158.
528 Von Arnim, BK, Art. 48 Rz. 157 f.; SH Kommission v. 1989 S. 37; SH Kommission v. 1992 S. 14; Nds. Diätenkommission v. 1992 S. 8, 14 ff.; Hmb. Enquete-Kommission "Parlamentsreform" S. 191-196. A.A. Kissel-Kommission, S. 15, 19, wegen des "Baustein-Charakters" der Versorgung und unter Hinweis auf Seuffert a.a.O. sowie in einer Interpretation von BVerfGE 76, 256 (341 ff.). Die Nichtanrechnung von Einkommen u. Versorgungsbezügen nach der Kissel-Kommission kritisierten auch U. Battis, Der Spiegel Nr. 20/93 v. 17.5.1993 S. 21 f.; von Arnim, Der Spiegel Nr. 24/93 v. 8.6.1993 S. 91.
529 Vgl. Hmb. Enquete-Kommission "Parlamentsreform" S. 191.
530 BBesG i.d.F. der Bekanntm. v. 9.3.1992, BGBl. I S. 409.

dungsgruppe C)[531] und für Bundesverfassungsrichter, die zugleich beamtete Hochschullehrer sind (§ 101 III S. 2 BVerfGG). Aus diesen zwei häufigsten Fällen des Zusammentreffens von Bezügen aus zwei Hauptämtern folgt, daß neben den Bezügen aus dem höher bezahlten Amt nur ein kleinerer Teil, höchstens ein Drittel, zusätzlich gewährt werden darf, da mehr nach keiner beamtenrechtlichen Vorschrift zulässig ist. Dieser Grundsatz auf das Abgeordnetenrecht angewandt ergibt, daß ein Abgeordneter, der Einkommen aus einem Amtsverhältnis bezieht, zusätzlich höchstens noch ein Drittel der Abgeordnetenentschädigung erhalten darf.[532]

Dem entsprechen nur die Regelungen in Mecklenburg-Vorpommern (§ 27 I AbgG) und Sachsen-Anhalt (§ 27 I AbgG), wo die Entschädigung im Falle des Zusammentreffens mit Einkommen aus Amtsverhältnis um 75% gekürzt wird.[533] So ist es auch in Hessen (§ 18 I AbgG) und Schleswig-Holstein (§ 27 I AbgG, ab 13. WP). In Niedersachsen (§ 14 II AbgG) wurde bis Ende 1992 die Entschädigung um 70% gekürzt, seit Anfang 1993 gibt es für Regierungsmitglieder neben den Amtsbezügen gar keine Grundentschädigung mehr.[534] Diese Neuerung beruht auf einer entsprechenden Empfehlung der Diätenkommission.[535]

---

531 Vgl. Clemens/Millack/Engelking/Lautermann/Henkel, Besoldungsrecht, Anm. 3 zu § 5 BBesG.
532 Vgl. von Arnim, BK, Art. 48 Rz. 163 f.; ders., Ministerprivilegien, S. 28 f.; Wieland, Rechtsgutachten AbgG RhPf., S. 50. Die RhPf. Kommission v. 1992, S. 4, meint, eine Entschädigung von 30% berücksichtige angemessen die Doppelfunktion eines Ministerabgeordneten. Die Hmb. Enquete-Kommission "Parlamentsreform", S. 191 f., hält im Grundsatz ebenfalls eine Anrechnung dieser Einkünfte für sachgerecht. - H. Meyer, Anhör. Hess. AbgG 1989, S. 137, geht aus funktionellen Erwägungen noch weiter und fragt: "Gibt es einen Sinn, eine Teilgrundentschädigung für eine Funktion auszuwerfen, die man praktisch nicht ausüben kann? Das Parlament arbeitet in seinen Ausschüssen, wenn es arbeitet, und die Minister sind nicht Mitglieder von Ausschüssen, sondern wenn sie im Ausschuß erscheinen, dann vertreten sie ihre ministerielle Position. In der Außenbeziehung taucht der Minister immer als Minister und der Ministerpräsident immer als Ministerpräsident auf. Er geht nicht auf ein Feuerwehrfest und sagt: Ich komme hier als Abgeordneter. - Jeder weiß: Er kommt als Ministerpräsident. Er kann es auch gar nicht anders, das wäre lächerlich. Das heißt, die Tätigkeit, die er ausübt, ist immer eine Ministerpräsidententätigkeit. Die einzige Abgeordnetentätigkeit, die er ausübt, eine echte, ist es, wenn es auf die Stimme ankommt, den Finger zu heben. Ihm dafür ein Viertel von, was weiß ich, 10.000 DM zu geben, halte ich wirklich für übertrieben."
533 § 27 I AbgG MVp. Nach § 27 I AbgG SAnh. ist Obergrenze für die Kürzung der Betrag von 50% des Einkommens. Das spielt nur bei kleineren Einkommen eine Rolle, wird aber etwa bei dem höheren Ministergehalt nicht relevant.
534 AbgG Nds. i.d.F.v. 30.11.1992, GVBl. S. 311.
535 Nds. Diätenkommission v. 1992 S. 8.

In den anderen neuen Ländern[536] erfolgt, wie in den meisten alten Ländern und im Bund, lediglich eine Kürzung der Entschädigung um 50%. In Baden-Württemberg (§ 21 I AbgG) und im Saarland (§ 21 I AbgG) wird sogar nur um 30% gekürzt.
Die Regelungen mit nur 30-50%iger Kürzung, in Ostdeutschland Brandenburg, Sachsen und Thüringen, privilegieren die Abgeordneten ohne rechtfertigenden sachlichen Grund. Sie sind daher wegen Verstoßes gegen den Gleichheitssatz als verfassungswidrig anzusehen.

2. Abgeordnetenentschädigung und Versorgungsansprüche

Die Abgeordnetenentschädigung kann mit Versorgungsansprüchen aus einem Amtsverhältnis, hier insbesondere aus einem Ministeramt, einer Verwendung im öffentlichen Dienst oder Rentenansprüchen, zusammentreffen.

a) Beamtenrechtliche Anrechnung

Im Beamtenrecht gibt es nach §§ 53 I, II, 55 BeamtVG[537] Versorgungsbezüge oder Renten neben dem Einkommen nur bis zur Höhe der ruhegehaltsfähigen Dienstbezüge aus der Endstufe der jeweiligen Besoldungsgruppe. Übertragen auf das Zusammentreffen von Abgeordnetenentschädigung und Versorgungsbezügen oder Renten hieße das, daß neben der Entschädigung Versorgung oder Rente nur bis zur Höhe des Betrags der Entschädigung gewährt werden dürfte.[538] Wesentlich darüberhinaus geht die auf der Empfehlung der Diätenkommission[539] beruhende neue niedersächsische Regelung in § 14 III AbgG.[540] Danach mindert sich in diesem Fall die Entschädigung um die Höhe der Versorgungsbezüge, es gibt also insgesamt höchstens nur die Entschädigungssumme. Sind die Versorgungsbezüge höher als die Entschädigung, gibt es nur die Versorgungsbezüge.

---

536 AbgG: Brdb. § 21 I, Sachs. § 23 I, Thür. § 21 I.
537 BeamtVG i.d.F. der Bekanntm. v. 24.10.1990, BGBl. I S. 2298, zuletzt geändert durch Art. 7 BBes- u. -versorgungsanpassungsG v. 21.2.1992, BGBl. I S. 266.
538 Dagegen hat die Hmb. Enquete-Kommission "Parlamentsreform" (S. 192 f.) die genaue Anrechnung von Versorgungsbezügen, die während der Abgeordnetenzeit ausgezahlt werden, deren Grundlage aber zu anderen Zeiten gelegt wurde, wegen des Zusammenhangs mit den jeweiligen anderen gesetzlichen Normen, die z.T. auch in die Kompetenz anderer Länder od. des Bundes fielen, offengelassen.
539 Nds. Diätenkommission v. 1992 S. 8.
540 AbgG Nds. i.d.F.v. 30.11.1992;

b) Die Vorschriften Brandenburgs, Mecklenburg-Vorpommerns und Sachsens

Hat ein Abgeordneter neben der Abgeordnetenentschädigung Ansprüche auf Versorgung aus einem Amtsverhältnis oder einer Verwendung im öffentlichen Dienst, so bekommt er die volle Entschädigung, aber die Versorgung ruht zu 50%, höchstens jedoch ruht die Versorgung zu 30% (Mecklenburg-Vorpommern), 50% (Brandenburg) oder 75% (Sachsen) des Betrages der Grundentschädigung.

Aus diesen Vorschriften kann man schon erkennen, daß bei hohen Versorgungsbezügen nach einer längeren Amtszeit und einer Kürzung der Versorgung höchstens in Höhe von 50% der Entschädigung (wie in Mecklenburg-Vorpommern und Brandenburg) die gekürzte Versorgung oberhalb der Höhe der Entschädigung liegt. Zur Verdeutlichung werden hier die Fälle mit den Abgeordnetenentschädigungen und Bezügen der Ministerversorgung,[541] beispielhaft mit der Versorgung nach 4 Ministerjahren, einer mittleren Versorgung und der Höchstversorgung, näher betrachtet. Es ergibt sich folgendes Bild:

In Mecklenburg-Vorpommern, wo die Versorgung maximal zu 30% des Entschädigungsbetrags ruht, ist der Betrag der gekürzten Minister-Mindestversorgung von 43% des Amtsgehalts nach 4 Ministerjahren mit 3.612 DM noch deutlich geringer als der Betrag der Entschädigung (5.350 DM). Die gekürzte Versorgung von 59% nach 12 Jahren geht mit 5.553 DM schon etwas über den Betrag der Entschädigung hinaus und deutlich darüber liegt die gekürzte Vollversorgung von 75% nach 20 Jahren mit 7.495 DM.

In Brandenburg ruht die Versorgung höchstens in Höhe von 50% der Abgeordnetenentschädigung. Dadurch beträgt, zumal schon die ungekürzte Minister-Mindestversorgung unterhalb des Betrags der Entschädigung (5.290 DM) liegt, die gekürzte Minister-Mindestversorgung von 35% der Amtsbezüge mit 2.107 DM deutlich weniger als die Entschädigung, auch die gekürzte Versorgung von 55% liegt mit 3.980 DM darunter. Erst die gekürzte Höchstversorgung von 75% liegt mit 6.387 DM darüber.

Sachsen läßt die Versorgung maximal zu 75% der Abgeordnetenentschädigung ruhen. Daraus folgt, daß die gekürzte Mindestversorgung von 45% des Ministergehalts nach 4 Jahren mit 2.709 DM und ebenfalls noch die gekürzte Versorgung von 60% nach 10 Jahren mit 3.613 DM unterhalb

---

541 Berechnet auf der Basis der Diäten von Juli 1993 und der Ministergehälter von 80% der West-Bezüge (Juli 1993) nach den Übergangsbestimmungen der Ministergesetze, ohne Ortszuschläge.

des Betrags der Entschädigung von 5.350 DM liegen. Die gekürzte Höchstversorgung von 75% nach 16 Jahren entspricht dann mit 5.020 DM noch nicht ganz der Entschädigungssumme.

Von den Ländern Brandenburg, Mecklenburg-Vorpommern und Sachsen entspricht also letzteres am weitestgehendsten der entsprechend angewandten Regelung der §§ 53 I, II, 55 BeamtVG, vor allem Mecklenburg-Vorpommern privilegiert hingegen längergediente Exminister-Abgeordnete.

c) Die Vorschriften Sachsen-Anhalts

In Sachsen-Anhalt ist, nachdem es zunächst eine Regelung wie in Mecklenburg-Vorpommern gab, mit dem 2. Änderungsgesetz vom 18.9.1992 auch eine Neuregelung der Anrechnungsvorschriften erfolgt.[542] Fallen Abgeordnetenentschädigung und Versorgungsansprüche aus einer Beschäftigung im öffentlichen Dienst gleichzeitig an, gibt es die ganze Versorgung und die Entschädigung wird um 75% gekürzt, höchstens aber um 50% der Versorgung. Kommen Abgeordnetenentschädigung und Versorgung aus einem Ministeramt zusammen, wird die Entschädigung um 50%, höchstens jedoch in Höhe von 30% der Versorgungsbezüge gekürzt.

Bei einer Ministerversorgung von 35% der Amtsbezüge nach 4 Ministerjahren (4.636 DM) führt das, obwohl die Versorgung von 35% noch unter der Höhe der Abgeordnetenentschädigung liegt, zu einer derartigen Kürzung, daß insgesamt mit 8.497 DM längst nicht die Höhe einer zweifachen Entschädigung (10.504 DM) erreicht wird, bei einer Versorgung von 60% nach 9 Jahren (7.948 DM) wird dieser Betrag mit 10.816 DM ungefähr erreicht und bei der Höchstversorgung von 75% nach 12 Jahren (9.935 DM) wird er überschritten mit 12.561 DM.

Auch hier werden somit Abgeordnete, die längere Zeit (9 Jahre und länger) Minister waren, bei der Anrechnung ihrer Versorgungsbezüge bevorzugt, denn ihre gekürzten Bezüge aus Entschädigung und Versorgung gehen über den Betrag einer zweifachen Entschädigung hinaus, der nach den Grundsätzen von § 53 I, II BeamtVG maximal angemessen wäre. Im übrigen ist nicht einzusehen, warum nach der Neufassung des § 27 AbgG für Exminister und für Versorgungen aus anderer Parlamentsmitgliedschaft erheblich günstigere Anrechnungsregeln gelten als für Versorgungen aus einer Beschäftigung im öffentlichen Dienst, wo die Entschädigung nicht bloß um 50%, sondern um 75% gekürzt wird, höchstens jedoch um 50% der Versorgungsbezüge (§ 27 I AbgG).

---

542 § 27 I, II AbgG SAnh.

d) Die Vorschriften Thüringens

In Thüringen ruht, wie in Hessen, beim Zusammentreffen von Entschädigung und Versorgungsbezügen die Grundentschädigung in Höhe der Versorgungsbezüge. Sind jedoch die ruhegehaltsfähigen Bezüge höher als die Grundentschädigung, ruht die Grundentschädigung, soweit sie und die Versorgung die ruhegehaltsfähigen Bezüge übersteigen.[543]

Für das Zusammentreffen von Ministerversorgung und Abgeordnetenentschädigung tritt immer nur der Fall des § 22 I S. 2 AbgG ein, da die ruhegehaltsfähigen Ministerbezüge stets höher als die Grundentschädigung sind. Anrechnungsgrenze ist die Höhe der ruhegehaltsfähigen Amtsbezüge. Übersteigen die Grundentschädigung und die Versorgungsbezüge diese Grenze, ruht die Grundentschädigung insoweit, die Versorgungsbezüge gibt es voll. Insgesamt wird also die Höhe der ruhegehaltsfähigen Ministerbezüge nicht überschritten.

Bei dieser Anrechnungsmethode wird bis zu einer Ministerversorgung in Höhe von 59% der Bezüge nach 12 Amtsjahren nicht gekürzt, erst ab 62% nach 13 Ministerjahren beginnt die Anrechnung. Wäre hingegen Anrechnungsgrenze die Höhe der zweifachen Entschädigung, wie es nach beamtenrechtlichen Grundsätzen sein müßte, würde schon ab einer Versorgung von 41% nach 6 Amtsjahren mit der Kürzung begonnen. Da die Thüringer Ministerbezüge mit 12.042 DM[544] ca. 23% über der zweifachen Grundentschädigung von 9.800 DM liegen, werden die Ex-Minister also ab Erreichen der Versorgung von 62% um 23% gegenüber den Beamten bevorzugt, zwischen Versorgungen von 41-59% ist es weniger. Diese Anrechnung ist auch noch wesentlich günstiger als bei niedrigeren Versorgungsbezügen nach Satz 1, wo die Anrechnungsgrenze praktisch schon bei weniger als der Hälfte, nämlich bei der Höhe der Grundentschädigung, liegt. Ein sachlicher Grund für die Besserstellung vor allem der Exminister (und anderer Abgeordneter mit höheren Versorgungsbezügen aus dem öffentlichen Dienst) ist aber nicht ersichtlich. Vielmehr drängt sich der Verdacht auf, daß gerade diese Gruppe einfach besser gestellt werden soll.

Für Exminister-Abgeordnete, die gleichzeitig noch Funktionsträger sind, z.B. Fraktionsvorsitzende oder Parlamentarische Geschäftsführer, gibt es in Thüringen eine spezielle Anrechnungsbestimmung (§ 22 III AbgG). Danach erhöht sich die Anrechnungsgrenze auf das, was aktive Ministerabgeordnete erhalten, also die ruhegehaltsfähigen Ministerbezüge zuzüglich ein Viertel der Abgeordnetengrundentschädigung. Darüberhinaus ruhen Grund-

---

543 § 22 I AbgG Thür.
544 Stand Juli 1993, ohne Ortszuschlag.

entschädigung und Funktionszulage. Die Einschränkung der Anrechnung nach S. 3, daß, wenn es für den Abgeordneten günstiger ist, die Funktionszulage voll ruht, betrifft Versorgungsfälle ab ca. 72% und mehr. Hier senkt sich die Anrechnungsgrenze des § 22 III S. 1 AbgG und damit erhöht sich unmittelbar der Geldbetrag, den Exminister erhält. Die Privilegierung der längergedienten Exminister bei den Anrechnungsvorschriften steigert sich also noch, wenn sie gleichzeitig Funktionsträger sind.

e) Anrechnung von Renten

Renten aus der gesetzlichen Rentenversicherung werden neben der Abgeordnetenentschädigung nur in Thüringen (§ 22 I AbgG) angerechnet. Dort wurden zunächst auch Renten aus der zusätzlichen Altersversorgung für Angehörige des öffentlichen Dienstes angerechnet. Erst mit dem 1. Änderungsgesetz vom 6.4.1992 wurde die Anrechnung auf Renten aus der gesetzlichen Rentenversicherung eingeschränkt. Für diese Änderung war die Mehrheit im Justizausschuß, obwohl der Staatssekretär im Justizministerium erklärte, das Bundesverfassungsgericht halte die Anrechnung sämtlicher Renten für geboten.[545]

In Brandenburg (§ 21 II AbgG) und Sachsen (§ 23 V AbgG i.V.m. § 29 II AbgG Bund) werden Renten aus der zusätzlichen Altersversorgung für Angehörige des öffentlichen Diensts angerechnet.

f) Zusammenfassung der 2. Fallgruppe

Zusammenfassend ist festzustellen, daß in Brandenburg, Mecklenburg-Vorpommern, Sachsen und Sachsen-Anhalt die Anrechnungsbestimmungen für ehemalige Minister, die kürzere Zeit im Amt waren (bis zu 8-10 Jahren), ungünstiger sind als die entsprechenden beamtenrechtlichen Vorschriften des § 53 I, II BeamtVG. Dies ändert sich aber schon mit einer mittleren Versorgung von 59% der Amtsbezüge in Mecklenburg-Vorpommern und von 60% in Sachsen-Anhalt, in Brandenburg etwas später. Die Anrechnung bei längergedienten Exministern ist dagegen günstiger als bei Beamten. Nur in Sachsen entspricht die Anrechnung auch der Ministervollversorgung den beamtenrechtlichen Grundsätzen.

In Thüringen liegt die Anrechnungsgrenze mit dem ruhegehaltsfähigen Ministergehalt generell höher als der Betrag der zweifachen Grundentschädigung. Sie beginnt erst ab einer Versorgung von ca. 62% und ist ab da um ca. 23% günstiger als die beamtenrechtliche. Versorgungsbezüge von bis zu

---

545 LT Thür., Sitzung des Justizausschusses v. 25.3.1992, Protokoll S. 5 f.

41% werden gegenüber der beamtenrechtlichen Anrechnung nicht begünstigt. Ist der ehemalige Minister gleichzeitig Funktionsträger im Parlament, so ist die Anrechnungsgrenze noch höher angesetzt. Es ist zu vermuten, daß die Privilegierung der längergedienten Exminister sich an der alten, bis zum 31.12.1991 gültigen Fassung des § 53 II Nr. 1, 2 BeamtVG orientierte. Danach erhöhte sich die Anrechnungsgrenze nach Vollendung des 65. Lebensjahres um den Betrag der Gesamtbezüge, die über die Höhe der ruhegehaltsfähigen Dienstbezüge hinausgingen. Auch mit dieser erhöhten Anrechnungsgrenze läßt sich aber die festgestellte Privilegierung der längeramtierenden Exminister nicht rechtfertigen, da Minister schon viel früher als Beamte, nämlich nach 12 (Sachsen-Anh.), 16 (Sachs.), 18 (Thür.) oder 20 Jahren (MVp.) die Höchstversorgung erreichen und dann noch nicht unbedingt 65 Jahre alt sind.

Eine weitere Bevorzugung der Abgeordneten gegenüber den Beamten ist schließlich die Nichtanrechnung von Renten aus der gesetzlichen Rentenversicherung in allen jungen Ländern außer Thüringen. Auch die Schleswig-Holsteinische Kommission von 1992 empfiehlt, entsprechend der Rechtsprechung des Bundesverfassungsgerichts die Anrechnung auf Renten auszudehnen.[546] In dem neugefaßten § 27 III AbgG SH[547] fehlen jedoch die Renten. Die weitreichende neue Anrechnung Niedersachsens (§ 14 III AbgG) gilt hingegen auch für Renten aus der gesetzlichen Rentenversicherung.

3. Abgeordnetenversorgung und Einkommen

Die Abgeordnetenversorgung kann mit Einkommen, etwa aus einem Amtsverhältnis oder einer Verwendung im öffentlichen Dienst, zusammentreffen. Neben dem Einkommen gibt es dann nicht die ganze Versorgung, vielmehr ruht die Abgeordnetenversorgung, soweit Versorgung und Einkommen den Betrag der Grundentschädigung überschreiten, zu 30% des überschießenden Betrags (Mecklenburg-Vorpommern und Sachsen-Anhalt)[548] bzw. zu 50% (Brandenburg und Sachsen).[549] Die Anrechnungsquote von 50% ab Überschreiten der Grundentschädigung entspricht den Regelungen in fast allen West-Ländern und im Bund, nur in Hessen wird zu 100% angerechnet. In

---

546 SH Kommission v. 1992 S. 14; dazu der Gesetzentwurf der SPD und des SSW, LT SH, Drs. 13/308.
547 AbgG SH i.d.F.v.18.12.1993, GVBl. S. 535.
548 AbgG: MVp. § 27 V, SAnh. § 27 V (bis einschl. 1. ÄndG), IV (seit 2. ÄndG), die Vorschriften gleichen denen von SH.
549 AbgG: Brdb. § 21, Sachs. § 23 III.

Baden-Württemberg und im Saarland findet die Anrechnung allerdings nicht ab der Höhe der Entschädigung, sondern erst ab 150 bzw. 140% der Entschädigung statt, ist also für die ehemaligen Abgeordneten noch günstiger.

Thüringen ist das einzige ostdeutsche Land, in dem die Abgeordnetenversorgung voll ruht, wenn Versorgung und Einkommen die Höhe der Grundentschädigung übersteigen.[550]

Nach der beamtenrechtlich vergleichbaren Vorschrift des § 53 I, II BeamtVG,[551] entsprechend angewandt, müßte die Abgeordnetenversorgung völlig ruhen, soweit sie und das Einkommen die Höhe der Grundentschädigung überschreiten. Dem entsprechen lediglich die Bestimmungen Thüringens und Hessens (§ 20 I AbgG). In den anderen Ländern werden die Abgeordneten auch in diesem Bereich privilegiert.

Mit dem mit Wirkung vom 1.1.1992 neu eingefügten § 53 a BeamtVG wird bis zum vollendeten 65. Lebensjahr auch außerhalb des öffentlichen Dienstes erzieltes Erwerbseinkommen auf das Ruhegehalt der Beamten angerechnet. Das Erwerbseinkommen wird angerechnet, soweit dieses und das Ruhegehalt die ruhegehaltsfähigen Dienstbezüge überschreiten. Eine ähnliche Regelung gibt es nur in Sachsen-Anhalt,[552] wo die Anrechnungsbestimmung auch für Einkommen aus einem bestehenden Arbeitsverhältnis gilt. Eine solche Regelung gab es zwar dem bloßen Wortlaut nach schon in § 27 V a.F. Diese Regelung hatte jedoch Sachsen-Anhalt, wie auch Mecklenburg-Vorpommern (§ 27 V AbgG), mitsamt dem Redaktionsfehler "Arbeitsverhältnis" anstatt richtigerweise "Amtsverhältnis" von der Schleswig-Holsteinischen Regelung ab der 13. Wahlperiode[553] übernommen. Allein Schleswig-Holstein hat diesen Fehler mittlerweile berichtigt.[554]

4. Abgeordnetenversorgung und anderweitige Versorgung

Es geht um den Fall, wenn etwa ein ehemaliger Minister oder Beamter neben der diesbezüglichen Versorgung noch eine Abgeordnetenversorgung erhält.

Die vergleichbaren Regelungen der §§ 54 I Nr. 1, II Nr. 1, 55 I, II BeamtVG gewähren die neuen Versorgungsbezüge voll und schreiben eine Anrechnung der früheren Versorgungsbezüge bzw. Renten oberhalb der Höchstgrenze von 75% der ruhegehaltsfähigen Dienstbezüge (aus der Endstufe der

---

550 § 23 I AbgG Thür.
551 BeamtVG in der bis zum 31.12.1991 gültigen Fassung.
552 § 27 IV lit. b AbgG SAnh. i.d.F. des 2. ÄnderungsG vom 18.9.1992.
553 § 27 V AbgG SH i.d.F.v. 15.7.1990, GVBl. S. 437.
554 Berichtigung des AbgG SH v. 22.4.1992, GVBl. S. 225 Nr. 2.

Besoldungsgruppe) vor. Dementsprechend müßte es bei Abgeordneten neben der anderen Versorgung eine ab Erreichen von 75% der Entschädigung gekürzte Abgeordnetenversorgung geben, bzw. es dürfte insgesamt nicht mehr als eine Summe von 75% der höchsten (der den Versorgungsbezügen zugrundeliegenden) Bezüge gezahlt werden.[555] Entsprechend letzterem ist seit Anfang 1993 die Regelung in Niedersachsen gefaßt.[556]

Die Regelungen in den Abgeordnetengesetzen der neuen Länder schreiben hingegen eine Anrechnung der Abgeordnetenversorgung erst vor, wenn beide Versorgungen zusammen die Höhe von 100% der Grundentschädigung überschreiten. Ab dieser Grenze ruht die Abgeordnetenversorgung auch keineswegs voll, sondern nur zu 30% (Mecklenburg-Vorpommern und Sachsen-Anhalt)[557] bzw. zu 50% (Brandenburg, Sachsen und neuerdings Thüringen).[558] Die zuletzt genannten Regelungen entsprechen den Bestimmungen in den meisten westdeutschen Ländern und im Bund.

In Thüringen war die Anrechnung zunächst, wie in Hessen (§ 21 I AbgG Hess.), entsprechend der beamtenrechtlichen Anrechnung gestaltet. Bei gleichzeitigen Ansprüchen auf Versorgung aus Abgeordnetentätigkeit und aus Mitgliedschaft in einem anderen Parlament oder aus einer Verwendung im öffentlichen Dienst ruhte die Abgeordnetenversorgung voll, soweit beide Versorgungsbezüge 75% der Grundentschädigung überschritten. Diese Anrechnungsgrenze wurde mit dem 1. Änderungsgesetz auf die Höhe der Grundentschädigung, und dann auch nur zu 50%, beschränkt. Gleich geblieben ist § 24 II AbgG Thür. für das Zusammentreffen mit Ministerversorgung, hier liegt die Anrechnungsgrenze bei 75% der (um ein Viertel des Betrages der Grundentschädigung erhöhten) ruhegehaltsfähigen Amtsbezüge, ist also, da die Amtsbezüge höher sind als die Abgeordnetenentschädigung, großzügiger.[559] Womit diese Großzügigkeit begründet sein soll, ist allerdings nicht ersichtlich. Die Anrechnungsgrenze liegt noch über der von § 20 I BMinG für die Fälle des Zusammentreffens von Ministerruhegehalt

---

555 Nds. Kommission v. 1992 S. 15. Die Hmb. Enquete-Kommission "Parlamentsreform" (S. 193 ff.) empfiehlt, zeitgleich mit dem Mandat erworbene Versorgunganspüche aus öffentlichen Kassen auf die Abgeordnetenversorgung anzurechnen. Bei zeitungleich mit dem Mandat erworbenen Versorgungsansprüchen sieht sie von einer Empfehlung zur Anrechnung ab wegen der Grenzen der Hamburger Regelungskompetenz, befürwortet aber zur Vermeidung von Überversorgung eine Abstimmung der Regelungen mit den anderen Ländern u. dem Bund.
556 § 20 V S. 2, 3 AbgG Nds. i.d.F.v. 30.11.1992.
557 § 27 VI AbgG MVp., § 27 IV (vorher VI) AbgG SAnh.
558 § 21 IV AbgG Brdb., § 23 IV AbgG Sachs, § 24 I AbgG Thür. (seit ÄnderungsG v. 6.4.92).
559 § 24 I, II AbgG Thür.

mit anderem Ruhegehalt oder Versorgung, wo es letztlich nur den Betrag der höheren Versorgung, also meist die Ministerversorgung, gibt. Auch nach § 15 III MinG Thür. gibt es bei zwei Ruhegehaltsansprüchen eine Anrechnung, soweit die Summe der Versorgungsbezüge 75% des Ministergehalts überschreitet.

Entsprechend § 55 I, II BeamtVG müßten ebenfalls Renten aus der gesetzlichen Rentenversicherung oder der zusätzlichen Alters- u. Hinterbliebenenversorgung für Angehörige des öffentlichen Dienstes auf die Abgeordnetenversorgung angerechnet werden.[560] Schließlich sind auch Renten aus der gesetzlichen Rentenversicherung Leistungen aus öffentlichen Kassen.[561] Bei den Landtagsabgeordneten der jungen Länder erfolgt die Anrechnung von Renten aber nur in den schon oben bei den Versorgungsbezügen dargestellten Grenzen. Einzig in Thüringen wird wie bei den Beamten angerechnet. In Brandenburg betrifft die Anrechnung nur Renten aus der zusätzlichen Altersversorgung für den öffentlichen Dienst.

5. Abgeordnetenentschädigung oder -versorgung und Entschädigung oder Versorgung aus einem anderen Parlament

Diese Fallgruppe gehört zwar eigentlich nach der systematischen Unterteilung zu den anderen vier Fallgruppen, denn die anderweitige Abgeordnetenentschädigung ist wie Einkommen zu behandeln und die anderweitige Abgeordnetenversorgung wie sonstige Versorgungsansprüche. Nur aus Gründen der Übersichtlichkeit ist hier eine weitere Fallgruppe gebildet worden.

Das Zusammentreffen von Abgeordnetenentschädigung mit einer Abgeordnetenentschädigung aus einem anderen Parlament: In Brandenburg kann dieser Fall nicht eintreten, da das AbgG (§ 27) kein Doppelmandat erlaubt. In Mecklenburg-Vorpommern (§ 27 II AbgG), Sachsen-Anhalt (§ 27 II AbgG a.F. bzw. § 27 III n.F.) und Thüringen (§ 21 III AbgG) gibt es dann keine Entschädigung nach dem jeweiligen ostdeutschen Abgeordnetengesetz. In Sachsen (§ 23 I AbgG) ruht die Grundentschädigung nach dem AbgG Sachs. solange und soweit andere Entschädigung gezahlt wird. Bei dieser Untergruppe sind somit die Anrechnungsvorschriften nicht günstiger als die beamtenrechtlichen.

Für die Untergruppe des Zusammentreffens von Abgeordnetenentschädigung mit Versorgungsansprüchen aus einem anderen Parlament gibt es nur

---

560 Für eine Anrechnung entspr. dem Beamtenrecht auch Nds. Kommission v. 1992 S. 15; demgemäß § 20 V S. 4 AbgG Nds. i.d.F.v. 30.11.1992.
561 Vgl. BVerfGE 76, 256 (343); Maaß/Rupp S. 80 f.

in Sachsen-Anhalt seit dem 2. Änderungsgesetz in § 27 II AbgG eine Anrechnungsbestimmung. Danach wird die Grundentschädigung zu 50%, höchstens jedoch in Höhe von 30% der Versorgungsbezüge gekürzt. Demgegenüber stellt die Nichtanrechnung der Versorgungsansprüche aus einer anderen Parlamentsmitgliedschaft in den übrigen neuen Ländern eine unangemessene Privilegierung der Abgeordneten dar.

Wenn Abgeordnetenversorgung und Entschädigung aus einem anderen Parlament kumulieren, wird ebenfalls angerechnet. Dann ruht die Versorgung bis zur Höhe des Betrags der anderen Entschädigung.[562] Ähnlich ist es in Sachsen, wo die Versorgung ruht, soweit beide Beträge zusammen die Entschädigung übersteigen.[563]

Damit entsprechen die Vorschriften der beamtenrechtlichen Anrechnung nach § 53 I, II BeamtVG.

Für den Fall, daß gleichzeitig Abgeordnetenversorgung und Versorgungsansprüche aus der Mitgliedschaft in einem anderen Parlament anfallen, gibt es in Mecklenburg-Vorpommern und Sachsen-Anhalt keine Anrechnung nach dem Landes-Abgeordnetengesetz. In Brandenburg (§ 21 VI AbgG) ruht in diesem Fall die brandenburgische Abgeordnetenversorgung, soweit sie den Höchstbetrag der Versorgung des anderen Parlaments übersteigt. In Sachsen (§ 23 AbgG Sachs. i.V.m. § 29 VI AbgG Bund) ruht die sächsische Versorgung in Höhe des Betrags, um den beide Versorgungsbezüge die sächsische Höchstversorgung übersteigen. Bis zur Höhe der Versorgung des Europäischen Parlaments ruht die sächsische Versorgung. In Thüringen (§ 24 I AbgG) ist die Anrechnung wie beim Kumulieren mit anderen Versorgungsansprüchen mit dem 1. Änderungsgesetz vom 6.4.1992 dahingehend beschränkt worden, daß ab Erreichen der Höhe der Grundentschädigung 50% angerechnet werden.

Die Nichtanrechnung von anderweitiger Abgeordnetenversorgung in Mecklenburg-Vorpommern und Sachsen-Anhalt ist nach den beamtenrechtlichen Grundsätzen ungerechtfertigt. Aber auch Thüringens begrenzte Anrechnung privilegiert die Abgeordneten gegenüber den Beamtem um über 25% ohne sachlichen Grund. Nur in Brandenburg und Sachsen entspricht die Anrechnung der nach beamtenrechtlichen Grundsätzen gebotenen Grenze von 75% der Höhe der Entschädigung.

---

562 AbgG: Brdb. § 21 IV, MVp. § 27 IV, SAnh. § 27 IV a.F., § 27 V n.F., Thür. § 23 III.
563 § 23 AbgG Sachs. i.V.m. § 29 V AbgG Bund.

III. Fazit zu den Anrechnungsvorschriften

Die Beurteilung der Angemessenheit der Anrechnungsvorschriften wird schon dadurch erschwert, daß sie in Anlehnung an die beamtenrechtlichen Vorschriften des Bundesbesoldungsgesetzes und des Beamtenversorgungsgesetzes sehr kompliziert und auf den ersten Blick kaum verständlich gefaßt sind. Selbst der juristisch vorgebildete Leser begreift ihren Inhalt sogar nach einem längeren Studium der Vorschriften nur schwer. Die eigentliche Bedeutung der Vorschriften ist allerdings oft erst beim Durchrechnen und Vergleichen mit konkreten Beispielen erkennbar.

Die Anrechnungsvorschriften der Abgeordnetengesetze der neuen Länder lassen in fast allen Fällen eine Privilegierung der Abgeordneten gegenüber den für die Beamten geltenden Grundsätzen erkennen. Dies gilt insbesondere für die 2., die 3. und die 4. Fallgruppe.

Zu bedenken ist auch, daß die Beurteilung der Anrechnungsbestimmungen grundsätzlich von ihren variablen Bezugsgrößen, der Abgeordnetenentschädigung bzw. -versorgung einerseits und den Ministerbezügen bzw. -versorgungen andererseits, abhängig ist und insofern Wandelungen wegen Erhöhungen dieser Bezugsgrößen unterworfen ist. Da auf absehbare Zeit die Ministerbezüge schneller und stärker ansteigen werden, verstärkt sich damit gleichzeitig die schon aufgrund der Verhältnisse von Juli 1993 zu konstatierende Überversorgung der ehemaligen Ministerabgeordneten.

Abschließend läßt sich mit Maaß/Rupp[564] folgende allgemeine Feststellung treffen: "Eine Abgeordnetenversorgung, die zusätzlich zu aktiven Dienstbezügen oder zu Versorgungsleistungen aus öffentlichen Kassen gewährt wird, läßt sich jedenfalls kaum noch als für die Sicherung der Unabhängigkeit des Abgeordneten notwendig erklären, sondern tendiert zu einer unangemessenen Überversorgung."

H. Aufwandsentschädigung

I. Überblick

Zum Anspruch der Landtagsabgeordneten auf eine angemessene Entschädigung gehört nach den Abgeordnetengesetzen die Erstattung der mandatsbedingten Aufwendungen. Hierzu zählen Sach- u. Dienstleistungen wie etwa die Bereitstellung eines eingerichteten Büros am Landtagssitz, von Informations- u. Kommunikationseinrichtungen am Landtag, Papier, Büromaterial

---

564 Maaß/Rupp S. 80.

und sonstigem Schreibzeug und die Möglichkeit zur unentgeltlichen Benutzung öffentlicher Verkehrsmittel im Lande.[565]

Außerdem erhalten die Abgeordneten Geldleistungen, die als Aufwandsentschädigungen nach § 3 Nr. 12 S. 1 EStG steuerfrei sind. Die Geldleistungen bestehen aus einer allgemeinen Kostenpauschale, Tage- od. Sitzungsgeld, Fahrtkostenersatz, Übernachtungsgeld sowie Erstattung von Kosten für die Beschäftigung von Mitarbeitern und für die Einrichtung eines Bürger- u. Wahlkreisbüros.

Die Struktur der Aufwandsentschädigung in den neuen Ländern entspricht damit derjenigen im Bund und in den alten Ländern.

Eine zusätzliche Amtsaufwandsentschädigung erhalten bestimmte Funktionsträger in Brandenburg und Sachsen, wie es auch in Baden-Württemberg, Bayern, Rheinland-Pfalz und im Saarland der Fall ist.

II. Beurteilungskriterien

Als echte Aufwandsentschädigung erstattungsfähig ist nach der Rechtsprechung des Bundesverfassungsgerichts nur wirklich entstandener, sachlich angemessener und begründeter, mit dem Mandat verbundener besonderer Aufwand.[566] Damit ist nur der finanzielle Mehraufwand gemeint, der zeitliche wird durch die alimentative Entschädigung abgedeckt.[567] Besonderer Aufwand ist der für die Abgeordnetentätigkeit spezifische Aufwand, nicht der auch in anderen Berufen anfallende allgemeine Aufwand.[568] Letzterer ist aus dem steuerpflichtigen Einkommen als Ausgabe zu bestreiten und nicht abzugsfähig. Beispiele dafür sind: Der Besuch von gesellschaftlichen Veranstaltungen, Blumen und (Geburtstags-) Geschenke, Bewirtung von Gästen, Telefonate aus diesen und ähnlichen gesellschaftlichen Anlässen, anspruchsvollere Bekleidung usw.[569] Sachlich angemessen und begründet ist der nicht übertriebene, sondern notwendige, durch sachliche Gründe dargetane Aufwand.[570]

Diesen Anforderungen entspräche vor allem die Erstattung der mandatsbedingten Aufwendungen aufgrund eines jeweiligen Einzelnachweises. Dem stünde auch der repräsentative, unabhängige Abgeordnetenstatus nicht ent-

---

565 AbgG: Brdb. §§ 6, 8; MVp. § 8, Sachs. §§ 6, 10; SAnh. §§ 7, 12 I; Thür. §§ 6, 8.
566 BVerfGE 40, 296 (318, 328); 49, 1 (2).
567 Von Arnim, BK, Art. 48 Rz. 176.
568 BVerfGE 49, 1 (2); siehe auch Geiger, ZParl 1978, 522 (528).
569 Geiger a.a.O.
570 Von Arnim, BK, Art. 48 Rz. 176.

gegen. Vielmehr könnte es dem Abgeordneten ebenso wie jedem Bürger, der seine beruflich bedingten Aufwendungen von der Steuer absetzen möchte, zugemutet werden, die entsprechenden Aufwendungen einzeln nachzuweisen.[571]

Auch eine Pauschalierung der Kostenerstattung ist zulässig, sofern sie sich am tatsächlichen erstattungsfähigen Aufwand orientiert.[572] Die Pauschalierung kann aus Gründen der Vereinfachung und Vermeidung von Abgrenzungsschwierigkeiten dort angebracht sein, wo wegen der Vielfältigkeit von Einzelausgaben besondere Nachweise kaum möglich oder nicht angebracht erscheinen.[573] Dies betrifft vor allem die eher geringen Posten wie Porto, Telefon, Büromaterial, Zeitungen, Zeitschriften, Fachbücher etc.[574]

Aus dem Erfordernis der Orientierung der Pauschalierung am wirklichen erstattungsfähigen Aufwand folgt, daß die Streubreite der befaßten Sachverhalte nicht zu groß sein darf. Denn die Pauschalierung, die der Vereinfachung und Praktikabilität dient, steht wegen der Vereinheitlichung in einem gewissen Spannungsverhältnis zur materiellen Einzelfallgerechtigkeit.[575]

Weiterhin muß die Pauschale der typischen Höhe der erstattungsfähigen Aufwendungen entsprechen und darf nicht für die Mehrzahl der Fälle überhöht sein. Es darf nicht durch überhöhte Aufwandsentschädigungen zu verdeckten, auch noch steuerfreien Einkommensbestandteilen kommen.[576]

Schließlich muß die Festsetzung der Pauschale nachvollziehbar begründet werden. Der den Abgeordneten tatsächlich entstehende besondere angemessene Aufwand muß exakt ermittelt und öffentlich dargelegt werden.[577] Hierzu müssen verläßliche Informationen über die tatsächliche Höhe der verauslagten Aufwendungen durch gesicherte Erfahrungswerte oder repräsentative

---

571 Weyer-Kommission S. 17; von Arnim, BK, Art. 48 Rz. 177. Ebenfalls für die weitgehende Erstattung auf Nachweis mit Höchstbeträgen, mit Ausnahme einer geringen allg. Kostenpauschale von 600 DM, die Hmb. Enquete-Kommission "Parlamentsreform", S. 171, 174. Auch die Kissel-Kommission, S. 12, befürwortet die Erstattung gegen Nachweis, nur bei den Kosten für die Wahlkreisbetreuung meint sie, diese entzögen sich der Nachweismöglichkeit und Nachweise könnten die freie Mandatsausübung tangieren. - Generell gegen Nachweise Seuffert, Sondervotum, BVerfGE 40, 330 (336); Rosenberg-Beirat S. 44; H. Meyer, Anhör. Hess. AbgG 1989, S. 94. Jene erblicken darin eine mögliche Beeinträchtigung der Entscheidungsfreiheit des Abgeordneten bei der Mandatswahrnehmung.
572 BVerfGE 40, 296 (328); 49, 1 (2).
573 Weyer-Kommission S. 17; Maaß/Rupp S. 54.
574 Hmb. Enquete-Kommission "Parlamentsreform" S. 171, 174.
575 Von Arnim, BK, Art. 48 Rz. 180.
576 Von Arnim, BK, Art. 48 Rz.183; siehe auch Geiger, ZParl 1978, 522 (529); Weyer-Kommission S. 17; H. Meyer, Anhör. Hess. AbgG 1989, S. 49; Maaß/Rupp S. 59.
577 Von Arnim, BK, Art. 48 Rz. 89 f., 184; Wieland, AbgG RhPf., S. 81 f.

Erhebungen unter den Abgeordneten vorhanden sein.[578] Die Notwendigkeit der öffentlichen Begründung des zuvor empirisch ermittelten wirklichen Aufwandes folgt aus der besonderen Bedeutung der Öffentlichkeit als einzig wirksamer Kontrolle des parlamentarischen Willensbildungsprozesses bei Entscheidungen des Parlaments in eigener Sache.[579] Die diesbezügliche Darlegungs- und Argumentationslast liegt beim Gesetzgeber.[580]

III. Einzelne Bestandteile der Aufwandsentschädigung

1. Allgemeine Kostenpauschale

Die allgemeine Kostenpauschale soll die allgemeinen Kosten, die sich aus der Ausübung des Mandats ergeben, insbes. für die Wahlkreisbetreuung, wie Fahrten im Wahlkreis,[581] Kosten für ein Büro im Wahlkreis,[582] Schreibarbeiten, Porto, Telefon u.ä. abdecken.

Als Beispiel für die hiervon erfaßten Posten wird die Aufschlüsselung in Brandenburg entsprechend einem Beschluß des Landtagspräsidiums dargestellt.[583] Danach setzt sich die allgemeine Kostenpauschale wie folgt zusammen:

- Material für Schreibarbeiten　　　　　　　40,0%
- a) Papierwaren　　　　　　　　　　　　　27,5%
- b) Schreibwaren　　　　　　　　　　　　　12,5%
- Versandkosten (Porto)　　　　　　　　　　12,5%
- Telefonkosten　　　　　　　　　　　　　　12,5%
- Aufwendungen für die Wahlkreisbüros
  (Miete, Heizung, Energie)　　　　　　　　　35,0%

578　Rosenberg-Beirat S. 46; Geiger, ZParl 1978, 522 (529); Kommission der Landtagsdirektoren S. 21; SH Kommission v. 1989 S. 18 u. v. 1992 S. 9 f. Letztere hat 1992 empfohlen, die Pauschale wegen Fehlens von Informationen über den tatsächl. Aufwand nicht zu erhöhen.
579　Vgl. BVerfGE 40, 296 (327); von Arnim, BK, Art. 48 Rz. 89 f.; ders., Die Partei, S. 180 ff.
580　Von Arnim, BK, Art. 48 Rz. 184.
581　Soweit nicht gesondert ersetzt, siehe unten 5.
582　Soweit nicht gesondert ersetzt, siehe unten 8.
583　LT Brdb. Beschluß des Präsidiums v. 19.1.1993, in Drs. 1/1915.

a) Höhe und Entwicklung der allgemeinen Kostenpauschalen

In *Brandenburg* hat sich die allgemeine Kostenpauschale nach § 6 III Nr. 1 AbgG wie folgt entwickelt: Es gab bis 30.9.1991 1.100 DM, bis 31.12.1992 1.500 DM und bis 31.12.1993 1.580 DM, ab 1.1.1994 sind es 1.664 DM. Die erste Erhöhung um 36% wurde mit einer Steigerung der Lebenshaltungskosten in Brandenburg im Zeitraum von Januar bis Juli 1991 von mehr als 15% begründet. Besonders hervorgehoben wurden dabei die Kostensteigerungen bei Taxis (+20-30%), Porto (+100%), Energie (+149%) und Verpflegung (+32,5%).[584] Mit der zweiten Erhöhung um 5,3% folgte der Landtag der Empfehlung der ad-hoc-Sachverständigenkommission, die Pauschale an die Preissteigerung anzugleichen.[585] Für die dritte Erhöhung um wiederum 5,3% fehlt eine explizite Begründung.

In *Mecklenburg-Vorpommern* erhielten die Abgeordneten bis Dezember 1991 eine Kostenpauschale von 1.600 DM. Seit Januar 1992 sind es gemäß § 9 I AbgG 1.920 DM. Begründet wurde die Erhöhung um 20% mit der allgemeinen Preisentwicklung.[586]

Sachsen gewährt eine Kostenpauschale von 1.800 DM nach § 6 II Nr. 1 AbgG, die bei den Erhöhungen der Entschädigung zum 1.1.1992 und zum 1.1.1993 nicht erhöht wurde. Als Grundlage für die Bemessung dienten die Pauschalen von Baden-Württemberg und Bayern, wovon man 80% bzw. 70% nahm. Die Höhe der Pauschale sollte sich aus dem Preisgefüge und der Größe des Landes Sachsen ergeben.[587] Dem Vorschlag der Sächsischen Diätenkommission von 1993,[588] die Kostenpauschale zwar auf 2.250 DM zu erhöhen, sie aber der Steuerpflicht zu unterwerfen, wollte der Landtag nicht folgen.[589]

Sachsen-Anhalt zahlte anfangs eine Kostenpauschale von 1.600 DM nach § 8 I AbgG. Die Höhe wurde festgelegt nach den Pauschalen vergleichbarer Westbundesländer. Wegen des allgemein niedrigeren Einkommensniveaus in Sachsen-Anhalt habe man jedoch einen Abschlag vorgenommen.[590] Wegen des Preisanstiegs bei den abzudeckenden Kosten der Pauschale war für 1992

---

584 Gesetzentwurf zur Änderung des AbgG Brdb. v. 20.9.1991, LT Brdb., Drs. 1/390.
585 LT Brdb., Bericht der ad-hoc-Sachverständigenkommission v. 1.4.1993, Anlage zu Drs. 1/1915 S. 5.
586 Begründung des Gesetzentwurfs v. 12.12.1991, LT MVp., Drs. 1/1041.
587 Beschlußvorschlag des Präsidiums zur Entschädigung, LT Sachs., Drs. 1/22 in Plpr. 1/3 v. 15.11.1990.
588 Sächs. Diätenkommission v. 1993, Pressemitteilung v. Jan. 1993.
589 Vgl. Südd. Ztg. v. 24./25.4.1993.
590 Begründung zum AbgG, LT SAnh., Anlage zu Drs. 1/40 v. 29.11.1990.

zunächst eine Erhöhung auf 1.700 DM geplant.[591] Die Diätenkommission hatte in ihrem Bericht eine Erhöhung auf 1.800 DM vorgeschlagen.[592] Für eine größere Erhöhung auf 2.300 DM plädierten mehrere CDU-Abgeordnete in einem Änderungsantrag. Sie hielten dies für angebracht wegen des rasanten Preisanstiegs und meinten, die Kosten seien in Sachsen-Anhalt genauso hoch wie in den alten Ländern.[593] Aus Gründen der sparsamen Haushaltsführung wurde die Pauschale auf Empfehlung des Finanzausschusses[594] rückwirkend zum 1.1.1992[595] lediglich auf 1.800 DM angehoben. Zum 1.1.1993 wurde die Kostenpauschale, der Empfehlung der Kommission[596] folgend, nicht erhöht.

In *Thüringen* beträgt die Pauschale gemäß § 6 II Nr. 1 AbgG 1.600 DM. Sie wurde im Zuge der Erhöhungen zum 1.3.1992 trotz der Kostensteigerungen wegen der angespannten Finanzlage und der gleichzeitigen erheblichen Erhöhung der Grundentschädigung nicht heraufgesetzt.[597]

In Zukunft wird sich in Thüringen aufgrund von Art. 54 II der Verfassung die Höhe der Aufwandsentschädigung nach Maßgabe der allgemeinen Preisentwicklung im Freistaat automatisch verändern, sobald die Verfassungsvorschrift in der 2. Wahlperiode im Abgeordnetengesetz näher konkretisiert sein wird.[598]

b) Beurteilung der allgemeinen Kostenpauschalen

Die ostdeutschen Pauschalen liegen auf dem Niveau von Schleswig-Holstein (1.600 DM), dem Saarland (1.760 DM), Niedersachsen (1.800 DM) und Rheinland-Pfalz (1.950 DM). 1992 lag der Durchschnitt der neuen Länder von 1.724 DM ungefähr bei dem Durchschnitt der westdeutschen Flächenländer von 1.756 DM,[599] wesentlich darüber lagen nur Nordrhein-Westfalen[600]

---

591 Gesetzentwurf zur 2. Änderung des AbgG SAnh., Drs. 1/1522 v.27.5.1992, Begründung S. 6.
592 SAnh. Diätenkommission v. 1991 S. 6.
593 LT SAnh., Drs. 1/1536 v. 4.6.1992, Begründung S. 4 f.
594 Vgl. Berichterstatter Schaefer, LT SAnh., Plpr. 1/34 v. 25.6.1992 S. 117.
595 Zweites Gesetz zur Änderung des AbgG SAnh. v. 18.9.1992, GVBl. S. 692.
596 SAnh. Diätenkommission v. 1993 S. 5.
597 LT Thür., Bericht des Präsidenten zur Angemessenheit der Entschädigung v. 25.3.1992, Plpr. 1/48 S. 3172.
598 Zu Art. 54 II Thür. Verfassung siehe den 4. Teil, E.
599 Die Höhe der Bayer. zusammengefaßten Pauschale von 4.711 DM ist hier fiktiv in Höhe der Präsidenten-Aufwandsentschädigung gerechnet.
600 1992: 2.158 DM ; 1993: 2.191 DM.

sowie Bayern[601] und der Bund,[602] die beiden letzteren mit zusammengefaßten Pauschalen für allgemeine Kosten, Tagegeld und Fahrtkosten. Bei diesen Verhältnissen ist es 1993 im wesentlichen geblieben. Bemerkenswerterweise hat Hessen als einziges Flächenland eine erheblich niedrigere Kostenpauschale von 850 DM. Das legt den Verdacht nahe, daß die anderen Pauschalen wesentlich überhöht sind. Denn die Hessischen Parlamentarier werden kaum einen so gravierend niedrigeren Mandatsaufwand haben als alle anderen Landtagsabgeordneten und sich auch nicht eine zu geringe Aufwandsentschädigung bewilligt haben. Für diese Annahme spricht weiterhin, daß die Schleswig-Holsteinische Kommission[603] und der Hessische Präsidentenbeirat[604] im April 1989 eine Kostenpauschale von 800 DM für angemessen hielten.

Inwieweit sich die derzeitigen (Juli 1993) Kostenpauschalen der neuen Länder in Höhe von von 1.580-1.920 DM am tatsächlichen erstattungsfähigen Aufwand orientieren, läßt sich nicht genau sagen. Die erstmaligen Festsetzungen der Pauschalen sind nicht öffentlich und nachvollziehbar begründet worden. Es ist nicht bekannt, daß empirische Erhebungen über den wirklichen angemessenen Mandatsaufwand der Abgeordneten stattgefunden hätten.[605] So betont auch die ad-hoc-Sachverständigenkommission von Brandenburg in ihrem Bericht vom April 1993 ausdrücklich, daß sich ihr Auftrag "nur auf die jetzt zur Entscheidung anstehenden *Anpassungen*" bezogen hat. Weiter führt sie aus: "Eine Beurteilung der *Angemessenheit des Ausgangsniveaus* der Abgeordnetenentschädigung hat die Kommission nach dem erteilten Mandat nicht für ihre Aufgabe gehalten."[606] Eine bloße Festlegung nach Prozentsätzen der Kostenpauschalen von Altbundesländern, wie dies offensichtlich in Sachsen-Anhalt,[607] aber nicht nur dort, erfolgt ist, genügt je-

---

601 4.711 DM.
602 1992: 5.765 DM; 1993: 5.987 DM.
603 SH Kommission v. 1989 S. 18 f.
604 Hess. Präsidentenbeirat S. 25 f.
605 Der Bayer. LT hat 1991 auf Anregung der Bayer. Kommission dess. Jahres eine Erhebung zur Ermittlung des mandatsbedingten Aufwandes unter 2 Abg. je Fraktion, inges. 8 Abg., mit unterschiedl. Wohnsitzen u. Wahlkreisen durchgeführt. Die betr. Abg. stellten 3 Monate lang ihre Aufwendungen zusammen und machten sie glaubhaft. Anhand der um Partei- u. Fraktionsbeiträge u.ä. bereinigten Aufzeichnungen gelangte die Kommission zu dem Ergebnis, die geplante Anhebung der Pauschale um 5,9% sei angemessen (Bayer. Kommission v. 1991 S. 10 ff.). - Eine derartige Erhebung unter 8 von 204 Abg. als ausreichend repräsentativ zu erachten, scheint zweifelhaft.
606 LT Brdb., Bericht der ad-hoc-Sachverständigenkommission v. 1.4.1993, Anlage zu Drs. 1/1915 S.1 (Hervorhebungen im Original).
607 Vgl. die Begründung zum AbgG SAnh., Anlage zu LT-Drs. 1/40 v. 29.11.1990.

denfalls nicht den verfassungsrechtlichen Anforderungen an die Festsetzung einer Kostenpauschale.

2. Zusätzliche Aufwandsentschädigung für besondere Funktionsträger in Sachsen

In Brandenburg (§ 6 IV AbgG) erhalten eine zusätzliche monatliche Amtsaufwandsentschädigung der Präsident (1.044 DM), der Vizepräsident (783 DM) und die anderen Präsidiumsmitglieder (522 DM).[608] Im Bund und in den westdeutschen Flächenländern, ausgenommen Hessen und Schleswig-Holstein, gibt es ebenfalls für Präsident und Vize eine zusätzliche Amtsaufwandsentschädigung.

Sachsen (§ 6 VI AbgG) dagegen gewährt, wie Baden-Württemberg (§ 6 VI AbgG), allerdings bei ca. 60% der baden-württembergischen Beträge, zusätzliche Amtsaufwandsentschädigungen an einen größeren Personenkreis: Es gibt 900 DM für den Präsidenten, 450 DM für die stellvertretenden Präsidenten, 300 DM für die weiteren Präsidiumsmitglieder, 600 DM für Fraktionsvorsitzende, 500 DM für den Vorsitzenden des Petitionsausschusses und 450 DM für Ausschußvorsitzende und stellvertretende Vorsitzende des Petitionsausschusses. Damit erhalten 37 von den 160 sächsischen Abgeordneten zusätzliche Aufwandsentschädigungen.

Ähnliche Bestimmungen wie in Sachsen existieren in Rheinland-Pfalz (§ 6 VI AbgG) und im Saarland (§ 6 IV AbgG), wo Fraktionsvorsitzende und Ausschußvorsitzende mehr bekommen. In Bayern (§ 6 VI AbgG) betrifft dies Ausschußvorsitzende und ihre Stellvertreter.

In Sachsen wurden die Amtsaufwandsentschädigungen in der Begründung des Beschlußvorschlags des Präsidiums[609] wie die anderen Kostenpauschalen lediglich damit gerechtfertigt, es seien 80% der baden-württembergischen bzw. 70% der bayerischen Pauschale. Bei der Verhandlung der Beschlußempfehlung im Plenum am 15.11.1990 wurden die Amtsaufwandsentschädigungen nur kurz erwähnt. Präsident Ilgen betonte, sie könnten nicht als zu-

---

608 Ab 1.1.1994 erhalten der Präsident 1.090 DM, Vizepräsidenten 817 DM u. die übrigen Präsidiumsmitglieder 545 DM.
609 LT Sachs., Drs. 1/22 v. 15.11.1990. Darin waren, wie auch noch in Drs. 1/36 v. 29.11./20.12.1990, 900 DM für d. Präs., 400 DM für Vizepräs., 300 DM für sonst. Präsidiumsmitgl., 600 DM für Fraktionsvors. und 300 DM für Ausschußvors. u. d. stellvertr. Vors. d. Petitionsausch. vorgesehen. Die Beschlußempf. des Verfassungs- u. Rechtsaussch., Drs. 1/136A, erhöhte auf 450 DM für Vizepräs., 450 DM für Ausschußvors. u. d. stellvertr. Vors. d. Petitionsaussch. und fügte 500 DM für d. Vors. d. Petitionsaussch. hinzu.

sätzlicher Verdienst angesehen werden.[610] Die Fraktion Bündnis 90/Grüne trug sie nicht mit.

Der Verfassungs-und Rechtsausschuß hatte einmal an die Streichung der Amtsaufwandsentschädigungen unter gleichzeitiger Schaffung von Funktionszulagen wie in Mecklenburg-Vorpommern und Sachsen-Anhalt gedacht.[611] Diese Überlegungen wurden schnell wieder verworfen.[612]

Gerade die Erwägungen, die Amtsaufwandsentschädigungen durch Funktionszulagen als zusätzliche alimentative Entschädigungen zu ersetzen, verstärken jedoch den Verdacht, es handele sich mehr um zusätzliches Einkommen als um Ausgleich für zusätzlichen Mehraufwand.

Es ist fraglich, ob diesen zusätzlichen Aufwandsentschädigungen tatsächlich ein typischer höherer finanzieller Sonderaufwand entspricht. Auch Funktionsträgern dürfen nur die zusätzlichen Aufwendungen erstattet werden, die gerade durch die Übernahme von Funktionen im Parlament entstehen.[613] Die größere zeitliche Belastung aufgrund der Übernahme von besonderen Funktionen darf hingegen nicht durch eine höhere Kostenpauschale ausgeglichen werden.[614]

So halten der Hessische Präsidentenbeirat,[615] die Kommission der Landtagsdirektoren[616] und ebenfalls Wieland in seinem Rechtsgutachten über das Abgeordnetengesetz von Rheinland-Pfalz[617] nennenswerte finanzielle Mehrbelastungen der Funktionsinhaber angesichts ihrer zusätzlichen Amtsausstattungen für unwahrscheinlich bzw. nicht ersichtlich.[618] Dementsprechend gibt es in Hessen und Schleswig-Holstein keine zusätzliche Amtsaufwandsentschädigung.

In Brandenburg und Sachsen ist jedenfalls ein höherer Mandatsaufwand für bestimmte Funktionsträger nicht ermittelt und öffentlich dargelegt worden. Zwar behauptet die ad-hoc-Sachverständigenkommission von Branden-

---

610 LT Sachs., Präs. Iltgen, Plpr. 1/3 v. 15.11.1990 S. 113.
611 LT Sachs., Bericht d. Verfassungs- u. Rechtsaussch. zum Gesetzentw. d. AbgG, Drs. 1/136B S. 3 ff. zu §§ 5 II, 6 V a.F.
612 LT Sachs., Bericht d. Verfassungs- u. Rechtsaussch. zum Gesetzentw. d. AbgG, a.a.O. S. 10 zu § 5.
613 Weyer-Kommission S. 19; von Arnim, BK, Art. 48 Rz. 191; Maaß/Rupp S. 62; Hmb. Enquete-Kommission "Parlamentsreform" S. 175.
614 Weyer-Kommission S. 19; von Arnim, BK, Art. 48 Rz. 176; ders., Die Partei, S. 192; Hess. Präsidentenbeirat S. 27; Hmb. Enquete-Kommission "Parlamentsreform" S. 175.
615 Hess. Präsidentenbeirat S. 27.
616 Kommission der Landtagsdirektoren S. 20.
617 Wieland, Rechtsgutachten AbgG RhPf., S. 92.
618 Kritisch hierzu auch Maaß/Rupp S. 62 f.

burg, den Amtsaufwandsentschädigungen lägen erhöhte Sachkosten zugrunde, führt dies jedoch nicht näher aus.[619]

Ob beispielsweise Abgeordnete mit parlamentarischen Funktionen tatsächlich zeitweise auch zwei Wohnungen benötigen, wie man 1990 in Sachsen meinte,[620] ist nicht belegt.

3. Gleichzeitige Ministeraufwandsentschädigung

Abgeordnete, die gleichzeitig Minister (-präsident) sind, beziehen aus diesem Amt schon eine Dienstaufwandsentschädigung von 560-963 DM (800-1.600 DM als Ministerpräsident).[621] In Brandenburg, Sachsen und Thüringen erhalten sie trotzdem die ungekürzte Kostenpauschale für ihr Abgeordnetenmandat. In Mecklenburg-Vorpommern wird die Pauschale um 25% gekürzt, in Sachsen-Anhalt um 80%.[622]

Ob dem ein entsprechender tatsächlicher finanzieller Mehraufwand aus der Abgeordnetentätigkeit gegenüber steht, ist, zumal die Minister über besondere Dienstausstattungen wie Dienstwagen mit Fahrer, eingerichtetes Büro mit Kommunikationsleistungen etc. verfügen, zweifelhaft.[623] Schon die sehr großen Unterschiede zwischen der ungekürzten Gewährung der Pauschale bis hin zur um 80% gekürzten Zahlung legen den Verdacht nahe, daß den gar nicht oder nur um 25% gekürzten Pauschalen kein dementsprechender tatsächlicher Aufwand aufgrund des Mandats gegenübersteht. Schließlich ist kaum anzunehmen, daß das Parlament von Sachsen-Anhalt, welches bei den anderen Bestandteilen der Entschädigung, wie etwa der Grundentschädigung, der allgemeinen Kostenpauschale und der Altersversorgung im Verhältnis zu den anderen neuen Ländern nicht gerade kleinlich ist, seinen Ministerabgeordneten mit einer auf 20% gekürzten Pauschale zu wenig bewilligt hat.

In Westdeutschland gewähren zwar einige Länder (Baden-Württemberg, Nordrhein-Westfalen, Saarland und Hessen) ihren Ministerabgeordneten die ungekürzte Kostenpauschale, andere Länder hingegen kürzen. Es kürzt

---

619 LT Brdb., Bericht der ad-hoc-Sachverständigenkommission v. 1.4.1993, Anlage zu Drs. 1/1915 S. 6.
620 Begründung des Beschlußvorschlags des Präsidiums zur Entschädigung durch den Präsidenten am 15.11.1990, LT Sachs., Plpr. 1/3 S. 113.
621 Vgl. die Ministergesetze, derz. (Juli 1993) auf 80% von B 11-B 11·11/10 (Minister) bzw. B 11·11/10-B 11·5/4 (Ministerpräsidenten).
622 AbgG: Brdb. § 6 III Nr. 1, MVp. § 9 I S. 2, Sachs. § 6 II Nr. 1, SAnh. § 8 I S. 2, Thür. § 6 II Nr. 1.
623 Vgl. von Arnim, Die Partei, S. 189 f.; ders., Ministerprivilegien, S. 72 f., mit einem Überblick zu den Regelungen in allen Ländern u. im Bund.

Schleswig-Holstein (§ 9 II AbgG) um 25%, Rheinland-Pfalz (§ 6 II Nr. 1 AbgG) um 32% und Niedersachsen (§ 14 II AbgG) sogar um 72%. Diese beträchtlichen Unterschiede wecken Zweifel an der Angemessenheit von gar keinen oder nur geringen Kürzungen.

In Ostdeutschland mangelt es im übrigen an tatsächlichen, vom Gesetzgeber öffentlich dargelegten Grundlagen.

Die Abgeordneten-Kostenpauschale der Ministerabgeordneten ist folglich zumindest wesentlich zu kürzen.[624] Die ungekürzte Gewährung in Brandenburg, Sachsen und Thüringen dürfte jedenfalls unangemessen überhöht und daher verfassungswidrig sein.

4. Tage- oder Sitzungsgeld

Zur Begleichung von Mehraufwendungen "aus der Tätigkeit am Sitz des Landtags" (§ 6 II Nr. 2 AbgG Thür.) erhalten die Abgeordneten ein pauschaliertes Tage- oder Sitzungsgeld.[625] Es wird auch den Ministerabgeordneten in voller Höhe gezahlt.

a) Höhe und Modalitäten der Tage- oder Sitzungsgelder

Das Tagegeld beträgt in *Brandenburg* 431 DM monatlich, ab 1.1.1994 465 DM.[626] In *Mecklenburg-Vorpommern* sind es pro Sitzungstag 40 DM.

In *Sachsen-Anhalt*[627] gibt es gestaffelt nach der Entfernung zwischen Wohnort und Sitzungsort zwischen 40 u. 60 DM je Sitzungstag. Der aus Vereinfachungsgründen - und weil die Aufwendungen am Landtagssitz angeblich für alle Abgeordneten gleich seien - geplanten einheitlichen Festsetzung auf 60 DM je Tag[628] wollte sich der Finanzausschuß jedoch nicht anschließen; vielmehr meinte er, unterschiedliche Entfernungen bewirkten un-

---

624 So auch die SH Kommission v. 1989 S. 33; von Arnim, Die Partei, S. 190; ders., Ministerprivilegien, S. 29 f., 72 f.; Hmb. Enquete-Kommission "Parlamentsreform" S. 176 (Kürzung um 50%); Fachkommission "Politikfinanzierung" von Bündnis 90/Die Grünen im BT, Reformvorschläge zur Parlamentsfinanzierung v. 25.1.1993, S. 6. Für den Wegfall die RhPf. Kommission v. 1992 S. 5.
625 AbgG: Brdb. § 6 III Nr. 2, MVp. § 11, Sachs. § 6 II Nr. 2, SAnh. § 10, Thür. § 6 II Nr. 2.
626 Bis 31.12.1992 gab es 400 DM.
627 SAnh. hat seine Tagegeldregelungen an das AbgG des Bundes angelehnt, vgl. die Begründung zum AbgG, Anlage zu LT-Drs. 1/40 v. 29.11.1990.
628 Gesetzentwurf zur 2. Änderung des AbgG SAnh., LT-Drs. 1/1522 v. 27.5.1992, Begründung S. 7 f.

terschiedliche Kosten.[629] Für das Jahr 1993 hält die Diätenkommission[630] die Höhe des Sitzungsgeldes für ausreichend.

Thüringen zahlt mit 500 DM Sitzungsgeld monatlich ungefähr soviel wie Nordrhein-Westfalen (499 DM) und Rheinland-Pfalz (550 DM) im Jahr 1992.

In *Sachsen* gibt es gemäß § 6 II Nr. 2 AbgG eine zusammengefaßte Tagegeld- u. Fahrtkostenpauschale "für Mehraufwendungen am Sitz des Landtags und bei Reisen ... sowie für Kosten bei Fahrten in Ausübung des Mandats". Bis 31.4.1993 bekamen Abgeordnete, die in Dresden wohnten, monatlich 1.000 DM, bei bis zu 50 km Entfernung 1.2oo DM, bis hin zu 1.750 DM bei über 150 km. Mit dem 4. Änderungsgesetz[631] ist die Pauschale gemäß der Empfehlung der Diätenkommission[632] einheitlich auf 1.000 DM festgesetzt worden, nur auf Einzelnachweis gibt es darüberhinaus bei quartalsmäßiger Abrechnung für Fahrten zwischen dem Wohnort und dem Landtagssitz ein Kilometergeld von 0,52 DM/km.

Im Falle der Abwesenheit bei Sitzungen des Landtags, seiner Ausschüsse und des Präsidiums bzw. des Ältestenrates wird das Tagegeld gekürzt oder nicht gezahlt. In Mecklenburg-Vorpommern, Sachsen und Sachsen-Anhalt gilt dies auch für Sitzungen der Fraktionen und Fraktionsgremien.[633] Die Kürzung beträgt in *Brandenburg* je Vor- od. Nachmittag 30 DM, höchstens 60 DM je Tag. In *Mecklenburg-Vorpommern* gibt es die 40 DM Tagegeld nur bei Nachweis der Anwesenheit durch Eintragen in eine Anwesenheitsliste. *Sachsen* behält bei Nichteintragung in die Anwesenheitsliste 70 DM ein, diese Summe reduziert sich auf 30 DM während des Mutterschutzes, bei nachgewiesenem Krankenhaus- od. Sanatoriumsaufenthalt oder Arbeitsunfähigkeit. Trägt sich der nicht beurlaubte Abgeordnete hingegen an einem Plenarsitzungstag nicht ein, so werden 120 DM gestrichen. In *Sachsen-Anhalt* ist das Tagegeld ebenfalls von der Eintragung in die Anwesenheitsliste abhängig. *Thüringen* zieht bei Fehlen 50 DM pro Tag ab.

---

629 Abg.Schaefer, Plpr. 1/34 v. 25.6.1992 S. 117 u. Abg. Angelbeck S. 134; Änderungsantrag Drs. 1/1536 v. 4.6.1992 S. 5.
630 SAnh. Diätenkommission v. 1993 S. 5.
631 4. ÄnderungsG zum AbgG Sachs. v. 13.5.1993, GVBl. S. 461; basierend auf dem Gesetzentw. der CDU, Drs. 1/3068 v. 25.3.1993;
632 Sächs. Diätenkommission v. 1993, Pressemitteilung v. Jan. 1993.
633 AbgG: MVp. §§ 10 f., Sachs. § 8 I, SAnh. §§ 9 f.

b) Beurteilung der Tage- od. Sitzungsgelder

Es ist nicht genau ersichtlich und nicht öffentlich begründet, für welchen erstattungsfähigen Mehraufwand das Tage- od. Sitzungsgeld gezahlt wird. Für die Abdeckung des allgemeinen Verpflegungsaufwandes, der bei jedem Berufstätigen z.B. für das Mittagessen anfällt, darf das Tage- od. Sitzungsgeld nämlich nicht dienen.[634] Denn beim allgemeinen Verpflegungsaufwand handelt es sich nicht um besonderen Aufwand aufgrund des Mandats.

In Brandenburg beispielsweise ist laut Beschluß des Präsidiums vom 19.1.1993[635] das Tagegeld zu 75% für Übernachtungskosten, die nicht sitzungsbedingt sind und daher nicht unter § 6 VI AbgG fallen, sowie zu 25% für Verpflegungs-Mehraufwendungen gedacht. Nähere Angaben dazu liegen nicht vor.

Im Vergleich zu den westdeutschen Flächenländern liegen die Tagegelder in Brandenburg (431 DM) und Thüringen (500 DM) auf dem Niveau von Schleswig-Holstein (440 DM),[636] Nordrhein-Westfalen (499 DM)[637] und Rheinland-Pfalz (550 DM), jedoch deutlich unterhalb von Baden-Württemberg (693 DM). Das Tagegeld von 40-60 DM pro Sitzungstag in Sachsen-Anhalt entspricht in etwa Niedersachsens Beträgen von 1991/92 (20-60 DM)[638] und dem des Saarlands (50 DM), allerdings staffelt Niedersachsen mit 20 DM erheblich tiefer. Sachsens zusammengefaßte Pauschale von zunächst[639] 1.000-1.750 DM lag bei geringer Entfernung zwischen Wohnort und Landtagssitz im Vergleich zu Bayerns 4.711 DM bei einem guten Fünftel (das gilt nunmehr für die neue einheitliche Pauschale von 1.000 DM), bei größerer Entfernung bei einem guten Drittel der bayerischen Pauschale. Diese ist, wie im Bund, nicht nach der Entfernung gestaffelt ist und umfaßt allgemeine Kosten, Tagegeld sowie Fahrtkosten.

Dafür, daß die Tagegelder auch in den neuen Ländern möglicherweise überhöht sind, spricht ein Vergleich mit der beamtenrechtlichen Regelung in § 9 I Bundesreisekostengesetz (BRKG).[640] Danach beträgt das Tagegeld in der höchsten Reisekostenstufe C für eine eintägige Dienstreise nur 31 DM, bei einer mehrtägigen Reise 46 DM pro Tag. Nach dem Beamten-Reiseko-

---

634 Wieland, Rechtsgutachten AbgG RhPf., S. 86.
635 LT Brdb., Drs. 1/1915 nebst Anlage am Schluß.
636 Vor 1. Nov. 1992, seitdem 40 DM/Tag.
637 Seit 1.1.1993, davor 476 DM.
638 Bis Ende 1992, seit 1.1.1993 einheitl. 30 DM/Tag.
639 Bis 31.4.1993, seit 1.5.1993 einheitlich 1.000 DM.
640 So auch Wieland, Rechtsgutachten AbgG RhPf., S. 87; RhPf. Kommission v. 1992, S. 7.

stenrecht haben nur Hessen (§ 6 I Nr. 3 AbgG) und sei 1993 auch Niedersachsen (§ 11 I AbgG) ihre Erstattung von Tagegeld ausgerichtet. Bei den einheitlichen Tagegeldern, in Ostdeutschland in Brandenburg, Mecklenburg-Vorpommern, Thüringen und neuerdings in Sachsen,[641] bestehen Bedenken im Hinblick auf ihre große Streubreite. So dürften Abgeordnete, die weit weg vom Landtagssitz wohnen, am Landtagssitz höhere Mehraufwendungen haben als Abgeordnete, die am Ort des Landtags wohnen.[642] Deswegen sollte das Tagegeld, wie in Niedersachsen,[643] für Abgeordnete, die am Ort des Landtagssitzes wohnen, deutlich tiefer ansetzen und sich entsprechend der Entfernung erhöhen. Sachsens alte Regelung[644] machte zwar ebenfalls die Tagesgeldhöhe von der Entfernung abhängig, differenzierte aber zu wenig, insbesondere nach unten.

Hingegen entspräche dem tatsächlichen mandatsbedingten Mehraufwand am ehesten die Erstattung auf der Basis von Einzelnachweisen, wie die Schleswig-Holsteinische Kommission von 1992[645] und auch die Kissel-Kommission[646] meint.

In Sachsen lassen die recht unterschiedlichen Kürzungen bei Abwesenheit von sog. Pflichtsitzungen vermuten, daß dem Tagegeld kein durchschnittlicher tatsächlicher Aufwand zugrundegelegt worden ist. Warum sollten etwa bei Nichtteilnahme an einer Plenarsitzung Aufwendungen in Höhe von 120 DM entfallen, während bei sonstigem Fehlen nur 70 DM wegfallen? Merkwürdig ist weiterhin, daß während des Mutterschutzes oder bei Krankheit nur 30 DM pro Sitzungstag gekürzt werden, also noch Mehraufwendungen von mind. 40 DM angenommen werden. Während dieser Zeit kann jedoch gar kein unter das Tagegeld fallender Mandatsaufwand vorliegen.[647]

Solche Regelungen machen deutlich, daß es weniger um den Ausgleich tatsächlichen mandatsbedingten Mehraufwandes als darum geht, die Abgeordneten zur Teilnahme an Sitzungen des Landtags und seiner Gremien, auch zu Sitzungen der Fraktionen und deren Gremien, anzuhalten.[648] Bei Fehlen wer-

---

641 Zusammen mit Fahrtkosten (bei Abgeordneten aus Dresden).
642 So auch der Änderungsantrag zur 2. Änderung des AbgG SAnh., LT-Drs. 1/1536 S. 5.
643 Nach der alten Regelung bis einschl. 1992.
644 Vor dem 4. Änderungsgesetz zum AbgG ab Mai 1993.
645 SH Kommission v. 1992 S. 10 f.
646 Kissel-Kommission S. 12.
647 Kritisch zu ähnl. Regelungen SH Kommission v. 1992 S. 10 f.
648 So auch der Präsident des LT SAnh. u. die Diätenkommission in ihren Berichten v. 5.2.1992, LT Drs. 1/1173: Die Malusregelung soll dazu dienen, daß die Abgeordneten ihren Verpflichtungen zur Teilnahme besser nachkommen. In Sachsen begründete der Abg. Rudorf das Malus-System in der 2. Lesung des AbgG am 21./22.2.1991 (Plpr.

den die Abgeordneten mit Entzug bzw. Verringerung des Sitzungsgeldes bestraft, weniger jedoch bei entschuldbarem Fehlen aufgrund Krankheit u.ä., bei Anwesenheit werden sie mit Geld belohnt.[649] Auch noch die Fraktionssitzungen zu malus- oder bonusbewehrten Veranstaltungen zu machen, ist aber im Hinblick auf die Freiheit des Mandats und die Unzulässigkeit von Fraktionszwang bedenklich.[650]

Die Berechtigung von gar ungekürzten Tagegeldern[651] für Ministerabgeordnete ist nicht ersichtlich, da diese wegen ihres Amtes ohnehin ganz überwiegend am Sitz der Landesregierung, der auch Sitz des Landtags ist, tätig sein müssen und daher kein mandatsbedingter finanzieller Mehrbedarf erkennbar ist.[652] Deswegen hat etwa die Schleswig-Holsteinische Kommission von 1989 empfohlen, die Tagegelder für Ministerabgeordnete ganz entfallen zu lassen.[653]

Einzig in Niedersachsen (§ 14 II AbgG) hat man dementsprechend das Tagegeld für Ministerabgeordnete völlig gestrichen. In Rheinland-Pfalz (§ 6 II Nr. 2 AbgG) wird es immerhin um 50% gekürzt. Diesen guten Beispielen sind die anderen Landtage nicht gefolgt, obwohl sie als Indiz dafür anzusehen sind, daß das ungekürzte Tagegeld für Ministerabgeordnete nicht dem tatsächlichen Mandatsaufwand entspricht, also unangemessen hoch ist.

5. Fahrtkostenerstattung

Für Fahrten zum Landtagssitz und teilweise auch andere mandatsbedingte Fahrten innerhalb des Landes bekommen die Abgeordneten Fahrtkosten erstattet. Daneben gibt es noch Reisekostenersatz in besonderen Fällen.

1/11 S. 526) damit, es diene der Beschluß- u. Arbeitsfähigkeit des Landtags und seiner Ausschüsse.
649 Kritisch gegenüber dem "Strafcharakter" der Kürzungsvorschriften auch die Kissel-Kommission, S. 12 f.
650 Kritisch dazu Abg. Donner, LT Sachs., Plpr. 1/11 v. 21./22.2.1991 S. 525 f.
651 Kürzung nur in Sachsen der zusammengefaßten Tagegeld- u. Fahrtkostenpauschale, § 6 II Nr. 2 S. 2, 3 AbgG.
652 SH Kommission v. 1989 S. 21 f. unter Hinweis auf den Landesrechnungshof; von Arnim, Die Partei, S. 190; ders., Ministerprivilegien, S. 30 f.
653 SH Kommission v. 1989 S. 21 f.; s.a. RhPf. Kommission v. 1992 S. 5.

a) Höhe und Modalitäten der Fahrtkostenerstattung

In *Brandenburg* gibt es eine Fahrtkostenpauschale für "Fahrten in Ausübung des Mandats zum Sitz des Landtags und innerhalb des Landes" (§ 6 III Nr. 3 AbgG), die nach der Entfernung von Wohnort zu Landtag gestaffelt ist. Die Pauschale hat sich von 1990 bis 1994 wie folgt entwickelt: Bis 31.10.1991 erhielt der Abgeordnete mit Wohnsitz in Potsdam 250 DM, dieser Betrag steigerte sich je 30 km um 250 DM. Zum 1.11.1991 wurde der Grund- und der Steigerungssatz auf 300 DM erhöht. Diese Erhöhung wurde mit einer Steigerung der Lebenshaltungskosten von über 15% im Jahre 1991 begründet, insbesondere mit dem Anstieg der Kraftstoffpreise um 40% und der Taxikosten um 20-30%.[654] Zum 1.1.1993 ist der Betrag auf 308 DM angehoben worden. Diese Anhebung beruht auf der Empfehlung der ad-hoc-Sachverständigenkommission von 1993, die eine Anpassung an den um 2,5% gestiegenen Kraftfahrzeug-Preisindex für die Kosten der Anschaffung eines Pkw und seiner Unterhaltung empfahl.[655] Ab 1.1.1994 hat der Landtag eine Erhöhung auf 316 DM festgelegt, ohne dies näher zu begründen.

Die Abgeordneten von *Mecklenburg-Vorpommern* erhielten gemäß § 13 AbgG für Fahrten zu Sitzungen des Landtags, seiner Organe und den Fraktionssitzungen zunächst eine Wegstreckenentschädigung für den der Verkehrsübung entsprechenden kürzesten Reiseweg in Höhe von 0,42 DM/km. Seit 1.12.1991 sind es 0,52 DM/km. Die Erhöhung wurde als Angleichung an die allgemeine Preisentwicklung gerechtfertigt.[656] Grund für die Regelung dürfte, wie auch der gleiche Wortlaut nahelegt, die Regelung in Schleswig-Holsteins § 13 AbgG vor dem Änderungsgesetz von 1990[657] und die Höhe der sonst für Berufstätige möglichen Geltendmachung von beruflich bedingten Fahrtkosten als Werbungskosten beim Finanzamt sein.

Zu *Sachsen* siehe oben 4.

In *Sachsen-Anhalt* ist die Fahrtkostenpauschale für Fahrten "zur Teilnahme an Sitzungen des Landtags, des Ältestenrats, eines Ausschusses, einer Fraktion oder einer Teilfraktion" (§§ 9 I, 12 AbgG) entfernungsabhängig gestaffelt. Ist der Wohnsitz am Landtagssitz, gab es bis Ende 1991 monatlich

---

654 Vgl. den Gesetzentwurf zur Änderung des AbgG Brdb., LT Drs. 1/390 v. 20.9.1991 u. den Bericht des Präsidenten über die Angemessenheit der Entschädigung v. 25.9.1991, Plpr. 1/25 S. 1891.
655 LT Brdb., Bericht der ad-hoc-Sachverständigenkommission v. 1.4.1993, Anlage zu Drs. 1/1915 S. 6.
656 Siehe die Begründung des Gesetzentwurfs zur Änderung des AbgG MVp., LT Drs. 1/1041 v. 12.12.1991.
657 Mit dem Gesetz zur Änderung des AbgG SH v. 15.7.1990, GVBl. S. 437, wurde daraus die Alternativregelung in § 13 II AbgG.

200 DM, bei bis zu 20 km 250 DM, Höchstgrenze sind 1.150 DM bei über 120 km Entfernung. Rückwirkend zum Januar 1992 ist die Fahrtkostenerstattung auf 216-1.290 DM erhöht worden. Diese Erhöhungen wurden mit den zum 1.7.1992 gestiegenen Mineralölsteuern und den ebenfalls gestiegenen Kosten für die Kfz-Benutzung gerechtfertigt.[658] Zu den Neuerungen des 2. Änderungsgesetzes zählte weiterhin die Kürzung der Wegstreckenentschädigung um 10% pro Sitzungstag bei fehlendem Nachweis der Teilnahme an Pflichtsitzungen (§ 12 a AbgG). Diese Regelung konnte sich zunächst gegenüber der vom Gesetzentwurf[659] beabsichtigten Malusregelung um 30-50 DM pro Tag durchsetzen, mit dem 3.Änderungsgesetz wurde sie jedoch wieder gestrichen.[660]

In *Thüringen* schließlich war der pauschalierte Fahrtkostenersatz für "Fahrten in Ausübung des Mandats zum Sitz des Landtags und innerhalb des Landes" (§ 6 II Nr. 3 AbgG) zunächst ab 200 DM gestaffelt hin zu 400 DM bei bis zu 60 km Entfernung, darüberhinaus 600 DM. Seit 1.3.1992 beginnt die Staffel bei 300 DM, bis zu 40 km sind es 500 DM, bis hin zu 1.250 DM ab 120 km Entfernung.

Steht Abgeordneten ein Dienstwagen zur Verfügung, wie etwa den Präsidenten, entfällt - außer in Sachsen - die Fahrtkostenerstattung. Sachsen[661] kürzt in diesem Fall die zusammengefaßte Pauschale lediglich um 400 DM. Bei gleichzeitigen Amtsbezügen als Minister oder Staatssekretär wird die Pauschale dann um 50% gekürzt, ggf. erfolgen die Kürzungen nebeneinander.

b) Beurteilung der Fahrtkostenerstattung

Wie bei den anderen pauschalierten Bestandteilen der Aufwandsentschädigung, sind tatsächliche, öffentlich dargelegte Grundlagen für die Bemessung der Fahrtkostenpauschalen Brandenburgs, Sachsens, Sachsen-Anhalts und Thüringens nicht ersichtlich.[662]

---

658 Begründung des Gesetzentwurfs, LT SAnh., Drs. 1/1522 v. 27.5.1992, S. 8. Der Änderungsantrag, Drs. 1/1536 v. 4.6.1992 S. 6, sah wegen der Preissteigerungen bis auf den Grundbetrag etwas höhere Zahlen vor.
659 LT SAnh., Drs. 1/1522.
660 3. ÄnderungsG zum AbgG SAnh. v. 29.4.1993, GVBl. S. 212.
661 § 6 II Nr. 2 AbgG Sachs.
662 Wenn nur einzelne Abgeordnete Aufstellungen zu ihren Fahrtkosten anfertigen und danach die Erstattung nicht kostendeckend ist (wie etwa in Thür. der Abg. Trautvetter auf der Sitz. d. Justizaussch. v. 25.3.1992, Prot. S. 4, äußerte; ähnl. Abg. Klein, Plpr. 1/49 v. 26.3.1992 S. 3227 f.), so stellt das noch keine ausreichende, repräsentative Ermittlung des tatsächl. durchschnittl. Aufwands dar.

Einzig Mecklenburg-Vorpommern entgeht, da es eine Erstattung aufgrund nachgewiesener Fahrten vornimmt, dem Vorwurf der mangelnden Grundlage. Welche Anforderungen hier an den Nachweis gestellt werden, ergibt sich allerdings nicht aus dem Gesetz, sondern erst aus den Ausführungsbestimmungen des Präsidiums.

Eine gewisse Begrenzung der sonst möglicherweise ausufernden Zahlungen und eine Verhinderung des Mißbrauchs zu nicht mandatsbedingten Zwecken[663] wird in Mecklenburg-Vorpommern[664] und Sachsen-Anhalt[665] damit erreicht, daß nur der enge Kreis der Abgeordnetentätigkeit im Parlament, in seinen Ausschüssen, anderen Organen und den Fraktionen für die Erstattung zugrundegelegt wird.[666]

Auch bei den Fahrtkosten haben sich die neuen Länder offensichtlich an den alten Ländern orientiert.[667] So entspricht der Fahrtkostenersatz Brandenburgs, Sachsen-Anhalts und Thüringens ungefähr, auch in der Abstufung nach Kilometern zwischen Wohnort und Landtagssitz, der Regelung Schleswig-Holsteins (§ 13 I AbG)[668] mit 220 DM Fahrtkostenersatz bei Wohnsitz in Kiel bis zu 1.265 DM bei über 120 km Entfernung.[669]

In den Ausgangsbeträgen deutlich höher als Brandenburg, Sachsen-Anhalt und Thüringen sind Nordrhein-Westfalen (712 DM bei bis zu 50 km) und Baden-Württemberg (515 DM bei Wohnort Stuttgart, 643 DM bei bis zu 50 km). Diese Ausgangsbeträge erscheinen bedenklich hoch, zahlt doch Schleswig-Holstein bei Wohnort Kiel nur 220 DM, bei bis zu 20 km Entfernung 275 DM. Rheinland-Pfalz zahlt bei Wohnsitz in Mainz keine Fahrtkosten und bei bis zu 50 km nur 200 DM.[670]

Insbesondere die Regelung in Rheinland-Pfalz verstärkt die Annahme, daß die genannten anderen Länder zu hohe Ausgangsbeträge haben und in zu großen Stufen erhöhen. Anstatt dessen wäre es "im Interesse der Transparenz und Vermittelbarkeit der Erstattungsleistungen" vorzugswürdig, so die Schleswig-Holsteinische Kommission von 1992, die Erstattung trotz des da-

---

663 Vgl. von Arnim, Die Partei, S. 89 u. 98.
664 § 13 i.V.m. § 10 I AbgG MVp.
665 § 12 i.V.m. § 9 I AbgG SAnh.
666 Dafür auch von Arnim, a.a.O., S. 89 u. 101.
667 Z.B. wurden in Thüringen die Fahrtkosten lt. Prot. d. Sitz. des Justizaussch. v. 18.1.1991, TOP 3 S. 6 (zu Drs. 1/48) entspr. den Regelungen der westl. Bundesländer vom Haushalts- u. Finanzausschuß festgesetzt.
668 AbgG SH i.d.F.v. 18.12.1992.
669 Zusätzlich gibt es Kostenersatz für Fahrten im Wahlkreis von 92 bzw. 370 DM, vgl. § 13 AbgG SH i.d.F.v. 18.12.1992.
670 Zahlen alte Länder Stand Jan. 1993.

mit verbundenen erheblichen Verwaltungsmehraufwandes auf der Basis von Einzelnachweisen durchzuführen.[671]

6. Übernachtungsgeld

Für die Kosten mandatsbedingter Übernachtungen gibt es ein Übernachtungsgeld.[672]
In *Brandenburg* werden für sitzungsbedingte Übernachtungen die über einen Sockelbetrag hinausgehenden tatsächlich entstandenen Kosten erstattet. Das Präsidium setzt Sockelbetrag und Höchstbeträge fest.[673]
In *Mecklenburg-Vorpommern* und *Sachsen-Anhalt* werden pauschal 39 DM pro Übernachtung ersetzt, auf Nachweis bis zu einem vom Präsidium bzw. Präsidenten festgesetzten Höchstbetrag auch mehr.
Sachsen zahlt ein Übernachtungsgeld in Höhe des jeweils geltenden Höchstsatzes nach dem Landesreisekostengesetz oder auf Nachweis die tatsächlich entstandenen, angemessenen Kosten. Dazu erläßt der Präsident im Benehmen mit dem Präsidium nähere Bestimmungen.
In *Thüringen* werden die nachgewiesenen Übernachtungskosten bis zu einer in § 9 IV AbgG angegebenen Höhe von 200 DM erstattet.
Im Vergleich zu diesen Erstattungen für Abgeordnete wird Beamten nach § 10 II, III BRKG in der höchsten Reisekostenstufe C 39 DM je Übernachtung ersetzt. Höhere Kosten werden nur bis zu 50% des Gesamtbetrags des Übernachtungsgeldes ersetzt, darüberhinaus gehende Kosten nur bei Unvermeidbarkeit. Angesichts der tatsächlich fast überall wesentlich höheren Übernachtungskosten soll hier jedoch nicht der über 39 DM liegenden Betrag des Übernachtungsgeldes kritisiert werden.
Zu bemängeln ist aber, daß, bis auf Thüringen, kein ostdeutscher Landtag im Abgeordnetengesetz eine Obergrenze für angemessene Übernachtungskosten festgelegt, sondern dies dem Präsidenten oder dem Präsidium überlassen hat. Eine Regelung über den sachlich angemessenen Mandatsaufwand, wozu auch das Übernachtungsgeld gehört, muß aber wegen des Transparenzgebotes und der Notwendigkeit einer eigenständigen gesetzlichen Regelung im Abgeordnetengesetz selbst erfolgen und darf nicht der näheren Regelung durch den Präsidenten oder das Präsidium überlassen bleiben.[674]

---

671 SH Kommission v. 1992 S. 11.
672 AbgG: Brdb. § 6 VI, MVp. § 12, Sachs. § 6 III, SAnh. § 11, Thür. § 9 IV.
673 § 6 VI AbgG Brdb. seit 1. ÄnderungsG v. 15.3.1991.
674 Wieland, Rechtsgutachten AbgG RhPf., S. 89 f.; s.a. 1. Teil, Grundproblem.

7. Kostenerstattung für Mitarbeiter der Abgeordneten

a) Höhe und Begründung der Mitarbeiterkostenerstattung

Den Abgeordneten werden die Kosten für die nachgewiesene Beschäftigung von Mitarbeitern erstattet. Die Höhe der Erstattung richtet sich in Mecklenburg-Vorpommern (§ 9 II AbgG) direkt nach dem Abgeordnetengesetz, in Sachsen-Anhalt (§ 8 II AbgG) und Thüringen (§ 6 III AbgG) ebenfalls, allerdings wird dort wegen der Höhe auf die Vergütungsgruppe des BAT-Ost VIb bzw. Vb verwiesen. In Brandenburg und Sachsen sind die Mitarbeiterkosten zwar als Posten im Abgeordnetengesetz genannt,[675] die Höhe ergibt sich jedoch erst aus den Haushaltsplänen.

Die Arbeitsverträge werden zwischen den Abgeordneten und den Mitarbeitern geschlossen, die Bezahlung erfolgt durch die Landtagsverwaltung. Die näheren Regelungen hierzu, insbesondere über den Nachweis der Beschäftigung, bestimmen Richtlinien des Präsidiums oder des Präsidenten im Benehmen mit dem Ältestenrat.

In *Brandenburg* gibt es Aufwendungsersatz für die Beschäftigung von Mitarbeitern seit dem 1.10.1991.[676] Im Haushaltsplan des Landtags sind dafür 1991 1.138.000 DM (Ist) ausgewiesen, 1992 ein Ansatz von 2.066.100 DM, 1993 2.770.000 DM. Der Erstattungsgrundbetrag betrug 1992 je Mitarbeiter 1.510 DM, zzgl. der Nebenkosten. Dieser Betrag wird entsprechend den Vergütungstarifen der Angestellten im öffentlichen Dienst angepaßt. Danach beträgt der Erstattungsgrundbetrag je Mitarbeiter ab 1.1.1993 1.970 DM und ab 1.7.1993 2.130 DM (50% von BAT-Ost IIa).[677] Umgerechnet auf den einzelnen Abgeordneten, ergeben sich folgende jährliche Beträge: 1991 12.932 DM, 1992 23.478 DM und 1993 31.477 DM.

In *Mecklenburg-Vorpommern* gab es zunächst bis zu 1.130 DM nachgewiesene Aufwendungen monatlich erstattet. Dieser Betrag wurde ab dem 1.1.1991 auf 2.150 DM erhöht, mit der Begründung, es müßten qualifizierte Kräfte für eine bessere Betreuung der Wahlkreise gewonnen werden, die bei dem erhöhten Gehalt auch sozialversichert seien. Im übrigen handele es sich um eine Angleichung an die allgemeine Lohn- und Gehaltsentwicklung.[678] Mit dem zuletzt genannten Argument wurde dann auch die nächste Anhebung auf 2.580 DM (zuzüglich Gehaltsnebenkosten) seit dem 1.12.1991

---

675 § 6 V Nr. 1 AbgG Brdb., § 6 IV AbgG Sachs.
676 ÄnderungsG zum AbgG Brdb. v. 15.11.1991.
677 Haushpl. Brdb.1991, 1992, 1993 Einzelpl. 01, Titel 411.13 mit Erläuterungen.
678 Begründung des Gesetzentwurfs, LT MVp., Drs. 1/1211.

begründet.[679] Im Haushaltsplan findet sich hierzu für 1991 ein Ist von 1.708.900 DM, 1992 ein Ansatz von 2.650.000 DM, ebenso für 1993.[680] Pro Abgeordnetem ergibt das jährlich 1991 25.892 DM, 1992 sowie 1993 je 40.152 DM. Mit Wirkung zum 1.7.1993 ist der Aufwendungsersatz für die Beschäftigung von Mitarbeitern auf die Höhe der Vergütungsgruppe BAT-Ost VIb festgesetzt worden, damit die Mitarbeiter an der Einkommensentwicklung im öffentlichen Dienst teilhaben.[681]

Sachsen zahlte laut Haushaltsplan 1991 2.829.100 DM (Istzahl[682]) Mitarbeiterkosten, 1992 wurden 7.428.800 DM veranschlagt. Die Begründung für die Erhöhung: "Mehr 1.510.800 DM wegen Anpassung der Aufwendungen für die Mitarbeiter der Abgeordneten an die Tarifentwicklung im öffentlichen Dienst."[683] Für 1993 sind 7.361.000 DM vorgesehen.[684] Der Jahresbetrag pro Abgeordnetem: 1991 36.988 DM, 1992 46.430 DM und 1993 46.006 DM.

In *Sachsen-Anhalt* belief sich die Erstattung anfangs auf bis zu 1.500 DM monatlich. Seit 1.9.1992 ist Höchstgrenze der Betrag von BAT-Ost VI b, plus Gehaltsnebenkosten. Zur Begründung der Erhöhung wurde auf die allgemeine Lohn- und Gehaltsentwicklung in der privaten Wirtschaft und im öffentlichen Dienst verwiesen. Auch sei eine bloße Schreib- und Sekretariatskraft, stundenweise oder halbtags beschäftigt, nicht ausreichend, sondern ganztägige qualifizierte Mitarbeiter erforderlich.[685]

Die entsprechenden Ansätze im Haushaltsplan betragen 1991 1.908.000 DM, 1992 2.035.200 DM und 1993 3.816.000 DM.[686] Umgerechnet auf den einzelnen Abgeordneten macht das 1991 18.000 DM, 1992 19.200 DM und 1993 36.000 DM.

Für die *Thüringer* Abgeordneten gab es nach § 6 III AbgG zunächst einen Kostenersatz bis zur Höhe des Betrags für einen Angestellten der Vergütungsgruppe BAT-Ost VI b, mindestens jedoch monatlich 2.100 DM plus Nebenkosten. Diese Summe wurde zum 1.3.1992 erhöht auf BAT-Ost V b. Diese Anhebung wurde damit erklärt, die Tätigkeit der Mitarbeiter beschränke sich nicht nur auf Schreib- und Büroarbeiten. Vielmehr hätten die

---

679 Begründung des Gesetzentwurfs, LT MVp., Drs. 1/1041, mdl. Begründung Abg. Caffier, Plpr. 1/10 S. 345.
680 Haushpl. MVp. 1991, 1992, 1993, Einzelpl. 01, Titel 411.05.
681 LT MVp., Bericht des Sachverständigengremiums v. 7.5.1993, Drs. 1/3149 S. 11; Bericht des LTPräs. zur Angemessenheit der Entschädigung v. 13.5.1993, ebenda S. 7.
682 Veranschlagt waren 1991 5.918.000 DM.
683 Haushpl. Sachs. 1991, 1992, Einzelpl. 01, Titel 411.02 mit Erläuterungen.
684 Haushpl. Sachs. 1993 (Entwurf), Einzelpl. 01, Titel 411.02.
685 LT SAnh., Drs. 1/1522 v. 27.5.1992 S. 7 u. 1/1536 v. 4.6.1992 S. 7.
686 Haushpl. SAnh. 1991, 1992, 1993, Einzelpl. 01, Titel 411.01 mit Erläuterungen.

Mitarbeiter weitreichende, eigenverantwortliche, in enger Zusammenarbeit mit den Abgeordneten zu erledigende Aufgaben. Den inhaltlichen Anforderungen der Tätigkeit werde die Vergütung nur nach BAT-Ost VI b nicht gerecht.[687] Auch sei die Steigerung als Anpassung an die Einkommensverhältnisse im öffentlichen Dienst gerechtfertigt[688] und entspreche in etwa den Regelungen in den alten Ländern sowie den Vorschlägen des Präsidenten des Landesrechnungshofs.[689] Im Haushaltsplan Thüringens sind die Mitarbeiter der Abgeordneten nur zusammen mit den Kosten für die Büroausstattung angegeben. Diese Ansätze belaufen sich auf im Jahre 1991 3.180.100 DM, 1992 3.474.400 DM und 1993 4.265.200 DM.[690] Zieht man von diesen Beträgen für das Jahr 1991 445.000 DM Bürokosten[691] und für die beiden anschließenden Jahre jeweils 45.000 DM (für eventuelle Nachrücker o.ä.) ab, ergeben sich folgende Beträge: 1991 2.735.100 DM, 1992 3.429.400 DM und 1993 4.220.200 DM. Daraus ergeben sich an Jahresbeträgen pro Abgeordnetem: 1991 30.731 DM, 1992 38.533 DM und 1993 47.418 DM.

b) Beurteilung der Mitarbeiterkostenerstattung

Mit ihren Zahlungen für Mitarbeiterkosten liegen die fünf neuen Länder 1991 ungefähr auf dem Durchschnitt der alten Länder. Im Jahr 1992 liegen sie schon über den alten Bundesländern.[692] Die Beträge der jungen Länder wären sogar, da es sich um Zahlungen für volle Stellen handelt, noch höher, legte man nicht im Osten der Republik die Vergütungsgruppen des BAT-Ost[693] zugrunde. In den westdeutschen Ländern werden hingegen nur Teilzeitstellen bezahlt: Maximal ersetzt Baden-Württemberg 75% von BAT VI b, Bayern 25 Wochenstunden nach BAT VI b, Hessen und Niedersachsen 50%

---

687 Bericht des LTPräs. v. 25.3.1992, LT Thür., Plpr. 1/48 S. 3172 f.
688 Mdl. Begründung des Gesetzentwurfs, Abg. Schröter, LT Thür., Plpr. 1/48 S. 3174.
689 Vizepräs. Friedrich, LT Thür., Sitzungsprotokoll des Justizausschusses v. 18.1.1991, S. 6.
690 Haushpl. Thür. 1991, 1992, 1993 (Entwurf), Einzelpl. 01, Titel 411.01 mit Erläuterungen.
691 5.000 DM·89 (Abgeordneten).
692 Läßt man einmal die herausragenden Zahlungen von Nordrhein-Westfalen i.H.v. 1991 15 Mio. und 1992 15,95 Mio. DM jährl. (§ 6 VI AbgG i.V.m. Haushpl.) beiseite.
693 BAT-Ost: 1.7.1993 auf 80% der Westgehälter.

von BAT VI b, Hamburg[694] 50% von BAT IIa, Rheinland-Pfalz 33% von BAT VII und Schleswig-Holstein 1.200 DM[695] monatlich.[696]

Verglichen mit den Regelungen der alten Länder erscheint es fraglich, ob die Abgeordneten in den neuen Ländern für ihre Mandatsarbeit wirklich Ganztags-Mitarbeiter nicht nur für Schreib- und Büroarbeiten, sondern auch für qualifizierte Tätigkeiten in größerem Umfang benötigen. Immerhin hielt der Hessische Präsidentenbeirat[697] 1989 die Erstattung im Umfang von 50% von BAT VI b für angemessen, ebenso die Niedersächsische Kommission von 1992.[698] Die Diätenkommission von Rheinland-Pfalz 1992 sah 33% von BAT VII als ausreichend an.[699]

Im Schleswig-Holsteinischen Landtag gab es einen Gesetzentwurf der FDP-Fraktion, der die Abschaffung der erst 1990 eingeführten Kostenerstattung für Abgeordnetenmitarbeiter zum Gegenstand hatte. Dort hieß es,[700] wegen der allgemeinen Kostenpauschale, die schon die Auslagen für die Wahlkreisbetreuung abdecken solle und wegen der Möglichkeit der Inanspruchnahme von Fraktionsmitarbeitern und modernen Kommunikationseinrichtungen wie Telefaxgeräten, Anrufbeantwortern u.ä. sei die Beschäftigung von Abgeordnetenmitarbeitern unnötig. Außerdem bestehe insbesondere im Wahlkampf die Gefahr eines ungerechtfertigten Wettbewerbsvorteils der Abgeordneten gegenüber Mandatsbewerbern von draußen und die Möglichkeit einer verdeckten Parteienfinanzierung.

In den neuen Ländern ließe sich ein erhöhter Bedarf an Abgeordnetenmitarbeitern allenfalls mit der besonderen Aufbausituation der jungen Länder begründen, die aber wohl nur für die erste Legislaturperiode gelten dürfte. Immerhin mußten die ostdeutschen Landtagsabgeordneten zunächst selbst das Funktionieren der parlamentarischen Demokratie erlernen und dies den Bürgern in den Wahlkreisen weitervermitteln. Hinzu kommt die in

---

694 Die Hmb. Enquete-Kommission "Parlamentsreform", S. 173, empfahl die Erstattung i.H.v. 33% von BAT VI b (bei Wegfall des ehrenamtl. Mandats der Hmb. Abgeordneten).
695 Seit 1.11.1992 nach AbgG SH i.d.F.v. 18.12.1992. Die nur sehr geringe Erhöhung von zuvor 1.130 DM monatl. auf 1.200 DM steht wohl im Zusammenhang mit dem Bericht der SH Kommission v. 1992, S. 10, in dem diese keine Erhöhung vorschlug, um nicht in die politische Diskussion über die Berechtigung der Mitarbeiterkostenerstattung einzugreifen.
696 Vgl. § 6 IV AbgG BW; Art. 6 VIII AbgG Bay. i.V.m. Haushpl.; § 2 I AbgG Hmb.; § 6 I Nr. 4 AbgG Hes.; § 7 II AbgG Nds., § 6 III AbgG RhPf.; § 9 III AbgG SH.
697 Hess. Präsidentenbeirat 1989, S. 26 f.
698 Nds. Kommission v. 1992 S. 21 f.
699 RhPf. Kommission v. 1992 S. 8 f.
700 LT SH, Drs. 13/47, mdl. Begründung des Abg. Buchholz, Plpr. 13/5 S. 271 f.

erheblichem Umfang zu leistende Gesetzgebungsarbeit, so daß eine erhöhte Arbeitsbelastung der ostdeutschen Abgeordneten gegenüber ihren westlichen Kollegen vorliegt.[701]
Bedenken grundsätzlicher Art gelten jedoch auch für die neuen Länder. So müßte sichergestellt sein, daß den Aufwendungen auch ein entsprechender mit dem Mandat verbundener Arbeitsanfall für die Mitarbeiter gegenübersteht.[702] Denn keinesfalls dürfen die Mitarbeiter zu Zwecken der Parteiarbeit eingesetzt werden, da dies als verdeckte Parteienfinanzierung wegen Verstoßes gegen die Zweckbindung der Abgeordnetenentschädigung und gegen den Grundsatz der Chancengleichheit unzulässig ist.[703] Die Gefahr, daß Abgeordnete gleichwohl ihre Mitarbeiter für Parteizwecke einsetzen, z.B. bei der Durchführung von Wahlkämpfen und in den Wahlkreisgeschäftsstellen der Parteien, hat sich in der alten Bundesrepublik schon gelegentlich bewahrheitet.[704]

Bei der Kostenerstattung für Abgeordnetenmitarbeiter handelt es sich - wie bei allen Bestandteilen der Abgeordnetenentschädigung - um einen Bereich der Entscheidung des Parlaments in eigener Sache, so daß verfassungsrechtlich aus Gründen der Transparenz, Mißbrauchsgefahr und Öffentlichkeitskontrolle der Gesetzesvorbehalt besteht, der die Regelung in einem materiellen Gesetz verlangt.[705] Die Bewilligung der Mittel im Haushaltsplan reicht dazu nicht aus, vielmehr muß sich der Betrag direkt aus dem Gesetz ergeben oder wenigstens aus der Bezugnahme des Gesetzes auf eine Vergütungsgruppe des Bundesangestelltentarifs.[706] Damit auch gewährleistet ist, daß die Mitarbeiter ausschließlich für mandatsbedingte Tätigkeiten verwendet werden, ist eine nähere gesetzliche Regelung, mit welchen Aufgaben die

---

701 Ähnl. LTPräs. Dr. Müller, LT Thür., Plpr. 1/48 v. 25.3.1992 S. 3172 f.
702 Wieland, Rechtsgutachten AbgG RhPf., S. 91.
703 Vgl. BVerfGE 40, 296 (315 ff.); Beschluß vom 9.3.1976, 2 BvR 89/74; NVwZ 1982, 613 ff.; von Arnim, Anhör. Hess. AbgG 1989, S. 108; ders., Die Partei, S. 157 f.; H. Meyer, Anhör. Hess. AbgG 1989, S. 109; Parteienfinanzierungskommission v. 1993, S. 10, 45.
704 Vgl. Hirsch, ZParl 1981, 203 (220 ff.); Apel, Die deformierte Demokratie, S. 277; Der Spiegel Nr. 30 v. 25.7.1988, S. 27 u. Nr. 37 v. 7.9.1977, S. 32 ff.
705 Siehe hierzu 1. Teil, Grundproblem; auch das im 3. Teil, C. III., gesagte gilt entsprechend; speziell zu den Mitarbeitern der Abgeordneten von Arnim, Die Partei, S. 120 ff.; Stolz, ZRP 1992, 372 (374); Parteienfinanzierungskommission v. 1993 S. 40 f., 45.
706 Von Arnim, DVBl. 1987, 1241 (1245 ff.); ders., Macht, S. 180 f.; ders., Die Partei, S. 120 f.; Stolz, ZRP 1992, 372 (374); Parteienfinanzierungskommission v. 1993 S. 40 f., 45.

Mitarbeiter betraut werden dürfen, erforderlich.[707] Um die Mißbrauchsmöglickeiten zu unterbinden, ist auch an eine Pflicht der Abgeordneten zur Rechenschaftslegung über die Mittelverwendung zu denken.[708]

Den zuvor genannten verfassungsrechtlichen Anforderungen genügen vor allem nicht die Regelungen in Brandenburg und Sachsen, wo die Erstattung der Mitarbeiterkosten nur auf der Grundlage der im Haushaltsplan bewilligten Beträge erfolgt. Dem Erfordernis des Gesetzesvorbehalts genügen, mit einigen inhaltlichen Mängeln, die übrigen neuen Länder. In diesem Zusammenhang ist aber, alle Länder betreffend, zu kritisieren, daß die näheren Voraussetzungen der Erstattung von Richtlinien des Präsidiums oder des Präsidenten im Benehmen mit dem Ältestenrat abhängen und nicht direkt im Abgeordnetengesetz geregelt sind. Ein weiterer Mangel: Fast alle Bestimmungen der Abgeordnetengesetze der neuen Länder legen nicht näher fest, wofür die Abgeordneten Mitarbeiter beschäftigen dürfen. Nur in Thüringen ist in § 6 III AbgG immerhin der Zweck "zur Unterstützung bei der mandatsbedingten Arbeit" genannt. Rechenschaftspflichten der Abgeordneten über den Nachweis der mandatsbedingten Beschäftigung fehlen ebenfalls

Schließlich erscheint es nicht gerechtfertigt, daß auch Abgeordnete mit weiterer Amtsausstattung oder Amtsbezügen, wie Präsidiumsmitglieder und Ministerabgeordnete, den vollen Anspruch auf die Mitarbeiterkostenerstattung haben, obwohl ihnen doch von Amts wegen Referenten bzw. das Regierungspersonal zur Verfügung stehen. Für diesen Personenkreis sollte deswegen die Erstattung auf 50% reduziert werden.[709]

8. Bürokosten

a) Höhe der Bürokostenerstattung

Die Kosten für die Erstausstattung eines Wahlkreis- und Bürgerbüros der Abgeordneten werden ebenfalls bis zu einer gewissen Höhe ersetzt. In Sach-

---

707 Vgl. auch Stolz, ZRP 1992, 372 (374). Dagegen hält die Kissel-Kommission, S. 13, eine Regelung der zulässigen Tätigkeiten in den Ausführungsbestimmungen zum Abgeordnetengesetz für ausreichend.
708 Von Arnim, Die Partei, S. 122; Parteienfinanzierungskommission v. 1993 S. 45.
709 Stolz, ZRP 1992, 372 (374); s.a. den Gesetzentwurf BT-Drs. 7/5525 v. 29.6.1976 S 8.

sen-Anhalt gibt es noch zusätzliches Geld für die Bürounterhaltungskosten.[710]

In *Brandenburg* erfolgt die Höhe der Erstattung nach Maßgabe des Haushaltsplans. In den Erläuterungen von 1991 zu Titel 684.20 hieß es: "Einem Mitglied des Landtags können einmalig Kosten bis zu 4.000 DM erstattet werden, die von ihm aus Gründen der bürgernahen Mandatsausübung durch Einrichtung eines Büros entstehen. Einzelheiten zur Erstattung regeln Richtlinien, die das Präsidium erläßt."[711] Insgesamt gab es für 1991 einen Ansatz von 352.000 DM, der ein ein Ist von 324.000 DM ergab,[712] mit durchschnittl. 3.682 DM pro Abgeordnetem etwas weniger als der vorgesehene Höchstbetrag von 4.000 DM.

Nach den Abgeordnetengesetzen der anderen neuen Länder gibt es für die Büroerstausstattung einmalig bis zu 5.000 DM für jeden Abgeordneten.

Im Haushaltsplan *Mecklenburg-Vorpommerns* finden sich dafür 1991 und 1992 je 330.000 DM als Ansatz.[713] Danach gab es nicht nur 1991 5.000 DM pro Abgeordnetem im Durchschnitt, wie man bei einem einmaligen Zuschuß annehmen sollte, sondern die gleiche Summe nochmals im darauffolgenden Jahr.

In *Sachsen* sind die Bürokosten laut § 6 II Nr.1 AbgG in der allgemeinen Kostenpauschale enthalten. Trotzdem sind im Haushaltsplan des Jahres 1991 dafür 640.000 DM vorgesehen.[714] Das sind 4.000 DM je Abgeordnetem.

Der Haushaltsplan *Sachsen-Anhalts*[715] weist 1991 als Zuschuß für die Büroerstausstattung 530.000 DM aus, also 5.000 DM für jeden Abgeordneten, wie es im Abgeordnetengesetz bestimmt ist. 1992 beträgt der Ansatz noch 75.000 DM und 1993 55.000 DM. Zusätzlich werden noch die Unterhaltungskosten für das Büro, wie etwa die Miete, auf Nachweis bis zu einer Höhe von 500 DM monatlich, seit Juli 1992 pauschal mit 750 DM, ersetzt. Die Erhöhung erfolgte wegen der allgemeinen Mietsteigerungen.[716] Im Haushalt macht sich dieser Posten mit 636.000 DM im Jahr 1991 und je 954.000 DM für 1992 und 1993 bemerkbar.[717] Umgerechnet auf den ein-

---

710 AbgG: Brdb. § 6 V (seit 1.10.1991), MVp. § 9 I (seit 1.12.1991), Sachs. § 6 II Nr. 1, SAnh. § 8 III, Thür. § 6 III.
711 Haushpl. Brdb. 1991, Einzelpl. 01, Titel 684.20.
712 Haushpl. Brdb. 1993, Einzelpl. 01, Titel 684.20; 1991 Istzahl.
713 Haushpl. MVp. 1991, 1992, Einzelpl. 01, Erläut. zu Titel 411.02.
714 Hauspl. Sachs. 1991, Einzelpl. 01, Erläut. zu Titel 411.01.
715 Haushpl. SAnh. 1991, 1992, 1993, Einzelpl. 01, Erläut. zu Titel 411.01.
716 Vgl. LT SAnh., Drs. 1/1522 v. 27.5.1992, Begründung S. 7 u. Drs. 1/1536 v. 4.6.1992, Begründung S. 5.
717 Haushpl. SAnh. a.a.O.

zelnen Abgeordneten, macht das durchschnittlich 6.000 DM in 1991 und je 9.000 DM in 1992 und 1993.
In *Thüringen* müßten sich eigentlich im Haushaltsplan 1991 445.000 DM[718] für die Büroerstausstattung finden.[719] Leider ist der Posten mit dem der Abgeordnetenmitarbeiter verquickt, der den weitaus größten Teil der Summe ausmachen dürfte, so daß hier eine genaue Betrachtung nicht möglich ist.

b) Beurteilung der Bürokostenerstattung

Die gesonderte Erstattung von Bürokosten gibt es sonst nur in Hamburg (§ 2 II AbgG). Dort gibt es für einmalige Aufwendungen anläßlich der Anmietung eines Abgeordnetenbüros oder des Eintritts in eine entsprechende Bürogemeinschaft einen Zuschuß bis zu 1.000 DM. Als Zuschuß zu den laufenden Bürokosten gibt es monatlich 700 DM.[720]
Was in den Vorschriften der Abgeordnetengesetze der neuen Länder indes fehlt, sind Regelungen wie die in § 2 II S. 3 AbgG Hmb.: "Für die laufenden Kosten eines Büros in Räumen von Parteien, ihnen verbundenen politischen Vereinigungen sowie in Räumen, in denen der Abgeordnete seiner beruflichen Tätigkeit nachgeht oder die Teil seiner Wohnung sind, kann kein Zuschuß gezahlt werden." Mit dieser Regelung werden die Mißbrauchsgefahren zugunsten der politischen Parteien oder zu eigenen Gunsten des Abgeordneten wenigstens eingeschränkt.
Auch sind in den neuen Ländern, außer in Sachsen-Anhalt und Thüringen, anders als in Hamburg (§ 2 IV AbgG), zumindest in den Abgeordnetengesetzen keine Nachweispflichten für die Erstattung der Büroeinrichtung vorgesehen.

Weitere Kritikpunkte:
In *Brandenburg* ergibt sich die Höhe der Erstattung allein aus dem Haushaltsplan, sie müßte wegen des Gesetzesvorbehalts bei der Abgeordnetenentschädigung aber im Gesetz geregelt sein. In *Mecklenburg-Vorpommern* mutet es seltsam an, daß ein nach dem Abgeordnetengesetz eigentlich nur einmaliger Zuschuß in zwei Jahren jeweils den vollen Ansatz im Haushaltsplan hat. In *Sachsen* erstaunt, daß die laut § 6 II Nr. 1 AbgG in der allgemeinen Kostenpauschale enthaltenen Bürokosten dennoch, was die Erstausstattung betrifft, im Haushaltsplan 1991 mit 640.000 DM veranschlagt sind. Diese Praxis widerspricht zum einen §§ 6 ff. AbgG Sachs., wo die

---

718 5.000 DM·89 (Abgeordnete).
719 Haushpl. Thür. 1991, Einzelpl. 01, zu Titel 411.01.
720 So auch die Empfehlung der Hmb. Enquete-Kommission "Parlamentsreform" S. 172 f.

Aufwandsentschädigung der Abgeordneten abschließend geregelt ist und zum anderen dem Erfordernis einer gesetzlichen Regelung für die Erstattung. Bei *Sachsen-Anhalt* ist zu kritisieren, daß es für die Erstausstattung noch Ansätze in den Haushaltsplänen in 1992 und 1993 gibt. Außerdem beruht die pauschalierte Erstattung von monatlich 750 DM nicht öffentlich erkennbar auf Ermittlungen des tatsächlichen Aufwandes, wie es wegen des Transparenzgebotes bei der Entschädigung und der Zulässigkeit von Pauschalen nur in Orientierung am zuvor ermittelten tatsächlichen durchschnittlichen und besonderen Mandatsaufwand erforderlich wäre.[721] In *Thüringen* ist der Ansatz der Bürokosten zusammen mit den Abgeordnetenmitarbeitern nicht transparent. Anhand des Postens im Haushalt läßt sich nur dann, wenn man die einzelnen Beträge nach dem Abgeordnetengesetz ausrechnet, erkennen, wieviel für welchen Posten angesetzt sind.

IV. Alternative zur Aufwandsentschädigung: Steuerpflichtige Kostenpauschale bzw. "Einheitslösung"

Als Alternative zur Aufwandsentschädigung wird neuerdings zunehmend vorgeschlagen, den für die Kostenabdeckung gedachten Betrag der alimentativen Entschädigung hinzuzufügen und der vollen Steuerpflicht zu unterwerfen, bzw. von vornherein eine einheitliche steuerpflichtige Entschädigung für den Unterhalt und den Mandatsaufwand des Abgeordneten festzusetzen.[722]

Die maßgebliche Überlegung hierfür ist, daß die Orientierung der hohen Kostenpauschalen am tatsächlichen Mandatsaufwand kaum nachvollziehbar erscheint und insoweit ein Teil der Pauschale als Einkommen anzusehen ist.[723] Von daher sei das bisherige Privileg des Abgeordneten, ohne Nachweis eine steuerfreie Aufwandspauschale zu erhalten, ungerechtfertigt gegenüber den anderen Steuerbürgern. Hingegen müßte der Abgeordnete bei der Gewährung einer steuerpflichtigen Kostenpauschale oder bei der "Ein-

---

721 Siehe oben II., insbes. BVerfGE 40, 296 (328); von Arnim, BK, Art. 48 Rz. 180-183.
722 Grosse-Sender, Flächenländer, in: Schneider/Zeh, Hrsg., Parlamentsrecht u. -praxis, § 64 Rz. 7 FN 16; Wewer, Plädoyer für eine integrierende Sichtweise von Parteien-Finanzen und Abgeordneten-Alimentierung, in: Wewer, Hrsg., Parteienfinanzierung und politischer Wettbewerb, S. 420 (457 f.); Hirsch, Kurzgutachten; ders., Anhör. Hess. AbgG 1989, S. 15 f.; RhPf. Kommission v. 1992 S. 4 f.; Fachkommission "Politikfinanzierung" von Bündnis 90/Die Grünen im BT, Vorschläge zur Parlamentsfinanzierung v. 25.1.1993, S. 2 f.; Sächs. Diätenkommission v. 1993, Pressemitteilung v. Jan. 1993.
723 RhPf. Kommission v. 1992 S. 4 f.; s.a. von Arnim, Die Partei, S. 178 f., 188 f.

heitslösung" seine mandatsbedingten Aufwendungen im Rahmen der Werbungskosten beim Finanzamt geltend machen, wie andere Bürger ihre berufsbedingten Aufwendungen.[724] Außerdem wird angeführt, daß eine solche Regelung den amtierenden Abgeordneten im Wettbewerb mit seinen außerparlamentarischen Konkurrenten weniger privilegiere und so für eine größere Chancengleichheit sorgte.[725] Auch die Transparenz spräche für diese Lösung.[726] Der interessierte Bürger könnte anhand der Bestimmungen im Abgeordnetengesetz genau erkennen, wieviel Geld ein Abgeordneter bekommt, ohne noch berücksichtigen zu müssen, daß dazu unter anderem[727] noch Gelder aus verschiedenen Aufwandsentschädigungen kommen, die zumindest teilweise über den tatsächlichen mandatsbedingten Aufwand hinausgehen dürften.

Trotz der geschilderten Vorzüge ist gegen die Einheitslösung entscheidend anzuführen, daß sich in diesem Fall die Höhe der beim Abgeordneten verbleibenden Kosten für den Mandatsaufwand auch nach der Höhe des steuerpflichtigen Einkommens insgesamt bemessen würde. Die individuell unterschiedlichen Möglichkeiten zur Steuerreduzierung könnten dann die finanziellen Möglichkeiten der Mandatsausübung beeinflussen.[728] Um den Abgeordneten auch kostenmäßig gleiche Chancen zur Mandatsausübung zu bieten, erscheint daher die steuerfreie Kostenerstattung gegen Nachweis oder aufgrund angemessener Pauschalen, die sich am repräsentativ ermittelten, angemessenen durchschnittlichen besonderen Mandatsaufwand orientieren, geeigneter.

V. Fazit zur Aufwandsentschädigung

Die Kostenpauschalen der neuen Länder begegnen - wie die der meisten alten Länder[729] - durchgreifenden verfassungsrechtlichen Bedenken.

---

724 RhPf. Kommission v. 1992 S. 4 f.; Fachkommission "Politikfinanzierung" von Bündnis 90/Die Grünen im BT, Vorschläge zur Parlamentsfinanzierung v. 25.1.1993, S. 2 f.; Sächs. Diätenkommission v. 1993, Pressemitteilung v. Jan. 1993.
725 Wewer, Plädoyer für eine integrierende Sichtweise von Parteien-Finanzen und Abgeordneten-Alimentierung, in: ders., (Hrsg.), Parteienfinanzierung und politischer Wettbewerb, S. 420 (457 f.).
726 Grosse-Sender, Flächenländer, in: Schneider/Zeh (Hrsg.), Parlamentsrecht u. -praxis, § 64 Rz. 7 FN 16.
727 Zusätzlich ist vor allem noch die Altersversorgung und das Übergangsgeld zu berücksichtigen.
728 Kissel-Kommssion S. 12.
729 Dazu von Arnim, Die Partei, S. 177-192.

Dies gilt vor allem für die zusätzlichen Aufwandsentschädigungen der Funktionsträger und die Aufwandsentschädigung der Ministerabgeordneten, bei denen mangels erkennbaren, mandatsbedingten (Mehr-)Aufwandes die Berechtigung nicht ersichtlich ist.

Im übrigen sind die Festsetzungen der pauschalierten Bestandteile der Aufwandsentschädigung - im wesentlichen die allgemeine Kostenpauschale, das Tage- oder Sitzungsgeld und der Fahrtkostenersatz - zumeist nicht nachvollziehbar öffentlich begründet worden.[730] Die Orientierung an den Regelungen der alten Länder und des Bundes und entsprechende Hinweise darauf sind keinesfalls eine ausreichende Begründung.

Weiterhin ist der durchschnittliche erstattungsfähige Aufwand nicht durch repräsentative Erhebungen o.ä. unter den Abgeordneten ermittelt und öffentlich dargelegt worden. So ist nicht ersichtlich, ob sich die Pauschalen am tatsächlichen angemessenen und begründeten, besonderen mandatsbedingten Aufwand orientieren, wie es vom Bundesverfassungsgericht[731] und der Literatur[732] gefordert wird. Von daher sind die Aufwands-Pauschalen wegen Verstoßes gegen den Angemessenheitsgrundsatz der Entschädigung als verfassungswidrig anzusehen.

Die eigentliche Problematik der Aufwandsentschädigung liegt in der Frage: Was ist besonderer mandatsbedingter Aufwand? Hier stellt sich, in ähnlicher Weise wie bei der alimentativen Enschädigung,[733] das Problem, welche Aktivitäten und welcher Aufwand für die Bemessung der Entschädigung zugrundezulegen sind. Das betrifft sowohl die Erstattung aufgrund Nachweises als auch die Erstattung aufgrund von Pauschalen, da bei letzteren zuvor geklärt werden muß, welche Tätigkeiten und Kosten für die Ermittlung des tatsächlichen durchschnittlichen Mandatsaufwands für die Pauschalen zu berücksichtigen sind.

Schwierigkeiten tauchen insbesondere dann auf, wenn mandatsbedingte mit parteibedingten, mit privaten oder mit beruflichen Tätigkeiten zusammentreffen, da die Abgeordnetenentschädigung für die Abgeltung der zuletzt genannten Tätigkeitsbereiche nicht bestimmt ist.

---

730 Deshalb kann bei der Aufwandsentschädigung nur wenig zur Enstehungsgeschichte und Begründung gesagt werden.
731 BVerfGE 40, 296 (318, 328); 49, 1 (2).
732 Insbes. Geiger, ZParl 1978, 522 (529); von Arnim, BK, Art. 48 Rz. 176; ders., Die Partei, S. 179 ff.; Maaß/Rupp S. 55 f.; Wieland, Rechtsgutachten AbgG RhPf., S. 82. Für - allerdings nicht zwingende - repräsentative Erhebungen schon die Weyer-Kommission S. 18.
733 Oben C. I. 2. c).

Zur Verdeutlichung ein paar Beispiele zur Fahrtkostenerstattung,[734] entnommen der Diskussion um die Änderung des hessischen Abgeordnetengesetzes im Jahre 1989.

- "Die Partei wirbt vor Ort mit ihrem oder ihrer Abgeordneten, der zu einem bestimmtem Sachthema, der zu einem Problem der Landespolitik spricht - eine ganz konkrete Verbindung, wo er im Parteiinteresse vor Ort spricht, zum Beispiel der Kollege XY zur Schulpolitik in Wiesbaden. Er reist dorthin und berichtet von der Politik, also mandatsbezogen."[735]
- "Zwei Landtagskollegen derselben Partei (fahren) zu einem Parteitag ..., der eine als gewählter Delegierter und der andere kraft Satzung (der Partei, d. Verfass.) mit beratender Stimme, der um seiner Mandatsausübung willen auch dorthin muß, nicht nur weil er wiedergewählt werden will, sondern vielleicht auch, weil er an dem Thema besonders interessiert ist, weil es ein fachbezogener Parteitag ist."[736]
- "Der Abgeordnete ..., wirtschaftspolitischer Sprecher (der Fraktion, d. Verfass.), über die Landesliste gewählter Abgeordneter, dessen Wahlkreis Hessen ist, (unternimmt) eine Reise nach Kassel, weil er dort beruflich bei der Industrie- und Handelskammer etwas zu besprechen hat, und (nimmt) sich als wirtschaftspolitischer Sprecher (vor), danach ein Gespräch im Auftrag (der) Fraktion zu führen."[737]
- Ein Abgeordneter, der in Wetzlar wohnt, macht mit seiner Familie einen Wochenendausflug nach Kassel und besucht bei der Gelegenheit auch einen Parteifreund.[738]

Es ist fraglich, ob es sich bei diesen Fahrtkosten um besonderen mandatsbedingten Aufwand handelt, der zu erstatten ist, da die Fahrten zumindest auch anderen Zwecken als dem Mandat dienen. Die Abgrenzung ist in solchen Fällen, die insbesondere aufgrund der Verknüpfung von Mandats- und Parteitätigkeiten häufig auftreten dürften, äußerst schwierig.

Dieses Problem und seine möglichen Folgen versuchte H. Meyer gegenüber den Abgeordneten in der Kommission zur Überarbeitung des Hessischen Abgeordnetengesetzes von 1989 zu verdeutlichen:[739] "Die Schwierig-

---

734 Wenn die Fahrtkostenerstattung sich nicht nur auf Fahrten von und zum Landtagssitz, sondern auch auf andere "mandatsbedingte" Fahrten erstreckt. Näheres zu den Fahrtkosten unter III. 5.
735 Beisp. von Abg. J. Fischer, Anhör. Hess. AbgG 1989, S. 101.
736 Beisp. von Abg. Starzacher, ebenda, S. 103.
737 Beisp. von Abg. Wagner, ebenda, S. 99 f.
738 Beisp. von von Arnim, ebenda, S. 89.
739 H. Meyer, ebenda, S. 105.

keit ... ist, daß die Mandatstätigkeit sich praktisch gar nicht beschränken läßt. Sie sind immer in verbo für sich, Ihre Partei, für die Wiederaufstellung usw., ob Sie zum Feuerwehrfest oder zur Kirchweih gehen. Sie gehen immer auch als Abgeordneter, folglich mandatsbedingt ... Wenn das so ist, bedeutet das, daß Ihre überwiegende Tätigkeit während der vier Jahre, für die Sie gewählt sind, praktisch über die §§ 6 und 7[740] läuft. Das wird dazu führen, ... daß das horrende Zahlen werden".

---

740 Aufwandsentschädigung nach Hess. AbgG, d. Verfass.

3. Teil: Staatliche Fraktionsfinanzierung in den neuen Ländern

A. Die Fraktion

I. Rechtsgrundlagen der Fraktion

1. Geschäftsordnungen der Parlamente

Nach den Geschäftsordnungen der Parlamente sind Fraktionen Vereinigungen von Abgeordneten übereinstimmender politischer Überzeugung, meist derselben politischen Partei oder einer Listenvereinigung von Parteien angehörend.[1] "Ihre Bildung beruht auf der in Ausübung des freien Mandats getroffenen Entscheidung der Abgeordneten."[2] Für den Zusammenschluß ist ein gewisses Mindestquorum der Abgeordneten, das in den neuen Landtagen meist unter 5% liegt, erforderlich.[3]

Mit der Gewährung von Beteiligungs- u. Benennungsrechten, Antrags- u. Kontrollrechten, die sonst nur größeren Quoren von Abgeordneten zustehen, verschaffen die Geschäftsordnungen den Fraktionen die dominierende Position bei den geschäftsordnungsrechtlichen Befugnissen und damit auch die zentrale Stellung im Arbeitsalltag des Parlaments.[4]

2. Rechtsprechung

Das Bundesverfassungsgericht beschreibt schon seit 1959 die Fraktionen als "notwendige Einrichtungen des Verfassungslebens, nämlich der durch Verfassung und Geschäftsordnung geregelten Tätigkeit" des Parlaments, als dessen "ständige Gliederungen" bzw. "Teile" sie "der organisierten Staatlichkeit

---

1 GO: Brdb. § 16 I, MVp. § 17 I, Sachs. § 12 I; SAnh. § 2 I, Thür. § 8 I. Ähnl. die Bestimm. in den alten Ländern u. im Bund, z.B. § 10 I GO BT.
2 BVerfGE 80, 188 (220); 84, 304 (322).
3 GO: Brdb.§ 16, MVp. § 17, Sachs. § 12, SAnh. § 2, Thür. § 8.
4 Zeh, Gliederung u. Organe des Bundestags, in: Isensee/Kirchhof (Hrsg.), Handbuch des Staatsrechts II, § 42 Rz. 6 f.

eingefügt" seien.[5] In ähnlicher Weise hat der Staatsgerichtshof Bremens 1969 die Fraktionen als "ständige, mit eigenen Rechten ausgestattete Gliederungen" des Parlaments, als "integrierende Bestandteile ... der verfassungsmäßigen Ordnung, die unmittelbar Verfassungsaufgaben wahr(nehmen)" charakterisiert.[6] Auch der Bayerische Verfassungsgerichtshof hat 1976 die Fraktionen als in der Verfassung mit eigenen Rechten ausgestattete Teile des obersten Staatsorgans Landtag und verfassungsrechtliche Institutionen, die unmittelbar Verfassungsaufgaben wahrnehmen, bezeichnet. Die von der Bayerischen Verfassung dem Landtag zugewiesenen Rechte würden wenigstens teilweise von den Fraktionen wahrgenommen. Als ständige Gliederungen des Parlaments unterlägen sie dem Parlamentsrecht und seien kraft ihrer Beteiligung an der Bildung des Staatswillens dem staatsorganschaftlichen Bereich zugeordnet.[7]

Die Anerkennung der Fraktionen hat das Bundesverfassungsgericht mangels einschlägiger Verfassungsbestimmungen aus der der Parteien in Art. 21 GG gefolgt. Mit Anerkennung der Parteien erkenne das Grundgesetz ebenfalls die Fraktionen an.[8] Die Rechtsstellung der Fraktion sei, da es sich um einen Zusammenschluß von Abgeordneten handele, wie der Status des Abgeordneten aus Art. 38 I GG abzuleiten.[9]

Zur Funktion der Fraktionen hat das Bundesverfassungsgericht 1977 ausgeführt, in den Fraktionen und in den Ausschüssen, werde wegen des Erfordernisses der Arbeitsteilung ein wesentlicher Teil der Parlamentsarbeit, die Vorbereitung der Verhandlungen und Beschlüsse des Parlaments, geleistet. Die Fraktionen ermöglichten den Abgeordneten Mitwirkung und Repräsentation auch außerhalb des Plenums. Dies geschehe dadurch, daß die Fraktionen in ihren Vollversammlungen und Arbeitskreisen parallel zu den Ausschußberatungen jede Parlamentsvorlage erörterten und Entscheidungen über die Haltung der Fraktion träfen. Die Bedeutung der Arbeit in den Fraktionen sei umso höher, als jede Fraktion möglichst eine einheitliche Willensbildung anstrebe. So erweise sich die vorbereitende Fraktionstätigkeit als tra-

---

5 BVerfGE 10, 4 (14); 20, 56 (104); 43, 142 (147); 62, 194 (202); 70, 324 (350 f., 362 f.); 80, 188 (231); 84, 304 (322). Vgl. auch Maunz, in: MDHS, GG, Art. 40 Rz. 14. Zu den älteren Entscheidungen Kerbusch, ZParl 1982, 225 (229 ff.).
6 Brem. StGH, Entsch. v. 13.7.1969, DÖV 1970, 639 (639 f.).
7 Bay. VerfGH, Entsch. v. 30.4.1976, BayVBl. 1976, 431 (432, 434). S.a. Bay. VerfGHE 41, 42 (44 ff.), die für die Landtagsfraktionen die Klassifizierung als Gliederungen und Einrichtungen des Parlaments bestätigt hat, dies aber bei den Fraktionen der kommunalen Vertretungskörperschaften anders beurteilt.
8 BVerfGE 10, 4 (14); 20, 56 (104); 43, 142 (147); 70, 324 (350); 84, 304 (324). S.a. Bay. VGH, BayVBl. 1976, 431 (434).
9 BVerfGE 70, 324 (362 f.).

gendes Element, als maßgeblicher Faktor der parlamentarischen Willensbildung.[10]

Im sogen. "Wüppesahl-Urteil" von 1989 hat sich das Bundesverfassungsgericht anläßlich der Klage des Abgeordneten Wüppesahl betreffend seine Rechtsstellung als fraktionsloser Abgeordneter noch einmal mit den Aufgaben der Fraktionen beschäftigt. Den Fraktionen obliege nach Verfassung und Geschäftsordnung die der Koordination dienende Parlamentsarbeit, "indem sie insbesondere eine Arbeitsteilung unter ihren Mitgliedern organisieren, gemeinsame Initiativen vorbereiten und aufeinander abstimmen, sowie eine umfassende Information der Fraktionsmitglieder unterstützen. Auf diese Weise fassen sie unterschiedliche politische Positionen zu handlungs- und verständigungsfähigen Einheiten zusammen."[11]

3. Verfassungsvorschriften

Trotz der Bedeutung der Fraktionen gab es bis zum Jahre 1991 außer den Bestimmungen in den Geschäftsordnungen der Parlamente[12] keine Gesetze über Rechtsstellung und Funktion der Fraktionen. In den Verfassungen wurden sie - wenn überhaupt - allenfalls beiläufig erwähnt.[13] Auch in den vorläufigen Verfassungen und Vorschaltgesetzen der neuen Länder kamen die Fraktionen nicht vor. Maßgebend waren somit die Parlamentspraxis und die Rechtsprechung vor allem des Bundesverfassungsgerichts.

Anknüpfend an Parlamentspraxis und Rechtsprechung, entstehen seit Ende 1991 zunehmend auch verfassungsmäßige Rechtsgrundlagen zu den Fraktionen. Den Anfang machten die Verfassungen von Berlin,[14] Brandenburg,[15]

---

10 BVerfGE 44, 308 (317 ff.); s.a. 70, 324 (350 f.); 80, 188 (219 f.); 84, 304 (322).
11 BVerfGE 80, 188 (231).
12 Vgl. nur §§ 10 ff. GO BT.
13 - Keine Erwähnung der Fraktionen: Verfassung des Landes Baden-Württemberg i.d.F.v. 12.2.1991, GVBl. S. 81; Verfassung des Freistaates Bayern i.d.F.v. 20.6.1984, GVBl. S. 223; Verfassung der Freien und Hansestadt Hamburg v. 6.6.1952; Verfassung des Landes Hessen i.d.F.v. 20.3.1991, GVBl. I S. 102; Verfassung des Landes Nordrhein-Westfalen i.d.F.v. 20.6.1989, GVBl. S. 428. - Bloß nebensächliche Erwähnung der Fraktionen: Landesverfassung der Freien Hansestadt Bremen v. 21.10.1947 (GVBl. S. 251), Art. 86, 100, 105; Vorläufige Niedersächsische Verfassung i.d.F.v. 27.11.1991 (GVBl. S. 301), Art. 14; Verfassung für Rheinland-Pfalz i.d.F.v. 15.3.1991 (GVBl. S. 73), Art. 86, 91; Verfassung des Saarlandes i.d.F.v. 26.2.1992 (Amtsbl. S. 441); Art. 77 I; Verfassung des Landes Schleswig-Holstein v. 13.6.1990 (GVBl. S. 391), Art. 12.
14 Verfassung von Berlin seit der Fassung v. 3.6.1991, GVBl. S. 113.
15 Verfassung des Landes Brandenburg v. 20.8.1992, GVBl. S. 297 (der Entwurf, GVBl. 1992, S. 122, wurde am 14.6.1992 durch Volksentscheid angenommen).

und Sachsen-Anhalt,[16] es folgte im Mai 1993 die Verfassung von Mecklenburg-Vorpommern[17] und schließlich im Oktober desselben Jahres die Verfassung Thüringens[18]:

- *Art. 27 Verfassung von Berlin:*
I. Eine Vereinigung von mindestens 5 % der verfassungsmäßigen Mindestzahl der Abgeordneten bildet eine Fraktion. Das Nähere regelt die Geschäftsordnung.
II. Fraktionen nehmen unmittelbar Verfassungsaufgaben wahr, indem sie mit eigenen Rechten und Pflichten als selbständige und unabhängige Gliederungen der Volksvertretung an deren Arbeit mitwirken und die parlamentarische Willensbildung unterstützen. Das Nähere über die Rechtsstellung und Organisation sowie die Rechte und Pflichten der Fraktionen wird durch Gesetz bestimmt.
- *Art. 67 Verfassung von Brandenburg:*
I. Fraktionen bestehen aus Mitgliedern des Landtages. Sie wirken mit eigenen Rechten und Pflichten als selbständige und unabhängige Gliederungen an der Arbeit des Landtages mit und unterstützen die parlamentarische Willensbildung. Insofern haben sie Anspruch auf angemessene Ausstattung. Die Bildung einer Fraktion nach der Konstituierung des Landtages bedarf dessen Zustimmung. Das Nähere regelt ein Gesetz.
II. Ein Fraktionszwang ist unzulässig.
- *Art. 47 Verfassung von Sachsen-Anhalt:*
I. Eine Vereinigung von mindestens 5 vom Hundert der gesetzlichen Mindestzahl der Mitglieder des Landtags bildet eine Fraktion. Das Nähere regelt die Geschäftsordnung.
II. Fraktionen sind selbständige und unabhängige Gliederungen des Landtages. Sie wirken mit eigenen Rechten und Pflichten an seiner Arbeit mit und unterstützen die parlamentarische Willensbildung. Insoweit haben sie Anspruch auf angemessene Ausstattung. Das Nähere regelt ein Gesetz.
- *Art. 25 Verfassung von Mecklenburg-Vorpommern:*
I. Eine Vereinigung von mindestens vier Mitgliedern des Landtages bildet eine Fraktion. Das Nähere regelt die Geschäftsordnung.
II. Fraktionen sind selbständige und unabhängige Gliederungen des Landtages. Sie wirken mit eigenen Rechten und Pflichten bei der parlamentarischen Willensbildung mit. Sie haben Anspruch auf angemessene Ausstattung. Das Nähere regelt das Gesetz.
III. Die Fraktionen haben Sitz und Stimme im Ältestenrat des Landtages.
- *Art. 58 Verfassung Thüringens:*
Abgeordnete der gleichen Partei oder Liste haben das Recht, sich zu einer Fraktion zusammenzuschließen. Die Anzahl der Fraktionsmitglieder muß mindestens dem Stimmenanteil entsprechen, der nach Art. 49 II für die Zuteilung von Landessitzen erforderlich ist.

---

16 Verfassung für SAnh. v. 16.7.92, GVBl. S. 600.
17 Verfassung des Landes Mecklenburg-Vorpommern v. 23.5.1993, GVBl. S. 372 (bedarf noch eines zustimmenden Volksentscheides).
18 Verfassung des Freistaats Thüringen v. 25.10.1993, GVBl. S. 625, (bedarf noch eines zustimmenden Volksentscheides).

Der Verfassungentwurf Mecklenburg-Vorpommerns vom 30.4.1992[19] (Art. 23) hatte noch außer zu der Möglichkeit des Zusammenschlusses zu Fraktionen auf die Geschäftsordnung des Landtags verwiesen. Dagegen nahm die Verfassungskommission in ihrem Abschlußbericht vom 7.5.1993 den Vorschlag des Sachverständigen Prof. Dr. Starck auf, die Rechtsstellung und Aufgaben der Fraktionen in Anlehnung an Art. 47 II der Verfassung von Sachsen-Anhalt verfassungsrechtlich weitergehend zu normieren.[20] Bei der Diskussion innerhalb der Verfassungskommission hob die SPD-Fraktion hervor, daran sei insbesondere die Aufnahme des Anspruchs der Fraktionen auf angemessene Ausstattung wichtig.[21]

Die Verfassung von Sachsen[22] (Art. 46 II) verweist bezüglich der Fraktionen auf die Geschäftsordnung. Im Entwurf einer neuen Niedersächsischen Verfassung ist ebenfalls eine Bestimmung (Art. 19) über die Fraktionen vorgesehen, die allerdings ihre Rechtsstellung nicht näher regelt.[23]

Außer den Fraktionen wird in den Verfassungen der neuen Länder auch die parlamentarische Opposition institutionalisiert und ihr eine höhere finanzielle Ausstattung zuerkannt.[24]

Für das Grundgesetz hat die Parteienfinanzierungskommission von 1993[25] die Einführung eines Art. 49 GG vorgeschlagen, der die Rechtsstellung und Finanzierung der Bundestagsfraktionen festlegen soll.

- Art. 49 GG (Fraktionen):
I. Fraktionen sind selbständige Gliederungen des Bundestages. Sie wirken mit eigenen Rechten und Pflichten an der parlamentarischen Willensbildung mit. Insoweit haben sie Anspruch auf eine angemessene Ausstattung; Oppositionsfraktionen haben Anspruch auf einen Zuschlag.
II. Die Fraktionen müssen über die Herkunft und Verwendung ihrer Mittel sowie über ihr Vermögen öffentlich Rechenschaft legen. Sie werden regelmäßig vom Bundesrechnungshof geprüft.
III. Das Nähere regelt ein Bundesgesetz.

---

19 LT MVp., Zwischenbericht der Verfassungskommission (Mehrheitsmeinung), Drs. 1/2000, Stand 30.4.1992, darin war die CDU-Fraktion für die Streichung des Art. 23.
20 LT MVp., Verfassungsentwurf und Abschlußbericht der Verfassungskommission, Drs. 1/3100, zu Art. 25, S. 116 f.
21 Ebenda.
22 Verfassung des Freistaates Sachsen v. 27.5.1992, GVBl. S. 243.
23 LT Nds., Drs. 12/4651 v. 10.3.1993.
24 Art. 40 S. 1 Sachs. Verf., Art. 55 II S. 1 Brdb. Verf., Art. 48 I SAnh. Verf., Art. 26 I MVp. Verf., Art. 59 Verf. Thür.; siehe auch Art. 19 II Verfassungs-Entw. Nds.; näheres zum Oppositionsbonus bei C. II. 3.
25 Parteienfinanzierungskommission v. 1993, BT-Drs. 12/4425 v. 19.2.1993 S. 36.

4. Fraktionsgesetze

Basierend auf den Formulierungsvorschägen der Konferenz der Parlamentspräsidenten vom 2.12.1991, haben die Parlamente begonnen, Fraktionsgesetze zu schaffen. Vorreiter war im März 1992 Bayern,[26] es folgten im November 1992 Sachsen-Anhalt[27] und Niedersachsen,[28] im April 1993 Hessen[29] sowie im Juni 1993 Mecklenburg-Vorpommern.[30] Auch Brandenburg verabschiedete im März 1994 ein Fraktionsgesetz.[31]

- *Art. 1 Bayerisches Fraktionsgesetz[32]:*
  I. Fraktionen sind mit eigenen Rechten und Pflichten ausgestattete Vereinigungen im Bayerischen Landtag, zu denen sich Mitglieder des Bayerischen Landtags zusammengeschlossen haben. Sie dienen der politischen Willensbildung im Bayerischen Landtag. Sie helfen den Mitgliedern, ihre parlamentarische Tätigkeit auszuüben und zur Verfolgung gemeinsamer Ziele aufeinander abzustimmen. Sie können mit Fraktionen anderer Parlamente zusammenarbeiten und die Öffentlichkeit über ihre Tätigkeit unterrichten.
  II. Fraktionen können am allgemeinen Rechtsverkehr teilnehmen und unter ihrem Namen klagen und verklagt werden.
  III. Das Nähere über die Bildung einer Fraktion sowie über ihre Rechte und Pflichten bestimmt die Geschäftsordnung des Bayerischen Landtags.
- *§ 30 Niedersächsisches Abgeordnetengesetz:*
  I. Abgeordnete können sich unter den in der Geschäftsordnung für den Landtag näher geregelten Voraussetzungen zu Fraktionen zusammenschließen. Fraktionen sind mit eigenen Rechten ausgestattete Vereinigungen von Abgeordneten. Die Geschäftsordnung bestimmt das Nähere über die parlamentarischen Rechte und Pflichten der Fraktionen.
  II. Die Fraktionen dienen der politischen Willensbildung im Landtag. Sie helfen den Mitgliedern, ihre parlamentarische Tätigkeit auszuüben und zur Verfolgung gemeinsamer Ziele aufeinander abzustimmen. Sie können mit Fraktionen anderer Parlamente zusammenarbeiten und die Öffentlichkeit über ihre Tätigkeit unterrichten.

---

26 Gesetz zur Rechtsstellung und Finanzierung der Fraktionen im Bayer. Landtag (Bayer. FraktionsG) v. 26.3.1992, GVBl. S. 39.
27 Gesetz über die Rechtsstellung und die Finanzierung der Fraktionen im Landtag von Sachsen-Anhalt (SAnh. FraktionsG) v. 5.11.1992, GVBl. S. 768.
28 12. Gesetz zur Änderung des Niedersächsischen Abgeordnetengesetzes (Nds. AbgG) v. 30.11.1992, GVBl. S. 311.
29 Gesetz über die Rechtsstellung u. Finanzierung der Fraktionen im Hessischen Landtag (Hess. FraktionsG) v. 5.4.1993, GVBl. S. 106.
30 Drittes Gesetz zur Änderung des Gesetzes über die Rechtsverhältnisse der Mitglieder des Landtages von Mecklenburg-Vorpommern (AbgG) v. 16.7.1993, GVBl. S. 679, verabschiedet am 23.6.1993 i.d.F. der Drs. 1/3266 u. 1/3311.
31 Gesetz über die Rechtsstellung und Finanzierung der Fraktionen im Landtag Brandenburg (Brdb. FraktionsG) v. 29.3.1994, GVBl. S. 86.
32 Dem Wortlaut von Art. 1 Bayer. FraktionsG entspricht § 1 Hess. FraktionsG fast wörtlich.

III. Fraktionen können am allgemeinen Rechtsverkehr teilnehmen und unter ihrem Namen klagen und verklagt werden.
- *§ 1 Fraktionsgesetz Sachsen-Anhalt:*
I. Die Abgeordneten des Landtages von Sachsen-Anhalt können sich unter den in der Geschäftsordnung des Landtages von Sachsen-Anhalt geregelten Voraussetzungen zu Fraktionen zusammenschließen.
II. Fraktionen sind mit eigenen Rechten und Pflichten ausgestattete Vereinigungen des Landtages von Sachsen-Anhalt. Sie wirken an der Gesetzgebungs-, Kontroll-, Wahl- und Öffentlichkeitsfunktion des Landtages mit und dienen der politischen Willensbildung insbesondere dadurch, daß sie die Arbeitsteilung unter ihren Mitgliedern organisieren, gemeinsame Initiativen vorbereiten und aufeinander abstimmen. Sie können mit Fraktionen anderer Parlamente zusammenarbeiten und die Öffentlichkeit über ihre Tätigkeit unterrichten.
III. Fraktionen können am allgemeinen Rechtsverkehr teilnehmen und unter ihrem Namen klagen und verklagt werden. Sie haben sich eine Satzung zu geben, in der ihre Vertretung zu regeln ist. Die Satzung ist bei dem Präsidenten des Landtages zu hinterlegen.
IV. Das Nähere über die Bildung einer Fraktion sowie ihre parlamentarischen Rechte und Pflichten bestimmt die Geschäftsordnung des Landtages von Sachsen-Anhalt.
- *§ 49 Abgeordnetengesetz von Mecklenburg-Vorpommern:*
I. Die Fraktionen sind rechtsfähige Vereinigungen von Abgeordneten des Landtages. Sie können klagen und verklagt werden. Öffentliche Gewalt wird von den Fraktionen nicht ausgeübt.
II. Die Fraktionen wirken an der Erfüllung der Aufgaben des Landtages mit. Sie können die Öffentlichkeit über ihre Arbeit informieren und mit Fraktionen anderer Parlamente zusammenarbeiten.
- *Fraktionsgesetz Brandenburg:*
§ 1 I. Fraktionen sind Vereinigungen von mindestens vier Mitgliedern des Landtages, die derselben Partei, politischen Vereinigung oder Listenvereinigung angehören oder von derselben Partei, politischen Vereinigung oder Listenvereinigung als Wahlbewerber aufgestellt worden sind. Sie wirken mit eigenen Rechten und Pflichten als selbständige und unabhängige Gliederungen an der Arbeit des Landtages mit und unterstützen die parlamentarische Willensbildung...
III. Fraktionen können am allgemeinen Rechtsverkehr teilnehmen und unter ihrem Namen verklagt werden.
IV. Das Nähere über die parlamentarischen Rechte und Pflichten einer Fraktion bestimmt die Geschäftsordnung des Landtages.
§ 4 II. Zu den Aufgaben gemäß Abs. 1 gehören auch die Information der Öffentlichkeit über ihre Arbeit und die Zusammenarbeit mit den Fraktionen anderer Parlamente.

In weiteren Ländern, so in Berlin,[33] Nordrhein-Westfalen,[34] Schleswig-Holstein,[35] Hamburg,[36] Bremen,[37] Baden-Württemberg[38] und in Thüringen[39] sowie im Bund[40] liegen zumeist ähnliche Entwürfe für Fraktionsgesetze bzw. entsprechende Regelungen in Abgeordnetengesetzen vor.

II. Rechtsstellung der Fraktion

Die Fraktionen werden von einigen auch "Parteien im Parlament" genannt.[41] Das liegt an ihren sehr engen Verbindungen zu den jeweiligen Parteien, insbesondere personeller Natur, etwa bei den Funktionären. In der Parteiendemokratie der Bundesrepublik sind es die Parteien, die die Kandidaten zur Wahl in die Volksvertretung aufstellen.[42] Als "innerparlamentarische Zusammenschlüsse der Abgeordneten bestimmter politischer Parteien" nehmen die Fraktionen "deren Interessen im Parlament wahr"[43] und machen ihre Partei parlamentarisch handlungsfähig. Auf diese Weise setzt sich die Gliederung der politischen Hauptrichtungen der Parteien in den Volksvertretungen als Gliederung in Fraktionen fort.[44] Trotz der faktischen Verflechtung zwischen Partei und Fraktion ist jedoch, da die Parteien im Gegensatz zu den

---

33 Abgeordnetenhaus von Berlin, Gesetzentwurf von Bündnis 90/Grüne (AL)/UFV, Drs. 12/1543 v. 26.5.1992,; der FDP, Drs. 12/1881 v. 4.9.1992; der CDU u. der SPD, Drs. 12/1961 v. 23.9.1992.
34 LT NW, Gesetzentw. der Grünen, Drs. 11/4162 v. 5.8.1992.
35 LT SH, Gesetzentwurf der SPD und der CDU, Drs. 13/605 v. 7.12.1992; der FDP, Drs. 13/537.
36 Hmb. Bgsch., Gesetzentw. von Grüne/GAL, Drs. 14/1520 v. 15.4.1992.
37 Brem. Bgsch., Gesetzentw. der CDU, Drs. 13/165 v. 3.6.1992.
38 LT BW, Gesetzentw. der FDP/DVP, Drs. 11/1554 v. 10.3.1993 u. Gesetzentw. der Grünen, Drs. 11/1605 v. 18.3.1993.
39 LT Thür., Gesetzentw. von Bündnis 90/Grüne, Drs. 1/2749 v. 20.10.1993.
40 Dtsch. BT, Gesetzentw. von CDU/CSU, SPD u. FDP, BT-Drs. 12/4756 v. 20.4.1993.
41 Henke, Das Recht der politischen Parteien, S. 145; Kretschmer, Fraktionen, S. 9 f.
42 In den Bundestag gelangten die ersten und zugleich letzten parteilosen Kandidaten im Jahre 1949. Auch bei den ersten Landtagswahlen in den fünf neuen Ländern wurden die Bewerber um die Mandate ausschließlich von den Parteien aufgestellt. Partei- und fraktionslos sind einige Landtagsmitglieder erst später durch Austritt geworden.
43 Bay. VerfGH, BayVBl. 1976, 431 (434).
44 Von Arnim, Fraktionsfinanzierung, S. 10.

Fraktionen nicht zum staatsorganschaftlichen Bereich zählen, rechtlich und finanziell scharf zwischen beiden zu trennen.[45] Die rechtsdogmatische Einordnung der Fraktion ist in der Literatur umstritten.[46] Die diversen widerstreitenden Deutungsversuche variieren zwischen nicht-rechtsfähigem[47] bzw. innenrechtsfähigem[48] Verein des Bürgerlichen Rechts, Organ[49] bzw. Organteil[50] des Parlaments, Teil der Partei,[51] öffentlich-rechtlicher Körperschaft[52] oder öffentlich-rechtlichem Verein.[53] Zwanglos paßt die Fraktion aber unter keines der angegebenen Rechtsinstitute oder Rechtskonstruktionen.[54] Demgemäß ist keine der Theorien von Kritik verschont geblieben.[55] Die Verfassungsgerichte scheinen mit ihren Bezeichnungen der Fraktionen als "Gliederungen" bzw. "Teile" der Parlamente[56] am ehesten der Klassifizierung als Organteile zuzuneigen.

45 Henke, Das Recht der politischen Parteien, S. 145 f.; von Arnim, Fraktionsfinanzierung, S. 9 f.; ders., Die Partei, S. 82 f.; ders., Haushaltsrechtliche Veranschlagung, S. 3 f.; Parteienfinanzierungskommission v. 1993 S. 33.
46 Vgl. zur Übersicht Bick, Die Ratsfraktion, S. 49-61; Mardini, Die Finanzierung der Parlamentsfraktionen, S. 80-101; Schönberger, Die Rechtsstellung der Parlamentsfraktionen, S. 177-184; Hagelstein, Die Rechtsstellung der Fraktionen im Deutschen Parlamentswesen, S. 93-107; jeweils m.w.N.; Kretschmer, Fraktionen, S. 39-46, ohne Nachweise.
47 Hahn, DVBl. 1974, 509 (510); Schäfer, Der Bundestag, S. 135.
48 Achterberg, Parlamentsrecht, S. 277 f.
49 Hauenschild, Wesen u. Rechtsnatur der parl. Fraktionen, S. 158-170.
50 Henke, Das Recht der politischen Parteien, S. 146; ; Versteyl in: v. Münch, GG, Art. 40 Rz. 16; Bick, Die Ratsfraktion, S. 60 f.
51 So z.B. Deneke, Das Parlament als Kollektiv, in: Kluxen (Hrsg.), Parlamentarismus, S. 272 (284); Eisermann, Gewerksch. Monatshefte 1953, 74 (74); Kirchheimer, AÖR 1953/54, 301 (318); Wildenmann, Partei und Fraktion, S. 158; Trautmann, Innerparteiliche Demokratie im Parteienstaat, S. 103 f. (unter Vorbehalt); Sasse, JZ 1961, 719 (724); bedingt auch Steiger, Organisatorische Grundlagen, S. 183; aber nicht Nowka, Das Machtverhältnis zwischen Partei und Fraktion in der SPD, S. 135 ff.
52 Steiger, Organisatorische Grundlagen des parlamentarischen Regierungssystems, S. 114-117 (differenzierend nach der Art der Zuständigkeit, daher auch Organteile); Zuleeg, Die Fraktionen in den kommunalen Vertretungskörperschaften, S. 145 (147); Hagelstein, Die Rechtsstellung der Fraktionen im Deutschen Parlamentswesen, S. 107-110. De lege ferenda für eine Gleichstellung mit den Körperschaften des Öffentlichen Rechts Ritzel/Bücker, Hdb. f.d. Parl. Prax., Vorbem. V zu § 10 GOBT.
53 Moecke, NJW 1965, 276 (278 f.) u. 567 (567); ihm folgend Mardini S. 100 f.
54 Kretschmer, Fraktionen, S. 46.
55 So auch Schönberger, Die Rechtsstellung der Parlamentsfraktionen, S. 184.
56 BVerfGE 10, 4 (14); 20, 56 (104); 43, 142 (147); 62, 194 (202); 70, 324 (350 f., 362 f.); 80, 188 (231); 84, 304 (322); Brem. StGH, Entsch. v. 13.7.1969, DÖV 1970, 639 (639 f.); Bay. VerfGH, Entsch. v. 30.4.1976, BayVBl. 1976, 431 (432, 434); Bay. VerfGHE 41, 42 (44 ff.).

Für die funktionale verfassungsrechtliche Stellung der Fraktionen in der Praxis, d.h. ihre Rechte im Parlament nach Verfassung und Geschäftsordnung des Parlaments, und auch für ihre prozessuale Stellung vor der Verfassungsgerichtsbarkeit dürfte jedoch eine exakte juristische Bestimmung ihrer Rechtsnatur entbehrlich sein.[57] Für den hier interessierenden Bereich der staatlichen Fraktionsfinanzierung sind jedenfalls zunächst die Definitionen in den neuen Verfassungsbestimmungen und Fraktionsgesetzen, die im Anschluß an das Bundesverfassungsgericht die Fraktionen als selbständige und unabhängige Gliederungen des Parlaments ansehen, ausreichend.

Verbleibende Schwierigkeiten bei der Betätigung der Fraktionen außerhalb des Verfassungs- und Parlamentsrechts, etwa bei der Teilnahme am allgemeinen Rechtsverkehr, können über die analoge Anwendung des § 54 BGB gelöst werden.[58] In den erwähnten Fraktionsgesetzen bzw. Gesetzentwürfen ist dieses Problem durch die Schaffung von Bestimmungen gelöst worden, wonach die Fraktionen am allgemeinen Rechtsverkehr teilnehmen und unter ihrem Namen klagen und verklagt werden können, ohne daß dadurch das jeweilige Parlament gebunden würde.[59] Einen anderen Weg geht der Gesetzentwurf der Fraktionen von CDU und SPD in Berlin.[60] Nach dessen § 2 IV sind die Fraktionen, "soweit sie am allgemeinen Rechtsverkehr teilnehmen, juristische Personen des Parlamentsrechts mit originärem Rechtscharakter. ... Ihre verfassungsrechtliche Stellung und ihre parlamentarischen Rechte und Pflichten ... werden hierdurch nicht berührt."

In Verfahren vor den Verfassungsgerichten sind die Fraktionen als Gliederungen und Teile des Parlaments parteifähig.[61] Vor dem Bundesverfassungsgericht kann eine Bundestagsfraktion im Organstreit nach Art. 93 I Nr. 1 GG die Verletzung oder unmittelbare Gefährdung von Rechten des ganzen Parlaments[62] oder ihrer eigenen, aus der Verfassung folgende Rechte geltend machen.[63] Im Landesorganstreitverfahren vor dem Bundesverfassungsgericht nach Art. 93 I Nr. 4 GG, das nur bei Fehlen eines entsprechenden Verfahrens vor dem Landesverfassungsgericht beschritten werden darf, hat

---

57 Ähnl. Stern, Staatsrecht I, S. 1027; Schönberger, Die Rechtsstellung der Parlamentsfraktionen, S. 184.
58 Hierzu Schönberger, Die Rechtsstellung der Parlamentsfraktionen, S. 185 ff.
59 Nach dem Formulierungsvorschlag der Konferenz der Parlamentspräsidenten zu § 1 IV.
60 Abgeordnetenhaus von Berlin, Drs. 12/1961.
61 Näheres bei Schönberger, Die Rechtsstellung der Parlamentsfraktionen, S. 138-161 (zu den alten Ländern u. dem Bund); Hagelstein, Die Rechtsstellung der Fraktionen im Dtsch. Parlamentswesen, S. 125-128.
62 Std. Rspr., vgl. BVerfGE 1, 351 (359); 2, 143 (165); 20, 56 (104); 45, 1 (28 f.); 67, 100 (125); 68, 1 (69).
63 BVerfGE 70, 324 (350 f.); 85, 353 (358 f.).

eine Landtagsfraktion die Möglichkeit, die Beeinträchtigung ihrer eigenen verfassungsmäßigen Rechte und Zuständigkeiten geltend zu machen.[64] In den neuen Ländern sehen die Verfassungen die Möglichkeit eines Landesorganstreits auf Antrag einer Landtagsfraktion vor.[65] Die Durchführung eines abstrakten Normenkontrollverfahrens ist hingegen nur in Thüringen auch auf Antrag einer Fraktion möglich,[66] ansonsten schreiben die Verfassungen der neuen Länder den Antrag eines Drittels,[67] Viertels[68] oder eines Fünftels[69] der Abgeordneten oder den Antrag der Regierung vor.

B. Erscheinungsbild der Fraktionsfinanzierung

I. Beiträge der Fraktionsmitglieder

Die Fraktionen finanzieren sie sich zu einem relativ geringen Teil selbst aus Spenden und aus Mitgliedsbeiträgen, die gemäß den Fraktionssatzungen zu zahlen sind.[70] Die Höhe der Mitgliedsbeiträge wurde lediglich von der CDU-Fraktion Sachsens mitgeteilt. Es handelt sich um 75 DM pro Abgeordnetem im Monat, d.h. bei 92 Fraktionsmitgliedern 82.800 DM im Jahr. Dies entspricht für 1991 einem Anteil an den Fraktionseinnahmen von 3 % und 1992 von 2,5 %.[71]

Die sogen. "Fraktionssteuern" sind - ebenso wie die "Parteisteuern", die die Abgeordneten an ihre Partei abzuführen haben - verfassungsrechtlich bedenklich, da die Abgeordnetenentschädigung, wie das Diätenurteil festgestellt hat, "anderen Zwecken als dem der Unterhaltssicherung, beispielsweise einer Mitfinanzierung der Fraktion oder politischen Partei oder der Beteiligung an Wahlkosten nicht" dienen darf.[72] Etwaige satzungsmäßige Beiträge der Abgeordneten an die Partei und die Fraktion dürfen demnach nicht bei der Bemessung der Entschädigung berücksichtigt werden, ja sie laufen geradezu dem unabhängigkeits- und unterhaltssichernden Sinn der Entschädigung

---

64 BVerfGE 85, 353 (358 f.).
65 Verf.: Art. 113 Nr. 1 Brdb., Art. 53 Nr. 1 MVp., Art. 81 I Nr. 1 Sachs., Art. 75 Nr. 1 SAnh., Art. 80 I Nr. 3 Thür.
66 Art. 80 I Nr. 4 Thür. Verf.
67 Art.53 Nr. 2 MVp. Verf.
68 Verf.: Art. 81 I Nr. 2 Sachs., Art. 75 Nr. 3 SAnh.
69 Art. 113 Nr. 2 Brdb. Verf.
70 Vgl. von Arnim, BK, Art. 48 Rz. 212; ders., Die Partei, S. 206 f.; Mardini, Die Finanzierung der Parlamentsfraktionen durch staatl. Mittel u. Beiträge der Abgeordneten, S. 23; Parteienfinanzierungskommission v. 1993 S. 33.
71 Interne Rechnungsprüfungsberichte der CDU-Fraktion Sachsens von 1991 und 1992.
72 BVerfGE 40, 296 (316).

zuwider.[73] Wegen des bestehenden faktischen politischen Drucks zur Leistung der Beiträge[74] können diese auch nicht wie freiwillige Zahlungen an beliebige private Vereine betrachtet werden.[75] Darüberhinaus ist die Staatsfinanzierung der Fraktionen derart hoch, daß sie für die Finanzierung der legitimen Bedürfnisse der Fraktionen ausreichen dürfte,[76] weswegen nicht einzusehen ist, daß zusätzlich noch die Abgeordneten zur Finanzierung mit herangezogen werden.[77]

Trotz der Problematik der Sonderbeiträge gibt es aber bisher nur in Niedersachsen ein Verbot von Sonderzahlungen der Abgeordneten.[78] Vorgesehen ist ein derartiges Verbot sonst lediglich im Entwurf der baden-württembergischen Fraktion der Grünen für ein Fraktionsgesetz.[79]

II. Höhe der Fraktionsfinanzierung

Die Fraktionen werden in Deutschland fast völlig aus staatlichen Mitteln der Parlamentshaushalte finanziert.[80] Die Festlegung der Höhe der Zahlungen erfolgt nach einem Voranschlag des Präsidenten, des Präsidiums oder in Sachsen-Anhalt des (mit Präsidiumsfunktionen ausgestatteten) Ältestenrats[81] und einer anschließenden Beschlußempfehlung des Ausschusses für Haushalt und Finanzen durch den Landtag. Die Zahlungen sind zu unterteilen in direkt benannte "Zuschüsse" und weitere Leistungen an die Fraktionen in Geld und in Sachform, die nicht direkt als solche benannt werden.

---

73 Von Arnim, Die Partei, S. 208 f.; s. schon Klatt, ZParl 1976, 61 (64).
74 Vgl. Klatt, ZParl 1976, 61 (64); von Arnim, BK, Art. 48 Rz. 215; ders., DÖV 1983, 154; ders., die Partei, S. 207-211; Mardini, a.a.O., S. 193 f. Auch die Parteienfinanzierungskommission v. 1983, S. 188, äußerte sich deshalb gegen die Sonderbeiträge.
75 So aber im Anschluß an Henkel, DÖV 1977, 350 (354) das BVerfG, DÖV 1983, 153; ebenso Jekewitz, ZParl 1984, 14 (23).
76 Vgl. Parteienfinanzierungskommission v. 1993 S. 33 f., 36.
77 H. Meyer, Stellungnahme Hess. FraktionsG-Entw., S. 6.; siehe schon Eschenburg, Der Sold des Politikers, S. 82.
78 § 27 II AbgG Nds.: "Abgeordnete dürfen niemandem Zuwendungen mit Rücksicht auf das Mandat machen."
79 LT BW, Drs. 11/1605, § 2 V: "Die Fraktionen dürfen über die Leistungen" nach diesem Gesetz "hinaus keine weiteren Mittel aus öffentlichen Kassen oder aus Zuwendungen privater oder juristischer Personen erhalten."
80 Von Arnim, Die Partei, S. 206 f., und Mardini, Die Finanzierung der Parlamentsfraktionen, S. 23, nennen eine Staatsquote von 90 - 95 %. Die CDU-Fraktion Sachsens etwa wird zu knapp 96 % staatlich finanziert (Interne Rechnungsprüfungsberichte von 1991 und 1992).
81 GO: Brdb. § 13 II, MVp. § 4 IV, Sachs. § 8 II, SAnh. §§ 4 III, 9 II, Thür. § 5 II.

1. Direkt benannte "Fraktionszuschüsse"[82]

Die monatlich ausgezahlten "Zuschüsse" an die Fraktionen setzen sich zusammen aus einem Grundbetrag von 50.000-72.917 DM je Fraktion,[83] einem Zuschlag von 2.100-3.855 DM pro Mitglied der Fraktion (Mitgliedsod. Kopfbetrag)[84] und einem zusätzlichen Bonus für die Oppositionsfraktionen in Höhe von 25% des Grundbetrags bzw. des Mitgliederbetrags (Sachsen-Anhalt). Daraus ergeben sich je Land für 1993 insgesamt 6,045-10.048 Millionen DM[85] als im Haushaltsplan des Landtags ausgewiesene "Fraktionszuschüsse."

a) Brandenburg

In Brandenburg waren für 1991 zunächst "Zuschüsse" für die fünf Fraktionen in Höhe von insges. 5.082.000 DM vorgesehen bei einem monatlichen Grundbetrag von 45.000 DM und einem monatlichen Mitgliedsbetrag von 2000 DM. Diese Beträge wurden jedoch wegen der Einführung des BAT-Ost um 9,62% erhöht, so daß sich schließlich ein Gesamtbetrag von

---

82 Dazu, daß der Begriff "Zuschüsse" unzutreffend ist, siehe C. VIII.
83 Monatl. Grundbetrag je Fraktion 1993:
  Brdb.   68.020 DM
  MVp.   72.992 DM
  Sachs.   57.800 DM
  SAnh.   50.000 DM
  Thür.   57.400 DM
84 Monatl. Kopfbetrag je Fraktionsmitglied 1993:
  Brdb.   3.022 DM
  MVp.   3.855 DM
  Sachs.   2.100 DM
  SAnh.   3.000 DM
  Thür.   2.100 DM
85 Jährl. ausgewiesene "Fraktionszuschüsse" 1993:
  Brdb.   7,681 Mio. DM
  MVp.   6,779 Mio. DM
  Sachs.   8,480 Mio. DM + 1,568 Mio. DM
           für die Wahrnehmung von Fraktionsfunktionen u. teilw. Kostenerstattung für Fraktionsmitarbeiter = 10,0484 Mio. DM insges.
  SAnh.   7,794 Mio. DM
  Thür.   6,045 Mio. DM

5.570.500 DM für 1991 ergab.[86] 1992 sollte erst nur eine Erhöhung um 5,74% auf insges. 5.890.400 DM stattfinden durch Anheben des Grundbetrags auf 52.163 DM und des Mitgliedsbetrags auf 2.318 DM.[87] Es kamen aber noch "für gesetzliche und tarifrechtliche Erhöhungen" der Gehälter der Fraktionsmitarbeiter 533.000 DM hinzu, so daß der letzte Ansatz für 1992 bei 6.706.400 DM lag.[88] Für das Jahr 1993 wurden der Grundbetrag auf 68.020 DM und der Mitgliedsbetrag auf 3.022 DM erhöht, was seinen Grund in den Erhöhungen der Tarife der Fraktionsangestellten haben dürfte.[89]

b) Mecklenburg-Vorpommern

In Mecklenburg-Vorpommern lag der Grundbetrag laut Auskunft der Landtagsverwaltung in den Jahren 1991 und 1992 bei 72.992 DM monatlich, der Mitgliedsbetrag bei 2.676 DM. Das ergab jährlich "Fraktionszuschüsse" von insgesamt je 6.030.000 DM, die im Haushaltsplan des Landtags nicht näher aufgeschlüsselt oder erläutert sind.[90] Für 1993 sind die Zahlungen durch Erhöhung des Mitgliedsbetrags auf 3.855 DM angehoben worden auf einen Ansatz von 6.779.000 DM.[91]

c) Sachsen

Sachsen zahlte den Fraktionen 1990 laut Auskunft der Landtagsverwaltung "Arbeitskostenzuschüsse" ohne gesonderte Differenzierung in Höhe von insges. 374.600 DM. 1991 erhielten die fünf Fraktionen "Zuschüsse" in Höhe von 6.526.000 DM, 1992 9.306.100 DM, für 1993 sind 10.048.400 DM vorgesehen.[92] In diesen Beträgen sind allerdings auch Zahlungen für zusätzliche Aufwandsentschädigungen für Fraktionsfunktionen, eine teilweise Mitarbeiterkostenerstattung und 1991 ein Zuschuß für die Herstellung der technischen Arbeitsfähigkeit der Fraktionen enthalten.[93] Errechnet man den

---

86 Vgl. Beschlußempfehlung und Bericht des Ausschusses für Haushalt u. Finanzen, LT-Drs. 1/301 v. 17.6.1991, S. 6, Anlage 2 u. 10, Erläut. zu Titel 684.10. Haushpl. Brdb. 1991 u. 1993, Einzelpl. 01, Titel 684.10.
87 Entw. Haushpl. Brdb. 1992, Einzelpl. 01, Titel 684.10.
88 Haushpl. Brdb. 1992 u. 1993, Einzelpl. 01, Titel 684.10.
89 Vgl. Haushpl. Brdb. 1993, Einzelpl. 01, Titel 684.10 m. Erläut.
90 Haushpl. MVp. 1991 u. 1992, Einzelpl. 01, Titel 684.01.
91 Haushpl. MVp. 1993, Einzelpl. 01, Titel 684.01.
92 Haushpl. Sachs. 1991 u. 1992, Einzelpl. 01, Titel 684.01, Entwurf 1993, Titel 684.03 u. 684.04.
93 Siehe zu diesen Posten unten 4.

eigentlichen "Fraktionszuschuß" nach Grundbetrag, Mitgliedsbetrag und Oppositionszuschlag, so kommt man auf 6.015.900 DM für 1991, 7.440.000 DM für 1992 und 8.316.000 DM für 1993.
Die Erhöhung des Gesamtbetrages von 6,69 auf 9,3 Mio. DM im Jahre 1992 beruht zum einen darauf, daß der Sockelbetrag von 25.000 DM auf 50.000 DM, der Mitgliedsbetrag von 1.700 DM auf 2.000 DM und der Oppositionszuschlag von 5.375 DM auf 12.500 DM erhöht wurde. Erklärung für die immense Steigerung: "wegen notwendiger Anpassung der Personalkosten der Fraktionen an die tarifliche Entwicklung des öffentlichen Dienstes sowie zur Sicherung der Arbeitsfähigkeit der Fraktionen."[94] Weiterer Grund für die Erhöhung ist, daß 1992 erstmalig die Bezüge für die fünf Fraktionsgeschäftsführer in Höhe von insges. jährlich 540.000 DM, die vorher beim Personal des Landtags veranschlagt waren, zu den "Fraktionszuschüssen" hinzugekommen sind.[95]
Für die im Jahre 1993 folgende Erhöhung des Grundbetrages von 50.000 auf 57.800 DM, des Mitgliedsbetrages von 2.000 auf 2.100 DM und des Oppositionszuschlags von 12.500 auf 17.000 DM findet sich keine Begründung im Haushaltsplan.

d) Sachsen-Anhalt

In Sachsen-Anhalt betrugen die "Fraktionskostenzuschüsse" nach dem Haushaltsplan im Jahre 1990 1.453.000 DM, 1991 und 1992 je 7.212.000 DM.[96] Die Erhöhung auf 7.794.000 DM als Ansatz für 1993 ist im Haushaltsplan nicht erläutert.[97]

e) Thüringen

In Thüringen betrugen die "Fraktionszuschüsse" 1990/91 insgesamt 6.013.500 DM, 1991 alleine 5.586.000 DM.[98] Zum 1.3.1992 ist der Grundbetrag durch eine Änderung des Abgeordnetengesetzes von 50.000 DM auf 57.000 DM hochgesetzt worden, womit sich automatisch auch der Oppositionsbonus prozentual erhöhte.[99] Der Gesamtbetrag umfaßte 1992 5.964.500 DM. Für

---

[94] Haushpl. Sachs. 1992, Erläut. zu Titel 684.01.
[95] Ebenda, Erläut. zu Titel 684.01; Auskunft der Landtagsverwaltung Sachsens an die Parteienfinanzierungskommission v. 1993.
[96] Haushpl. SAnh. 1991, Einzelpl. 01, Titel 685.01, 1992 Titel 684.02.
[97] Haushpl. SAnh. 1993, Einzelpl. 01, Titel 684.02.
[98] Haushpl. Thür. 1991, Einzelpl. 01, Titel 684.01.
[99] Erstes Gesetz zur Änderung des AbgG Thür. v. 6.4.1992, GVBl. S. 99. S.a. Haushpl. Thür. 1992, Einzelpl. 01, Kap. 0101, Titel 684.01.

1993 wurden die "Zuschüsse an die Fraktionen" durch das Haushaltsgesetz 1993, welches das Abgeordnetengesetz änderte, auf insgesamt 6.127.800 DM angehoben. Dabei hat sich der Grundbetrag auf 57.400 DM und der Kopfbetrag auf 2.100 DM erhöht.[100]

f) Vergleich mit westdeutschen Ländern

Mit ihren Zahlungen an die Landtagsfraktionen von 5,9-9,3 Mio. DM im Jahre 1992 befanden sich die ostdeutschen Länder durchaus auf westlichem Niveau, etwa der Länder Baden-Württemberg, Bremen, Hamburg, Hessen, und Rheinland-Pfalz. Nur Sachsen reichte mit 9,3 Mio. DM annähernd an das höhere Nieau von Bayern, Berlin, Niedersachsen und Nordrhein-Westfalen mit 10,3 - 13,15 Mio. DM heran. Noch deutlich unter den neuen Ländern lagen 1992 das Saarland (4,2 Mio. DM) und Schleswig-Holstein (4,6 Mio. DM).[101] Der Durchschnitt der neuen Länder lag 1992 bei 7,04 Mio. DM gegenüber durchschnittlich 8,1 Mio. DM der alten Länder. 1993 beträgt die durchschnittliche Höhe der Zahlungen an die Fraktionen in Ostdeutschland 7,68 Mio. DM, in Westdeutschland 8,3 Mio. DM. Die Relation ist also ungefähr die gleiche geblieben.

2. Zusätzliche Aufwandsentschädigung aus den Fraktionsmitteln für Fraktionsfunktionen in Sachsen

In Sachsen erhalten die Fraktionen Mittel aus dem Landtagshaushalt für zusätzliche Aufwandsentschädigungen für die Ausübung von Fraktionsfunktionen wie Fraktionsvorsitzende, deren Stellvertreter, Parlamentarische Geschäftsführer, Schatzmeister und Arbeitskreisvorsitzende. Damit werden 55 Funktionen bei insgesamt 160 Abgeordneten zusätzlich dotiert.[102] Die rechtliche Grundlage ist § 6 VI S. 3 AbgG, die Kosten dafür (1993: 1.078.400 DM) finden sich unter dem Haushaltstitel "Fraktionszuschüsse".[103] Die Fraktionsvorsitzenden erhalten außerdem nach § 6 VI S. 1 AbgG eine weitere Amtsaufwandsentschädigung.

---

100 HaushG Thür. 1993 v. 9.3.1993, GVBl. S. 201; s.a. Haushpl. Thür. 1993, Einzelpl. 01, Titel 684.01 mit Erläuterungen.
101 Soll-Zahlen nach den Haushaltsplänen der Länder.
102 Haushpl. Sachs. 1993, Einzelpl. 01, Titel 68404 mit Erläuterungen.
103 Ebenda.

Die verfassungsrechtliche Problematik dieser personenbezogenen Fraktionsfinanzierung wurde wegen ihrer Nähe zu den Funktionszulagen nach den Abgeordnetengesetzen schon im 2. Teil C. näher erörtert.

3. Weitere geldwerte Leistungen

In *Brandenburg* werden die Vergütungen für Fraktionsmitarbeiter nicht vom Landtag getragen, sondern sind von den Fraktionen aus den Fraktionszuschüssen zu bestreiten. Die von den Fraktionen genutzten Räume des Landtags wurden für 2.277.500 DM mit Möbeln und Einrichtungsgegenständen ausgestattet. Im Jahre 1990 erhielten die Fraktionen zusätzliche Mittel in Höhe von 93.171 DM zur Anschaffung von technischen Gegenständen.[104]

Aus *Mecklenburg-Vorpommern* sind keine weiteren geldwerten Leistungen an die Fraktionen bekannt und auch nicht aus dem Haushaltsplan ersichtlich.

In *Sachsen* werden im Rahmen einer Partnerschaft mit dem Baden-Württembergischen Landtag bis 1994 die Fraktionsmitarbeiter von dort gestellt. Mangels einer entsprechenden Partnerschaft bei der LL/PDS werden zwei Fraktionsmitarbeiter für diese Fraktion vom Sächsischen Landtag bezahlt. Kosten für 1991 und 1992: insges. 164.400 DM pro Jahr. Der diesbezügliche Haushaltsposten findet sich bei den "Fraktionszuschüssen". Die Fraktionsgeschäftsführer (Vergütungsgruppe BAT-Ost Ia) waren 1990 und 1991 bei der Landtagsverwaltung angestellt. Seit 1992 sind sie bei den Fraktionen angestellt, bezahlt in der Regel nach der Besoldungsgruppe B3. Die "Fraktionszuschüsse" wurden dementsprechend um 540.000 DM jährlich erhöht.[105] An Personal ist außerdem jeweils ein personengebundener Kraftfahrer für die Fraktionsvorsitzenden bei der Landtagsverwaltung angestellt (außer bei der FDP). Die personengebundenen Kraftfahrzeuge für die Fraktionsvorsitzenden, Wert insgesamt ca. 160.600 DM, wurden den Fraktionen übereignet. Darüberhinaus wurde auch die Ausstattung der Fraktionsräume mit Möbeln und technischen Mitteln mit ca. 320.000 DM aus Verwaltungsmitteln und mit ca. 675.000 DM aus zweckgebundenen "Zuschüs-

---

104 Angaben gemäß Auskunft der Landtagsverwaltung Brandenburgs an die Parteienfinanzierungskommission v. 1993.
105 Haushpl. Sachs. 1991 u. 1992, Einzelpl. 01, Kap. 0101, Erläut. zu Titel 684.01.

sen" an die Fraktionen finanziert. Schließlich zahlt die Landtagsverwaltung Telefon-, Telefax- und Telegrammgebühren der Fraktionen.[106]

In *Sachsen-Anhalt* müssen mit den "Zuschüssen" auch die Personalkosten der Fraktionen gedeckt werden. Zusätzlich zu den "Zuschüssen" gab es 1991 65.000 DM "für die Anschaffung von neun weiteren Personal-Computer-Systemen für die Fraktionen als Grundausstattung."[107] Außerdem erhalten die Fraktionen Sachleistungen wie Grundausstattung der Räume mit Möbeln, Personal-Computer, Pkw für Fraktionsvorsitzende, kostenlose Telekommunikation und Gebäudereinigung.[108]

In *Thüringen* werden den Fraktionen zur personellen Unterstützung Referenten zugeordnet, die vom Landtag bezahlt werden. Ihre Anzahl wird vom Ältestenrat festgelegt und richtet sich nach der Anzahl der Mitglieder der Fraktion. Die Vergütung der 25 Stellen erfolgt nach BAT-Ost. Es entfallen auf die Vergütungsgruppe BAT-Ost I 5 Stellen, Ia 7 Stellen, Ib 8 Stellen und IIa 5 Stellen.[109] 1991 machte das 30.960 DM im Monat, im Jahr 774.000 DM. Für 1992 ist die Höhe der Vergütungen für die 25 Stellen nicht mehr im Haushaltsplan ausgewiesen, nachlesen kann man nur die laufenden Zahlungen für alle vom Landtag bezahlten Angestellten mit 3.213.700 DM.[110] Da hierfür 1991 2.533.536 DM ausgewiesen waren, 27% weniger als 1992, ist anzunehmen, daß auch die Gehälter der Fraktionsreferenten dementsprechend gestiegen sind. Kritikwürdig ist jedenfalls, so auch die Fraktion NF/Grüne/DJ,[111] daß die Planstellen und Kosten für die Fraktionsreferenten sich unter einem ganz anderen Titel finden als die "Fraktionszuschüsse". Den Fraktionen werden auch Kraftfahrer zugeordnet, die die landeseigenen, den Fraktionen zur Verfügung gestellten Fahrzeuge fahren. Die Mittel hierfür werden vom Landtag aufgebracht und unter dem Titel 01/426.01, Löhne der Arbeiter, in den Haushalt eingestellt. Ob hierunter der Gesamtposten für Arbeiterlöhne (laufende Zahlungen 1991: 510.089 DM, 1992: 695.100 DM) fällt, bzw. welcher Anteil die Fraktionsfahrer umfaßt, ist nicht ersichtlich.

---

106 Angaben gemäß Auskunft der Landtagsverwaltung Sachsens an die Parteienfinanzierungskommission v. 1993.
107 Haushpl. SAnh. 1991, Einzelpl. 01, Titel 685.01-7 mit Erläuterungen und Nachtrag.
108 Angaben nach Auskunft der Landtagsverwaltung Sachsen-Anhalts an die Parteienfinanzierungskommission v. 1993.
109 Angaben nach Auskunft der Landtagsverwaltung Thüringens an die Parteienfinanzierungskommission v. 1993.
110 Haushpl. Thür. 1991 u. 1992, Einzelpl. 01, Titel 425.01 m. Erläut.
111 Thür. LT, Ergebnisprotokoll des Haush.- u. Finanzaussch. v. 10.12.1991, Diskussionspapier Anlage 2.

Schließlich werden die Thüringer Fraktionen auch durch Sachmittel unterstützt. Der Landtag übernimmt die Betriebskosten für die Haltung der den Fraktionen zur Verfügung gestellten Kraftfahrzeuge, wie Betriebsstoffe, sonstige Aufwendungen und Ersatzbeschaffung. In den Haushaltstiteln 01/514.01 und 514.02 ist allerdings wiederum der Fraktionsanteil der Kosten nicht zu erkennen. Die Fraktionsgeschäftsstellen wurden bei der Erstausstattung mit Mobiliar und Einrichtungsgegenständen unterstützt. Hierfür wurde aus dem Landtagshaushalt je Fraktion ein Grundbetrag von 40.000 DM zuzüglich 1.000 DM je Abgeordnetem bereitgestellt. Die damit bezahlten Gegenstände verblieben im Eigentum des Landtags. Darüberhinaus erfolgte die Finanzierung von Kommunikations- und technischen Mitteln. Es erhielt jede Fraktionsgeschäftsstelle ein Fernsehgerät mit Videorecorder, ein textverarbeitendes Computersystem und ein Telefaxgerät, wobei die laufenden Gebühren vom Landtag getragen werden. Auch können die von dpa übermittelten Informationen kostenlos genutzt werden und die Telefongebühren zahlt ebenfalls der Landtag. Schließlich werden den Fraktionen Räume des Landtags zur Nutzung überlassen, ohne daß hierfür auch nur Energie- und Hauswirtschaftskosten getragen werden müßten.[112]

4. Kritische Anmerkungen[113]

Auffallend ist zunächst die recht unterschiedliche Höhe weniger der absoluten Zahlen der Fraktionsmittel, die auch von der Größe und der Anzahl der Fraktionen abhängen, sondern der Grundbeträge und der Mitgliedsbeträge. Erhebliche Differenzen liegen etwa bei dem Grundbetrag zwischen einerseits 50.000 DM in Sachsen-Anhalt und andererseits 72.992 DM in Mecklenburg-Vorpommern. Auch der Mitgliedsbeitrag differiert erheblich zwischen 2.100 DM in Thüringen und Sachsen einerseits und 3.855 DM in Mecklenburg-Vorpommern. Dies führt zu der Frage, ob denn die Voraussetzungen für die Arbeit der Fraktionen in den einzelnen ostdeutschen Ländern wirklich so unterschiedlich sind, daß Unterschiede in diesen finanziellen Größenordnungen gerechtfertigt und hinzunehmen sind.

In diesem Zusammenhang ist zu bemängeln, daß der von den staatlichen Mitteln abzudeckende Bedarf der Fraktionen nicht öffentlich begründet worden ist. Auch die Erhöhungen der Zahlungen wurden in den Haushaltsplänen

---

112 Auskunft der Landtagsverwaltung Thüringens an die Parteienfinanzierungskommission v. 1993.
113 Eingehendere Kritik unter C.

meistens gar nicht oder aber nur mit dem Hinweis auf die entprechend den BAT-Tarifen steigenden Gehälter der Fraktionsangestellten begründet.

Anzumerken ist weiterhin, daß die vom Landtag bezahlten Vergütungen des Fraktionspersonals zu den direkt so benannten "Fraktionszuschüssen" hinzugezählt werden müssen, denn auch hierbei handelt es sich um staatliche Leistungen an die Fraktionen und in dieser Höhe sparen die Fraktionen eigene Aufwendungen. Gleiches gilt für die weiteren Zahlungen für Fraktionszwecke und die sonstigen Sach- und Dienstleistungen an die Fraktionen wie etwa die Bereitstellung von Räumen, deren Ausstattung, von technischen Einrichtungen u.ä.[114]

II. Rechtsgrundlagen der Fraktionsfinanzierung

1. Bloße Einstellung in den Haushaltsplan in Sachsen

In Sachsen finden sich im Abgeordnetengesetz keine Regelungen über die "Fraktionszuschüsse". Erst im Haushaltsplan findet sich ein Posten "Zuschüsse an die Fraktionen des Landtags."[115]

2. Verfassungsmäßige und gesetzliche Regelung dem Grunde nach in Brandenburg, Mecklenburg-Vorpommern und Sachsen-Anhalt

In Brandenburg, Mecklenburg-Vorpommern und Sachsen-Anhalt statuieren die Verfassungen einen Anspruch der Fraktionen auf "angemessene Ausstattung". Das Nähere sollen Gesetze regeln.[116] Der nach den Verfassungsbestimmungen im Zusammenhang mit den verfassungsmäßigen und geschäftsordnungsrechtlichen Aufgaben der Fraktionen zu verstehende Begriff der angemessenen Ausstattung umfaßt auch die Gewährung von finanziellen Mitteln.

Die Abgeordnetengesetze bestimmen allerdings nur dem Grunde nach, daß die Fraktionen "zur Durchführung ihrer Aufgaben" "Zuschüsse" erhalten.[117]

---

114 Vgl. von Arnim, Fraktionsfinanzierung, S. 18 f.
115 Haushaltspl. Sachs. 1991 u. 1992, Einzelplan 01, Titel 684 01.
116 Art. 67 I S. 3 Brdb. Verf., Art. 25 II S. 3 MVp. Verf., Art. 47 II S. 3 SAnh. Verf. Wortlaut siehe oben A. I.
117 AbgG: Brdb. § 28 (vor Verabschiedung des FraktionsG); MVp. § 48 (vor 3. ÄndG), neu § 51; SAnh. § 47.

Die tatsächliche Höhe der "Zuschüsse" ergibt sich erst aus den Haushaltsplänen, hier bei den Einzelplänen des Landtags.
Ähnlich verhält es sich mit den Regelungen von § 3 I FraktionsG SAnh., § 3 I FraktionsG Brdb. und dem neuen § 51 I, III AbgG MVp. Darin ist zwar bestimmt, daß die monatlichen "Zuschüsse" sich aus Grundbetrag, Mitgliedsbetrag und Oppositionszuschlag zusammensetzen, die Festlegung der Höhe bleibt aber auch hier dem Haushaltsplan überlassen.

3. Gesetzliche Regelung nach Grund und Betrag in Thüringen

Thüringen ist das einzige ostdeutsche Land, das im Abgeordnetengesetz (§ 41) nicht nur festgelegt hat, daß die Fraktionen zur Durchführung ihrer Aufgaben Geld- und Sachleistungen sowie personelle Unterstützung erhalten, sondern dort auch die konkreten Beträge zumindest der Geldleistungen nennt.

C. Verfassungsrechtliche Anforderungen der Fraktionsfinanzierung und ihre Einhaltung in den neuen Ländern

I. Zulässigkeit der staatlichen Fraktionsfinanzierung

Fraktionen dürfen nach der Rechtsprechung des Bundesverfassungsgerichts voll "mit staatlichen Zuschüssen finanziert werden, weil sie als ständige Gliederungen des Bundestags der organisierten Staatlichkeit eingefügt sind."[118] Dies gilt wegen der gleichartigen Stellung der Landtagsfraktionen[119] auch für die Länder. Demgemäß bezeichnen auch die Verfassungen Berlins, Brandenburgs, Mecklenburg-Vorpommerns und Sachsen-Anhalts die Fraktionen ausdrücklich als Gliederungen des Parlaments.[120]
Die Zulässigkeit der staatlichen Fraktionsfinanzierung folgt somit aus der Stellung der Fraktionen innerhalb der Staatsorganisation.

---

118 BVerfGE 20, 56 (104); 62, 194 (202); BVerfG DÖV 1983, 153 (153 f.); BVerfGE 80, 188 (231).
119 Vgl. BVerfGE 62, 194 (202).
120 Berl. Verf. Art. 27 II, Brdb. Verf. Art. 67 I, MVp. Verf. Art. 25 II, SAnh. Verf. Art. 47 I.

Im Gegensatz zu den Fraktionen zählen die Parteien nicht zum staatsorganschaftlichen Bereich.[121] Bei ihnen erlaubt der verfassungsrechtliche Grundsatz der Staatsfreiheit nur eine Teilfinanzierung mit gewissen materiellen Grenzen.[122] Die Staatsfreiheit der Parteien untersagt, so das neue Parteienfinanzierungsurteil des Bundesverfassungsgerichts vom 9.4.1992, "eine Einflußnahme des Staates auf die Willensbildung in den Parteien und damit auf den Prozeß der politischen Willensbildung insgesamt." Dies erfordere "nicht nur die Gewährleistung ihrer Unabhängigkeit vom Staat, sondern auch, daß die Parteien sich ihren Charakter als frei gebildete, im gesellschaftlich-politischen Bereich wurzelnde Gruppen bewahren. Die Parteien müssen nicht nur politisch, sondern auch wirtschaftlich und organisatorisch auf die Zustimmung der Bürger angewiesen bleiben."[123]

II. Zweckbindung der "Zuschüsse" an die Aufgaben der Fraktion

Den Fraktionen dürfen nicht "Zuschüsse" in einer Höhe bewilligt werden, die durch ihre Bedürfnisse nicht gerechtfertigt wären und eine verschleierte Parteienfinanzierung enthielten.[124] Grund ist, daß von der Allgemeinheit erbrachte finanzielle Mittel dem Staat zur Verwendung für das gemeine Wohl anvertraut sind und daher eine Verwendung zugunsten oder zu Lasten von Parteien in parteigreifender Weise unzulässig ist. Dies beeinträchtigte den offenen demokratischen Willensbildungsprozeß und verletzte das Recht der Parteien und Wahlbewerber auf gleiche Wettbewerbschancen.[125] Deswegen sind die Bedürfnisse der Fraktionen objektiv an ihren Aufgaben auszurichten.[126] So hat das Bundesverfassungsgericht 1989 im "Wüppesahl-Urteil" klargestellt, die "Fraktionszuschüsse" dürften "ausschließlich der Finanzierung von Tätigkeiten des Bundestags (dienen), die den Fraktionen nach Verfassung und Geschäftsordnung obliegen." Die "Zuschüsse" seien für die Finanzierung ihrer "der Koordination dienenden Parlamentsarbeit bestimmt und insoweit zweckgebunden."[127]

---

121 Vgl. von Arnim, Fraktionsfinanzierung, S. 39; Henke, Das Recht der politischen Parteien, S. 146.
122 Vgl. schon BVerfGE 20, 56 (113); 24, 300 (338 ff.).
123 BVerGE 85, 264 (287) = DVBl. 1992, 764 (765); hierzu Landfried, ZParl 1992, 439 (445 ff.); Parteienfinanzierungskommission v. 1993 S. 20-31.
124 BVerfGE 20, 56 (104 f.).
125 Vgl. BVerfGE 44, 125 (143 f.); 62, 194 (202); BVerfG, DÖV 1983, 153 (154).
126 Von Arnim, Fraktionsfinanzierung, S. 39; s.a. BVerfG, DÖV 1983, 153 (153 f.).
127 BVerfGE 80, 188 (231). Siehe oben A. I. 2.

Die Verfassungen Brandenburgs (Art. 67 I) und Sachsen-Anhalts (Art. 47 II) gewähren den Fraktionen einen Anspruch auf angemessene Ausstattung zur Mitwirkung an der Arbeit des Landtags und Unterstützung der parlamentarischen Willensbildung.[128] Diese Verknüpfung des unbestimmten Rechtsbegriffes der Angemessenheit der Ausstattung mit den genannten parlamentarischen Aufgaben bedeutet ebenfalls eine Zweckbindung der finanziellen (und sonstigen) Ausstattung an die legitimen Aufgaben der Fraktionen. Mecklenburg-Vorpommerns Verfassung hat in Art. 25 II S. 3 zwar dem Wortlaut nach keine Zweckbindung der Fraktionsmittel vorgeschrieben. Eine solche ist aber aus dem systematischen Zusammenhang zu den im Satz 2 genannten Tätigkeiten der Fraktionen zu schließen. Im übrigen dürfte die Zweckbindung der Fraktionsmittel an die legitimen Fraktionsaufgaben, auch bei Fehlen entsprechender Landesverfassungsbestimmungen, aus dem über Art. 28 I GG für die Länder geltenden Grundsätzen des Demokratieprinzips, hier dem Grundsatz der Staatsfreiheit der Parteien und dem gleichen Abgeordnetenstatus, folgen.

Die Fraktionsgesetze Sachsen-Anhalts und Brandenburgs sowie die Bestimmungen im Thüringer Abgeordnetengesetz und im neuen Abgeordnetengesetz Mecklenburg-Vorpommerns sehen ebenfalls die Zweckbindung der Fraktionsmittel an die legitimen Aufgaben der Fraktionen vor.[129]

1. Abgrenzung zur indirekten Parteienfinanzierung und zur Amtsausstattung des Abgeordneten

Die staatlichen Fraktionszahlungen dürfen nicht für Zwecke der Partei, wie etwa die Verbesserung ihrer Wettbewerbschancen z.B. durch Werbung im Wahlkampf, ausgegeben werden und so gegen den Grundsatz der Chancengleichheit der Parteien und das Verbot der verdeckten Parteienfinanzierung verstoßen.[130] Deswegen erscheint es ausgeschlossen, im Hinblick auf den faktischen doppelten Bezug der Fraktion einerseits zum Parlament und andererseits zur politischen Mutterpartei einen Teil von ca. 10% der staatlichen

---

128 Wortlaut siehe oben A. I. 3.
129 § 2 FraktionsG SAnh., § 4 I FraktionsG Brdb., § 41 I AbgG Thür., § 51 I, II AbgG MVp. i.d.F. des 3. ÄnderungsG.
130 Von Arnim, Fraktionsfinanzierung, S. 39 f.; s.a. BVerfG, DÖV 1983, 153 (154) mit krit. Anm. von Arnim, S. 155 f.; vgl. ferner Heuer, Kontrollauftrag gegenüber Fraktionen, S. 111.

Mittel aus der Zweckbindung zu lösen und für parteipolitische Fraktionsarbeit freizugeben.[131]

Die aus öffentlichen Mitteln finanzierte Fraktionstätigkeit darf sich auch nicht auf den Bereich erstrecken, für die die Abgeordneten ihre Amtsausstattung incl. Mitarbeiterfinanzierung erhalten. Fraktionslose Abgeordnete haben als solche keinen Koordinationsbedarf und erhalten deswegen außer ihrer Entschädigung keine weiteren Staatsmittel. Wegen des verfassungsmäßig gleichen Abgeordnetenstatus dürfen sie aber darüberhinaus gegenüber den fraktionsangehörigen Abgeordneten nicht benachteiligt werden.[132] Zur Abgrenzung ließe sich darauf abstellen, daß sich aus der Koordinationsfunktion der "Fraktionszuschüsse" ergeben muß, dem fraktionslosen Abgeordneten könnten vergleichbare Aufwendungen überhaupt nicht entstehen.[133] Von daher ist die Zweckbestimmung der "Fraktionszuschüsse" für die parlamentsinternen Koordinationsaufgaben eng zu verstehen.[134]

2. Problematische Bereiche der Fraktionstätigkeit

Im Hinblick auf die Kriterien zur Zulässigkeit der staatsfinanzierbaren Koordinations-, Steuerungs- und Abstimmungsarbeit der Fraktionen sind mehrere problematische Bereiche der Fraktionstätigkeiten hervorzuheben.[135]

a) Maßnahmen für Zwecke der Parteien

Hierunter fallen vor allem Aktivitäten der Fraktionen wie Sympathiewerbung für die jeweilige Mutterpartei, Wahlkampfmaßnahmen, die Unterstützung von Parteiveranstaltungen, die unentgeltliche Zurverfügungstellung von Personal, Räumen und anderen Sachmitteln an die Partei sowie die kostenlose Nutzung fachlichen Sachverstands der Fraktionen durch die Partei.[136]

Das Bundesverfassungsgericht hat den Fraktionen als Teilen eines Staatsorgans die Verwendung von staatlichen Mitteln zur Finanzierung des Wahlkampfs und anderer Werbung für die jeweilige Partei ausdrücklich aus ver-

---

131 So aber Mardini, Die Finanzierung der Parlamentsfraktionen, S. 109 ff. u. 116.
132 BVerfGE 80, 188 (231 f.).
133 Vgl. Kürschner, Die Statusrechte des fraktionslosen Abgeordneten, S. 104 ff.; Ziekow, JuS 1991, 28 (34); von Arnim, Haushaltsrechtliche Veranschlagung, S. 18.
134 Von Arnim, Die Partei, S. 87; ders., Haushaltsrechtliche Veranschlagung, S. 18; U. Müller, NJW 1990, 2046 (2047 f.).
135 Dazu insbes. U. Müller, NJW 1990, 2046 (2048).
136 U. Müller, NJW 1990, 2046 (2048); von Arnim, Die Partei, S. 85 f.

fassungsrechtlichen Gründen verwehrt. Die Parteiwerbung verstieße gegen das aus dem Demokratieprinzip folgende Verbot der staatlichen Einflußnahme auf die politische Willensbildung des Volkes und gegen den Grundsatz der Chancengleichheit der Parteien.[137]

Allerdings hat das Gericht - ihm darin folgend der Gesetzentwurf der Berliner CDU und der SPD für ein Fraktionsgesetz[138] - dieses Verbot nur auf die von der öffentlichen Hand bereitgestellten Mittel erstreckt, nicht aber auf Mittel, die von Dritten, insbesondere von den Abgeordneten mit ihren Beiträgen,[139] stammen. Diese Mittel unterlägen nicht der Zweckbindung öffentlicher Mittel.[140] Dabei wird nur auf die aus dritten Quellen stammenden Summen im Gegensatz zu den aus staatlichen Zahlungen stammenden Summen abgestellt. Liegen die für Parteiwerbung entstandenen Kosten noch im Rahmen der aus Drittmitteln erlangten Beträge, ließe sich, so die Folgerung des Gerichtes, nicht ausschließen, daß die Werbemaßnahme allein mit den freien Einnahmen der Fraktion finanziert worden sei.[141] Offenbar von dieser Entscheidung inspiriert, sieht der Entwurf der Berliner CDU und der SPD vor, daß die Zweckbindung der Fraktionsmittel nicht für Mittel gilt, die die Fraktion von Dritten oder als Beitrag der Mitglieder erhält.[142]

Die Argumentation des Gerichts widerspricht allerdings der auch von ihm vertretenen Einordnung der Fraktionen in die organisierte Staatlichkeit,[143] die gerade der Grund ist für die Zulässigkeit ihrer Staatsfinanzierung. Folge dieses rechtlichen Status der Fraktionen ist, daß sie wie andere Staatsorgane und deren Teile ihre Mittel nicht beliebig verwenden dürfen, sondern nur zweckgebunden für ihre legitimen Aufgaben.[144] Sie sind damit an das Verbot der staatlichen Einflußnahme auf den demokratischen Willensbildungsprozeß gebunden.[145] Darüberhinaus spricht gegen die Zulassung jeglicher Parteienwerbung aus Fraktionskassen die anderenfalls leichte Umgehungsmöglichkeit der Zweckbindung der Fraktionsmittel mit der Behauptung, die Maßnahme sei aus Drittmitteln gezahlt worden. Dies würde die im

---

137 BVerfG, DÖV 1983, 153 (154); s.a. BVerfGE 44, 125 (140 f., 144); Brem. StGH NVwZ 1985, 649 (649 f.
138 Abgeordnetenhaus Berlin, Drs. 12/1961, § 8 IV S. 1: "Die Zweckbindung ... gilt nicht für solche Mittel, die eine Fraktion von Dritten oder als Beitrag ihrer Mitglieder erhält."
139 Siehe dazu oben B. I.
140 BVerfG, DÖV 1983, 153 (154).
141 BVerfG a.a.O.
142 Berl. Abgeordnetenhaus, Drs. 12/1961.
143 Siehe oben I., II.
144 Von Arnim, DÖV 1983, 155 (155); ders., Fraktionsfinanzierung, S. 40; Hardmann, Die Wahlkampfwerbung von Parteien, S. 58 f.
145 Hardmann a.a.O.

Bereich der staatlichen Politikfinanzierung besonders wichtige Kontrolle durch die Gerichte und die die Rechnungshöfe praktisch aushebeln, solange die Fraktionen die Kosten der Werbung bloß im Rahmen der Drittmittel hielten.[146] Um dies zu vermeiden, müßte wenigstens eine gesonderte Buchführung der Fraktionen über die Verwendung der staatlichen Mittel und der anderen Mittel erfolgen und die Summe der nichtstaatlichen Mittel müßte für alle fraktionsfremden Ausgaben ausreichen.[147]

b) Öffentlichkeitsarbeit

Wegen ihrer Nähe zur Parteiwerbung ist die Öffentlichkeitsarbeit der Fraktionen besonders problematisch. Öffentlichkeitsarbeit wird von den Fraktionen z.B. in Form von Flugblättern, Broschüren, Tätigkeitsberichten, eigenen Zeitungen, Zeitungsanzeigen, Pressemitteilungen und -konferenzen, öffentlichen Anhörungen zu bestimmten Themen und Auftreten von Mitgliedern und Repräsentanten der Fraktion in der Öffentlichkeit betrieben.[148]

Für diese Aktivitäten wendete beispielsweise die Regierungsfraktion der sächsischen CDU 1992 ca. 20 % ihres gesamten Ausgabenvolumens auf.[149] Es steht zu vermuten, daß Oppositionsfraktionen, die nicht von der Öffentlichkeitsarbeit der Regierung profitieren und vor allem ihre eigene Öffentlichkeitsarbeit nicht mit der der Regierung koordinieren können, einen noch höheren Anteil ihrer Ausgaben für diesen problematischen Bereich verwenden.

aa) Normierung in den neuen Ländern

Die Verfassungsbestimmungen Brandenburgs, Sachsen-Anhalts und Mecklenburg-Vorpommerns zählen die Öffentlichkeitsarbeit nicht ausdrücklich zu den Fraktionsaufgaben.[150] Als "Unterrichtung" oder "Information" der Öffentlichkeit über die Tätigkeiten der Fraktionen wird sie in den gesetzlichen Bestimmungen[151] Bayerns, Niedersachsens, Sachsen-Anhalts, Hessens, Meck-

---

146 Von Arnim, Fraktionsfinanzierung, S. 40.
147 Vgl. von Arnim, Fraktionsfinanzierung, S. 40; Heuer, Kontrollauftrag gegenüber den Fraktionen, S. 111; s.a. Gryszcyk, Stellungnahme v. 12.10.1992 zu den Berliner Fraktionsgesetz-Entwürfen, S. 8.
148 Jäger/Bärsch, ZParl 1991, 204 (207 f.).
149 Interner Rechnungsprüfungsbericht von 1992.
150 Art. 67 I Brdb. Verf., Art. 47 II SAnh. Verf., Art. 25 II MVp. Verf.
151 Art. 1 I FraktionsG Bay., § 30 II AbgG Nds., § 1 II FraktionsG SAnh., § 1 I FraktionsG Hess., § 49 II AbgG MVp (i.d.F.d. 3. ÄndG), § 4 II FraktionsG Brdb.

lenburg-Vorpommerns und Brandenburgs zu den Aufgaben der Fraktionen gezählt; ebenso in den Gesetzentwürfen anderer Länder und des Bundes.[152]

bb) Rechtsprechung des Bundesverfassungsgerichts zur Öffentlichkeitsarbeit von Regierung und Parlament

Das Bundesverfassungsgericht hat im "Wüppesahl-Urteil" die Öffentlichkeitsarbeit der Fraktionen in seiner nicht abschließenden Beschreibung der Fraktionstätigkeiten[153] nicht erwähnt. Dieser Bereich war auch nicht Gegenstand des zu entscheidenden Sachverhaltes, so daß hiernach nicht von einer Unzulässigkeit der Öffentlichkeitsarbeit gesprochen werden kann.[154]

Möglicherweise sind die Grundsätze, die das Bundesverfassungsgericht 1977 zur Zulässigkeit der Öffentlichkeitsarbeit der Bundesregierung[155] entwickelt hat,[156] auf die Fraktionen übertragbar. In der genannten Entscheidung hat das Gericht anerkannt, es falle in den Rahmen zulässiger Öffentlichkeitsarbeit, "daß Regierung und gesetzgebende Körperschaften - bezogen auf ihre Organtätigkeit - der Öffentlichkeit ihre Politik, ihre Maßnahmen und Vorhaben sowie die künftig zu lösenden Fragen darlegen und erläutern. Eine verantwortliche Teilhabe der Bürger an der politischen Willensbildung des Volkes setzt voraus, daß der einzelne von den zu entscheidenden Sachfragen, von den durch die verfaßten Staatsorgane getroffenen Entscheidungen, Maßnahmen und Lösungsvorschlägen genügend weiß, um sie zu beurteilen, billigen oder verwerfen zu können."[157]

Danach dürfen Regierung und Parlament grundsätzlich Öffentlichkeitsarbeit betreiben. Dabei ist der Bereich der zulässigen von der unzulässigen Öffentlichkeitsarbeit abzugrenzen. Wahlkampfwerbung, überhaupt Parteienwerbung, ist unzulässige Öffentlichkeitsarbeit staatlicher Stellen, da der Staat sich nicht in die demokratische Willensbildung des Volkes einmischen und so

---

152 Gesetzentw.: *BT*: CDU/CSU, SPD, FDP, Drs. 12/4756, § 47 II; *BW*: Grüne, Drs. 11/1605, § 1 I; *Berl.*: Bündnis 90/Grüne (AL)/UFV, Drs. 12/1543, § 1 I; FDP, Drs. 12/1881, § 1 I; CDU u. SPD, Drs. 12/1961, § 2 III Nr. 7; *Brem.*: CDU, Drs. 13/165, § 1 I; *Hmb.*: Grüne/GAL, Drs. 14/1520, Art. 4 II; *NW*: Grüne, Drs. 11/4162, § 1 I; *SH*: FDP, Drs. 13/537, § 1 II, SPD u. CDU, Drs. 13/605, § 46 a II; *Thür.*: Bü. 90/Grüne, Drs. 1/2749, § 1 I. - Dagegen erwähnt der Entwurf der FDP/DVP in *BW* (Drs. 11/1554) nicht die Öffentlichkeitsarbeit.
153 BVerfGE 80, 188 (231).
154 So auch U. Müller, NJW 1990, 2046 (2048); Jäger/Bärsch, ZParl 1991, 204 (206 f.).
155 Dazu Schürmann, Öffentlichkeitsarbeit der Bundesregierung.
156 BVerfGE 44, 125 (149-155), im Anschluß an E 20, 56 (100); s.a. Brem. StGH, NVwZ 1985, 649 ff.
157 BVerfGE a.a.O. S. 147; s.a. E 63, 230 (242 f.).

auch den Grundsatz der Chancengleichheit der Parteien verletzen darf.[158] Zur Unterscheidung der zulässigen Öffentlichkeitsarbeit von der unzulässigen Parteienwerbung stellt das Bundesverfassungsgericht bei der Tätigkeit der Regierung auf den Inhalt der Veröffentlichung, die äußere Aufmachung, die zeitliche Nähe zum Wahltermin sowie die Häufung und Massivität von Grenzüberschreitungen ab.[159]

cc) Öffentlichkeitsarbeit nur durch das Parlament als Gesamtheit?

Fraglich ist, ob die Befugnis des Parlaments zur Öffentlichkeitsarbeit diesem nur in seiner Gesamtheit oder auch seinen Gliederungen, den Fraktionen, zusteht.

Die Fraktionen besitzen, da sie keine Organe des Parlaments sind, keine Vertretungsbefugnis für das ganze Parlament, sondern können nur für sich selbst bzw. ihre Mitglieder sprechen. Dies spräche gegen ihre Befugnis zur Öffentlichkeitsarbeit.[160]

Andererseits müßten die Fraktionen, wenn sie an der Arbeit des Parlaments mitwirken und dabei mit eigenen Rechten ausgestattet sind, über ihre staatspolitische Tätigkeit die Öffentlichkeit informieren dürfen wie andere Staatsorgane auch.[161] Weiterhin ist zu berücksichtigen, daß die Fraktionen an der Kontrolle der Regierung und der Öffentlichkeits- oder Forumsfunktion des Parlaments[162] teilhaben. Gerade bei diesen Funktionen ist es im Hinblick auf ihre effektive Ausübung und die im demokratischen politischen Prozeß gebotene Berücksichtigung von Minderheiten besonders wichtig, daß sie nicht nur vom Parlament in seiner Gesamtheit, d.h. entscheidend von den die Regierung tragenden Mehrheitsfraktionen, ausgeübt werden, sondern auch von den Oppositionsfraktionen. Deren Öffentlichkeitsarbeit bildet ein Gegengewicht zur Öffentlichkeitsarbeit der Regierung. Von daher darf die Öffentlichkeitsarbeit, die die unterschiedliche Meinungsbildung im Parlament und die Kontrolle der Regierung öffentlich für den Bürger artikuliert,

---

158 BVerfGE 44, 125 (140 f., 144). - Siehe schon oben a).
159 BVerfGE a.a.O. S. 149-155; s.a. Brem. StGH, NVwZ 1985, 649 ff.
160 Von Arnim, Stellungnahme Hess. FraktionsG-Entw., S. 6. Zu Kommunalfraktionen siehe OVG Münster, DÖV 1993, 207 f. u. VG Gelsenkirchen, NWVBl. 1987, 53, (57). Letzteres billigt wegen der nach innen gerichteten Tätigkeit der Kommunalfraktionen die Öffentlichkeitsarbeit als nach außen gerichtete Tätigkeit allein dem Rat insgesamt zu. A.A. Bick, Die Ratsfraktion, S. 114 ff.
161 Vgl. VG Bremen, NJW 1988, 841 (842).
162 Siehe oben 2. Teil, C. I. 2. b).

nicht dem Parlament in seiner Gesamtheit (bzw. seinen Organen) überlassen bleiben.[163]

Als Abgrenzungsmerkmale zwischen Öffentlichkeitsarbeit und unerlaubter Parteienwerbung der Fraktionen bieten sich die zuvor erwähnten Kriterien des Bundesverfassungsgerichts zu den entsprechenden Tätigkeiten der Regierung an.[164] Vor allem darf sich die Öffentlichkeitsarbeit der Fraktionen nur auf die sachliche Darstellung der koordinierenden Fraktionstätigkeit beschränken.[165] Auch eine Beschränkung der Öffentlichkeitsarbeit ab sechs Monaten vor den Parlamentswahlen, wie sie der Entwurf eines Fraktionsgesetzes der Grünen in Nordrhein-Westfalen vorsieht,[166] empfiehlt sich. Um aber die Gefahr einer auch nur indirekten Beeinflussung der Wahlbürger durch die Öffentlichkeitsarbeit der Fraktionen wirklich zu vermeiden, müßte in der "heißen Wahlkampfphase" zwei bis drei Monate vor der Wahl[167] wie bei der Öffentlichkeitsarbeit der Regierung das Gebot äußerster Zurückhaltung gelten, d.h. es dürften dann nur noch Informationen, die aus aktuellem Anlaß geboten sind, an die Öffentlichkeit gegeben werden.[168]

---

163 Vgl. Bick, Die Ratsfraktion, S. 114 ff. (zu Kommunalfraktionen); Jäger/Bärsch, ZParl 1991, 204 (208); Hardmann, Die Wahlkampfwerbung von Parteien, S. 60.
164 Bick, Die Ratsfraktion, S. 116 f. (für Kommunalfraktionen); Hardmann, Die Wahlkampfwerbung von Parteien, S. 60 f.; s.a. Heuer, Kontrollauftrag gegenüber Fraktionen, S. 111. Dagegen geht die Begründung des Entw. des BT (Drs. 12/4756, zu § 47) so weit, die nach BVerfGE 44, 125 (149-155) notwendigen Einschränkungen der Öffentlichkeitsarbeit im Vorfeld von Wahlen nicht für Fraktionen gelten wollen zu lassen.
165 U. Müller, NJW 1990, 2046 (2048); a.A. die Parlamentarische Geschäftsführerin der auch die Regierung tragenden brandenburgischen FDP-Fraktion, Schneider, mit dem Argument, dem Wählerpotential eine umfassende Fraktions-Öffentlichkeitsarbeit zu schulden. Speziell in Brandenburg könne es nicht der Presse überlassen bleiben, welche Parteien in der Öffentlichkeit erscheinen, da diese nur die unbequemen Ansichten der FDP (LadenschlußG, SpielbankG) veröffentlichte, die Mehrzahl ihrer - die Regierung tragenden - Vorhaben indes unterschlage (Anhör. Hess. FraktionsG-Entw. S. 92). Die Konsequenz dieser Ansicht führt zutreffend H. Meyer (Anhör. Hess. FraktionsG-Entw., S. 80) vor Augen: "Niemand kann den Fraktionen verwehren, daß sie sagen: Wir müssen jetzt ein Periodikum schaffen, das wir monatlich herausgeben, und zwar nicht nur an unsere politischen Freunde, sondern auch an unseren Sympathisantenkreis. Das wäre nach dem Gesetz überhaupt nicht unzulässig. Die Fraktionen würden dann sagen: Das Gesetz erklärt dies ja ausdrücklich für erlaubt; also brauchen wir jetzt wieder 2 Millionen DM, um dies zu finanzieren."
166 LT NW, Drs. 11/4162, § 4 II: "Die Ausgaben für die Öffentlichkeitsarbeit dürfen sich in den sechs Monaten vor der Landtagswahl nicht gegenüber den durchschnittlichen Ausgaben für diesen Zweck in den vorhergehenden zwei Jahren erhöhen."
167 Zur Vorwahlzeit siehe Schürmann, Öffentlichkeitsarbeit der Bundesregierung, S. 347-351.
168 Vgl. BVerfGE 44, 125 (153).

Erwähnt werden soll hier noch der Landesrechnungshof Sachsen-Anhalt, der sich als erster ostdeutscher Rechnungshof zu den den Fraktionen geäußert hat. Er hält die Finanzierung der Öffentlichkeitsarbeit unter der Voraussetzung, daß der Bezug zu den Aufgaben der Fraktion eindeutig ist und eine Vermischung mit den Aufgaben für eine bestimmte Partei unterbleibt sowie die oben genannten Vorgaben des Bundesverfassungsgerichts beachtet werden, grundsätzlich für zulässig.[169]

dd) Gefahren der Öffentlichkeitsarbeit der Fraktionen

Im Hinblick auf die Schwierigkeiten bei der Kontrolle und der Abgrenzung zur Parteienwerbung und wegen der Gefahr der Ausuferung der Kosten bestehen Bedenken gegen die generelle Zulässigkeit der Öffentlichkeitsarbeit von Fraktionen.[170] Insbesondere kann die Öffentlichkeitsarbeit der Fraktionen eine Ersatzfunktion für die Werbetätigkeit der jeweiligen Parteien haben, was z.B. bei Zeitungsanzeigen oder Fernsehspots naheliegt.[171] Schließlich steht der Name der Fraktion für eine Gliederung der staatlichen Organisation, beinhaltet aber auch den Namen der Partei, so daß für den Bürger leicht der Eindruck einer Parteiwerbung entstehen muß.[172]

ee) Stellungnahme

Den Gefahren der Öffentlichkeitsarbeit steht die schon zuvor erwähnte Bedeutung der Kontroll- und der Öffentlichkeitsfunktion des Parlamentes auch durch die Oppositionsfraktionen entgegen, die für eine grundsätzliche Zulässigkeit der Öffentlichkeitsarbeit spricht.

Als Lösung dieser Frage ist die Öffentlichkeitsarbeit nicht generell und ausdrücklich als eine Aufgabe der Fraktionen durch die Fraktionsgesetze anzuerkennen. Die Mißbrauchsgefahren der ausdrücklichen Festschreibung der Öffentlichkeitsarbeit in den Aufgabenkanon der Fraktionen sind augenscheinlich: Mit ihr werden Finanzbedürfnisse quasi gesetzlich abgesichert, ohne daß speziell im Einzelfall nachgefragt werden muß. Insbesondere ist absehbar, daß im letzten Jahr der Legislaturperiode - also während oder im

---

169 Erster Jahresbericht des LRH SAnh. 1992, Teil 2, Bemerkungen zur Verwendung der Fraktionskostenzuschüsse im Jahr 1991, S. 34.
170 Von Arnim, Stellungnahme Hess. FraktionsG-Entw., S. 6 f.; ders., Der Staat als Beute, S. 288; s.a. ders., Die Partei, S. 87.
171 Von Arnim, Stellungnahme Hess. FraktionsG-Entw., S. 6 f.; ders., Der Staat als Beute, S. 288; s.a. Parteienfinanzierungskommission v. 1993, S. 33; OVG Münster DÖV 1993, 207 (208).
172 Heuer, Kontrollauftrag gegenüber den Fraktionen, S. 111.

Vorfeld des Parteien-Wahlkampfes - die Fraktionen ihre staatlich finanzierte Öffentlichkeitsarbeit forcieren.[173] In dieser konzentrierten Öffentlichkeitsarbeit der Parlamentsfraktionen zur Wahlkampfzeit liegt zugleich eine Benachteiligung derjenigen politischen Kräfte, die nicht im Parlament vertreten sind und damit eine Beeinträchtigung der Offenheit des politischen Prozesses.[174] Als Konsequenz daraus ist daher bei Maßnahmen der Öffentlichkeitsarbeit im Einzelfall zu fragen, ob sie sich im verfassungsrechtlich zulässigen Bereich der begrenzten Aufgaben der Fraktionen halten. Dies beinhaltet die Notwendigkeit einer Begründung für das jeweilige Vorhaben, was eine gewisse Zurückhaltung der fraktionellen Öffentlichkeitsarbeit zur Folge haben dürfte, die angesichts der erwähnten Gefahren begrüßenswert wäre.[175]

c) Personal- und Sachkosten

Auch bei der Tätigkeit der Fraktionsmitarbeiter und der Verwendung von Büroeinrichtungen und Material ist zu fragen, ob sie der fraktionsspezifischen Koordinationstätigkeit dienen und nicht die Grenze zur originär kreativen Arbeit des Abgeordneten überschreiten, etwa durch die Vertiefung und wissenschaftliche Aufarbeitung einer Materie.[176] Die Personalkosten dürften ungefähr die Hälfte der Fraktionsausgaben ausmachen.[177]

d) Gutachter- und Sachverständigenkosten

Die Einschaltung von Gutachtern und Sachverständigen muß ebenfalls dahin überprüft werden, ob sie der fraktionsspezifischen Koordinationstätigkeit und nicht Parteizwecken dienen.[178]

---

173 H. Meyer, Anhör. Hess. FraktionsG-Entw., S. 111.
174 Von Arnim, Anhör. Hess. FraktionsG-Entw., S. 110.
175 So auch H. Meyer, Anmerkungen Hess. FraktionsG-Entw., S. 4; ders., Anhör. Hess. FraktionsG-Entw., S. 79 f.
176 U. Müller, NJW 1990, 2046 (2048).
177 CDU-Fraktion MVp. 1991: 58,2 % lt. Schreiben des Geschäftsführers Sonntag an die Verfasserin vom 22.7.1992. CDU-Fraktion Sachs. 1991: 41,7 %, 1992: 47,3 % lt. internen Rechnungsprüfungsberichten der Jahre 1991 und 1992.
178 U. Müller a.a.O.; von Arnim, Die Partei, S. 87; ders., Haushaltsrechtliche Veranschlagung, S. 18.

e) Veranstaltungen der Fraktionen

Seminare, Tagungen und andere interne Veranstaltungen der Fraktionen sowie die damit verbundenen Kosten (auch Fahrt, Unterkunft, Verpflegung etc.) sind insofern problematisch, als sie der Fortbildung der Fraktionsmitglieder dienen. Die Fortbildung der Fraktionsmitglieder übersteigt die Koordinationstätigkeit und gehört in den Bereich der Amtsausstattung des Abgeordneten.[179]

f) Zusammenarbeit mit Fraktionen anderer Parlamente

Die Zusammenarbeit mit Fraktionen anderer Parlamente ist in den Fraktions- bzw. Abgeordnetengesetzen[180] Bayerns, Niedersachsens, Sachsen-Anhalts, Hessens, Mecklenburg-Vorpommerns und Brandenburgs sowie in den meisten Gesetzentwürfen der anderen Länder[181] ausdrücklich als Aufgabe der Fraktionen genannt.

Diese Bestimmungen sind bedenklich wegen der einerseits engen Beschränkung der Außenbeziehungen nur auf Fraktionen anderer Parlamente[182] und andererseits des weiten Begriffes der Zusammenarbeit. Zwar folgt aus der allgemeinen Aufgabenstellung der Fraktion, daß Außenbeziehungen der Fraktion, etwa die Zusammenarbeit der Fraktionsspitzen verschiedener Landtage zum Zwecke der länderübergreifenden Koordination, legitim sein können, aber aus der Zusammenarbeit darf keine ausufernde "Reisediplomatie"[183] der Fraktion werden. Von daher wäre die Streichung

---

179 U. Müller, NJW 1990, 2046 (2048); s.a. Th. Müller, Die Fraktionszuschüsse, S. 135.
180 Art. 1 I S. 4 FraktionsG Bay., § 30 II AbgG Nds., § 1 II S. 3 FraktionsG SAnh., § 1 I S. 3 Hess. FraktionsG., § 49 II AbgG MVp, § 4 II FraktionsG Brdb.
181 Gesetzentw.: *BT*: CDU/CSU, SPD, FDP, Drs. 12/4756, § 47 II; *BW*: Grüne, Drs. 11/1605, § 1 I; *Berl.*: Bündnis 90/Grüne (AL)/UFV, Drs. 12/1543, § 1 I; FDP, Drs. 12/1881, § 1 I; CDU u. SPD, Drs. 12/1961, § 2 III Nr. 7; *NRW*: Grüne, Drs. 11/4162, § 1 I; *SH*: SPD u. CDU, Drs. 13/605, § 46 a II; *Thür.*: Bü. 90/Grüne, Drs. 1/2749. - Dagegen erwähnt der Entw. der FDP/DVP in *BW* (Drs. 11/1554) nicht die Zusammenarbeit mit Fraktionen anderer Parlamente.
182 Weitergehend die Enwürfe in Brem. (CDU), Drs. 13/165, § 1 I; u. SH (FDP), Drs. 13/537, § 1 II: ... "und anderen Einrichtungen des öffentl. od. privaten Rechts zusammenarbeiten".
183 Siehe dazu das Beispiel einer fünftägigen Reise der CSU-Landesgruppe des BT mit 70 Mitarbeitern und Ehepartnern nach Ungarn. Die Abgeordneten förderten auf Kosten des Steuerzahlers (250.000 DM) die deutsch-ungarische Völkerfreundschaft, indem sie mit dem ungarischen Ministerpräsidenten sprachen, einheimische Volksmusik hörten und einen Kranz auf einem deutschen Soldatenfriedhof niederlegten (Der Spiegel Nr. 29 v. 19.7.1993, S. 40 f.).

dieses Passus aus der Tätigkeitsbeschreibung, die zu einem Begründungszwang bei der Finanzierung von Außenbeziehungen im Einzelfall führte, die aus Gründen der Nachvollziehbarkeit bessere Lösung.[184]

3. Zweckbindung des Zuschlags für die Oppositionsfraktionen

In allen Verfassungen der neuen Länder wird neben der verfassungsrechtlichen Verankerung einer parlamentarischen Opposition auch deren "Recht auf Chancengleichheit" festgeschrieben.[185] Finanziell schlägt sich dies haushaltsrechtlich als sog. Oppositionszuschlag in Höhe von 25% vom Fraktionsgrundbetrag[186] nieder.[187]

Während in der brandenburgischen Verfassung (Art. 55 II) offen bleibt, wem gegenüber die Chancengleichheit der Oppositionsfraktionen besteht und wozu deren finanzielle Mehrausstattung dient, finden sich in den anderen Verfassungen mehr oder weniger erhellende Konkretisierungen: In Art. 40 der sächsischen Verfassung wird den "die Regierung nicht tragende(n) Teile(n) des Landtages" ein Recht auf Chancengleichheit in "Parlament und Öffentlichkeit" zuerkannt. Art. 48 II der sachsen-anhaltinischen Verfassung billigt den Oppositionsfraktionen neben dem Recht auf Chancengleichheit in "Parlament und Öffentlichkeit" einen "Anspruch auf eine zur Erfüllung ihrer besonderen Aufgaben erforderliche Ausstattung" zu. Auch nach Art. 59 II der Verfassung von Thüringen haben die Oppositionsfraktionen " das Recht auf Chancengleichheit sowie Anspruch auf eine zur Erfüllung ihrer besonderen Aufgaben erforderliche Ausstattung."[188]

Schließlich statuiert Art. 26 III der Verfassung Mecklenburg-Vorpommerns ein Recht der parlamentarischen Opposition auf Chancengleichheit "in Erfüllung ihrer Aufgaben". Diese Aufgaben werden im vorhergehenden Art. 26 II der Verfassung umrissen: "Sie hat insbesondere die Aufgabe, eigene Programme zu entwickeln und Initiativen für die Kontrolle von Lan-

---

184 H. Meyer, Anmerkungen Hess. FraktionsG-Entw., S. 3 f.
185 Art. 55 II S. 2 Verf. Brdb.; Art 40 S. 2 Verf. Sachs.; Art. 48 Verf. SAnh.; Art 26 III Verf. MVp.; Art 59 II Verf. Thür. Eine solche Normierung empfiehlt auch die Hmb. Enquete-Kommission "Parlamentsreform", S. 52 f.
186 In SAnh. vom Fraktionsmitgliederbetrag.
187 Gesetzliche Regelung dem Grunde und der Höhe nach in § 41 I S. 3, 6 AbgG Thür.; gesetzliche Regelung dem Grunde nach in § 51 III AbgG MVp. i.d.F. 3. ÄndG, § 3 I S. 2 FraktionsG SAnh., § 3 I FraktionsG Brdb.; fehlende spezialgesetzliche Verankerung in Sachsen.
188 Entsprechend dem Vorschlag der Hmb. Enquete-Kommission "Parlamentsreform", S. 52 f.

desregierung und Landesverwaltung zu ergreifen sowie Regierungsprogramm und Regierungsentscheidungen kritisch zu bewerten." Dieser Aufgabenkanon, der auf einen entsprechenden Vorschlag des in der Verfassungskommission wirkenden Sachverständigen Prof. Starck zurückgeht,[189] verdeutlicht durch die Betonung von parlamentarischer Opposition auf der einen und der Exekutive auf der anderen Seite, daß ersterer nicht nur ein Recht gegenüber den Regierungsfraktionen ("Chancengleichheit im Parlament"), sondern gegenüber der Regierung selbst eingeräumt werden soll.

Die Oppositionsfraktionen (SPD, LL/PDS) waren der Ansicht, ihr Finanzanspruch auf "besondere Ausstattung" ließe sich nicht (nur) aus dem allgemeinen Anspruch auf "angemessene Ausstattung" aller Fraktionen des Art. 25 der Verfassung Mecklenburg-Vorpommerns ableiten, sondern aus dem spezielleren Art 26.[190] Die Kommissionsmitglieder der Regierungsfraktionen (CDU, FDP) hingegen beharrten auf dem Standpunkt, auch der (erhöhte) Finanzanspruch der Oppositionsfraktionen ergebe sich bereits aus der Fassung des Artikels 25 der Verfassung.[191] Relevanz erlangt diese Streitfrage über die Rechtsgrundlage hier nicht, da in der Verfassungskommission Einigkeit darüber herrschte, den Oppositionsfraktionen stehe ein Zuschlag in Erfüllung der in Art. 26 III Verfassung von Mecklenburg-Vorpommern genannten Aufgaben zu.

Von erheblicher Tragweite ist indes der oben näher ausgeführte Aufgabenkanon, den die mecklenburg-vorpommernsche Verfassungskommission als Zweckbestimmung der Oppositionsfraktionen versteht. Der Aufgabenkatalog widerspricht zumindest in Teilen der von der Rechtsprechung des Bundesverfassungsgerichts[192] ausgearbeiteten Trennung der Aufgaben und der daraus resultierenden Trennung der Finanzierung von Parteien und Fraktionen, welche selbstverständlich auch für Oppositionsparteien gilt. Demnach kann aus Art 26 der Verfassung - entgegen dem Wortlaut - kein Anspruch auf eine staatliche Umweg-Finanzierung "eigener Programme" der Opposition über die Fraktionsfinanzierung abgeleitet werden. Die Entwicklung "eigener Programme" ist ureigene Aufgabe der politischen Partei als gesellschaftlicher Institution und "Sprachrohr des Volkes"[193] mittels einer Meinungs- und Willensbildung von unten nach oben. Auch ansonsten ist Art. 26 II, III der Verfassung - und mit ihm die entsprechenden Artikel über die

---

189 LT MVp., Drs. 1/3100, S. 117; vgl. dazu Drs. 1/2000 S. 31.
190 LT MVp., Drs. 1/3100 S. 117; Schreiben des Sekretärs der Verfassungskommission des Landtags Mecklenburg-Vorpommern vom 8.7.1993 an die Verfasserin.
191 Ebenda.
192 BVerfGE 20, 56 (99 ff.); 80, 188 (231).
193 BVerfGE 20, 56 (101).

Oppositionsfraktionen in den anderen Verfassungen - im Lichte der vom Bundesverfassungsgericht entwickelten Rechtsprechung zur Beschreibung der Fraktionstätigkeit als eine der Parlamentsarbeit dienenden Koordinationsfunktion restriktiv zu interpretieren.[194] Das "Recht auf Chancengleichheit" der Oppositionsfraktionen bedeutet demnach nur einen finanziellen Ausgleich gegenüber den faktisch äußerst bedeutsamen engen Kontaktmöglichkeiten der Regierungsfraktionen zur Exekutive,[195] die für die Regierungsfraktionen regelmäßig einen geringeren Bedarf an Information und Koordination ihrer Abgeordneten und Steuerung ihrer Parlamentsarbeit entstehen lassen.

4. Rücklagenbildung

Nach den Abgeordneten- bzw. Fraktionsgesetzen[196] und den verschiedenen Gesetzentwürfen können die Fraktionen Rücklagen aus den jährlichen Haushaltsmitteln bilden, "soweit dies für größere Beschaffungen und für die Erfüllung von Verbindlichkeiten erforderlich ist"[197] und dabei die Grundsätze einer sparsamen und wirtschaftlichen Haushaltsführung beachtet werden.[198] In einigen Gesetzen und Entwürfen ist die Rücklagenbildung sogar ausdrücklich über die jeweilige Wahlperiode hinaus erlaubt.[199] Gedacht ist bei den Rücklagen laut der Begründung des Bayerischen Fraktionsgesetzes an die Abdeckung künftiger Nachversicherungsansprüche von Mitarbeitern, die Beschaffung von EDV-Einrichtungen, künftige politische Aktionen und Vorkehrungen für den Fall der Liquidation einer Fraktion.[200]

Die Bildung von Rücklagen dürfte wegen der Besonderheiten der Fraktionstätigkeit und unter Berücksichtigung der möglichen Schwankungen der

---

194 Siehe dazu eingehend oben C. II. 1.
195 Insoweit zutreffend Hess. LTPräs. Starzacher, Anhör. Hess. FraktionsG-Entw., S. 92. S.a. Jekewitz, ZParl 1982, 314 (337); Hmb. Enquete-Kommission "Parlamentsreform" S. 51 f.
196 Art. 3 III FraktionsG Bay., § 3 III FraktionsG SAnh., § 31 IV AbgG Nds., § 3 IV FraktionsG Hess., § 51 IV AbgG MVp (i.d.F.d. 3. ÄndG), § 5 FraktionsG Brdb.
197 § 3 III FraktionsG SAnh., § 51 IV AbgG MVp (3. ÄndG).
198 So ausdrückl. Art. 3 III FraktionsG Bay., § 31 IV AbgG Nds., § 3 IV FraktionsG Hess., § 5 FraktionsG Brdb.; letzteres ergibt sich im übrigen schon aus dem Haushaltsrecht.
199 FraktionsG SAnh. § 3 III, AbgG MVp. § 51 IV (3. ÄndG), Entwurf der Berliner CDU u. SPD, Drs. 12/1961 § 8 VIII.
200 LT Bay., Drs. 12/4844, Begründ. zu Art. 3 III.

Anforderungen in den verschiedenen Jahren grundsätzlich vertretbar sein.[201] Zu bedenken ist jedoch, daß die Fraktionen nur zur Erfüllung ihrer legitimen Aufgaben völlig vom Staat finanziert werden dürfen,[202] eine darüberhinausgehende Staatsfinanzierung damit unzulässig ist. Eine hohe tatsächliche Rücklagenbildung stellt somit ein Indiz für eine verbotene Überfinanzierung der Fraktionen dar.[203] Daher sollte die Rücklagenbildung zur Vermeidung einer Überfinanzierung beschränkt werden. Eine Beschränkung pro Jahr auf 20% der jährlichen Haushaltsmittel und daneben auf 60% derselben für die gesamte Wahlperiode, wie in Hessen und Mecklenburg-Vorpommern vorgesehen, scheint aber recht hoch gegriffen.[204] 60% der jährlichen Mittel wären schließlich für alle Fraktionen zusammen 3,2 Mio. DM in Hessen und 4 Mio. DM in Mecklenburg-Vorpommern.[205] Eine noch höhere Rücklagenbildung in Höhe von 35% der jährlichen Fraktionsmittel erlaubt indes das Brandenburger Fraktionsgesetz. Im Gegensatz zu den hohen Rücklagenquoten der gerade genannten Gesetze erscheint die Begrenzung, die der Entwurf eines Fraktionsgesetzes der baden-württembergischen FDP/DVP-Fraktion[206] vorschlägt, nämlich jährlich 10% der Haushaltsmittel, angemessen. Zusätzlich dazu sollte die Zulässigkeit der Rücklagenbildung auf eine Wahlperiode begrenzt werden, wie es, dort allerdings als einzige Grenze, im Hamburger Entwurf der Grünen/GAL-Fraktion[207] vorgesehen ist.[208] Denn Rücklagen der vormaligen Oppositionsfraktionen dürfen, da sie auch aufgrund des Oppositionszuschlags gebildet wurden, bei einem Regierungswechsel nicht die Rücklagen der nunmehrigen Regierungsfraktionen erhöhen. Schließlich ist der Oppositionsbonus an die Eigenschaft und Tätigkeit als Oppositionsfraktion gebunden.

Daß die Gefahr einer Überfinanzierung tatsächlich besteht, zeigt ein aktuelles Beispiel aus Niedersachsen. Dort haben, wie der Landesrechnungshof feststellte, mehrere Landtagsfraktionen in den Jahren 1989 und 1990 jeweils zwischen 100.000 und einer Million DM auf Festgeldkonten ihrer Hausbanken angelegt. Der Präsident des Niedersächsischen Rechnungshofes Herbst meinte dazu, er halte zwar eine "gewisse Vorratshaltung" der Fraktionen für

---

201 U. Müller, Stellungnahme Hess. FraktionsG-Entw., S. 4.
202 BVerfGE 20, 56 (104 f.); 80, 188 (231).
203 U. Müller, a.a.O., S. 5.
204 Vgl. U. Müller, a.a.O., S. 4; H. Meyer, Stellungnahme Hess. FraktionsG-Entw., S. 8; ders., Anhör. Hess. FraktionsG-Entw., S. 84; zweifelnd auch Kahl, Statement Hess. FraktionsG-Entw., S. 3.
205 Nach den Sollzahlen der Landtagshaushalte von 1993.
206 LT BW, Drs. 11/1554, § 3 IV.
207 Hmb. Bgsch., Drs. 14/1520, Art. 3 IV.
208 Vgl. Gryszyk, Stellungnahme zu den Berliner Fraktionsgesetz-Entwürfen, S. 4.

erlaubt, die Anlage von mehreren 100.000 DM auf Privatkonten sei jedoch unzulässig.[209]

In den neuen Ländern legte die CDU-Fraktion Mecklenburg-Vorpommerns von den Einnahmen des Jahres 1991 sogar 40 % (922.000 DM) zurück. Der Fraktionsgeschäftsführer erläuterte diese "relativ hohen Rückstellungen" mit der noch nicht abgeschlossenen Aufbauphase, in der viele Investitionen, u.a. für eine leistungsfähige Datenverarbeitungstechnik, noch nicht getätigt werden konnten, obwohl Mittel dafür bereits im Haushalt veranschlagt waren.[210]

Die sächsische CDU-Fraktion konnte im Jahr 1991 31 % ihrer Einnahmen zurücklegen. 1992 ging diese "Vermögensreserve" wegen eines Verlustausweises auf 15,7 % der Einnahmen zurück.[211]

Es ist anzunehmen, daß die Fraktionen anderer Parteien und Parlamente ebenfalls beträchtliche Rücklagen aus den staatlichen Zahlungen bilden konnten. Mit dieser überhöhten Rücklagenbildung steigt naturgemäß die Gefahr einer forcierten Öffentlichkeitsarbeit der Fraktionen im Vorfeld von Wahlen.

5. Fazit

Die der Koordination der Parlamentsarbeit dienenden Fraktionstätigkeiten sind von Tätigkeiten mit direktem Nutzen für die Mutterpartei und von Tätigkeiten, die über die Koordination hinausgehen und vom Zweck der Amtsausstattung der Abgeordneten erfaßt sind, abzugrenzen. Dies folgt aus der Definition der Fraktionsaufgaben durch das "Wüppesahl-Urteil", durch die Verfassungsbestimmungen Brandenburgs, Sachsen-Anhalts und Mecklenburg-Vorpommerns und aus den gesetzlichen Bestimmungen der Abgeordneten- bzw. Fraktionsgesetze; letztlich auch aus dem Demokratieprinzip.[212] Insbesondere im Hinblick auf die Abgrenzung zum Zweck der individuellen Amtsausstattung der einzelnen Abgeordneten kann die Fraktionsfinanzierung von ihrer Rechtsnatur her nicht als "kollektive Amtsausstattung"[213] angesehen werden.

---

209 Siehe Südd. Ztg. v. 7.5.1993, "Rechnungshof rügt Geldanlage von Fraktionen".
210 Schreiben des Geschäftsführers Sonntag an die Verfasserin vom 22.7.1992.
211 Interne Rechnungsprüfungsberichte von 1991 und 1992.
212 Siehe oben I. 1.
213 So aber die Begründung des FraktionsG-Entw. des BT, Drs. 12/4756, S. 5 und die Parlament. Geschäftsführer der CDU- und FDP-Fraktionen, MdB Hörster und MdB Wolfgramm bei der 1. Lesung des Gesetzentwurfes am 29.4.1993, Plpr. 12/155, S. 13214, 13216.

Die Abgrenzung von eigentlicher Fraktionstätigkeit und solcher mit Parteinutzen ist wegen der oftmals bestehenden Personenidentität und engen inhaltlichen Verbindung zwischen Fraktionsarbeit und Parteiarbeit mit Schwierigkeiten verbunden.[214] Für die aufgabengebundenen "Fraktionszuschüsse" ergeben sich dabei allgemein Bereiche problematischer Fraktionstätigkeiten erheblichen Ausmaßes.[215] Bedenklich ist ebenfalls die Zulassung einer gar nicht oder gering begrenzten Rücklagenbildung der Fraktionen aus den ihnen gewährten Haushaltsmitteln, da dies zu einer über die Finanzierung der legitimen Aufgaben hinausgehenden verbotenen Überfinanzierung führen kann.

Ob die Verwendung der staatlichen Mittel durch die Fraktionen in den neuen Ländern zweckgebunden und in Höhe des legitimen Finanzbedarfs erfolgt, läßt sich derzeit mangels verfügbaren Materials, bis auf die angeführten Beispiele, insbesondere der CDU-Fraktion Sachsens, nicht sagen. Diese Fraktion legte dankenswerterweise - im Vorgriff auf geplante gesetzliche Offenlegungspflichten - ihre internen Rechnungsprüfungsberichte der Jahre 1991 und 1992 der Verfasserin vor. Dagegen wollten andere Fraktionen keine detaillierten Angaben über ihre Einnahmen und Ausgaben machen.

Von den Rechnungshöfen der neuen Länder hat als erster und bisher einziger der Rechnungshof von Sachsen-Anhalt die Verwendung der Fraktionsmittel im Jahre 1991 stichprobenweise in einer Querschnittsprüfung untersucht.[216] Danach erfolgte die Verwendung zweckentsprechend. Bei diesem Ergebnis ist jedoch zu bedenken, wie auch der Rechnungshof selbst angibt,[217] daß sich die Fraktionen 1991 noch im organisatorischen Aufbau befanden und dementsprechend die Kosten für problematische Posten wie die Öffentlichkeitsarbeit, Fraktionsveranstaltungen und die Einschaltung externer Gutachter recht gering waren.

---

214 Vgl. U. Müller, NJW 1990, 2046 (2047 f.).
215 Z.B. stellen diese in Hessen nach vorsichtiger Schätzung des Hess. LRH von 1990 einen Kostenfaktor von 20% der bis dahin geleisteten Haushaltsmittel für die Fraktionen dar, vgl. U. Müller, NJW 1990, 2046 (2048).
216 Erster Jahresbericht des LRH SAnh. (1992) zur Haushalts- u. Wirtschaftsführung 1991, Teil 2, Denkschrift u. Bemerkungen, Abschnitt C., 1., S. 33 f. S.a. Schröder (Präs. d. LRH), LKV 1992, 278 (278 f.).
217 Schreiben an die Verfasserin v. 5.5.1993.

III. Gesetzesvorbehalt

Es stellt sich die Frage, ob die Regelung der "Fraktionszuschüsse" dem Grunde nach bzw. die bloße Einstellung der Mittel in den Haushaltsplan des Landtags ausreichend ist. Oder müssen die Zahlungen im Abgeordnetengesetz oder in einem Fraktionsgesetz spezialgesetzlich geregelt werden, das die Leistungen genau benennt und das bei Erhöhungen im normalen Gesetzgebungsverfahren geändert werden muß? Dies wäre ein spezieller Fall des Gesetzesvorbehalts. Das Bundesverfassungsgericht konnte diese Frage im "Wüppesahl-Urteil" aus prozessualen Gründen offenlassen.[218]

1. Grundlegende Bedeutung für die parlamentarische Demokratie

Der Grundsatz des Vorbehalts des Gesetzes folgt aus Art. 20 III GG. Er bedeutet, daß "in grundlegenden normativen Bereichen, zumal im Bereich der Grundrechtsausübung, soweit diese staatlicher Regelung zugänglich ist," der Gesetzgeber verpflichtet ist, "alle wesentlichen Entscheidungen selbst zu treffen" und sie nicht der Exekutive überlassen darf.[219] Der Geltungsbereich des Gesetzesvorbehalts ergibt sich aus dem jeweiligen Sachbereich und der Intensität der Regelung. "Die verfassungsrechtlichen Wertungskriterien sind dabei in erster Linie den tragenden Prinzipien des Grundgesetzes, insbesondere den vom Grundgesetz anerkannten und verbürgten Grundrechten zu entnehmen."[220]

Schwierigkeiten bereitet die Frage nach den "grundlegenden normativen Bereichen" ohne näheren Grundrechtsbezug. Auch dabei wird üblicherweise auf die inhaltliche Bedeutung des Sachbereiches abgestellt. Es geht um "normative Entscheidungen von substantiellem Gewicht für das politische System der Bundesrepublik Deutschland."[221] Einfacher gesagt, handelt es sich um die Bedeutung für das Gemeinwesen insgesamt.[222]

---

218 BVerfGE 80, 188 (214 f.); ebenso E 73, 1 (39) hinsichtl. der Globalzuschüsse an die politischen Stiftungen.
219 BVerfGE 49, 89 (126 f.); s.a. E 40, 237 (248 ff.); 41, 251 (260); 45, 400 (417 f.); 47, 46 (78 ff.); 48, 210 (221); 61, 260 (275); 77, 170 (230 f.); 80, 124 (132).
220 BVerfGE 49, 89 (126 f.).
221 Kloepfer, JZ 1984, 685 (692); ähnl. Umbach, FS Faller, S. 127; Magiera, Parlament u. Staatsleitung in der Verfassungsordnung des Grundgesetzes, S. 206 (s.a. S. 205-210, 306), spricht von "den zur Ausführung u. Entwicklung der verfassungsrechtl. Rahmenordnung erforderlichen bedeutsamen Regelungen".
222 Vgl. BVerfGE 47, 46 (78 f.); 49, 89 (126); OVG Münster, NWVBl. 1990, 56 (57) u. 226 (228); Ockermann, ZRP 1992, 323 (324 f.).

Die Entscheidung über Höhe, Zweck, Verteilung, Kontrolle und die weiteren Modalitäten der staatlichen Fraktionsfinanzierung wirkt sich auf die möglichen Tätigkeiten der Fraktionen und ihrer Mitglieder, den Abgeordneten, und darüber auf den Prozeß der Willensbildung des Parlamentes insgesamt aus. Außerdem ist wegen der Gefahr, daß die staatlichen "Zuschüsse" von den Fraktionen zu Parteizwecken, also zur verschleierten Parteienfinanzierung verwendet werden, auch der politische Wettbewerb der Parteien innerhalb und außerhalb des Parlamentes und ihre Chancengleichheit bei den Wahlen durch die Finanzierung betroffen. Der politische Wettbewerb soll offen und demokratisch sein, weshalb der Staat zur Neutralität verpflichtet ist und den Wettbewerb nicht etwa über die Gewährung von "Fraktionszuschüssen" parteiergreifend beeinflussen darf.[223]

Betrifft die Fraktionsfinanzierung demnach grundlegende Bereiche der parlamentarischen Demokratie wie die parlamentarische Willensbildung, den offenen politischen Wettbewerb und das Neutralitätsgebot des Staates, kann ihr eine wesentliche Bedeutung für das demokratische Gemeinwesen zugesprochen werden, die eine gesetzliche Regelung verlangt.

Darüberhinaus ist der erhebliche Umfang der Fraktionsfinanzierung in Höhe von jährlich mehreren Millionen DM allein in jedem Landesparlament[224] ein weiteres Indiz für ihre Wesentlichkeit und damit für das Erfordernis eines Gesetzes.[225]

In diesem Zusammenhang ist die staatliche Fraktionsfinanzierung auch in ihrer Bedeutsamkeit als Teil der Ausgestaltung der Fraktionen als verfassungsrechtliche Institutionen zu sehen.[226]

Hierbei sei insbesondere an die Vergleichbarkeit der Sachlage mit der der Parteien und ihrer Finanzierung gedacht. Die Parteien sind verfassungsrechtliche Institutionen (gemäß Art. 21 GG u. Parteiengesetz), die mit den Fraktionen eng verbunden sind. Auch sie werden in großem Umfang, wenn auch nicht völlig, vom Staat finanziert. Im Hinblick auf die mögliche Beeinträchtigung der Offenheit des politischen Prozesses in der Demokratie durch

---

223 Vgl. BVerfGE 44, 125 (143 f.); BVerfG, DÖV 1983, 153 (154); siehe auch oben II. Zur Wesentlichkeit der Entscheidungen über die die Parteien betr. Regelungen u. Leistungen s.a. Morlok, Anm. zu OVG Münster, Urt. v. 18.8.1989 (= NJW 1990, 1684), NWVBl. 1990, 230 (231).
224 Siehe oben B. I.; zum Bund u. den alten Ländern von Arnim, Der Staat als Beute, S. 284, 286 f.
225 Vgl. Ockermann, ZRP 1992, 323 (325); zum Indikator des staatl. Finanzaufwandes s.a. Staupe, Parlamentsvorbehalt u. Delegationsbefugnis, S. 252; Hermes, Der Bereich des Parlamentsgesetzes, S. 115 f.
226 Zum institutionellen Gesetzesvorbehalt Ossenbühl, Vorrang u. Vorbehalt des Gesetzes, in: Isensee/Kirchhof (Hrsg.), Handbuch des Staatsrechts III, §62 Rz. 28, 33.

die Zahlungen besteht die gleiche Grundproblematik. So kann, in Anlehnung an den für die Parteienfinanzierung geltenden ausdrücklichen Gesetzesvorbehalt,[227] auch aus der Zugehörigkeit der staatlichen Fraktionsfinanzierung zu der verfassungsrechtlichen Institution der Fraktion die Geltung des Gesetzesvorbehalts für die Fraktionsfinanzierung geschlossen werden.[228]

2. Politische Umstrittenheit

Von einigen Stimmen wird auch die politische Umstrittenheit einer Materie als Kriterium für die Geltung des Gesetzesvorbehalts angesehen.[229] Exemplarisch dafür ist die Formel Kiskers, "das wesentliche ist das politisch Kontroverse".[230]

Diese Ansicht hat für sich, daß die politische Umstrittenheit einer Frage einen hohen Legitimationsbedarf signalisiert und daß die Bürger über die öffentliche Diskussion auf die Entscheidung Einfluß nehmen können.[231] Insofern sollte die politische Umstrittenheit zumindest neben anderen Kriterien Berücksichtigung finden.[232]

Die staatliche Fraktionsfinanzierung ist in den Modalitäten ihrer Gewährung und insbesondere hinsichtlich ihrer Zwecke, der Offenlegung und der Kontrolle politisch umstritten, könnte also auch aus diesem Grunde als wesentlich angesehen werden.

---

227 Art. 21 III GG i.V.m. ParteienG; dazu BVerfGE 85, 264 (291).
228 Vgl. auch Parteienfinanzierungskommission v. 1993 S. 40.
229 Siehe etwa Kisker, NJW 1977, 1313 (1318); Ossenbühl, Verwaltungsvorschriften und Grundgesetz, S. 241; ders., Vorrang u. Vorbehalt des Gesetzes, in: Isensee/Kirchhof (Hrsg.), Handbuch des Staatsrechts III, § 62 Rz. 34; dagegen BVerfGE 49, 89 (126); Papier, Der Vorbehalt des Gesetzes u. seine Grenzen, in: Götz/Klein/Starck (Hrsg.), Die öffentl. Verwaltung zwischen Gesetzgebung u. richterl. Kontrolle, S. 36 (43); Nevermann, VerwA 1980, 241 (247); Umbach, FS Faller, S. 126 f.
230 Kisker a.a.O.
231 Hermes, Der Bereich des Parlamentsgesetzes, S. 118 f.; s.a. Parteienfinanzierungskommission v. 1993 S. 40.
232 So im Ergebnis auch Staupe, Parlamentsvorbehalt und Delegationsbefugnis, S. 126 ff., 247-251; Lerche, Bayer. Schulrecht u. Gesetzesvorbehalt, S. 20; Degenhardt, DÖV 1981, 477 (479 f.); Eberle, DÖV 1984, 485 (487); Maurer, Allg. Verwaltungsrecht, § 6 Rz. 11.; Hermes, Der Bereich des Parlamentsgesetzes, S. 117-120.

3. Publizität durch Verfahren

Ein weiterer wichtiger Grund für die Geltung des Gesetzesvorbehaltes bei der Fraktionsfinanzierung liegt nicht in ihrer inhaltlichen Bedeutung, sondern in dem Bedürfnis für die Entscheidung im öffentlichkeitsorientierten parlamentarischen Gesetzgebungsverfahren, welches aus ihrer Klassifizierung als Entscheidung des Parlamentes in eigener Sache folgt.[233] Die Entscheidung in eigener Sache birgt aufgrund der fraktionsübergreifenden Einigkeit und Befangenheit der Entscheidungsträger typischerweise Gefahren der Undurchsichtigkeit, der übermäßigen Begünstigung, des Mißbrauchs und der Beeinträchtigung des offenen politischen Wettbewerbs in sich. Aus dieser Problematik resultiert, da die Kontrolle durch die Verfassungsgerichte und die Rechnungshöfe nur begrenzt eingreift, eine gesteigerte Notwendigkeit an Transparenz, Öffentlichkeit und insbesondere öffentlicher Kontrolle.[234]

Das parlamentarische Gesetzgebungsverfahren gewährleistet im Gegensatz zu anderen staatlichen Entscheidungsverfahren ein Mehr an Transparenz, öffentlicher Beteiligung und öffentlicher Kontrolle. Denn die Besonderheit dieses Verfahrens ist sein hohes Maß an Öffentlichkeit[235]: Es findet ein tiefgestaffelter Willensbildungsprozeß mit mehreren Lesungen im Plenum statt. In den öffentlichen Verhandlungen des Parlamentes wird über das Gesetzesvorhaben diskutiert. Die Gesetzesmaterialien sind allgemein zugänglich. Das Gesetz wird schließlich im Gesetzblatt veröffentlicht. Die derart ausgestaltete Öffentlichkeit der Gesetzgebung fördert eine gründliche

---

233 Von Arnim, Fraktionsfinanzierung, S. 26 ff.; ders., DVBl. 1987, 1241 (1245 ff.); ders., Der Staat als Beute, S. 292; siehe schon ders., Parteienfinanzierung (1982), S. 111-114; Parteienfinanzierungskommission v. 1993 S. 36, 40. Siehe zu dem verfahrensmäßigen Ansatz auch Böckenförde, Gesetz u. gesetzgebende Gewalt, S. 384; Zimmer, Funktion - Kompetenz - Legitimation, S. 249-266; Hermes, Der Bereich des Parlamentsgesetzes, S. 42 f.
234 Siehe dazu auch 1. Teil, Grundproblem.
235 Vgl. Kisker, NJW 1977, 1313 (1315), der dafür den Begriff der "Veröffentlichungsfunktion" des Gesetzesvorbehaltes verwendet; Ossenbühl, DÖV 1980, 545 (549); ders., Vorrang u. Vorbehalt des Gesetzes, in: Isensee/Kirchhof (Hrsg.), Handbuch des Staatsrechts III, § 62 Rz. 37, 49; Sattler, Diskussionsbeitrag in: Götz/Klein/Starck, Die öffentliche Verwaltung zwischen Gesetzgebung u. richterl. Kontrolle, S. 97 f.; s.a. Klein, ebenda, S. 129; Zimmer, Funktion-Kompetenz-Legitimation, S. 258-262; Degenhardt, DÖV 1981, 477 (479); Böckenförde, Gesetz u. gesetzgebende Gewalt, S. 384; Magiera, Parlament u. Staatsleitung in der Verfassungsordnung des Grundgesetzes, S. 205-210, 236 f.; Eberle, DÖV 1984, 485 (489 f.); Staupe, Parlamentsvorbehalt u. Delegationsbefugnis, S. 219 ff., 249 ff.; s. schon Starck, der Gesetzesbegriff des Grundgesetzes, S. 157-163.

Auseinandersetzung mit der Materie, mit Begründung, Kritik und wiederum Rechtfertigung, die der größeren Richtigkeit der Entscheidung dient und dafür sorgt, daß die Medien vom Entscheidungsprozeß Kenntnis nehmen und die Bürger informieren. So wird die öffentliche Diskussion und Kontrolle über die Materie ermöglicht.[236]

Diese Publizität durch Verfahren ist essentiell für die Fraktionsfinanzierung wie auch für die Abgeordnetenentschädigung und die anderen Bereiche der staatlichen Politikfinanzierung. Die externe Kontrolle durch Medien und Öffentlichkeit ersetzt die bei Entscheidungen in eigener Sache zunächst meist fehlende parlamentsinterne Kontrolle durch die Opposition. Erst die Rückkoppelung mit der öffentlichen und der veröffentlichten Meinung ermöglicht das Aufnehmen von außen geäußerter Bedenken und Anregungen in die parlamentarische Debatte - auch und vor allem durch die Opposition. Darüberhinaus veranlaßt schon im Vorfeld allein das Wissen um eine wirksame Kontrolle durch eine wachsame Öffentlichkeit die Entscheider in eigener Sache zu hinreichender Reflexion und Begründung diesbezüglicher Gesetzesinitiativen.

Entscheidend ist hier also nicht, daß das Parlament entscheidet, sondern wie es entscheidet, nämlich im Wege des parlamentarischen Gesetzgebungsverfahrens, da dieses Entscheidungsverfahren für die gebotene öffentliche Diskussion und Kontrolle der Materie sorgt. Aus der Notwendigkeit der Entscheidung im öffentlichkeitswirksamen parlamentarischen Gesetzgebungsverfahren ergibt sich die Geltung des Gesetzesvorbehaltes, der ein eigenständiges Gesetz, ohne Koppelung und Delegation, verlangt.[237]

4. Ergebnis

Zusammenfassend lassen sich demnach verfassungsrechtliche, politische und systemtheoretische Gründe für die Geltung eines speziellen Gesetzesvorbehaltes bei der staatlichen Fraktionsfinanzierung feststellen: Der Fraktionsfinanzierung kommt eine grundlegende Bedeutung für die parlamentarische

---

236 Von Arnim, DVBl. 1987, 1241 (1243 f.); s.a. Ossenbühl, DÖV 1980, 545 (549); ders., Vorrang u. Vorbehalt ds Gesetzes, in: Isensee/Kirchhof (Hrsg.), Handbuch des Staatsrechts III, § 62 Rz. 37, 49; Kisker, NJW 1977, 1313 (1315).
237 Von Arnim, DVBl. 1987, 1241 (1245 ff.); ders., Fraktionsfinanzierung, S. 26 ff.; Parteienfinanzierungskommission v. 1993 S. 40; s.a. Morlok, JZ 1989, 1035 (1045). - Mit dieser Argumentation, die ebenso für die Abgeordnetenentschädigung zutrifft, ist auch Seufferts Ansicht (BVerfGE 40, 330, 344, 349 f.) widerlegt, die Verfassung verlange keine selbständige Entscheidung des Parlaments etwa über die Höhe der Diäten und auch kein Koppelungs- und Delegationsverbot.

Demokratie gemäß Art. 20 III GG zu. Sie ist auch als ein Teil der Ausgestaltung der verfassungsrechtlichen Institution der Fraktionen bedeutsam. Der Umfang der Zahlungen ist erheblich. Es handelt sich um einen politisch stark umstrittenen Bereich. Die erforderliche Gewährleistung von öffentlicher Kontrolle ist nur anhand der Publizität eines parlamentarischen Gesetzgebungsverfahrens möglich.[238]

Zunehmend wird denn auch anerkannt, daß gesetzliche Regelungen aus Gründen der Transparenz zumindest geboten sind.[239] Uneinigkeit herrscht aber über den Regelungsinhalt, insbesondere darüber, ob Rahmenregelungen und auch Koppelungen an Steigerungen in anderen Bereichen ausreichen oder nur eigenständige Regelungen mit konkreten Beträgen zulässig sind, also der Totalvorbehalt des parlamentarischen Gesetzes[240] gilt.

IV. Konsequenzen des Gesetzesvorbehalts

1. Einstellung der Mittel in den Haushaltsplan nicht ausreichend

Die bloße Einstellung der Mittel in den Haushaltsplan, wie es in Sachsen, vielen anderen Ländern und im Bund geschieht, genügt nicht dem Gesetzes-

---

238 Für die Geltung des Gesetzesvorbehaltes bei der Fraktionsfinanzierung von Arnim, Fraktionsfinanzierung, S. 29; ders., Anhör. Hess. FraktionsG-Entw., S. 59 ff.; Bick, Die Ratsfraktion, S. 105; Morlok, JZ 1989, 1035 (1045); Mardini, Die Finanzierung der Parlamentsfraktionen, S. 128; Ockermann, ZRP 1992, 323 (325); Parteienfinanzierungskommission v. 1993 S. 36, 40. Im Hess. LT hielt der Abg. Starzacher am 13.7.1988 (Plpr. 12/46 S. 2451) die Forderung von Arnims nach Festsetzung der Fraktionsmittel in einem Fraktionsgesetz ausdrücklich für berechtigt, zum Gesetz kam es indes erst 1993. Auch die Hmb. Enquete-Kommission "Parlamentsreform", S. 50 f., empfahl ein Gesetz, das u.a. Höhe, Art u. Zweck der Leistungen an die Fraktionen regelt.
239 Siehe Jekewitz, ZParl 1984, 14 (21); ders., Die Bundestagsfraktionen, in: Schneider/Zeh (Hrsg.), Parlamentsrecht u. -praxis, § 37 Rz. 63; Ritzel/Bücker, Hdb. f.d. Parl. Praxis, Vorbem. zu § 10 GO BT, Anm. V; Hagelstein, Die Rechtsstellung der Fraktionen im Deutschen Parlamentswesen, S. 196 f.; Beschluß der Konferenz der Präsidentinnen u. Präsidenten der dtsch. Landesparlamente, Begründung der Formulierungsvorschläge; H. Meyer, Anmerkungen zum Hess. FraktionsG-Entw., S. 7; U. Müller, Stellungnahme zum Hess. FraktionsG-Entw., S. 1 f.; Fachkommission "Politikfinanzierung" von Bündnis 90/Die Grünen im BT, Reformvorschläge zur Parlaments- u. Regierungsfinanzierung v. 25.1.1993, S. 1 u. 6. S.a. Kassing, Das Recht der Abgeordnetengruppe, S. 53 f., zur institutionalisierten Abgeordnetengruppe.
240 Von Arnim, Fraktionsfinanzierung, S. 28.

vorbehalt.[241] Denn der Haushaltsplan ist keine gesetzliche Grundlage im Sinne des Gesetzesvorbehalts.[242] Zwar wird der Haushaltsplan durch das Haushaltsgesetz festgestellt, enthält also in formaler Sicht eine Entscheidung des Parlaments. Gerade hinsichtlich der Öffentlichkeitswirkung, die bei Entscheidungen des Parlaments in eigener Sache maßgeblich ist, entspricht der Haushaltsplan nicht einem Gesetz[243]: Gesetze müssen im Gesetzblatt verkündet werden, vom Haushaltsplan wird nur der Gesamtplan im Gesetzblatt veröffentlicht, nicht jedoch die Einzelpläne, Kapitel und Titel, aus denen sich erst die einzelnen bewilligten Posten und ihre Zweckbestimmung ergeben. Dadurch, daß Haushaltspläne gewaltige Werke mit Tausenden von Einzelposten sind, wird auch die Qualität der Beratung beeinflußt. Der "Dschungel" der Posten steht nämlich einer effektiven öffentlichen Einzelberatung der Posten entgegen. In den auf einen relativ kurzen Zeitraum beschränkten parlamentarischen Haushaltsberatungen können einfach nicht alle Einzelposten diskutiert und so für die Öffentlichkeit merklich gemacht werden.[244] Hinzu kommt, daß, da die Fraktionen sich bei den Zahlungen an sie selbst zumeist einig sind, kein Interesse an einer öffentlichen Diskussion besteht. Dies ist auch in den neuen Ländern der Fall. Nur die Fraktionen von Bündnis 90/Grüne sind meist gegen Erhöhungen der Diäten und der "Fraktionszuschüsse".

Wegen des unübersichtlichen Umfangs und der besonderen Technizität des Haushaltsplans ist es für interessierte Bürger, die Presse und die Medien schwierig, die maßgeblichen Posten und Zahlen zu ermitteln und auch die dahinterstehenden brisanten politischen Entscheidungen zu erkennen. Deshalb sind die sich lediglich aus dem Haushaltsplan ergebenden Zahlungen an die Fraktionen lange Zeit, von der Öffentlichkeit unbemerkt, im Dunklen

---

241 Von Arnim, Fraktionsfinanzierung, S. 30 ff.; Parteienfinanzierungskommission v. 1993 S. 36, 40.
242 Vgl. auch OVG Münster NWVBl. 1990, 226 (229 f.) u. BVerwGE 90, 112 (126 f.) zur staatl. Förderung eines Vereins zur Bekämpfung der "Jugendsekten" durch einen Haushaltstitel bei Eingriffen in die Grundrechtssphäre Dritter.
243 Mußgnug, Der Haushaltsplan als Gesetz, S. 303 f.; von Arnim, DVBl. 1987, 1241 (1246 f.); Morlok, JZ 1989, 1035 (1045). -A.A. Schönberger, Die Rechtsstellung der Parlamentsfraktionen, S. 206 ff., der unter Verkennung der Realitäten im Haushaltsverfahren annimmt, die Öffentlichkeitswirkung der haushaltsmäßigen Festsetzung sei gleichwertig gegenüber dem förml. Gesetzgebungsverfahren. Auch die Fraktionsvorsitzendenkonferenzen der CDU/CSU v. 19.10.1990 u. der SPD v. 2./3.5.1991 halten die haushaltsrechtl. Veranschlagung für ausreichend.
244 Mußgnug, Der Haushaltsplan als Gesetz, S. 302 ff., 315; von Arnim, DVBl. 1987, 1241 (1247).

geblieben. [245] Werden dagegen die staatlichen Leistungen an die Fraktionen, und zwar die Geld-, Sach- und Dienstleistungen,[246] in einem Gesetz festgelegt, vorbereitet durch einen zu begründenden und als Parlamentsdrucksache zu veröffentlichenden Gesetzentwurf und nur ebenso zu ändern, hat dies eine bessere Erkennbarkeit und Verständlichkeit der Regelungen, ein erhöhtes öffentliches Interesse, und so eine effektivere Kontrolle durch die Öffentlichkeit zur Folge.[247]

2. Ebenfalls ungenügend: Rahmenregelungen

In einigen Ländern, z.B. in Brandenburg, Mecklenburg-Vorpommern, Sachsen-Anhalt, Bayern und Hessen,[248] gibt es Bestimmungen in den Abgeordneten- oder Fraktionsgesetzen, die die Fraktionsfinanzierung nach Empfängern, Vergabebedingungen und Verwendungszweck dem Grunde nach regeln. Derartige Regelungen sind auch in fast allen Gesetzentwürfen für Fraktionsgesetze vorgesehen.[249] Dies wird von einigen Stimmen für ausreichend erachtet.[250] Diese Regelungen ermöglichen jedoch nicht die gebotene Öffentlichkeitswirkung und Öffentlichkeitskontrolle, da sie nicht die konkreten Beträge transparent machen und demzufolge Erhöhungen der Zahlungen relativ einfach und unbemerkt zulassen, weil das Gesetz nicht geändert werden muß. Deswegen genügen sie nicht dem Gesetzesvorbehalt.[251]

Der Entwurf des Bundestages für ein Fraktionsgesetz sieht vor, daß die Höhe der Beträge für die Fraktionen "nach entsprechender Anwendung von § 30 S. 1" AbgG vom Bundestag festgesetzt wird.[252] Gemäß dieser Bestimmung erstattet der Präsident "dem Bundestag im Benehmen mit dem Älte-

---

245 Vgl. von Arnim, DVBl. 1987, 1241 (1247).
246 So auch der Präs. des Rechnungshofes von Berlin, Grysczyk, in seiner Stellungnahme zu den Berliner Gesetzentwürfen, S. 9.
247 Vgl. von Arnim, DVBl. 1987, 1241 (1247); s.a. Parteienfinanzierungskommission v. 1993 S. 40.
248 3 f. FraktionsG Brdb. (davor 28 AbgG), § 51 AbgG MVp. seit 3. ÄnderungsG (davor § 48), § 2 FraktionsG SAnh., Art. 3 FraktionsG Bay., § 3 FraktionsG Hess. S.a. oben B. II. 2.
249 Ausnahmen: Entwürfe in BW, LT-Drs. 11/1554 (FDP/DVP) u. 11/1605 (Grüne).
250 Parteienfinanzierungskommission v. 1983 S. 175; Jekewitz, ZParl 1984, 14 (21); Beschluß der Konferenz der Parlamentspräsidenten, Begründung zu § 3; Kahl, Statement zum Hess. FraktionsG-Entw., S. 2.
251 Von Arnim, Fraktionsfinanzierung, S. 29 f; ders., DVBl. 1987, 1241 (1247); Parteienfinanzierungskommission v. 1993 S. 40.
252 BT-Drs. 12/4756, § 49 II S. 2 AbgG.

stenrat jährlich ... einen Bericht über die Angemessenheit der Entschädigung im Sinne des Art. 48 Abs. 3 des Grundgesetzes und legt zugleich einen Vorschlag zur Anpassung der Entschädigung vor." Demnach werde, so die Begründung des Gesetzentwurfs, "die Höhe der Geldleistungen an die Fraktionen jährlich in demselben Verfahren festgelegt ..., das für die Festsetzung der Höhe der individuellen Amtsausstattung maßgebend" sei.[253] Dies ist aber nur zum Teil zutreffend. Richtig ist, daß nach dem Entwurf bei der Festlegung der Fraktionsfinanzierung wie bei der Abgeordnetenentschädigung der Bericht und der unverbindliche Vorschlag des Parlamentspräsidenten zur Anpassung zu berücksichtigen ist. Im entscheidenden Punkt handelt es sich aber nicht um die Festlegung in demselben Verfahren: Die Höhe der Abgeordnetenentschädigung wird durch Gesetz festgelegt, die Höhe der Fraktionsfinanzierung hingegen nicht. Daher wird die geplante Regelung den Anforderungen des Gesetzesvorbehaltes nicht gerecht.

3. Regelung nach Grund und Betrag erforderlich

Dem Gesetzesvorbehalt bei der staatlichen Fraktionsfinanzierung genügen demnach nur gesetzliche Regelungen nach Grund und Betrag, wie es sie in Thüringen und Niedersachsen gibt[254] und wie sie in den Entwürfen der FDP-Fraktion in Schleswig-Holstein und den Fraktionen von FDP/DVP und Grüne in Baden-Württemberg vorgesehen sind.[255]

In Rheinland-Pfalz und Hamburg sind zwar die Beträge im Abgeordnetengesetz genannt, die zur Zeit der Schaffung der Regelungen gezahlt wurden, jedoch sind die Fraktionszahlungen an die jährlichen Anhebungen für die Angestellten im öffentlichen Dienst bzw. für die Beamten gekoppelt.[256] Diese Koppelung führt zu einer automatischen Erhöhung der "Fraktionszuschüsse", ohne daß jede Veränderung im Plenum diskutiert und vor den Augen der Öffentlichkeit, der wirksamsten Kontrollinstanz, darüber als selbständiger politischer Frage entschieden würde, wie es das Bundesverfassungsgericht bei Entscheidungen des Parlaments in eigener Sache verlangt hat.[257] Ein derartiges Verfahren ermöglicht nicht die erforderliche Öffent-

---

253 Ebenda, Begründung S. 5, 7.
254 § 41 AbgG Thür., § 31 AbgG Nds.
255 LT SH, Drs. 13/537 § 3 I (FDP); LT BW, Drs. 11/1554 § 3I (FDP/DVP) u. 11/1605 § 2 I (Grüne).
256 § 36 a AbgG RhPf., § 8 AbgG Hmb.
257 Vgl. BVerfGE 40, 296 (316 f., 327) zur Abgeordnetenentschädigung; dagegen Seuffert, Sondervotum, BVerfGE 40, 330 (344, 349 f.).

lichkeitswirkung und genügt nicht den Anforderungen an ein eigenständiges Gesetz im Sinne des Gesetzesvorbehaltes.[258]

Die Gesetzentwürfe für Fraktionsgesetze der Hamburger und der nordrhein-westfälischen Grünen-Fraktionen sehen die jährliche Festsetzung der Geldleistungen an die Fraktionen durch besondere Gesetze vor.[259] Solche Gesetze, sofern sie das Wesentliche regeln, könnten dem Gesetzesvorbehalt genügen.

Es ist aber nicht einsichtig, warum die Beträge in einem vom Fraktionsgesetz abgesonderten Gesetz geregelt werden sollten. Schließlich gehören die Höhe und die anderen Bestimmungen systematisch zusammen und die Verteilung der die Rechtsstellung und Finanzierung der Fraktionen regelnden Bestimmungen auf zwei Gesetze vermindert nur die Transparenz.

V. Absolute Obergrenze

Für die staatliche Parteienfinanzierung hat das Bundesverfassungsgericht in seinem Urteil vom 9.4.1992 eine absolute Obergrenze festgelegt, die beim durchschnittlichen Stand der Zuschüsse für die Jahre 1989-92 liegt. Diese Grenze gilt, "solange die bestehenden Verhältnisse keine entscheidende Veränderung erfahren." Eine Anpassung an die Entwicklung der für die Aufgabenerfüllung relevanten Preise ist erlaubt.[260]

Eine ähnliche absolute Begrenzung gab es schon in einer Entscheidung des Bundesverfassungsgerichts von 1968, in der das Gericht dem Gesetzgeber vorschrieb, er habe sich bei Festsetzung der Wahlkampfkostenpauschale an den Wahlkampfausgaben der Bundestagswahl von 1965 zu orientieren und dürfe eine Anhebung nur entsprechend den Kostensteigerungen vornehmen.[261]

Die Begründung der absoluten Obergrenze für die Parteienfinanzierung liegt allerdings in der Gefahr einer unbegrenzten Ausweitung der Staatsfinanzierung bei Entscheidung des Parlaments in eigener Sache und nicht, wie das Bundesverfassungsgericht zunächst vordergründig angeführt hat, im

---

258 Vgl. von Arnim, Fraktionsfinanzierung, S. 30; ders. DVBl. 1987, 1241 (1245 ff.).
259 Hmb. Bgsch., Drs. 14/1520, Art. 3 III; LT NW, Drs. 11/4162, § 3 III.
260 BVerfGE 85, 264 (290 f.) = DVBl. 1992, 764 (766 f.).
261 BVerfGE 24, 300 (338 ff.).

Grundsatz der Staatsfreiheit der Parteien.[262] Tatsächlich spricht auch die Argumentation des Bundesverfassungsgerichts für diese Begründung:

"Der Umfang der Staatsfinanzierung muß sich auf das beschränken, was zur Aufrechterhaltung der Funktionsfähigkeit der Parteien unerläßlich ist und von den Parteien nicht selbst aufgebracht werden kann. Der Finanzbedarf der Parteien zur Erfüllung der ihnen durch Verfassung und Parteiengesetz übertragenen Aufgaben muß sich an dem zur Verfügung stehenden Einnahmerahmen ausrichten. Der Staat darf den Parteien nicht mehr zuwenden, als sie unter Beachtung des Gebots sparsamer Verwendung öffentlicher Mittel, die ja im wesentlichen aus von den Bürgern erhobenen Abgaben bestehen, zur Erfüllung ihrer Aufgaben benötigen. Gewönne der Bürger den Eindruck, die Parteien 'bedienten' sich aus der Staatskasse, so führte dies notwendig zu einer Verminderung ihres Ansehens und würde letztlich ihre Fähigkeit beeinträchtigen, die ihnen von der Verfassung zugewiesenen Aufgaben zu erfüllen."[263]

Die Begründung der absoluten Obergrenze bei der Parteienfinanzierung trifft auch für die Fraktionsfinanzierung zu.[264] Auch hier besteht die Gefahr einer unbegrenzten Ausweitung der Zahlungen wegen der Entscheidung des Parlaments in eigener Sache. Eine absolute Begrenzung der Staatsmittel ist bei den Fraktionen sogar erst recht angezeigt,[265] da es bei ihnen im Gegensatz zu den Parteien nicht die Begrenzung auf die Hälfte der Gesamteinnahmen gibt, sie vielmehr völlig aus der Staatskasse finanziert werden dürfen und dies auch werden. Ebenfalls besteht die Gefahr der "Selbstbedienung" der Fraktionen, des daraus resultierenden Ansehensverlustes bei den Bürgern und der wiederum daraus folgenden möglichen Beeinträchtigung ihrer Aufgabenerfüllung. Schließlich kann auch davon ausgegangen werden, daß der bisherige Umfang der Staatsfinanzierung zur Wahrnehmung der Aufgaben der Fraktionen zumindest ausreicht.[266] Zwar kann es durchaus sein, daß die "Fraktionszuschüsse" der letzten Jahre sich nicht auf den zur Aufrechterhaltung der Funktionsfähigkeit der Fraktionen unerläßlichen Umfang be-

---

262 Von Arnim, Haushaltsrechtliche Veranschlagung, S. 26 f. FN 34; kritisch zur Begründung des BVerfG auch Uwe Volkmann, Verfassungsrecht u. Parteienfinanzierung, ZRP 1992, 325 (328 f.).
263 BVerfGE 85, 264 (290) = DVBl. 1992, 764 (766).
264 Vgl. von Arnim, Haushaltsrechtliche Veranschlagung, S. 26 f. FN 34; ders., Der Staat als Beute, S. 292; ders., Anhör. Hess. FraktionsG-Entw., S. 60 f.; Parteienfinanzierungskommission v. 1993 S. 36.
265 Dafür auch Wewer, Die Dialektik der Stabilität - Politischer Wettbewerb in der BRD, in: ders. (Hrsg.), Parteienfinanzierung u. politischer Wettbewerb, S. 459 (486); H. Meyer, Anhör. Hess. FraktionsG-Entw., S. 82 f.
266 Von Arnim, Haushaltsrechtl. Veranschlagung, S. 26 f. FN 34.

schränkten.[267] Daß die Fraktionen sich selbst zu geringe Mittel bewilligt hätten, ist jedenfalls kaum anzunehmen. Mangels anderer tatsächlicher Grundlagen für den angemessenen Finanzbedarf der Fraktionen ist die Festlegung einer Obergrenze nur in Orientierung an den bisher geflossenen Zahlungen möglich. Außerdem besteht ohne eine absolute Obergrenze die Gefahr, daß der "Finanzhunger der Fraktionen"[268] die nur zweckgebundene Zulässigkeit der Staatsfinanzierung für die parlamentarische Koordinationstätigkeit der Fraktionen zu umgehen versucht. So könnten die Fraktionen in den Rechtsvorschriften, die ihre Aufgaben näher bestimmen, durch Entscheidung in eigener Sache den Kreis ihrer Aufgaben erweitern und damit Erhöhungen der Staatsmittel rechtfertigen.[269]

In den Fraktionsgesetzen und Gesetzentwürfen fehlt die notwendige Fixierung einer absoluten Obergrenze für die staatliche Fraktionsfinanzierung.

VI. Haushaltsrechtliche Veranschlagung

Gehört die Haushalts- und Wirtschaftsführung der Fraktionen zu der des Parlamentes und damit zu der des Staates, weil die Fraktionen in die organisierte Staatlichkeit eingefügt sind und deshalb voll mit staatlichen Mitteln finanziert werden,[270] so folgt daraus, daß ihre Finanzwirtschaft auch den haushaltsrechtlichen Grundsätzen genügen muß, die für die staatliche Finanzwirtschaft gelten.[271] Gerade bei den staatlichen Leistungen an die Fraktionen besteht wegen der Problematik der Entscheidung in eigener Sache eine gesteigerte Notwendigkeit der öffentlichen Kontrolle, welche u.a. durch die haushaltsrechtliche Veranschlagung der Mittel ermöglicht wird.[272]

---

267 So auch Volkmann, ZRP 1992, 325 (328 f.), betr. die Parteienfinanzierung.
268 Von Arnim, Die Partei, S. 291.
269 Siehe dazu oben II. Die bedenkliche Tendenz zur Ausdehnung von staatlich finanzierter Fraktionstätigkeit zeigt sich insbesondere in dem Aufgabenkatalog der Oppositionsfraktionen in Art 26 II Verf. MVp. und in der Aufgabenbeschreibung der Fraktionen in § 2 III des Berliner Fraktionsgesetz-Entwurfes von CDU u. SPD (Berliner Abgeordnetenhaus, Drs. 12/1961).
270 Siehe oben I. und IV.
271 Von Arnim, Haushaltsrechtliche Veranschlagung, S. 33 ff. A.A. Fensch, ZRP 1993, 209 (209 f.), der darin einen Eingriff in Freiheit und Flexibilität der Fraktionsarbeit erblickt.
272 Von Arnim, Haushaltsrechtliche Veranschlagung, S. 31 f.; Schmidt-Bens, ZRP 1992, 281 (283); Parteienfinanzierungskommission, S. 36; ferner Gryszyk, Stellungnahme zu den Berliner Fraktionsgesetz-Entwürfen, S. 9. Zur Veranschlagung und Offenlegung sowie Begründung der konkreten Beträge siehe schon Jekewitz, ZParl 1982, 314 (334 f.); ders., ZParl 1984, 14 (21).

Dabei sind insbesondere die Haushaltsgrundsätze der Einheit und Vollständigkeit des Haushaltsplans, der Bruttoveranschlagung, der Haushaltsklarheit, der Spezialität und der Öffentlichkeit einzuhalten. Nach diesen Grundsätzen ist vor allem eine getrennte Einzelveranschlagung der Einnahmen und Ausgaben jeder Fraktion, getrennt nach bestimmten Einnahme- und Ausgabearten entsprechend dem Gruppierungsplan sowie die Ausweisung eines Stellenplans geboten.[273]

Diesen Anforderungen entspricht weitestgehend der Entwurf der SPD und der CDU Schleswig-Holsteins,[274] in dem eine recht detaillierte Veranschlagung der Haushaltsmittel in jeweils einer eigenen Titelgruppe vorgesehen ist. Dort werden folgende Titel ausgewiesen:

- Vergütung der Angestellten
- Beschäftigungsentgelte, Aufwendungen für nebenamtlich und nebenberuflich Tätige
- nicht aufteilbare Personalausgaben
- Beihilfen, Geschäftsbedarf, Bücher/Zeitschriften
- Geräte, Ausstattungs-/Ausrüstungsgegenstände
- Sachverständigen-, Gerichts- und ähnliche Kosten
- Dienstreisen, Verfügungsmittel
- Öffentlichkeitsarbeit
- nicht aufteilbare sächliche Verwaltungsaufgaben
- Erwerb von Geräten, Ausstattungs- und Ausrüstungsgegenständen.

Zu bemängeln ist jedoch, daß die Ausgaben innerhalb der Titelgruppe für gegenseitig deckungsfähig zu erklären sind.[275] Danach könnten nämlich, wenn ein Titel erschöpft ist, für den gleichen Zweck Ausgaben aus einem noch nicht verbrauchten Titel getätigt werden.

Dagegen veranschlagen die Haushaltspläne der neuen Länder lediglich die Ausgaben für "Fraktionszuschüsse" und zwar entweder in einem Globalbetrag an alle Fraktionen (so bisher in Mecklenburg-Vorpommern) oder unterteilt nach Fraktionen und Grund-, Mitglieds- und Oppositionsbetrag. Auch in den Fraktionsgesetzen Bayerns, Sachsen-Anhalts, Brandenburgs sowie im Niedersächsischen Abgeordnetengesetz und in den Entwürfen des

---

273 Näheres bei von Arnim, Haushaltsrechtliche Veranschlagung, S. 36-53; s.a. ders., Stellungnahme Hess. FraktionsG-Entw., S. 9; zustimmend Schmidt-Bens, ZRP 1992, 281 (283); U. Müller, Stellungnahme zum Hess. FraktionsG-Entw., S. 5; Parteienfinanzierungskommission v. 1993, S. 36; siehe auch Heuer, Kontrollauftrag gegenüber den Fraktionen, S. 112.
274 LT SH, Drs. 13/605, § 46 a II AbgG.
275 Ebenda Satz 2.

Bundes und verschiedener Länder für Fraktionsgesetze ist keine detailliertere Veranschlagung der Fraktionsmittel gemäß dem Haushaltsrecht vorgesehen. Auch wenn die Etatmittel zur Förderung der sparsamen Bewirtschaftung den Fraktionen zur Selbstbewirtschaftung[276] zugewiesen werden, was derzeit in Sachsen-Anhalt und neuerdings in Mecklenburg-Vorpommern[277] der Fall ist, stehen die Mittel zwar über das laufende Haushaltsjahr hinaus zur Verfügung, fließen die dabei aufkommenden Einnahmen den Selbstbewirtschaftungsmitteln zu und wird die Rechnungslegung vereinfacht. Dies befreit aber ansonsten nicht von der Einhaltung der Haushaltsgrundsätze.[278]

VII. Öffentliche Rechenschaftslegung

Die Parteien müssen nach Art. 21 I S. 4 GG "über die Herkunft und Verwendung ihrer Mittel sowie über ihr Vermögen öffentlich Rechenschaft geben." Ursprünglich war nur die Offenlegung der Herkunft der Mittel vorgeschrieben, da es lediglich darum ging, die hinter den Parteien stehenden privaten Finanzquellen für den Bürger sichtbar zu machen. Wegen des wachsenden Ausbaus der staatlichen Parteienfinanzierung[279] ist nach einem Vorschlag der Parteienfinanzierungskommission von 1983[280] mit Wirkung ab 1984 die Publizität auf die Verwendung der Mittel und auf das Vermögen durch eine entsprechende Änderung des Art. 21 I GG erstreckt worden.[281]

Diese Publikationsgebote müssen erst recht für Fraktionen gelten, werden diese doch im Gegensatz zu den Parteien, bei denen nur eine Teilfinanzierung aus Staatsmitteln erlaubt ist,[282] fast völlig aus öffentlichen Mitteln finanziert, weil sie als Gliederungen des Parlaments in die organisierte Staatlichkeit eingefügt sind. Die Begründung für die Erstreckung der Publizitätspflicht liegt aber nicht nur im Umfang der staatlichen Leistungen, sondern vor allem darin, daß die Fraktionen sich die Leistungen im Wege der Entscheidung in eigener Sache selbst bewilligen, weshalb das Demokra-

---

276 Gemäß § 12 III HGrG, 15 II BHO/LHO.
277 § 2 FraktionsG SAnh., § 51 I AbgG MVp (3. ÄndG).
278 Vgl. Von Arnim, Haushaltsrechtliche Veranschlagung, S. 45 f.; s.a. die Stellungnahme des Rechnungshofes von Berlin vom 12.10.1992 zu den Berliner Fraktionsgesetz-Entwürfen.
279 Vgl. hierzu von Arnim, Die Partei, S. 54-64.
280 Parteienfinanzierungskommission v. 1983, S. 182. Davor schon für eine derartige Offenlegung von Arnim, Parteienfinanzierung (1982), S. 65 ff.
281 Vgl. von Arnim, Fraktionsfinanzierung, S. 47 f.
282 Siehe BVerfGE 85, 264 (287 ff.).

tie- und das Rechtsstaatsprinzip eine gesteigerte Notwendigkeit der Kontrolle durch die Öffentlichkeit verlangen. Schließlich ist die Offenlegung notwendig, um zu beurteilen, ob die staatlichen Leistungen erforderlich und angemessen sind. Dabei ist insbesondere an die Gefahr des Mißbrauchs der Mittel für Parteizwecke, der unzulässigen verdeckten Parteienfinanzierung, zu denken, die durch die Publizität der Finanzen verhindert werden kann.[283]

Die Forderung der Finanzpublizität haben die neuen Fraktions- bzw. Abgeordnetengesetze Bayerns, Sachsen-Anhalts, Niedersachsens, Hessens, Mecklenburg-Vorpommerns und Brandenburgs - im Gegensatz zu dem Thüringer Abgeordnetengesetz, wo dies fehlt - im wesentlichen verwirklicht. Sie enthalten Bestimmungen, nach denen die Fraktionen, gegliedert nach verschiedenen Einnahme- und Ausgabenarten, jährlich über die Herkunft und die Verwendung ihrer Mittel und über ihr Vermögen Rechenschaft legen müssen. Die Rechenschaftsberichte werden als Parlamentsdrucksache veröffentlicht.[284] In den Rechnungen spiegeln sich die problematischen Tätigkeiten der Fraktionen wider, etwa die Fraktionsveranstaltungen, die Zusammenarbeit mit Fraktionen anderer Parlamente und die Öffentlichkeitsarbeit.[285] Bedenklich ist ebenfalls der Posten der Vergütungen für Fraktionsmitglieder für die Wahrnehmung besonderer Fraktionsfunktionen, der sich in einigen Bestimmungen findet.[286] Dies gilt nicht nur im Hinblick auf eine mögliche Umgehung des formalisierten Gleichheitssatzes,[287] sondern auch wegen der Zweckbindung der "Fraktionszuschüsse" an die parlamentarische Koordinationstätigkeit der Fraktionen in Abgrenzung zur Amtsausstattung der einzelnen Abgeordneten.[288] Auch unter der Annahme, daß die Tätigkeit der Fraktionsfunktionäre der Koordination der Parlamentsarbeit dient, ließe sich fragen, ob nicht die Vergütung für die

---

[283] Von Arnim, Fraktionsfinanzierung, S. 48 ff.; s. schon ders., Parteienfinanzierung (1982), S. 111-114; ferner ders., Die Partei, S. 267; ders., Haushaltsrechtl. Veranschlagung, S. 31; ders., Der Staat als Beute, S. 291; zustimmend Schmidt-Bens, ZRP 1992, 281 (283); Parteienfinanzierungskommission v. 1993 S. 36. Siehe zur öffentl. Rechnungslegung schon Jekewitz, ZParl 1982, 314 (336, 338). Bereits die Parteienfinanzierungskommission v. 1983, S. 187, hatte eine gesetzliche Verpflichtung zur Offenlegung der Fraktionsmittel vorgeschlagen.
[284] Art. 6 f. Bayer. FraktionsG; § 6 f. SAnh. FraktionsG; § 33 a, b AbgG Nds.; § 6, 8 FraktionsG Hess.; § 52 AbgG MVp. (i.d.F.d. 3. ÄndG); 10 f. FraktionsG Brdb.; ähnl. die verschiedenen Gesetzentwürfe.
[285] Siehe oben II. 2.
[286] Z.B. in Art. 6 III Nr. 2 a FraktionsG Bay., § 33 a III Nr. 2 a) AbgG Nds, 10 III Nr. 2. b) FraktionsG Brdb.
[287] Hierzu oben 2. Teil, D. II.
[288] Siehe oben II. 1.

Ausübung der Funktionen zumindest dann schon vom Zweck der Abgeordnetenentschädigung erfaßt wird, wenn es sich um eine "voll alimentierende" Entschädigung handelt.[289]

Schließlich ist auf die für eine effektive Öffentlichkeitskontrolle erforderliche Zeitnähe der Veröffentlichung der Rechenschaftsberichte hinzuweisen.[290] Die Konferenz der Parlamentspräsidenten hat für die Rechnungslegung der Fraktionen gegenüber dem Landtagspräsidenten eine Frist von vier Monaten vorgesehen.[291] Daran hat sich das Nds. Abgeordnetengesetz gehalten, die entsprechenden Gesetze von Bayern, Sachsen-Anhalt, Hessen, Mecklenburg-Vorpommern und Brandenburg sehen dagegen eine Frist von sechs Monaten vor.[292] Für die eigentliche Veröffentlichung durch den Landtagspräsidenten, wichtig als Voraussetzung für die öffentliche Kenntnisnahme und die Möglichkeit zur Kritik des Finanzgebarens der Fraktionen, besteht gar keine Frist. Damit eventuelle Kritik sich aber noch möglichst auf die Beratung und Festsetzung der staatlichen Mittel für das nächste Haushaltsjahr auswirken kann, sollte hierfür eine kurze Frist von höchstens drei weiteren Monaten[293] gesetzt werden.

VIII. Finanzkontrolle durch die Rechnungshöfe

Die Notwendigkeit, die Verwendung der Fraktionsmittel zu kontrollieren, ergibt sich daraus, daß es sich dabei um Mittel aus dem Staatshaushalt handelt. Vor allem aber der Umfang der Zahlungen in Höhe von mehreren Millionen DM jährlich[294] für die Fraktionen eines Landesparlamentes sowie die Bewilligung der Leistungen im Wege der Entscheidung der Fraktionen in eigener Sache machen eine öffentlichkeitswirksame Kontrolle durch die unabhängigen Institutionen der Rechnungshöfe erforderlich.[295] Umstritten ist dabei mittlerweile weniger das grundsätzliche Prüfungsrecht der Rechnungshöfe, sondern die Rechtsgrundlagen und die Prüfungsmaßstäbe.

---

289 Zum Zweck der Abgeordnetenentschädigung siehe 2. Teil, B. II.
290 Vgl. von Arnim, Haushaltsrechtliche Veranschlagung. S. 58; Parteienfinanzierungskommission v. 1993 S. 44.
291 Konferenz der Parlamentspräsidenten, Formulierungsvorschlag § 6.
292 Art. 6 I FraktionsG Bay., § 7 FraktionsG SAnh., § 33 a AbgG Nds., § 6 FraktionsG Hess., § 52 IV AbgG MVp (i.d.F.d. 3. ÄndG), § 10 I FraktionsG Brdb.
293 Von Arnim, Haushaltsrechtliche Veranschlagung, S. 58.
294 Siehe zu den neuen Ländern oben B. II.; zu den alten Ländern von Arnim, Der Staat als Beute, S. 284, 286 f.
295 Vgl. von Arnim, Fraktionsfinanzierung, S. 48 f.; Schmidt-Bens, ZRP 1992, 281 (283); Parteienfinanzierungskommission v. 1993, S. 33 ff.; für die Rechnungshofkontrolle u.a. der Fraktionsmittel schon von Arnim, Parteienfinanzierung (1982), S. 114.

1. Rechtsgrundlagen der Prüfungskompetenz

a) Art. 114 II GG bzw. entspr. Bestimmungen der Landesverfassungen i.V.m. §§ 42 I HGrG, 88 I, 90 BHO/LHO

Das Bundesverfassungsgericht hat 1989 im "Wüppesahl-Urteil" ausdrücklich einen verfassungsrechtlichen Prüfungsauftrag des Bundesrechnungshofes für die Fraktionsfinanzen gemäß Art. 114 II GG konstatiert.[296] Rechtsgrundlagen der Rechnungshofprüfung sind demnach Art. 114 II GG bzw. die dem entsprechenden Bestimmungen der Landesverfassungen[297] in Verbindung mit den Vorschriften der § 42 I HGrG, 88§ I, 90 BHO/LHO. Gemäß diesen Bestimmungen prüfen die Rechnungshöfe die Ordnungsmäßigkeit und die Wirtschaftlichkeit der gesamten Haushalts- und Wirtschaftsführung des Bundes bzw. des Landes. Zur Haushalts- und Wirtschaftsführung zählen alle staatlichen Tätigkeiten, die in der Rechnung und im Haushaltsplan ihren Niederschlag finden oder finden können, also alles, was finanzwirksam ist oder wird.[298] Die Prüfung erstreckt sich wegen des Grundsatzes der Lückenlosigkeit der Finanzkontrolle auf das das ganze Rechtssubjekt Bund/Land, inclusive der ministerialfreien Verwaltungen.[299] Da die genannten Vorschriften nicht von der Haushalts- und Wirtschaftsführung einer staatlichen Verwaltung, sondern von der des Bundes bzw. Landes sprechen, ist somit die Zugehörigkeit zum Rechtssubjekt Bund/Land und nicht etwa die Zugehörigkeit zur Bundes- oder Landesverwaltung maßgebend.[300] Sind die Fraktionen anerkanntermaßen als Gliederungen und Teile des Parlamentes in die organisierte Staatlichkeit eingefügt,[301] so sind sie aus diesem Grunde, wie auch die Parlamente und ihre Verwaltungen, selbst Teile des Bundes bzw. des Landes im Sinne der haushaltsrechtlichen Bestimmungen, so daß ihre Haushalts- und Wirtschaftsführung zu der des Bundes/Landes gehört und demgemäß nach § 88 BHO/LHO von den Rechnungshöfen geprüft wird.[302]

---

296 BVerfGE 80, 188 (214).
297 Verfassungen der neuen Länder: Brdb. Art. 108 II, MVp. Art. 68 III, Sachs. Art. 100 I, SAnh. Art. 97 II, Thür. Verf. Art. 103 III.
298 Heuer, KHR, Art. 114 GG Rz. 78; s.a. Rz. 59-62; Vogel/Kirchhof, BK, Art. 114 Rz 69.
299 Vgl. Heuer, Kontrollauftrag gegenüber den Fraktionen, in: Böning/von Mutius (Hrsg.), Finanzkontrolle im repräsentativ-demokratischen System, S. 107 (107).
300 Heuer, Kontrollauftrag gegenüber den Fraktionen, in: Böning/von Mutius (Hrsg.), Finanzkontrolle im repräsentativ-demokratischen System, S. 108 f.
301 Siehe oben A. I. 2., 3.
302 Heuer, Kontrollauftrag gegenüber den Fraktionen, in: Böning/von Mutius (Hrsg.), Finanzkontrolle im repräsentativ-demokratischen System, S. 107 ff.; ders., KHR, Art.

b) § 91 I Nr. 3 BHO/LHO bzw. fehlende Rechtsgrundlagen

Im Gegensatz dazu ist insbesondere vor dem "Wüppesahl-Urteil" angenommen worden, die Fraktionen seien, da nicht zur Bundes- oder Landesverwaltung gehörend, Stellen außerhalb der Rechtsperson Bund/Land. Auf die Zahlungen für die Finanzierung der Fraktionsarbeit hätten die Fraktionen bei mangelnder gesetzlicher Regelung nach Grund und Betrag keinen Rechtsanspruch, so daß es sich unabhängig von der Bezeichnung um Zuwendungen nach § 23 BHO/LHO handele. Die Prüfungskompetenz der Rechnungshöfe folge somit aus § 91 I Nr. 3 BHO/LHO. Bei Vorliegen gesetzlicher Regelungen dem Grund und der Höhe nach sei wegen des fehlenden Zuwendungscharakters § 91 I Nr. 3 BHO/LHO nicht einschlägig, aber auch §§ 42 I HGrG, 88 I BHO/LHO griffen nicht, da die Fraktionen keine Stellen innerhalb der Bundes- oder Landesverwaltung seien. Daher bedürfe es einer sondergesetzlichen Prüfungsermächtigung.[303]

Teilweise wird noch die Ansicht vertreten, es fehle, soweit nicht spezialgesetzliche Regelungen etwa in Abgeordneten- oder in Fraktionsgesetzen vorhanden seien, überhaupt an Rechtsgrundlagen zur Prüfung durch die Rechnungshöfe. Hierzu wird zunächst verwiesen auf die angebliche Stellung der Fraktionen außerhalb der Bundes- oder Landesverwaltung und darüberhinaus auf den fehlenden Zuwendungscharakter der Zahlungen auch bei Bestehen einer gesetzlichen Regelung dem Grunde nach[304] bzw. daß die Fraktionen keine juristischen Personen seien.[305]

Eine ähnliche Auffassung liegt dem Entwurf eines Fraktionsgesetzes für den Bundestag zugrunde.[306] Er qualifiziert die Geldleistungen an die Frak-

---

114 Rz. 51; ders., Grenzen von Prüfungs- u. Erhebungsrechten, S. 182; von Arnim, Fraktionsfinanzierung, S. 56; ders., Die Partei, S. 94; ders., Haushaltsrechtl. Veranschlagung, S. 29; Lange, Die Prüfung staatlicher Zuwendungen durch den Bundesrechnungshof, in: Zavelberg (Hrsg.), Die Kontrolle der Staatsfinanzen, S. 279 (290 f.); U. Müller, NJW 1990, 2046 (2046); Leitsätze der Konferenz der Präsidenten der Rechnungshöfe v. 11.6.1991; Blasius, DÖV 1993, 359; Gryszcyk, Stellungnahme zu den Berliner Fraktionsgesetz-Entwürfen, S. 5.

303 Vgl. Schönberger, Die Rechtsstellung der Parlamentsfraktionen, S. 213-218; Mardini, Die Finanzierung der Parlamentsfraktionen, S. 128-135, letztere kritisch gegenüber der Zuwendungsfinanzierung (ebenda S. 133 ff.).

304 Rundel, Kontrolle der Fraktionsfinanzierung, S. 146 ff.

305 Th. Müller, Die Fraktionszuschüsse, S. 126.

306 Gesetzentwurf der Fraktionen der CDU/CSU, SPD und FDP, Entwurf eines 16. Gesetzes zur Änderung des Abgeordnetengesetzes (Fraktionsgesetz), BT-Drs. 12/4756 v. 20.4.1993.

tionen als eine "Sonderform der Bereitstellung von Haushaltsmitteln, die es in dieser Art nur für die Fraktionen gibt". Dies sei in der besonderen Stellung der Fraktionen begründet, die "zwar der organisierten Staatlichkeit eingefügt, aber mit dieser nicht gleichzusetzen und folglich auch nicht Bund/Bundesverwaltung im Sinne des Haushaltsrechts sind". Für diese Form der Mittelvergabe halte die Bundeshaushaltsordnung keine Regeln bereit, so daß deren Vorschriften über die Prüfungskompetenzen des Bundesrechnungshofes nicht unmittelbar anwendbar seien und es einer ausdrücklichen Normierung bedürfe.[307]

c) Regelungen der Abgeordneten- bzw. Fraktionsgesetze in den neuen Ländern

Die meisten Abgeordnetengesetze erwähnen die Kontrolle der "Fraktionszuschüsse" durch die Rechnungshöfe. So unterlag in Brandenburg (vor Inkrafttreten des Fraktionsgesetzes im März 1994) die bestimmungsgemäße Verwendung der Fraktionszuschüsse explizit nach § 28 AbgG der Kontrolle durch den Landesrechnungshof, genauere Regelungen gab es indes nicht. Hingegen legt das neue Fraktionsgesetz Brandenburgs[308] in seinem § 12 die Prüfung der Fraktionen durch den Landesrechnungshof näher fest. In Thüringen unterliegen nach § 41 VII AbgG die Jahresausgabenrechnungen der Fraktionen der Prüfung durch den Präsidenten des Landesrechungshofs.[309] Mecklenburg-Vorpommern und Sachsen-Anhalt erwähnten schon in den ersten Fassungen ihrer Abgeordnetengesetze das gesetzliche Prüfungsrecht des Landesrechnungshofs.[310] Daran anknüpfend schreiben auch das Fraktionsgesetz Sachsen-Anhalts und das neue Abgeordnetengesetz Mecklenburg-Vorpommerns die Rechnungsprüfung durch die Landesrechnungshöfe fest.[311] Nach diesen beiden Gesetzen werden allerdings die Einzelheiten der Rechnungshofprüfung in Ausführungsbestimmungen geregelt, die der Präsident des Landtages im Benehmen mit dem Ältestenrat nach Anhörung des Landesrechnungshofes erläßt.[312] In Mecklenburg-Vorpommern ist zudem nach § 53 I S. 2 AbgG nur der Präsident des Rechnungshofes für die Rech-

---

307 Ebenda, Begründung A. III. 2. u. zu § 52; ähnl. Kahl, Statement zum Hess. FraktionsG-Entw., S. 3 f.; s.a. Abg. Scharf (CDU), LT SAnh., Plpr. 1/34 v. 25.6.1992, S. 143.
308 Fraktionsgesetz Brdb. v. 29.3.1994, GVBl. S. 86.
309 Weitergehend der Gesetzentw. von B 90/Grüne für ein FraktionsG, LT Thür., Drs. 1/1749, 7 II. Danach ist der LRH berechtigt, die ordnungsgemäße Verwendung der Fraktionsmittel entsprechend den Festlegungen des FraktionsG zu prüfen.
310 § 48 II AbgG MVp. (vor dem 3. ÄnderungsG), § 47 II AbgG SAnh.
311 § 8 FraktionsG SAnh., § 53 AbgG MVp (i.d.F.d. 3. ÄnderungsG).
312 FraktionsG SAnh. § 8 S. 3; AbgG MVp. § 53 II S. 2.

nungsprüfung der Fraktionen zuständig. In Sachsen hingegen gibt es gar keine Gesetzesbestimmungen über die Finanzkontrolle der Fraktionen durch den Rechnungshof.

d) Ergebnis

Entscheidend für die Prüfungskompetenz der Rechnungshöfe sind nicht die (z.T. noch fehlenden) Bestimmungen der Abgeordneten- und Fraktionsgesetze, sondern die höherrangigen Bestimmungen der Landesverfassungen, welche im wesentlichen mit Art. 114 II GG übereinstimmen[313] und somit die Befugnisse und die unabhängige Aufgabenerfüllung der Rechnungshöfe verfassungsrechtlich absichern.[314] Danach besteht wegen der gleichen Sachlage wie im Bund ebenfalls ein verfassungsrechtlicher Prüfungsauftrag der Landesrechnungshöfe zur Prüfung der Haushalts- und Wirtschaftsführung der Fraktionen als Teile des Rechtssubjektes Land, der sich im einzelnen nach den §§ 42 I HGrG, 88 I, 90 LHO richtet. Dies folgt auch aus Art. 67 I der Verfassung Brandenburgs, Art. 47 II der Verfassung Sachsen-Anhalts und Art. 25 II der Verfassung von Mecklenburg-Vorpommern, die die Fraktionen als Gliederungen des Landtages bezeichnen und damit als zum staatlichen Bereich gehörend festlegen.

Dagegen sind Bestimmungen wie in den Abgeordnetengesetzen Thüringens (§ 41 VIII) und Mecklenburg-Vorpommerns (§ 53 I), die die Rechnungen der Fraktionen nur durch den Präsidenten des Rechnungshofes prüfen lassen wollen, nicht mit der verfassungsrechtlichen Unabhängigkeit des Rechnungshofes vereinbar. Die Unabhängigkeit überläßt es der eigenen Geschäftverteilung des Hofes, zu bestimmen, welche Rechnungshofmitglieder prüfen.[315] Ebenfalls mit der Unabhängigkeit des Rechnungshofes, darüberhinaus aber noch mit dem Prinzip der umfassenden Finanzkontrolle, sofern Einschränkungen des Prüfungsrechts vorgenommen werden, kollidieren die Regelungen in § 8 S. 3 FraktionsG SAnh. und in § 53 II AbgG MVp., die die Kompetenz zur Bestimmung der Einzelheiten der Prüfung dem Land-

---

313 Siehe oben a).
314 Zur institutionellen funktionalen Verfassungsgarantie der Rechnungshöfe, insbes. ihrer Unabhängigkeit, siehe Stern, Der verfassungsrechtl. Status der Rechnungshöfe des Bundes u. der Länder, in: Böning/von Mutius (Hrsg.), Finanzkontrolle im repräsentativ-demokratischen System, S. 11 (21 ff.); Heuer, KHR, Art. 114 Rz. 18-22, 52.
315 Löhning, Art. 83 Rz. 21, in: Pfennig/Neumann (Hrsg.), Verfassung von Berlin; Grysczyk, Stellungnahme zu den Berliner Fraktionsgesetz-Entwürfen, S. 6 f.; Heuer, a.a.O., Rz. 52; von Arnim, Stellungnahme Hess. FraktionsG-Entw., S. 8.

tagspräsidenten zuschreiben.[316] Schließlich können die Geprüften nicht selbst die Modalitäten der Prüfung bestimmen.[317]

Im übrigen ist die überwiegende Bezeichnung der staatlichen Zahlungen an die Fraktionen als "Zuschüsse" falsch. Der Begriff wird zumeist im Sinne von "Zuwendung" an eine Stelle außerhalb des Bundes/Landes nach § 23 BHO/LHO gebraucht.[318] Die Fraktionsmittel sind indes keine Zuschüsse, sondern allgemeine Haushaltsmittel,[319] die die Fraktionen als in die organisierte Staatlichkeit eingefügte Gliederungen der Parlamente bewirtschaften.[320] Insbesondere angesichts der Höhe der staatlichen Zahlungen, in den neuen Ländern 5,9 - 9,3 Millionen DM im Jahre 1992, die den Großteil der Fraktionseinnahmen ausmachen dürften,[321] ist ihre Bezeichnung als bloße "Zuschüsse" unzutreffend und irreführend. Dennoch wird der Begriff auch vom Bundesverfassungsgericht, wohl wegen seines traditionellen Gebrauchs in den Abgeordnetengesetzen und Haushaltsplänen, im untechnischen Sinne gebraucht.[322]

---

316 Vgl. Löhning a.a.O.; Schröder, Statement zum FraktionsG SAnh. v. 14.10.1992; Grysczyk a.a.O.
317 Grysczyk, a.a.O., S. 7. - Dagegen vertrat in SAnh. der Abg. Scharf (CDU) beim Einbringen des Fraktionsgesetz-Entwurfs am 25.6.1992 (Plpr. 1/34 S. 144) folgende Ansicht: "Der Landesrechnungshof ist ein Organ, das sich der Landtag geschaffen hat, um das Finanzgebaren der Exekutive zu kontrollieren. Dieses Kontrollorgan kann sich nicht seinerseits über das Parlament stellen. Deshalb muß das Parlament, vertreten durch den Präsidenten und den Ältestenrat, Herr des Verfahrens der eigenen Prüfung bleiben ..."
318 Dommach in: Heuer, KHR, § 23 BHO Rz. 2; Schmidt-Bens, ZRP 1992, 281 (282).
319 Das Brandenburger Fraktionsgesetz gebraucht richtigerweise den Begriff finanzielle Mittel (z.B. in § 3 I).
320 Vgl. U. Müller, NJW 1990, 2046; Konferenz der Präsidenten der Rechnungshöfe am 11.6.1991, Leitsätze zur Prüfung der Fraktionen (Nr. 2); Heuer, KHR, § 91 BHO Anm. 6; Schmidt-Bens, ZRP 1992, 281 ff.
321 Vgl. für die alten Länder von Arnim, Staatl. Fraktionsfinanzierung, S. 11; ders., Die Partei, S. 82: fast 100%ige Staatsfinanzierung; Mardini S. 113: ca. 90%.
322 Siehe BVerfGE 20, 56 (104 F); 80, 188 (212 ff., 231).

2. Prüfungsmaßstäbe und -inhalt

a) Bundesverfassungsgericht: Gleiche Maßstäbe wie bei der Prüfung anderer Staatsmittel

Nach dem "Wüppesahl-Urteil"[323] gelten für die Prüfung der Fraktionsfinanzen die gleichen Maßstäbe wie bei der Prüfung anderer Staatsmittel:

> "Der Bundesrechnungshof ist ... verpflichtet, die ordnungsgemäße Verwendung der Fraktionszuschüsse im Sinne ausschließlichen Einsatzes für die Arbeit der Fraktionen regelmäßig nachzuprüfen, Verstöße gegen die Zweckbindung sowie die Wirtschaftlichkeit und sonstige Ordnungsmäßigkeit der Mittelverwendung aufzudecken und zu beanstanden, gegebenenfalls Abhilfevorschläge zu unterbreiten und Beanstandungen in den jährlichen Prüfungsbericht aufzunehmen (Art. 114 II GG). Der verfassungsrechtliche Prüfungsauftrag des Bundesrechnungshofs umfaßt die Rechtmäßigkeit und Wirtschaftlichkeit der Verwendung von Fraktionszuschüssen in gleicher Weise und nach den gleichen verfassungsrechtlichen und haushaltsrechtlichen Maßstäben wie bei anderen Etatmitteln auch."

Danach richtet sich der Prüfungsinhalt an den Maßstäben der Zweckbindung und sonstigen Ordnungsmäßigkeit der Mittelverwendung sowie der Wirtschaftlichkeit aus, wie sie in § 90 BHO/LHO festgelegt sind. Ordnungsmäßigkeit bedeutet Übereinstimmung mit den für die Haushalts- und Wirtschaftsführung geltenden Vorschriften und Grundsätzen; Wirtschaftlichkeit bedeutet das optimale Verhältnis von Nutzen und Kosten.[324]

Besonders hervorzuheben ist das Kriterium der Zweckbindung, da es verbunden ist mit der Frage, welche Fraktionstätigkeiten zulässigerweise staatlich finanziert werden dürfen.[325] Die oben ausgeführte[326] Zweckbindung der Mittel an die parlamentarischen Koordinationsaufgaben der Fraktion erfährt somit eine nachträgliche Kontrolle durch den zuständigen Rechnungshof.

b) Fraktionsgesetze und Gesetzentwürfe: Eingeschränkte Prüfung

Nach dem Abgeordnetengesetz Mecklenburg-Vorpommerns (§ 53 II) ist bei der Prüfung durch den Rechnungshof "der Rechtsstellung und den Aufgaben

---

323 BVerfGE 80, 188 (214); zustimmend: von Arnim, Die Partei, S. 99; ders., Haushaltsrechtl. Veranschlagung, S. 29 f.; U. Müller, NJW 1990, 2046 (2046); Schmidt-Bens, ZRP 1992, 281 (283); Parteienfinanzierungskommisssion v. 1993 S. 44.
324 Vgl. Heuer, KHR, Art. 114 GG Rz. 64, 66.
325 So auch U. Müller, NJW 1990, 2046 (2048).
326 C. II.

der Fraktionen Rechnung zu tragen."[327] Darüberhinaus bestimmt dieses Gesetz, wie auch die Fraktionsgesetze Bayerns, Sachsen-Anhalts und Hessens, daß "die Erforderlichkeit der Wahrnehmung der Aufgaben der Fraktion" nicht Gegenstand der Prüfung durch den Rechnungshof ist.[328] Ähnliche Bestimmungen finden sich im Niedersächsischen AbgG[329] und in fast allen Gesetzentwürfen. Im Brandenburger Fraktionsgesetz (§ 12 I S. 3) heißt es diesbezüglich: "Politische Entscheidungen der Fraktionen im Rahmen ihrer Aufgaben sind nicht Gegenstand der Prüfung."

Begründet werden diese Regelungen im wesentlichen mit der besonderen Stellung der Fraktionen, die am Prozeß der politischen Willensbildung und damit an der Ausübung des verfassungsrechtlich freien Mandats teilnähmen. Deshalb müsse der Bereich der politischen Gestaltung von der Rechnungshofkontrolle unberührt bleiben. So dürfe beispielsweise nicht geprüft werden, ob eine Fraktion im Rahmen ihrer Öffentlichkeitsarbeit eine Broschüre über ihre Aufgaben und ihre Leistungen publiziere, es könne aber geprüft werden, ob bei der Erteilung des Druckauftrages der Grundsatz der Wirtschaftlichkeit eingehalten und bei der Gestaltung der Broschüre das Verbot der Parteienfinanzierung beachtet worden sei.[330]

Fraglich ist, ob derartige Bestimmungen mit dem verfassungsmäßig umfassenden Prüfungsrecht der Rechnungshöfe vereinbar sind. Prinzipiell gilt, daß die staatliche Haushalts- und Wirtschaftsführung von den Rechnungshöfen lückenlos auf ihre Ordnungsmäßigkeit und Wirtschaftlichkeit gemäß dem Haushaltsrecht geprüft wird.[331] Es kann hier also nur um eine Ausnahme von diesem Grundsatz gehen.

c) Rechnungshofkontrolle politischer Entscheidungen

Bei politischen Entscheidungen ist umstritten, ob bzw. inwieweit diese der Rechnungshofkontrolle unterliegen.[332] Politische Entscheidungen sind solche

---

327 Ebenfalls im Entw. des BT, Drs. 12/4756, § 52 II S. 1 AbgG.
328 FraktionsG: Bay. Art. 8, SAnh. § 8, Hess. § 7; § 53 II AbgG MVp.
329 § 33 d Nds. AbgG: "Der Landesrechnungshof prüft nicht die Zweckmäßigkeit von Maßnahmen der Fraktionen im Rahmen ihrer Aufgaben."
330 Vgl. Konferenz der Landtagspräsidenten, Begründung zu § 8; FraktionsG-Entw. des BT, Drs. 12/4756, Begr. zu § 52; Bayer. FraktionsG (Entw.), Drs. 12/4844, Begründung zu Art 8; s.a. Hmb. Enquete-Kommission "Parlamentsreform" S. 50 f.
331 Heuer, KHR, Art. 114 GG Rz. 78.
332 Siehe zuletzt insbes. Maunz, in: MDHS, Art. 114 GG Rz. 30, 48, 51; Krebs, Kontrolle in staatl. Entscheidungsprozessen, S. 201 ff.; Sauer/Blasius, DVBl. 1985, 548 ff.; von Arnim, Wirtschaftlichkeit als Rechtsprinzip, S. 107-118; Kisker, Rechnungshof u. Politik, in: von Arnim (Hrsg.), Finanzkontrolle im Wandel, S. 195 ff.; Heuer,

von "politischen" Organen wie der Regierung oder des Parlamentes sowie Entscheidungen, die aufgrund politischer Maßstäbe getroffen werden.[333] Auch die Fraktionen treffen als politische Gliederungen des Parlamentes zumeist auf politischen Bewertungen beruhende Entscheidungen.

In der komplexen Diskussion geht es im wesentlichen um die Frage der demokratischen Legitimation und Verantwortung der Rechnungshöfe und um ihre Stellung im System der Gewalten.[334] Entscheidend ist hierbei das Verständnis der Stellung und der Funktion der unabhängigen Rechnungshöfe im pluralistischen demokratischen Staat, insbesondere gegenüber der Regierung und dem Parlament.[335] Dieses Verständnis prägt die Auslegung von Art. 114 II GG bzw. den Landesverfassungen.

Hier soll nur auf einen wohl neuen Aspekt hingewiesen werden, der für die Diskussion von Bedeutung sein könnte, den Aspekt der Wirksamkeit der machtbegrenzenden rationalen Funktion der Rechnungshofkontrolle.[336] Die Wirksamkeit der Rechnungshofkontrolle in ihrer machtbegrenzenden rationalen Funktion hängt, da die Prüfung und etwaige Beanstandungen rechtlich sanktionslos sind, wesentlich von der Reichweite der Kontrolle ab. Nur eine möglichst umfassende Rechnungshofkontrolle schafft auch weitgehende Transparenz und öffentliche Kenntnis von der Mittelverwendung. Transparenz und Öffentlichkeit sind aber gerade im Bereich der problematischen schwer kontrollierbaren Entscheidungen des Parlaments in eigener Sache, also auch der staatlichen Fraktionsfinanzierung, zur Ermöglichung von Kontrolle und Kritik durch die Öffentlichkeit von besonderer Wichtigkeit.[337]

KHR, Art. 114 GG Rz. 79 ff.; Lange, Kontrollauftrag der Rechnungshöfe hinsichtl. demokratischer Institutionen, in: Böning/von Mutius (Hrsg.), Finanzkontrolle im demokratischen System, S. 83 ff.; Selmer, Zur Intensivierung der Wirtschaftlichkeitskontrolle durch die Rechnungshöfe: Rechtl. Bemerkungen unter Einbeziehung der Finanzkontrolle öffentl.-rechtl. Rundfunkanstalten, in: Engelhardt/ Schulze/ Thieme (Hrsg.), Stellung u. Funktion der Rechnungshöfe im Wandel?, S. 67 (74 f.); jeweils m.w.N.
333 Vgl. Krebs, Kontrolle in staatl. Entscheidungsprozessen, S. 198, 202 f.; von Arnim, Wirtschaftlichkeit als Rechtsprinzip, S. 107 f.; Kisker, Rechnungshof und Politik, in: von Arnim (Hrsg.), Finanzkontrolle im Wandel, S. 195 (197 ff.).
334 Vgl. insbes. Sauer/Blasius, DVBl. 1985, 548 (552 f.); Kisker, Rechnungshof und Politik, in: von Arnim (Hrsg.), Finanzkontrolle im Wandel,, S. 195 (208-216); von Arnim, Wirtschaftlichkeit als Rechtsprinzip, S. 110-118.
335 Ähnl. von Arnim, Wirtschaftlichkeit als Rechtsprinzip, S. 109.
336 Zu dieser Funktion siehe insbes. Krebs, Kontrolle in staatl. Entscheidungsprozessen, S. 198-203; von Arnim, Wirtschaftlichkeit als Rechtsprinzip, S. 115-118.
337 Siehe oben C. III. 3.

Zwar wird durch die Rechnungshofprüfung möglicherweise die parlamentarische politische Willensbildung beeinflußt, da die Abgeordneten und Fraktionen bei Entscheidungen über ihre politischen Maßnahmen wohl auch eine mögliche Rechnungshofprüfung berücksichtigen werden. Dieser Einfluß kann aber, da der Rechnungshof als unabhängige Instanz seine Prüfung auf Ordnungsmäßigkeit und Wirtschaftlichkeit möglichst nach objektiven und dem Allgemeinwohl dienenden Kriterien der Rationalität ausrichten wird,[338] nur positiv gewertet werden und spricht nicht für eine Beschränkung der Prüfung.

Das Ermöglichen der gebotenen effektiven Öffentlichkeitskontrolle und die Förderung der Rationalität der Maßnahmen sprechen demnach für eine möglichst umfassende Prüfung politischer Entscheidungen durch die Rechnungshöfe.

Jedenfalls ist mittlerweile unstreitig, daß den Fraktionen zwar ein politischer Ermessensspielraum bei der Erledigung ihrer Aufgaben zusteht, den die Rechnungshöfe zu wahren haben, die Rechnungshöfe aber die Befugnis besitzen, die tatsächlichen Voraussetzungen politischer Entscheidungen zu überprüfen und unvorhergesehene negative Konsequenzen der Entscheidungen aufzuzeigen.[339] Darüberhinaus muß im Rahmen der Prüfung der Ordnungsmäßigkeit und Wirtschaftlichkeit aber auch die Zweckmäßigkeit der Aufgabenerledigung sowie die Verhältnismäßigkeit der Ausgaben geprüft werden.[340]

d) Ergebnis

Die oben genannten Bestimmungen[341] der Fraktionsgesetze und Gesetzentwürfe, die die Erforderlichkeit oder die Zweckmäßigkeit von Maßnahmen

---

338 Vgl. von Arnim, Wirtschaftlichkeit als Rechtsprinzip, S. 115 ff.; differenzierend Krebs, Kontrolle in staatl. Entscheidungsprozessen, S. 198-203.
339 Vgl. den BRH seit den Bemerkungen zu 1978, BT-Drs. 9/38, Einleitung S. 4, Bemerkungen zu 1991, BT-Drs. 12/1150, Vorbem. 1.2, Bemerkungen zu 1993, BT-Drs. 12/5650, S. 10 f.; Maunz in: Maunz/ Dürig/ Herzog, Art. 114 GG Rz. 51; von Arnim, Wirtschaftlichkeit als Rechtsprinzip, S. 108; ders., Stellungnahme Hess. FraktionsG-Entw., S. 8; ders., Der Staat als Beute, S. 291; Selmer, Zur Intensivierung der Wirtschaftlichkeitskontrolle durch die Rechnungshöfe: Rechtl. Bemerkungen unter Einbeziehung der Finanzkontrolle öff.-rechtl. Rundfunkanstalten, in: Engelhardt/ Schulze/ Thieme (Hrsg.), Stellung u. Funktion der Rechnungshöfe im Wandel?, S. 67 (74 f.); Parteienfinanzierungskommission v. 1993 S. 44.
340 Von Arnim, Wirtschaftlichkeit als Rechtsprinzip, S. 108; Parteienfinanzierungskommission v. 1993 S. 44; a.A. Sauer/Blasius, DVBl. 1985, 548 (552) m.w.N.
341 Siehe oben b).

der Fraktionen als Gegenstand der Rechnungshofprüfung ausschließen, sind im Hinblick auf das verfassungsmäßig umfassende Recht der Rechnungshöfe zur Prüfung der Ordnungsmäßigkeit und Wirtschaftlichkeit der Haushalts- und Wirtschaftsführung verfassungsrechtlich zumindest bedenklich. Ihr undeutlicher Wortlaut könnte nämlich als Einschränkung der Prüfung, bei der etwa nicht die Zweckmäßigkeit und die Verhältnismäßigkeit der kostenrelevanten Maßnahmen der Fraktionen geprüft würde, ausgelegt werden.[342] Dies ginge über den von den Rechnungshöfen zu akzeptierenden politischen Ermessensspielraum der Fraktionen bei der Entscheidung über ihre politischen Maßnahmen hinaus. Auch die Brandenburger Bestimmung, nach der politische Entscheidungen der Fraktionen nicht Gegenstand der Prüfung sind, ist im Hinblick auf die allgemein anerkannte Befugnis der Rechnungshöfe, zumindest die tatsächlichen Voraussetzungen politischer Entscheidungen zu überprüfen und unvorhergesehene Konsequenzen dieser Entscheidungen aufzuzeigen,[343] problematisch. Dagegen ist die Passage der Regelung Mecklenburg-Vorpommerns (§ 53 II S. 1 AbgG) und des Gesetzentwurfs des Bundestages, wonach bei der Prüfung die Rechtsstellung und die Aufgaben der Fraktionen zu berücksichtigen sind, wegen ihres selbstverständlichen Inhaltes nicht zu beanstanden, aber auch unnötig.

3. Bisher erfolgte Rechnungshofprüfung in den neuen Ländern

In Brandenburg, Mecklenburg-Vorpommern, Sachsen und Thüringen fand bis zum Herbst 1993 noch keine Rechnungshofprüfung der Fraktionsmittel statt.[344]

Lediglich in Sachsen-Anhalt wurde im Dezember 1991 bei allen Landtagsfraktionen eine stichprobenweise Querschnittsprüfung durch den Landesrechnungshof vorgenommen. Danach erfolgte die Mittelverwendung zweckentsprechend, prinzipiell wurde sparsam und haushaltsrechtskonform gewirtschaftet. Auch die Rücklagenbildung erschien dem Rechnungshof vertretbar, zumal die Fraktionen erst im Laufe des 2. Halbjahres 1991 den Auf-

---

342 So auch Schmidt-Bens, ZRP 1992, 281 (283); von Arnim, Stellungnahme Hess. FraktionsG-Entw., S. 8; weitergehend ("unvertretbare Einschränkung der Prüfung, ... mit dem verfassungsrechtl. Prüfungsrecht der Rechnungshöfe nicht vereinbar") Parteienfinanzierungskommission v. 1993 S. 44; von Arnim, Haushaltsrechtl. Veranschlagung, S. 60; ders., Der Staat als Beute, S. 291; s.a. U. Müller, Stellungnahme Hess. FraktionsG-Entw., S. 5.
343 Siehe die Nachweise vier FN zuvor.
344 Schriftl. Auskünfte der Rechnungshöfe vom Frühjahr 1993 an die Verfasserin sowie weitere Information durch den LRH Brdb.

bau im organisatorischen und personellen Bereich vollzogen haben.[345] Wegen der noch beschränkten Arbeitsfähigkeit der Fraktionen, wie der Rechnungshof angibt, waren jedoch 1991 die Ausgaben für problematische Kosten wie Öffentlichkeitsarbeit, Fraktionsveranstaltungen und externe Gutachten noch recht gering.[346]

---

345 Erster Jahresbericht des LRH SAnh. 1992, Teil 2, Bemerkungen zur Verwendung der Fraktionskostenzuschüsse im Jahr 1991, S. 33 f. S.a. Schröder, LKV 1992, 278 (278 f.).
346 Schreiben des LRH an die Verfasserin.

4. Teil: Verbesserungsvorschläge für das Verfahren der Festsetzung der Abgeordnetendiäten und der Fraktionsfinanzierung

Aus der Notwendigkeit, die Festsetzung der Abgeordnetendiäten und der Fraktionsfinanzierung transparent und für die Öffentlichkeit kontrollierbar zu machen, um die typischen Gefahren bei Entscheidungen des Parlaments in eigener Sache zu verhindern, ergeben sich Vorschläge zur Verbesserung des Verfahrens ihrer Festsetzung. In diesem Zusammenhang sei auch an die Einhaltung des bei den Abgeordnetendiäten ausdrücklich und bei der Fraktionsfinanzierung aus verfassungsrechtlichen Gründen geltenden,[1] streng zu verstehenden Gesetzesvorbehaltes mit Koppelungs- und Delegationsverbot erinnert.[2]

A. Einrichtung von unabhängigen Kommissionen

Angesichts der erwähnten Probleme und Gefahren bei Entscheidungen des Parlaments in eigener Sache[3] wird angeregt, die Entscheidungskompetenz von den Parlamenten ganz oder teilweise auf unabhängige Kommissionen zu übertragen oder aber zur Unterstützung des Parlaments bei der Entscheidungsfindung beratende Kommissionen einzusetzen.

I. Beratende Kommission

Als ein empfehlenswertes Gegenmittel zur Undurchsichtigkeit und Mißbrauchsanfälligkeit der Regelungen und des Gesetzgebungsverfahrens bei der staatlichen Politikfinanzierung[4] wird die Einsetzung einer vorbereitenden, beratenden Kommission unabhängiger Sachverständiger, die die tatsächlichen und rechtlichen Grundlagen der Entscheidung aufbereitet und dem Parlament und der Öffentlichkeit mit zu veröffentlichenden Stellungnahmen

---

1 Soweit nicht schon die Verfassungen ausdrückl. ein Gesetz auch für die Fraktionsfinanzierung vorsehen, so in Brdb. (Art. 67 I), MVp. (Art. 25 II) u. SAnh. (Art. 47 II).
2 Siehe 3. Teil, C. III.
3 Siehe 1. Teil, Grundproblem.
4 Vgl. schon Eschenburg, Der Sold des Politikers, S. 85; Bund der Steuerzahler BW e.V. (Hrsg.), Die Entschädigung der Landtagsabgeordneten in BW.

Anhaltspunkte für die Beurteilung an die Hand gibt, angesehen.[5] Dieser Vorschlag ist in einigen Ländern und im Bund mit der Einsetzung von zumeist Diätenkommissionen aufgegriffen worden.

1. Kommissionen in den alten Ländern und im Bund

In den alten Ländern war die erste beratende Diätenkommission die sogen. Weyer-Kommission des Nordrhein-Westfälischen Landtags im Jahre 1978. Seit Ende der achtziger Jahre gibt es Kommissionen zur Entschädigung der Abgeordneten in wachsender Anzahl, z.B. in Rheinland-Pfalz (1985 und 1992), Niedersachsen (seit 1987), Schleswig-Holstein (seit 1989) und Hamburg (1992).[6] Die Kommissionen dieser Landesparlamente haben mit ihren Stellungnahmen, insbesondere zum Übergangsgeld, der Altersversorgung und den Anrechnungsbestimmungen bei der Kumulation von Einkünften, wesentlich zur Durchleuchtung und Verbesserung des Diätenrechts beigetragen, auch wenn sich die Parlamente leider nicht immer nach den Empfehlungen gerichtet haben.[7]

Im Bund gibt es seit dem sogen. "Rosenberg-Beirat"[8] von 1976 immer wieder Kommissionen, die sich mit der Abgeordnetenentschädigung befas-

---

5 Von Arnim, Die Abgeordnetendiäten, S. 49 ff.; ders., Macht, S. 150 ff.; ders., Die Partei, S. 259-265; ders., "Verdienen Politiker, was sie verdienen?", FAZ v. 16.6.1992; ders., Der Staat als Beute, S. 370-373; H.-P. Schneider, Gesetzgeber in eigener Sache, in: Grimm/ Maihofer (Hrsg.), Gesetzgebungstheorie u. Rechtspolitik, Jahrbuch für Rechtssoziologie u. Rechtstheorie, 1988, S. 327 (343 ff.); Fachtagung d. Dtsch. Gesellsch. f. Gesetzgebung u. d. LT RhPf. am 26.6.1992 in Mainz: von Arnim S. 36 ff., 50; Rupp S. 11 f., 30 f.; Volkert S. 27; Dieckvoß S. 28; Karpen S. 34; Schnellbach S. 43; Rupp, ZG 1992, 285 (290 f.); Scholz, AÖR 1992, 259 (267); Hmb. Enquete-Kommission "Parlamentsreform" S. 203 f.; Fachkommission "Politikfinanzierung" von Bündnis 90/Die Grünen im BT, Reformvorschläge zur Parlamentsfinanzierung v. 25.1.1993; Parteienfinanzierungskommission v. 1993 S. 45 f.; Kissel-Kommission S. 22.
6 Siehe insbes. RhPf. Kommission von 1985, LT RhPf., Drs. 10/1316 u. v. 1992; Nds. Kommission v. 1987, LT Nds., Drs. 11/1030 u. v. Dez. 1992, Drs. 12/3640; SH Kommission v. 1989, LT SH, Anl. zu Drs. 12/300; Hmb. Enquete-Kommission "Parlamentsreform", Hmb. Bgsch., Drs. 14/2600. Letztere beschäftigte sich umfassend mit allen parlamentsrechtlichen Bereichen.
7 So wurde die 13. Entschädigung in RhPf. gegen das Votum der Kommission v. 1985 durchgesetzt. 1992 hat RhPf. auch nicht den Vorschlag der Kommission zur Kürzung der Altersversorgung und Einführung einer steuerpflichtigen Kostenpauschale umgesetzt.
8 BT-Drs. 7/5531, Anhang 1, S. 32 ff.

sen, neuestens die von der Bundestagspräsidentin eingesetzte, nach ihrem Vorsitzenden so genannte "Kissel-Kommission."[9] Bezüglich der Parteienfinanzierung im weiteren Sinne, d.h. auch der Finanzierung der politischen Parteien, der politischen Stiftungen und der Fraktionen, sei auf die zwei Parteienfinanzierungskommissionen von 1983[10] und von 1993[11] hingewiesen.

Die Parteienfinanzierungskommission des Bundestags von 1983 und der Hessische Präsidentenbeirat von 1988 sind allerdings Beispiele dafür, daß bedenkliche massive Erhöhungen bei der Parteienfinanzierung und der Abgeordnetenentschädigung auch gerade auf Vorschlägen von geneigten Kommissionen beruhen können, sogar, wenn darin sachliche Mängel enthalten sind. Die Betroffenen können dann vor der Öffentlichkeit, die die Mängel kaum erkennen wird, den Bericht als angeblich sachlich gerechtfertigte Begründung für ihnen genehme Erhöhungen vorschieben.[12]

2. Kommissionen in den neuen Ländern

Für die Abgeordnetenentschädigung sehen die Abgeordnetengesetze[13] in den neuen Ländern vor, daß der Landtagspräsident vor Erstattung seines zumeist jährlichen[14] Berichtes zur Angemessenheit der Entschädigung die Stellungnahme eines Sachverständigengremiums einholt.[15] Das Gremium beruft er im Einvernehmen mit dem Ältestenrat bzw. dem Präsidium. In Sachsen ist ausdrücklich normiert, daß es sich um eine externe unabhängige Kommission handeln muß.[16] Sachsen-Anhalt hat als einziges Land die unabhängige Kommission, die den Landtagspräsidenten und das Parlament über die angemessene Entschädigung der Abgeordneten und die zur Mandatsausübung erforderlichen Mittel berät, in der Verfassung institutionalisiert.[17]

Mit der Fraktionsfinanzierung haben sich die Kommissionen bisher nicht befaßt.

---

9 Unabhängige Kommission zur Überprüfung des Abgeordnetenrechts, BT-Drs. 12/5020; kritisch dazu von Arnim, in: Der Spiegel Nr. 24/93 v. 14.6.1993, S. 91 f.; s.a. Der Spiegel Nr. 20/93 v. 17.5.1993, S. 20 ff.
10 In: Beilage zum Bundesanzeiger 1983.
11 BT-Drs. 12/4425.
12 Vgl. im einzelnen von Arnim, Die Partei, S. 260-263.
13 AbgG: Brdb. § 22, MVp. § 28, Sachs. § 24, SAnh. § 28; Thür. § 25.
14 In MVp. einmal je Wahlperiode.
15 In Brdb. ist keine Kommission im AbgG vorgesehen; in Thür. kann der LTPräs. eine Kommission einberufen.
16 § 24 AbgG Sachs. seit der Fassung v. 24.6.1992.
17 Art. 56 V SAnh. Verf.

a) Sachsen-Anhalt

Die erste Diätenkommission in den neuen Ländern hat Sachsen-Anhalt 1991 eingerichtet. Die externen sieben Mitgliedern setzen sich zusammen aus je einem Vertreter des Bundes der Steuerzahler, des Statistischen Landesamtes, der Industrie- u. Handelskammer, der wirtschaftswissenschaftlichen Fakultät der TU Magdeburg, des DGB, der Vereinigung der Arbeitgeber- u. Wirtschaftsverbände und (bis 1992) dem Präsidenten des Landesrechnungshofes als Vorsitzendem. Die Kommission hat ihren Auftrag ernst genommen und sich nicht nur mit der Höhe der Entschädigung und der Aufwandsentschädigung befaßt, sondern auch kritisch mit der Altersversorgung auseinandergesetzt. In ihrem Bericht vom 3.12.1991 hat sie die Regelung der Altersversorgung für im Vergleich zum Bundestag und den anderen Landtagen überhöht und nicht den besonderen Verhältnissen Sachsen-Anhalts entsprechend erklärt.[18] Diese Kritik hat aber den ersten Landtag nicht davon abgehalten, 1992 für sich eine Sonderaltersversorgung einzuführen.[19] Die Diätenkommission hatte sich eindeutig öffentlich dagegen ausgesprochen,[20] allerdings ohne Erfolg, weswegen der Kommissionsvorsitzende Schröder, Präsident des Landesrechnungshofs, im Juli 1992 aus der Kommission ausschied.[21] Bei der Frage einer Erhöhung der Diäten zum 1. Januar 1993 hat die Kommission vorgeschlagen, auf 5.252 DM anzuheben,[22] der Landtag beschloß jedoch eine weitere Erhöhung auf 5.600 DM zum 1. Oktober 1993. Wegen dieser weiteren Erhöhung gegen die Empfehlung der Kommission trat die Landesvorsitzende des Bundes der Steuerzahler Elschner aus der Kommission aus. Sie hatte im Interesse der Steuerzahler von vornherein für eine geringere Erhöhung votiert und wollte sich nicht in eine "Alibirolle" drängen lassen.[23]

b) Sachsen

In Sachsen ist die Diätenkommission, in strukturell ähnlicher Besetzung wie in Sachsen-Anhalt, 1992 vom Landtagspräsidenten ins Leben gerufen worden. Sie hat in ihrem Abschlußbericht den von § 24 AbgG gestellten Auf-

---

18 SAnh. Diätenkommission, Bericht v. 3.12.1991, S. 10 f.
19 Siehe 2. Teil, E. II. 7.
20 Presseerklärung der SAnh. Diätenkommission v. 23.6.1992.
21 Vgl. Mitteldeutsche Ztg. v. 10.7.1992, "Chef der Diätenkommission erklärte Ausscheiden".
22 Bericht der SAnh. Diätenkommission v. 1.2.1993 S. 1.
23 Vgl. Volksstimme Magdeburg v. 6.4.1993, "Diäten: Steuerzahler-Chefin wehrt sich gegen Alibirolle".

trag der Stellungnahme zur Angemessenheit und Anpassung der Entschädigung nach §§ 5 u. 6 AbgG als zu eng gefaßt bemängelt. Ihrer Auffassung nach müßte eine gründliche Äußerung zur Angemessenheit und Höhe der Entschädigung und der Aufwandsentschädigung auch eine detaillierte Prüfung der anderen Leistungen an die Abgeordneten, insbesondere hinsichtlich des Übergangsgeldes und der Altersversorgung, mit einbeziehen.[24] Obwohl auch der Haushalts- und Finanzausschuß empfahl, den Auftrag der Kommission "auf die Erarbeitung von Vorschlägen zu allen materiellen Leistungen für Mitglieder des Landtags zu erweitern"[25] und die Fraktion Bündnis 90/Grüne einen entsprechenden Änderungsantrag stellte,[26] wurde § 24 AbgG nicht geändert. Auch im übrigen hat sich der Landtag an die Empfehlungen der Kommission nur zum Teil gehalten. So entspricht zwar die Erhöhung der Grundentschädigung auf 5.350 DM und die Vereinheitlichung der Tage-u. Fahrtkostenpauschale ihrer Empfehlung, aber die empfohlene Anhebung der Kostenpauschale bei voller Unterwerfung unter die Steuerpflicht wurde vom Landtag nicht umgesetzt.[27]

c) Thüringen

In Thüringen hat sich im Januar 1992 eine Diätenkommission konstituiert. Ihre zehn Mitglieder bestehen aus Vertretern von Arbeitgebern, Arbeitnehmern, Gerichtsbarkeit, Rechnungshof, Statistischen Landesamt, Beamtenbund, Bund der Steuerzahler sowie einem Vizepräsident des Landtages.[28] Die Aufgabe der Kommission besteht nach § 25 AbgG Thür. darin, den jährlichen Bericht des Landtagspräsidenten über die Angemessenheit der Entschädigung vorzubereiten. Dabei umfaßt der Begriff der Entschädigung nicht nur die gehaltsartige Entschädigung und die Aufwandsentschädigung, sondern auch die Altersversorgung und das Übergangsgeld sowie die weiteren Bestandteile der Entschädigung. Dies ergibt sich schon aus der Stellung des § 25 im 6. Abschnitt des 3. Teils des Abgeordnetengesetzes bei den "gemeinsamen Vorschriften". Auch die Verwendung von Worten wie beispielsweise "Altersentschädigung" (§§ 12 ff.) spricht dafür. Vor allem

---

24 So der Präsident des LRH Sachs. Wienrich im Haushalts- u. Finanzaussch., Ergänzung Drs. 1/3096 v. 1.4.1993; Pressemitteilung der Sächs. Diätenkommission v. Jan. 1993; s.a. Südd. Ztg. v. 23./24.1.1993.
25 LT Sachs., Stellungnahme des Haushalts- und Finanzaussch. v. 1.4.1993, Ergänzung zu Drs. 1/3096.
26 LT Sachs., Drs. 1/3154 v. 21.4.1993.
27 Vgl. Südd. Ztg. v. 24./25.1.1993; 4. Gesetz zur Änderung des AbgG Sachs. v. 13.5.1993, GVBl. S. 461.
28 S.a. FAZ v. 9.1.1992, "Diätenkommission in Thüringen".

folgt dies aus dem Begriff "Entschädigung" in § 9 IV der Vorläufigen Landessatzung bzw. in Art. 54 I der Verfassung Thüringens, der durch die umfassenden geldwerten Leistungen an die Abgeordneten nach dem Abgeordnetengesetz konkretisiert wird. Demnach ist also die Aufgabe der Kommission nicht zwingend auf die Überprüfung der Grundentschädigung nach § 5 I AbgG Thür. und der Aufwandsentschädigung nach § 6 beschränkt, wovon hingegen der Landtagspräsident Thüringens Dr. Müller erkennbar ausgeht.[29] Die Kommission hat sich dann auch nicht mit den problematischen Bereichen, z.b. der Altersversorgung und den Anrechnungsbestimmungen, befaßt.[30]

d) Brandenburg

In Brandenburg ist nach dem Abgeordnetengesetz keine Diätenkommission vorgesehen. Um jedoch "einen Beitrag zur Versachlichung der diesbezüglich geführten Diskussionen zu leisten",[31] berief der Präsident des Landtags Dr. Knoblich im Einvernehmen mit den Fraktionen im Dezember 1992 eine sogen. "ad-hoc-Sachverständigenkommission", bestehend aus fünf unabhängigen Mitgliedern verschiedener Institutionen, u.a. des Präsidenten des Landesrechnungshofs, ein. Dies Kommission sollte ihn vor Erstattung seines Berichts und Vorschlags zur Angemessenheit der Entschädigung im Jahre 1993 beraten.[32] Der Auftrag des Gremiums bezog sich indes nur auf die Anpassung der alimentativen Entschädigung und der Aufwandsentschädigung und nicht auf die Beurteilung der Angemessenheit des Ausgangsniveaus der Leistungen und auch nicht auf strukturelle Fragen.[33]

Die Vorschläge der Kommission bildeten die Grundlage für die rückwirkenden Erhöhungen der Diäten und der Aufwandsentschädigung zum 1.1.1993.[34] Die im zweiten Änderungsgesetz vorgesehene weitere Erhöhung der Diäten zum 1.1.1994 beruht allerdings nicht auf den Empfehlungen der ad-hoc-Kommission, deren Empfehlungen beziehen sich nur auf das Jahr 1993.

---

29 Bericht des Präsidenten über die Angemessenheit der Entschädigung v. 25.3.1992, LT Thür., Plpr. 1/48 S. 3171.
30 Bericht der Thür. Diätenkommission v. März 1992, zitiert von LTPräs. Müller a.a.O.
31 LT Brdb., Bericht des LTPräs. Dr. Knoblich über die Amngemessenheit der Entschädigung v. 21.4.1993, Drs. 1/1915, Vorbemerkung.
32 Ebenda; s.a. ders., Plpr. 1/67 v. 28.4.1993 S. 5254.
33 LT Brdb., Bericht der ad-hoc-Sachverständigenkommission v. 1.4.1993, Anlage zu Drs. 1/1915.
34 Vgl. den Gesetzentwurf von SPD, FDP u. Bündnis 90 zum 2. ÄnderungsG zum AbgG, LT Brdb., Drs. 1/1907 v. 26.4.1993.

e) Mecklenburg-Vorpommern

Der Landtagspräsident von Mecklenburg-Vorpommern holte erstmals vor Erstattung seines Berichts über die Angemessenheit der Entschädigung vom 13. Mai 1993[35] die Stellungnahme eines unabhängigen siebenköpfigen Sachverständigengremiums ein, deren Mitglieder von ihm im Einvernehmen mit dem Ältestenrat im August 1992 berufen worden waren. Der Auftrag der Kommission beinhaltete nach § 28 AbgG eine Stellungnahme zur Angemessenheit der Entschädigung. Die Kommission beschränkte sich bei ihren Empfehlungen vom 23. April 1993[36] jedoch aus Zeitmangel, wie sie selbst angab,[37] auf die Grundentschädigung und die Aufwandsentschädigungen. Sie schlug aber im Hinblick auf den ihrer Ansicht nach nicht eindeutigen Wortlaut von § 28 AbgG vor, den gesetzlichen Auftrag des Sachverständigengremiums eindeutig auf alle geldwerten Leistungen an die Abgeordneten zu erweitern.[38] Dies befürwortete auch der Parlamentspräsident.[39]

Tatsächlich ist der Wortlaut von § 28 AbgG, im Zusammenhang des Gesetzes und nach der Verfassung betrachtet, nicht unklar. § 28 AbgG steht unter dem Titel "Gemeinsame Vorschriften" des Abschnitts III des Gesetzes und gilt demnach für alle geldwerten Leistungen dieses Abschnitts. Außerdem ist der Begriff der Entschädigung im Sinne von Art. 22 III der Verfassung, der näher konkretisiert wird durch die Zahlungen nach dem Abgeordnetengesetz, zu sehen. Danach sind alle geldwerten Leistungen an die Mitglieder des Parlaments von dem Begriff der Entschädigung umfaßt. Insofern war die von der Kommission und dem Landtagspräsidenten angeregte Erweiterung des § 28 AbgG um die Versorgung, die das dritte Änderungsgesetz aufgenommen hat, nicht unbedingt erforderlich.

II. Kommission mit Entscheidungsbefugnissen

Für die Einrichtung einer vom Bundespräsidenten zu berufenden Kommission unabhängiger Sachverständiger im Bereich der Entscheidungen des Parlaments in eigener Sache mit auch konstitutiven Befugnissen tritt Henke[40]

---

35 LT MVp., Drs. 1/3149
36 LT MVp., Drs. 1/3149.
37 Ebenda S. 9.
38 Ebenda S. 11.
39 Ebenda S. 7.
40 Henke, BK, Art. 21 Rz. 322 m.w.N.; ders., Der Staat 1992, 98 (102-105).

ein. Diese Kommission sollte gegenüber den Gesetzesvorlagen des Parlaments ein rechnerisches und tatsächliches Prüfungsrecht und insbesondere ein bindendes Vetorecht haben, das den Gesetzgeber, ähnlich der verfassungsgerichtlichen Normenkontrolle, verpflichte, eine neue Entscheidung zu treffen. Dem Vorschlag Henkes liegt die Auffassung zugrunde, die Entscheidung in eigener Sache verstoße gegen das Rechtsstaatsprinzip aus Art. 20 I, III GG, das die Uneigennützigkeit jeder Amtsausübung verlange. Dies gelte auch für Abgeordnete, da sie Inhaber eines öffentlichen Amts und ihre Bezüge Amtsbezüge seien. Dem stehe auch nicht das dem Rechtsstaatsprinzip ebenbürtige Demokratieprinzip entgegen. Denn wenn, wie hier, das demokratische Verfahren der Parlamentsgesetzgebung zu politisch oder sachlich unerträglichen Ergebnissen führe, müsse vielmehr dem Rechtsstaatsprinzip der Vorrang eingeräumt werden, soweit es eine bessere Entscheidung verspreche.[41]

Auch in die Richtung einer konstitutiven Kommission, ohne aber die Entscheidung in eigener Sache für verfassungswidrig zu halten, geht der Vorschlag H.-J. Vogels.[42] Dieser plädiert im Rahmen der Verfassungsreform des Grundgesetzes für eine Änderung des Art. 48 III GG dahingehend, daß die Höhe der den Abgeordneten aufgrund der Abgeordnetengesetze zustehenden Leistungen von einer unabhängigen, vom Bundespräsidenten auf eine bestimmte Zahl von Jahren berufenen Kommission festgesetzt wird oder daß das Parlament ermächtigt wird, die in Frage stehenden Entscheidungen auf eine solche Kommission zu übertragen. Die Zuständigkeit der Kommission soll sich auf die Höhe der Entschädigung, der Kostenpauschale und der Mitarbeiterkosten erstrecken. Dabei verbliebe dem Parlament die Kompetenz für die zugrundeliegenden gesetzlichen Regelungen, d.h. für die entsprechenden Teile eines Rechtsstellungsgesetzes und für die gesamten Übergangs-, Versorgungs- und Anrechnungsvorschriften. Unabhängig davon regt er an, eine von den Präsidenten und Präsidentinnen des Bundestags und der Landtage zu berufende unabhängige Kommission einzurichten, die die Regelungen der Abgeordnetenentschädigung auf Bundes- und Landesebene vergleichen und kritisch bewerten soll.[43] Bezüglich der "Fraktionszuschüsse" hält er die Einrichtung einer Kommission nicht für geboten, da zwischen der finanziellen Ausstattung des Bundestags und der der Fraktionen kein durchgreifender qualitativer Unterschied bestehe.[44]

---

41 Henke a.a.O.
42 H.-J. Vogel, ZG 1992, 293 (300 f.).
43 H.-J. Vogel, a.a.O., S. 298.
44 H.-J. Vogel, a.a.O., S. 300.

III. Bewertung

Schon die Einsetzung von Kommissionen ist mit gewissen Problemen behaftet. So müssen die Kommissionsmitglieder tatsächlich unabhängig sein, nicht parteinah oder gar parteihörig, und dürfen nicht selbst Betroffene sein wie etwa Abgeordnete und Parlamentspräsidenten,[45] die mit ihrem Mehrwissen und Eigeninteresse die Kommission in ihrem Sinne beeinflussen könnten.[46] Weiterhin müßten die Mitglieder in der Lage sein, die komplizierte Materie zu durchschauen und dürften nicht nur z.B. auf die Höhe der Entschädigung der Abgeordneten achten, ohne die Berechtigung der weiteren Zahlungen und Versorgungsansprüche ernsthaft zu hinterfragen.[47] Bei beratenden Kommissionen darf der Auftrag nicht zu eng gefaßt sein, sondern muß sich, um seinen Sinn zu erfüllen, umfassend auch auf die problematischen Bereiche erstrecken, damit die Öffentlichkeit nicht von der bloßen Existenz und Stellungnahme einer Kommission über deren eigentliche Bedeutung getäuscht wird.[48]

Keinesfalls darf es dazu kommen, daß die Kommission von den Betroffenen, von der Öffentlichkeit unbemerkt, für ihre Interessen instrumentalisiert wird und es zu Gefälligkeitsgutachten kommt. Dann könnten sich die Politiker zur Rechtfertigung der Vorhaben hinter die vorgebliche Autorität der Kommission stellen und wären selbst scheinbar aus der Verantwortung.[49]

Gegenüber Kommissionen mit Entscheidungsbefugnissen bestehen durchgreifende verfassungsrechtliche Einwände. Eine derartige Einrichtung widerspräche dem abgeschlossenen Katalog der Verfassungsorgane.[50] Besäße die Kommission die Kompetenz, Regelungen über Ausgestaltung und Höhe der Abgeordnetenentschädigung und der weiteren staatlichen Politikfinan-

---

45 Von daher nicht wirklich unabhängig: die BT-Kommission v. 1990, da unter Vorsitz der BTpräsidentin u. unter Beteiligung der Vizepräsidenten sowie der Fraktionsgeschäftsführer (vgl. BT-Drs. 11/7398 S. 3). Kritikwürdig auch die Mitgliedschaft des Vizepräs. des Thür. LT, Friedrich, in der Thür. Diätenkommission v. 1992.
46 Von Arnim, Die Partei, S. 259 f.
47 So geschehen im Bericht der unabhängigen Persönlichkeiten über die Beratung der Präsidentin bei Überprüfung der für die Mitglieder des Dtsch. BT bestehenden materiellen Regelungen u. Bestimmungen v. 13.6.1990, BT-Drs. 11/7398, insbes. S. 12 f. zu Übergangsgeld u. Altersversorgung.
48 Von Arnim, Die Partei, S. 265; ders., "Verdienen Politiker, was sie verdienen?", FAZ v. 16.6.1992.
49 Von Arnim, Die Partei, S. 259 f.; ders., "Ist die Kritik an den politischen Parteien berechtigt?", in: Aus Politik und Zeitgeschichte, Beilage zu Das Parlament, Nr. 11/93 S. 14 (22); s.a. Parteienfinanzierungskommission v. 1993 S. 45 f.
50 Parteienfinanzierungskommission v. 1993 S. 45.

zierung verbindlich festzusetzen, übernähme sie gesetzgeberische Kompetenzen des Parlaments, ohne daß sich eine solche Befugnis aus der Verfassung ergäbe und ohne daß die Kommission dem Volk gegenüber verantwortlich wäre. Es ermangelte der Kommission an der erforderlichen demokratischen Legitimation, was sich wohl wegen Art. 79 III und Art. 20 I, II Grundgesetz auch nicht durch eine Verfassungsänderung beheben ließe.[51]

Empfehlenswert ist demnach die Einsetzung von beratenden, wirklich unabhängigen und sachverständigen Kommissionen zur Vorbereitung der Parlamentsentscheidung.[52] Die Parlamentarier werden hierdurch nicht aus der Entscheidung in eigener Sache entlassen. Die Kommissionen sollten wegen des Transparenzgebotes bei der Politikfinanzierung und um ihre Unabhängigkeit gegenüber dem Parlament zu wahren, öffentlich verhandeln,[53] wie etwa die Hamburger Enquete-Kommission "Parlamentsreform" von 1992 und der Verfassungsausschuß des Bundestages, sowie ihre Empfehlungen veröffentlichen.[54]

Zweifelhaft ist aber, ob jedes Bundesland und der Bund seine eigene Kommission braucht, weil grundsätzlich überall die gleichen strukturellen Probleme bestehen und die Einrichtung von bis zu siebzehn nebeneinander arbeitenden Kommissionen zur Unüberschaubarkeit führt.[55]

Jedenfalls zeigen die oben angeführten Beispiele, daß Kommissionen alleine noch keine Garantie dafür sind, daß deswegen etwa unangemessen hohe Bestandteile der Entschädigung reduziert oder undurchsichtige Regelungen klarer gemacht würden.

---

51 Von Arnim in: FAZ v. 16.6.1992; ders., der Staat als Beute, S. 372 f.; Parteienfinanzierungskommission v. 1993 S. 45 f.; Kissel-Kommission S. 21; s.a. Rupp, Diskussionsbeitrag, in: Fachtagung der Dtsch. Gesellschaft f. Gesetzgebung u. d. LT RhPf. am 26.6.1992, S. 30 f.
52 Auch das BVerfG hat in der E 85, 264 (291) bzgl. der Parteienfinanzierung nur die Möglichkeit des Gesetzgebers angesprochen, sich zur Beurteilung der Verhältnisse "des Rates unabhängiger Sachverständiger zu bedienen."
53 Von Arnim, Abweichende Meinung von der Parteienfinanzierungskommission v. 1993, S. 58; ders., Der Staat als Beute, S. 370 f.
54 In diesem Zusammenhang zu bemängeln: -In *SAnh.* bedurfte es 1991 erst eines Antrags mehrerer Abgeordneter, damit die Abgeordneten den zuvor nur in Kurzfassung dem Plenum vorgelesenen Bericht der Kommission von 1991 (Plpr. 1/18 v. 20.6.1991 S. 36 ff.) schriftl. als LT-Drs. (1/601 v. 26.6.1991) erhielten. -In *Thür.* wurde der Bericht der Diätenkommission von 1992 ebenfalls nur vom LT-Präs. vorgetragen (Plpr. 1/48 v. 25.3.1992 S. 3171 ff.) u. nicht als LT-Drs. veröffentlicht.
55 Von Arnim in: FAZ v. 16.6.1992; ders., Fachtagung d. Dtsch. Gesellschaft f. Gesetzgebung u. d. LT RhPf. am 26.6.1992, S. 37 f., 50; H.-J. Vogel, ebenda, S. 32

B. Verschärfte Anforderungen an das Gesetzgebungsverfahren

Zur Erreichung der gebotenen Verständlichkeit, Transparenz und Öffentlichkeitskontrolle der Politikfinanzierung müssen die in den Geschäftsordnungen der Parlamente vorgesehenen Fristen für die Lesungen und die Verabschiedung von Gesetzentwürfen unbedingt eingehalten werden und dürfen nicht, wie bei derartigen Entscheidungen häufig, durch interfraktionelle Vereinbarungen im Ältestenrat oder Präsidium und anschließenden Parlamentsbeschluß verkürzt werden.[56] Es muß sichergestellt werden, daß die Abgeordneten und die Öffentlichkeit auch tatsächlich die Möglichkeit zur Auseinandersetzung mit der Materie und zur Kritik haben.[57] So empfahl auch der Haushalts- und Finanzausschuß in Sachsen, bei künftigen Änderungen des Abgeordnetengesetzes in jedem Fall eine erste Lesung im Parlament durchzuführen, d.h. den Gesetzentwurf nicht ohne Lesung direkt an den Ausschuß zu überweisen.[58]

---

56 Beispiele: -In *Brdb.* wurde das 2. ÄnderungsG nach 2 Lesungen an zwei direkt aufeinander folgenden Tagen verabschiedet (Plpr. 1/67 v. 28.4.1993 S. 5254 ff., Plpr. 1/68 v. 29.4.1993 S. 5346 f.). -In *MVp.* wurden das AbgG und das 1. ÄnderungsG nach jeweils nur einer Lesung und ohne Aussprache verabschiedet (Vgl. Plpr. 1/10 v. 30.1.1991 S. 345 f., 1/35 v. 27.11.1991 S. 1645 f.). -In *Sachs.* wurden das AbgG, das 1. ÄnderungsG, das 2. ÄnderungsG u. das 4. ÄnderungsG nach jeweils nur einer Lesung verabschiedet, das 1. ÄnderungsG auch ohne Aussprache (Vgl. Plpr. 1/11 v. 21./22.2.1991 S. 523 ff., 1/30 v. 25.10.1991 S. 1939, 1/33 v. 19.12.1991 S. 2137 ff., Plpr. 1/66 v. 22.4.1993 S. 4630 ff., Plpr. 1/67 v. 23.4.1993 S. 4707). -In *SAnh.* erfolgten die 1. u. die 2. Lesung des AbgG unmittelbar hintereinander am selben Tag, unterbrochen nur durch die Mittagspause, in der sich der Rechts- und der Finanzausschuß berieten, anschließend wurde das Gesetz angenommen (Vgl. Plpr. 1/5 v. 6.12.1990 S. 22-28). -In *Thür.* dauerte das Verfahren zur 1. Änderung des AbgG insges. nur 6 Tage: Die Gesetzentwürfe lagen am 20. u. 23.3.1992 vor (Drs. 1/1162, 1/1159), es folgten verschiedene Änderungsanträge. Am 25.3. erstattete der Landtagspräsident unmittelbar vor der ersten Lesung (Plpr. 1/48 S. 3173) seinen Bericht über die Angemessenheit der Entschädigung. Am selben Tag beriet der Justizausschuß und gab seine Beschlußempfehlungen ab (Drs. 1/1188, 1189, 1194). Die 2. Beratung, nach der das Gesetz verabschiedet wurde, schloß sich am nächsten Tag an (Plpr. 1/49 v. 26.3.1992 S. 3224); s. dazu die Kritik der Thüringer Allgemeinen v. 27.3.1992, "Beim nächsten Mal erfahrener. Thüringer Landtag offenbarte schlechten Stil bei der Erhöhung seiner Diäten."

57 Vgl. von Arnim, Macht macht erfinderisch, S. 153 ff.; ders., Der Staat als Beute, S. 369; Parteienfinanzierungskommission v. 1993 S. 41.

58 LT Sachs., Stellungn. des Haushalts- u. Finanzaussch. zum Gesetzentw. der CDU-Fraktion für ein 4. ÄnderungsG zum AbgG, Ergänzung zu Drs. 1/3096 v. 1.4.1993. Das verkürzte Verfahren beim 4. ÄnderungsG kritisierte auch der Vertreter von Bündnis 90/Grüne im Ausschuß. Er verwies dazu auf das nach den Empfehlungen der Par-

Aus den oben genannten Gründen sollte auch das Erfordernis einer schriftlichen Begründung der Gesetzesvorlagen, welches in den Geschäftsordnungen der Landtage, sofern überhaupt, meist nur als Sollvorschrift vorgesehen ist,[59] in eine zwingende Vorschrift geändert werden. Diese Vorschrift sollte nur sachlich hinreichende und allgemein verständlich gefaßte Begründungen genügen lassen. Nur so wird das Gesetzesvorhaben verständlich und transparent für die Öffentlichkeit. Außerdem stellt ein derartiger Begründungszwang zugleich eine Selbstkontrolle des Parlaments dar.[60]

C. Wirkung der Gesetze erst in der nächsten Legislaturperiode

Um die problematische Entscheidung des Parlamentes in eigener Sache wenigstens abzuschwächen, wird angeregt, gesetzliche Regelungen der Abgeordnetenentschädigung dürfe das Parlament nur mit Geltung für die zukünftige Wahlperiode vornehmen.[61] In den USA gibt es seit Mai 1992 eine entsprechende Änderung der Verfassung bezüglich der Entgelte der Senatoren und Abgeordneten, die auf einem Vorschlag Madisons aus dem Jahre 1789 beruht.[62] Madison stellte bereits damals fest, daß "es unziemlich erscheint, wenn irgendeine Gruppe unkontrolliert mit der Hand in die Staatskasse greift, um daraus Geld in die eigene Tasche zu stecken."[63]

Diese Lösung empfiehlt sich nicht nur für die Festsetzung der Diäten, sondern wegen der gleichen Problematik auch für die anderen Bereiche der staatlichen Politikfinanzierung.[64] Sie hätte den Vorteil, daß überraschende Entscheidungsverfahren erschwert würden und die entscheidenden Abgeordneten nicht zwangsläufig auch die Begünstigten der nächsten Legislatur-

---

teienfinanzierungskommission v. 1993 gebotene zeitlich gestreckte Verfahren um eine größtmögliche Transparenz zu erreichen (ebenda).
59 GO: Brdb. §§ 70 ff.; MVp. §§ 18 ff.; Sachs. § 38 I; SAnh. § 20 II (Begründungszwang); Thür. § 49.
60 Parteienfinanzierungskommission v. 1993 S. 41.; s.a. von Arnim, Macht, S. 136 f.; ders., Die Partei, S. 126, 236 f., 251 f.; H. Meyer, Anhör. Hess. AbgG 1989, S. 18 f.
61 Siehe schon Hatschek, Das Parlamentsrecht des Deutschen Reiches, 1. Teil, S. 627 f.; Krüger, DVBl. 1964, 220; von Arnim, BK, Art. 48 Rz. 87; Brugger, ZRP 1992, 321 (321).
62 27. Amendment der Verfassung der USA; vgl. Brugger, ZRP 1992, 321 f.
63 Zitiert nach Leo Wieland, "Mit Madison wider die Selbstbedienung der Diätenerhöher", FAZ v. 22.5.1992.
64 Vgl. von Arnim, Der Staat als Beute, S. 374 f.; Parteienfinanzierungskommission v. 1993 S. 42; a.A. Kissel-Kommission S. 21 f.

periode wären. Vor allem aber würden zwischen der Parlamentsentscheidung und ihrem Inkrafttreten Wahlen liegen, in deren Vorfeld Erhöhungen der Politikfinanzierung thematisiert werden könnten und bei denen die Bürger die Möglichkeit hätten, ihre Meinung dazu zum Ausdruck zu bringen.[65] Wegen möglicher Veränderungen der Verhältnisse und Eintretens unvorhergesehener Umstände sollten jedoch innerhalb einer Legislaturperiode gesetzliche Anpassungen durch das Parlament nach Maßgabe der durchschnittlichen Einkommens- und Preissteigerungen oder der durchschnittlichen Steigerung des Bundes- oder Landeshaushalts erlaubt sein.[66] Eine Anpassung an die Entwicklung der relevanten Preise und an einschneidende Veränderungen der bestehenden Verhältnisse hat das Bundesverfassungsgericht bei der absoluten Obergrenze der staatlichen Parteienfinanzierung gestattet.[67]

D. Erweiterung des Antragsrechts zu den Verfassungsgerichten

Bei den Abgeordnetendiäten und den Zahlungen an die Fraktionen steht das Antragsrecht zu den Verfassungsgerichten nur der Regierung, einer bestimmten Anzahl von Abgeordneten oder einer Fraktion zu.[68] Dies sind wiederum die in eigener Sache betroffenen Entscheidungsträger, die an der Überprüfung möglicherweise unangemessener und undurchsichtiger Regelungen ihrer eigenen Finanzierung nur selten ein Interesse haben, wie die nicht sehr zahlreichen Entscheidungen der Verfassungsgerichte in Sachen Diäten und Fraktionsfinanzierung zeigen. Um die notwendige Überprüfung der offenen Rechtsfragen dennoch zu erreichen, sollte de lege ferenda den Rechnungshöfen und auch bestimmten Verbänden, die Allgemeininteressen vertreten, wie etwa dem Bund der Steuerzahler e.V., das Recht gegeben werden, einen Normenkontrollantrag bei den Verfassungsgerichten zu stellen.[69] Daß ein solches Verbandsklagerecht institutionell möglich ist, zeigt das in einigen Bundesländern den Naturschutzverbänden nach dem Naturschutz-

---

65 Brugger a.a.O.; von Arnim, Der Staat als Beute, S. 374 f.; Parteienfinanzierungskommission v. 1993 a.a.O.; dagegen ist es nach Ansicht der Kissel-Kommission, S. 21, "wenig sachdienlich, wenn die Frage der Erhöhung der Abgeordnetenentschädigung Gefahr laufen würde, etwa im Vorwahlkampf thematisiert zu werden."
66 Parteienfinanzierungskommission v. 1993 a.a.O.; von Arnim a.a.O.
67 BVerfGE 85, 264 (291).
68 Vgl. Art. 93 I Nr. 2 u. 4 GG, §§ 13 Nr. 6 u. 8, 71, 78 BVerfGG. Verfassungen der neuen Länder: Brdb. Art. 113 Nr. 1, 2; MVp. Art. 53 Nr. 1, 2; Sachs. Art. 81 I Nr. 1, 2; SAnh. Art. 75 Nr. 1, 3; Thür. Art. 80 I Nr. 3, 4.
69 So auch von Arnim, Macht, S. 157 ff.; ders., Die Partei, S. 285-288.

recht, in Brandenburg und Sachsen sogar verfassungsrechtlich eingeräumte Klagerecht.[70]

E. Automatische Anpassung der Entschädigung nach der Thüringer Verfassung

Ein besonderes Verfahren zur Anpassung der Entschädigung legt Art. 54 II der Thüringer Verfassung[71] für die Zukunft fest: "Die Höhe der Entschädigung verändert sich jährlich auf der Grundlage der jeweils letzten Festlegung nach Maßgabe der allgemeinen Einkommens-, die der Aufwandsentschädigung nach der allgemeinen Preisentwicklung im Freistaat."
Dieses Verfahren der Indexierung, das noch einer näheren Konkretisierung im Abgeordnetengesetz bedarf (Art. 54 IV Thür. Verf.), ist in der Bundesrepublik Deutschland bisher einmalig.
Die alimentative Entschädigung paßt sich danach jährlich automatisch dem Einkommens-Index in Thüringen an, wobei die Steigerungsraten der aktiven Einkommen Thüringens zugrunde gelegt werden, nicht also passive Bezüge wie Renten und Pensionen oder Unterstützungen wie Arbeitslosengeld, -hilfe und Sozialhilfe. Die Höhe der Aufwandsentschädigung wird an die allgemeine Preisentwicklung und nicht an einen eigens ausgewählten Warenkorb gekoppelt. Die jeweiligen Indices werden vom Statistischen Landesamt festgestellt und sind für den Landtag, der die Entschädigung auszahlt, verbindlich.[72]

I. Begründung der Anpassungsregelung

Das Indexierungsverfahren geht zurück auf einen Vorschlag des Thüringer Landtagspräsidenten Dr. Müller an den Verfassungs- und Geschäftsordnungsausschuß.[73] Begründet wurde die Indexierungsregelung mit der Ab-

---

70 Vgl. Art. 39 VIII Brdb. Verf.; Art. 10 Sächs. Verf. i.V.m. § 58 I Sächs. NaturschutzG v. 16.12.1992 (GVBl. S. 571); § 46 Vorläuf. Thür. NaturschutzG v. 28.1.1993 (GVBl. S. 57); § 44 brem. NatSchG, § 36 hess. NatSchG.
71 Verfassung des Freistaats Thüringen vom 25.10.1993, GVBl. 1993, S. 625. Sie bedarf nach ihrem Art. 106 I noch eines bestätigenden Volksentscheides.
72 Vgl. Linck, Art. 54 Rz. 8, in: Linck/Jutzi/Hopfe, Die Verfassung des Freistaats Thüringen.
73 Berichterstatter des Verfass.- u. GO-Ausschusses Abg. Stauch (CDU), LT Thür., Plpr. 1/79 vom 21.4.1993, S. 5835; Abg. Dr. Kniepert (FDP), a.a.O., S. 5851; Abg. Möller (B 90/Grüne), a.a.O., S. 5856.

sicht des Landtages, wegzukommen vom Prinzip der Entscheidung in eigener Sache, die viele Abgeordnete geradezu als "Fluch" empfänden. Die neue Regelung sei ein Versuch, zu einem möglichst objektiven, "entpolitisierten" Verfahren zu kommen, das sowohl den "Mißbrauch der Selbstbedienung" als auch den "Anschein der Selbstbedienung" ausräume.[74] Die Gegner der Bestimmung vertraten einerseits die Ansicht, das Parlament entledige sich damit seiner Verantwortung für eine eigene Entscheidung.[75] Andererseits wurde eingewendet, die Entscheidung in eigener Sache werde damit nicht abgeschafft, sondern durch die Aufnahme in die Verfassung lediglich bewußt aus dem Rahmen der öffentlichen Auseinandersetzung genommen.[76]

Verfassungsrechtlich wird die Anpassungsklausel im wesentlichen mit der Ansicht Henkes[77] begründet, Entscheidungen in eigener Sache, wie die der Abgeordneten über ihre Entschädigung, liefen dem Rechtsstaatsprinzip zumindest tendenziell zuwider. Es läge eine Kollision des Demokratieprinzips, welches eine Regelung durch Gesetz verlange, mit dem Rechtsstaatsprinzip vor. Dieses Problem sei, so der Direktor des Thüringer Landtags Dr. Linck,[78] im Wege der praktischen Konkordanz in Thüringen derart gelöst worden, daß der Landtag das allgemeine Entschädigungsrecht und dessen Höhe sowie das Verfahren der jährlichen Anpassung im Abgeordnetengesetz festlege, die Höhe der jährlichen Anpassung jedoch aus der Kompetenz des Landtags herausnehme und der allgemeinen Einkommens- bzw. Preisentwicklung überlasse. Diese Ausnahme vom prinzipiellen Gesetzgebungsmonopol des Parlaments sei auch aus Gründen höherer Sachgerechtigkeit gerechtfertigt.[79]

Grundlage dieser Auffassung ist Henkes[80] Annahme, das im Rechtsstaatsprinzip enthaltene Amtsprinzip beinhalte nicht nur eine Pflicht zur formalen Regelbeachtung, sondern auch eine Trennung des Handelns im Amt und des privaten Handelns derselben Personen, die den Sinn habe, die Uneigennützigkeit jeder Amtsausübung zu gewährleisten und daher jede Entscheidung in eigener Sache verbiete. Als Konsequenz befürwortet Henke die Einrich-

---

74 Vgl. LT-Präs. Dr.Müller, LT Thür., Plpr. 1/79, S. 5871 f.; Abg. Dr. Kniepert a.a.O.; ähnl. Abg. Stauch (CDU) a.a.O.
75 Abg. Dr. Hahnemann (LL/PDS), LT Thür., Plpr.1/79, S. 5849 f.
76 Abg. Möller (B 90/Grüne) a.a.O.
77 Henke, BK (Bearb. Nov. 1991), Art. 21 GG, Rz. 322. Siehe hierzu auch A. II., III.
78 Linck, Art. 54 Rz. 10, in: Linck/Jutzi/Hopfe, Die Verfassung des Freistaats Thüringen.
79 Zustimmend Rommelfanger, ThürVBl. 1993, 173 (183); im Ergebnis auch Huber, ThürVBl. 1993, Sonderheft, S. B 4 (13).
80 Henke a.a.O.

tung einer unabhängigen Stelle mit Entscheidungsbefugnissen auf dem Gebiet der staatlichen Politikfinanzierung.[81]

II. Kritik der Anpassungsregelung

Bereits die Prämisse der Indexierungslösung, es läge bezüglich der Abgeordnetenentschädigung eine Kollision zwischen Rechtsstaatsprinzip und Demokratieprinzip vor, wobei das erstere eine Entscheidung in eigener Sache verbiete,[82] ist fraglich.

Zum einen gebietet das Rechtsstaatsprinzip zwar in gewissen Fällen eine Trennung des Handelns im Amt und des privaten Handelns der Amtsperson, die auf ein Verbot der Entscheidung in eigener Sache hinausläuft.[83] Allerdings sind diese Fälle ausdrücklich gesetzlich geregelt und ausnahmslos solche der Exekutive und der Judikative, d.h. der Staatsgewalten, die von der Legislative, der ersten Staatsgewalt in einer Demokratie, abgeleitet sind. Es ist daher keineswegs zwingend, aus ausdrücklich gesetzlich geregelten Ausschlußvorschriften der Judikative und Exekutive eine weitere - zwar nicht ausdrücklich geregelte, aber vorgeblich verfassungsrechtlich gebotene - Ausnahmevorschrift auch für die Legislative schlußzufolgern.[84] Im übrigen ist zu berücksichtigen, daß im Falle der Entschädigung bei den Abgeordneten kein Fall eigentlicher persönlicher Betroffenheit vorliegt, wie in den oben genannten Fällen, sondern, wie H.-J. Vogel[85] es zutreffend nennt, ein Fall kollektiver Organbetroffenheit.

Zum anderen kann der Auffassung, die Parlamentsgesetzgebung führe bei der Entscheidung über die Abgeordnetenentschädigung zu politisch oder sachlich unerträglichen Ergebnissen, weshalb das Parlament nicht als einzi-

---

81 Siehe schon A. II.
82 Henke, BK (Bearb. Nov. 1991), Art. 21 GG, Rz. 322; Linck, Art. 54 Rz. 10, in: Linck/Jutzi/Hopfe, Die Verfassung des Freistaats Thüringen.
83 Siehe Art. 55, 66 GG; § 5 BMinG; §§ 35, 36 BRRG; § 20 f. VwVfG; § 18 BVerfGG; § 39 DRiG; § 41 f ZPO; § 54 VwGO; §§ 331 ff. StGB.
84 Dementsprechend sehen lediglich Gemeindeordnungen für Kommunalvertretungen, welche staatsrechtlich der Exekutive zuzuordnen sind, einen Ausschluß einzelner Abgeordneter bei persönlicher Betroffenheit vor. Bezeichnenderweise fehlen entsprechende Regelungen auf Landtags- und Bundestagsebene. Darüberhinaus wird auch auf kommunaler Ebene über die Höhe der - dort ehrenamtlichen - Aufwandsentschädigung in eigener Sache entschieden.
85 H.-J. Vogel, ZG 1992, 293 (294 f.).

ger legitimierter Gesetzgeber gelte,[86] so nicht zugestimmt werden. Gerade das demokratische Verfahren der Parlamentsgesetzgebung mit seinem öffentlichkeitswirksamen formalisierten Regelungsverfahren[87] ist, wird es korrekt und mit verschärften Anforderungen eingehalten,[88] geeignet, den Gefahren, die bei Entscheidungen in eigener Sache bestehen,[89] entgegenzuwirken. Demgegenüber trifft die Feststellung Henkes, die Öffentlichkeit sei als Mittel gegen den Mißbrauch der Entscheidung in eigener Sache bisher wenig wirksam,[90] zwar leider noch zu, dies zeigt indes nur, daß die verfahrensmäßigen Anforderungen oft nicht eingehalten werden und deshalb auf ihre Einhaltung besonders zu achten ist, nicht aber, daß man deswegen die Entscheidungsbefugnisse auf andere Stellen übertragen müßte.

Problematisch ist die Indexierungsregelung auch wegen der rechtsstaatlichen und demokratischen Notwendigkeit, daß das Parlament für die Ausübung seiner Kompetenzen der Öffentlichkeit gegenüber erkennbar verantwortlich sein und sich dafür auch rechtfertigen muß.[91] Mit der Indexierung, glauben die Thüringer Abgeordneten, seien sie dem "Fluch" der Entscheidung in eigener Sache entgangen und hätten die Frage der Entschädigungserhöhung der alljährlich wiederkehrenden Auseinandersetzung entzogen.[92] Dahinter steht der Versuch, sich der Verantwortung für die Entschädigungserhöhung gegenüber der Öffentlichkeit entledigen zu wollen.[93] Findet dann die vorgesehene automatische Anpassung statt, wird dem Bürger suggeriert, daß Kritik an der Höhe oder am Verfahren der Entschädigung nicht mehr möglich, der Landtag für die Kritik jedenfalls nicht zuständig sei, da das Verfahren schließlich von der Verfassung so festgelegt ist. Tatsächlich aber bleibt das Thüringer Parlament, da es mit der Ankoppelung der Entschädigung an die allgemeine Einkommens- bzw. Preisentwicklung die Entscheidungsbefugnis nicht an eine andere verantwortliche Stelle delegiert hat, aus Gründen des Rechtsstaatsprinzips weiterhin für die Festsetzung der Entschä-

---

86 Henke, BK (Bearb. Nov. 1991), Art. 21 GG Rz. 322; Linck, Art. 54 Rz. 10, in: Linck/Jutzi/Hopfe, Die Verfassung des Freistaats Thüringen.
87 Siehe 3. Teil, C. III. 3.
88 Siehe B.
89 Siehe 1. Teil, Grundproblem.
90 Henke a.a.O.
91 Siehe zu diesem Aspekt auch die Kissel-Kommission S. 22.
92 LT-Präs. Dr.Müller, LT Thür., Plpr. 1/79, S. 5871 f.; Abg. Dr. Kniepert (FDP), a.a.O. S. 5851; Abg. Stauch (CDU), a.a.O., S. 5835; s.a. Huber, ThürVBl. 1993, Sonderheft, S. B 4 (13); Linck a.a.O.
93 So auch die Gegner der Regelung, z.B. Abg. Dr. Hahnemann (LL/PDS), LT Thür., Plpr.1/79, S. 5849 f.; Abg. Möller (B 90/Grüne), a.a.O., S. 5856.; Abg. Grabe (B 90/Grüne), PlPr. 1/94, S. 7165; Abg. Geißler (fraktionslos), a.a.O., 7172.

digung gegenüber der Öffentlichkeit verantwortlich und auch möglicher Adressat für etwaige Kritik.

Auf die Zielrichtung der Indexierungslösung trifft damit der Sache nach das zu, was das Bundesverfassungsgericht im Diätenurteil[94] zu der damaligen Ankoppelung der Entschädigung an die Beamtenbesoldung im Saarländischen Landtagsgesetz als verfassungswidrig feststellte: Das Verfahren ist "der Intention nach dazu bestimmt, das Parlament der Notwendigkeit zu entheben, jede Veränderung in der Höhe der Entschädigung im Plenum zu diskutieren und vor den Augen der Öffentlichkeit darüber als einer selbständigen politischen Frage zu entscheiden." Eine derartige technische Koppelung widerstreitet der "verfassungsrechtlich gebotenen selbständigen Entscheidung des Parlaments über die Bestimmung dessen, was nach seiner Überzeugung eine angemessene, die Unabhängigkeit sichernde Entschädigung ist."

Die Anpassungsregelung ist auch wenig geeignet, den "Fluch der Entscheidung in eigener Sache", den "bösen Anschein der Selbsbedienung" zu verhindern. Es verbleiben nämlich die grundlegende Festlegung der Entschädigungshöhe und die Regelung der weiteren Entschädigungsbestandteile (Funktionszulagen, dreizehnte Entschädigung, Übergangsgeld, Altersversorgung, Kostenpauschalen etc.), die weitaus problematischer sind als die Höhe der Grundentschädigung,[95] weiterhin in der Entscheidungskompetenz des Landtags und im Blickpunkt der öffentlichen Kritik. Im übrigen ist aus Art. 54 der Verfassung nicht ersichtlich, wann oder wie oft überhaupt eine grundlegende Überprüfung und Festsetzung der Entschädigung mit ihren verschiedenen Bestandteilen durch den Gesetzgeber erfolgt. Müßte dies nicht wenigstens einmal pro Wahlperiode der Fall sein?

Außerdem erscheint es systemwidrig, zwar die grundlegenden Fragen der Festlegung der Ausgangshöhe der Entschädigung und insbesondere die Modalitäten der diversen Zusatzleistungen dem einfachen Gesetz zu überlassen, dagegen die im Vergleich dazu unwichtigere Regelung der jährlichen Anpassung der Entschädigungshöhe auf die Ebene der Verfassung, der die grundlegenden Fragen vorbehalten sein sollten, zu hieven.[96] Dies gilt insbe-

---

94 BVerfGE 40, 296 (316 f.).
95 Siehe den 2. Teil, dort insbes. D. II.; E. I. 3., 4.; E. II. 5.-7.; G. II. 1., III.; H. III. 1., 2., 3., V.
96 Ähnl. der Unterschied zwischen Manteltarifvertrag und Tarifvertrag: Der auf eine lange Laufzeit angelegte Manteltarifvertrag regelt die grundlegenden Fragen der Arbeitsverhältnisse, der Tarifvertrag mit einer meistens nur einjährigen Laufzeit regelt dagegen die Frage der jährlichen Anpassung der Löhne und Gehälter. Diese Anpassung muß aber zuvor von den Arbeitnehmern erkämpft werden und wird ihnen nicht automatisch etwa mit einer Erhöhung der Inflationsrate zuteil. - Bemerkenswert in diesem Zusammenhang die Äußerung des Abg. Lothholz (CDU) bei der 2. Beratung der Verfassung (LT

sondere deswegen, weil es dem Landtag auch ohne die verfassungsmäßige Indexierungslösung unbenommen gewesen wäre, die Entschädigung entsprechend der allgemeinen Einkommens- bzw. Preisentwicklung jährlich anzupassen, allerdings hätte er dies vor der Öffentlichkeit wegen der dann erforderlichen Änderung des Abgeordnetengesetzes jedes Mal rechtfertigen müssen.

Schließlich sei noch erwähnt, daß die bundesrechtliche Vorschrift des § 3 S. 2 Währungsgesetzes, die Wertsicherungsklauseln verbietet, der Indexierungsregelung zwar nicht entgegen steht.[97] Diese Bestimmung betrifft nur privatrechtlich vereinbarte Geldschulden, nicht aber gesetzlich zuerkannte Leistungsansprüche.[98] Zu bedenken ist jedoch, daß mit der Indexierung der Sache nach das zu den tragenden Grundlagen unserer Rechts- und Wirtschaftsordnung zählende währungspolitische Prinzip des Nominalismus[99] durchbrochen wird.[100]

Thür., Plpr. 1/79, S. 5868): "Sobald ... die Abgeordneten über eine Erhöhung der Diäten nachdenken und diese auch beschließen, stehen die Abgeordneten in der öffentlichen Kritik. Ich möchte hier jedoch an die Tarifautonomie, an das Recht aller Arbeiter, Angestellten und Beamten erinnern, ausgehend von der Preis- und Wirtschaftsentwicklung Tarifverträge abzuschließen. Das ist für alle Beteiligten ein ganz normaler Vorgang. Bei den Landtagsabgeordneten soll nun die ungleiche Behandlung aufgehoben werden."

97 So auch Huber, ThürVBl. 1993, Sonderheft, S. B 4 (13).
98 Münchener Kommentar/v. Maydell, § 244 BGB Rz. 22 ff.; OLG Düsseldorf, VersR 1983, 532 (533).
99 BGHZ 61, 31 (38); 79, 187 (194).
100 Vgl. Huber a.a.O. Währungspolitische Einwände wurden laut Abg. Möller (B 90/Grüne), LT Thür., Plpr. 1/95, S. 7287, auch von dem Präsidenten der Landeszentralbank Thüringens geltend gemacht.

Zusammenfassung

Die Abgeordnetendiäten und die Fraktionsfinanzierung gehören zu den problematischen *Entscheidungen der Parlamente in eigener Sache.* Da alle Abgeordneten und Fraktionen von den staatlichen Geldern profitieren, herrscht darüber zumeist eine fraktionsübergreifende Einigkeit im Parlament; es ermangelt des sonst eingreifenden korrigierenden Elements gegenläufiger Interessen der parlamentarischen Opposition. So besteht in besonderem Maße die Gefahr der übermäßigen Selbstbegünstigung und des Mißbrauchs aufgrund von undurchsichtigen Regelungen und Verfahrensweisen. Wegen der engen Verknüpfungen der Abgeordneten und der Fraktionen zu den politischen Parteien ist insbesondere an die Gefahr der verdeckten Parteienfinanzierung und der daraus resultierenden Beeinträchtigung der Offenheit des politischen Prozesses aufgrund von Wettbewerbsvorteilen gegenüber außerparlamentarischen Konkurrenten zu denken. Aus diesen Gefahren resultiert die Notwendigkeit von Transparenz und öffentlicher Kontrolle als wirksamstem Gegenmittel.

Problematisch an den Abgeordnetenentschädigungen der neuen Länder ist nicht die *Höhe der alimentativen Entschädigungen* von 5.308-5.740 DM (Jan. 1994). Es müssen jedoch die verschiedenen Zusatzleistungen, die die Entschädigung verdeckt erhöhen (wie Funktionszulagen, Übergangsgeld, Altersversorgung und etwaige Einkommensbestandteile aus den Aufwandsentschädigungen), hinzugerechnet werden.

Die fünf neuen Länder haben ihre Regelungen größtenteils von ihren *westdeutschen Partnerländern* ab- oder zusammengeschrieben. So stammen die Regelungen Brandenburgs von Nordrhein-Westfalen ab, Mecklenburg-Vorpommerns von Schleswig-Holstein, Sachsens von Baden-Württemberg und Bayern, Sachsen-Anhalts von Niedersachsen und Thüringens von Hessen und Rheinland-Pfalz.

Problematisch ist vor allem das *Verfahren der Festsetzung.* Die Regelungen sind kaum öffentlich begründet worden. Außerdem fand die Gesetzgebung oftmals im "Blitzverfahren" statt: nur eine Lesung im Plenum, teilweise keine Aussprache, Verkürzung der Fristen, Verabschiedung binnen weniger Tage.

Mecklenburg-Vorpommern, Sachsen, Sachsen-Anhalt und Thüringen haben sich nicht gescheut, außer den wegen ihrer besonderen Stellung an der Spitze von Verfassungsorganen anerkanntermaßen höher bezahlten Parlamentspräsidenten und Vizepräsidenten die diversen *Funktionszulagen* Schleswig-Holsteins für Fraktionsvorsitzende und ihre Stellvertreter, Ausschußvorsitzende, Parlamentarische Geschäftsführer der Fraktionen und Vorsitzende der Arbeitskreise zu übernehmen. Dies hat zur Folge, daß in Thüringen und Sachsen ein Drittel und in Mecklenburg-Vorpommern und Sachsen-Anhalt sogar zwei Drittel der Abgeordneten eine um 20-100% erhöhte Entschädigung erhalten. Diese Zulagen steigen automatisch mit jeder Diätenerhöhung.

Die Funktionszulagen widersprechen der verfassungsmäßigen formalisierten Gleichheit der Abgeordneten, wie sie das Diätenurteil des Bundesverfassungsgerichts festgestellt hat.

Die lange Bezugsdauer des *Übergangsgeldes* von bis zu zwei Jahren widerspricht dem Zweck des Übergangsgeldes als Start- und Überbrückungshilfe nach Ende des Mandats, zumal die finanziellen Anpassungsschwierigkeiten kaum über ein Jahr hinaus andauern dürften. Jedoch hat nur Thüringen die Dauer der Zahlung von Übergangsgeld und den entsprechenden Höchstbetrag auf zwölf Monate beschränkt. Weiterhin ist zweifelhaft, daß ehemalige Präsidenten und Vizepräsidenten in Sachsen und die diversen Funktionsträger in Mecklenburg-Vorpommern und Sachsen-Anhalt zu ihrer beruflichen Wiedereingliederung tatsächlich ein bis zu 100% erhöhtes Übergangsgeld benötigen, also erheblich größere finanzielle Anpassungsschwierigkeiten nach Ende des Mandats haben als "einfache" Abgeordnete.

Obwohl keine Notwendigkeit für das Übergangsgeld besteht, wenn der Abgeordnete direkt im Anschluß an das Mandat wieder ein Erwerbseinkommen erzielt oder eine Rente aus der gesetzlichen Rentenversicherung erhält, werden nur Einkommen und Versorgungsbezüge aus öffentlichen Kassen in allen Ländern auf das Übergangsgeld angerechnet. In Brandenburg und Sachsen werden auch die Renten aus der gesetzlichen Rentenversicherung nicht angerechnet. Dagegen werden, außer in Brandenburg, Einkommen aus einer Beschäftigung oder Tätigkeit bei Vereinigungen, Einrichtungen oder Unternehmen, deren Kapital sich zu mehr als 50% in öffentlicher Hand befindet oder die zu mehr als der Hälfte aus öffentlichen Mitteln unterhalten werden, angerechnet. Außerdem werden in Mecklenburg-Vorpommern, Sachsen-Anhalt und Thüringen private Erwerbseinkommen angerechnet. Der gebotenen Anrechnung aller beruflicher Einkünfte auf das Übergangsgeld genügen demnach im wesentlichen Mecklenburg-Vorpommern, Sachsen-Anhalt und Thüringen. Diese Länder gehen mit ihren Anrechnungsvorschriften weiter als die meisten alten Länder und der Bund.

Die *Altersversorgung* der Abgeordneten ist, gemessen an den anderen großen Alterssicherungssystemen, überzogen und stellt ein erhebliches verdecktes Zusatzeinkommen dar. Die Abgeordneten erwerben schon nach 6-8

Jahren Parlamentsmitgliedschaft, d.h. etwa einem Fünftel des normalen Arbeitslebens, mit Mindestversorgungen in Höhe von 29% (Thüringen), 33% (Brandenburg), 35% (Mecklenburg-Vorpommern u. Sachsen) bzw. 38,5% (Sachsen-Anhalt) der Entschädigung bereits fast die Hälfte der Altersvollversorgung. Auch die jährlichen Steigerungsraten von 3% (Thüringen), 3,5% (Brandenburg), 4% (Sachsen) bzw. 5% (Mecklenburg-Vorpommern u. Sachsen-Anhalt), die weit über denen für Beamte (1,875%) und für Versicherte der gesetzlichen Rentenversicherung (1,5%) liegen, sind unangemessen. Sie führen dazu, daß die Altersvollversorgung in Höhe von 75% der Entschädigung bereits nach 16 (Mecklenburg-Vorpommern u. Sachsen-Anhalt), 18 (Sachsen), 20 (Brandenburg) bzw. 22 Mandatsjahren (Thüringen), also nach zum Teil weniger als einem halben normalen Arbeitsleben, erworben wird. Der Zahlungsbeginn der Altersversorgung der Abgeordneten liegt in Sachsen-Anhalt und Thüringen bei der Vollendung des 55. Lebensjahres. Dies ist weit vor dem Erreichen des normalen Ruhestandsalter des vollendeten 63. bzw. 65. Lebensjahres. In Mecklenburg-Vorpommern und Sachsen beginnt hingegen die Zahlung erst ab dem vollendeten 60. Lebensjahr, in Brandenburg noch fünf Jahre später.

Die Ausgestaltung der Altersversorgung entspricht nicht dem Gebot einer angemessenen und entsprechend der zeitlichen Dauer des Mandats begrenzten Altersversorgung, die die durch das Mandat entstandenen Versorgungslücken schließen soll. Das gilt vor allem für Sachsen-Anhalt, gefolgt von Mecklenburg-Vorpommern. Ersteres hat trotz massiver Kritik seiner Diätenkommission, gerade im Hinblick auf die besonderen Verhältnisse in Sachsen-Anhalt, die Versorgung nicht reduziert.

Mit einer *Sonder-Altersversorgung*, die zudem meist schon ab Vollendung des 53. oder 55. Lebensjahres ausgezahlt wird, haben sich die Abgeordneten der *ersten Landtage* - mit Ausnahme von Mecklenburg-Vorpommern - bereits nach Ablauf der ersten Wahlperioden gegen das Risiko, nicht wieder gewählt zu werden, gut abgesichert: In Brandenburg gibt es nach 4 Jahren Parlamentszugehörigkeit bei Erreichen des gesetzlichen Rentenalters eine Versorgung in Höhe von 19% der Entschädigung, in Sachsen gibt es nach 3 Jahren ab dem vollendeten 53. Lebensjahr eine Versorgung von 25% der Entschädigung, in Sachsen-Anhalt sind es nach mindestens 3 Jahren Parlament ab Vollendung des 55. Lebensjahres 38,5% und in Thüringen nach 4 Mandatsjahren ab Erreichen des 55. Lebensjahres 29% der Entschädigung. Das macht zwar nach dem Stand der Entschädigungen von Ende 1993/Anfang 1994 nur zwischen 1.091 DM (Brandenburg) und 2.156 DM (Sachsen-Anhalt), die Beträge steigen aber mit jeder Erhöhung der Diäten.

Die Sonder-Altersversorgungen, die mit den Besonderheiten der 1. Wahlperiode und mit ähnlichen Regelungen für kommunale Wahlbeamte und Landesminister begründet wurden, decken mehr als die durch das Mandat entstandenen Versorgungslücken ab und sind daher unangemessen, wie auch die Diätenkommission von Sachsen-Anhalt im Jahre 1991 kritisierte. Schließlich erhalten die Abgeordneten nach Ablauf des Mandats Übergangsgeld in Höhe von 29.400 DM (Thüringen) bis 34.440 DM (Brandenburg) und, wenn kein Anspruch auf Altersversorgung besteht, eine Versorgungsabfindung bzw. die Möglichkeit zur Nachversicherung in der gesetzlichen Rentenversicherung.

Trifft die Abgeordnetenentschädigung oder die -versorgung mit anderweitigem Einkommen oder Versorgungsbezügen aus öffentlichen Kassen zusammen, meistens mit dem Gehalt oder der Versorgung eines (ehemaligen) Ministers oder Parlamentarischen Staatssekretärs, ist, da die Abgeordnetenentschädigung und -versorgung in Anlehnung an das Beamtenrecht alimentierend ausgestaltet sind, eine *Anrechnung* geboten, weil die öffentliche Hand nicht zweimal alimentieren soll. Konsequenterweise sollten auch die Anrechnungsvorschriften den beamtenrechtlichen entsprechen. Verglichen mit der beamtenrechtlichen Anrechnung ist jedoch die nach den Abgeordnetengesetzen zumeist erheblich günstiger. Zudem sind die Anrechnungsbestimmungen der Abgeordnetengesetze äußerst kompliziert und unverständlich gefaßt. Dies widerspricht dem Gebot der größtmöglichen Transparenz.

Die *pauschalierten Bestandteile der Aufwandsentschädigung* beruhen entgegen den Anforderungen des Bundesverfassungsgerichts nicht auf repräsentativen empirischen Erhebungen über den tatsächlich angemessenen, durchschnittlichen, besonderen Mandatsaufwand, sondern sind in Anlehnung an die Kostenpauschalen der westdeutschen Parlamente festgelegt worden. So läßt sich ihre Angemessenheit nur im Vergleich zu den anderen Ländern beurteilen. Aufgrund von Untersuchungen zu den Pauschalen der alten Länder steht indes zu vermuten, daß insbesondere die allgemeinen Kostenpauschalen überhöht sind und verfassungswidrig verdecktes Einkommen enthalten.

Ob den bei *Ministerabgeordneten* nicht oder nur gering gekürzten allgemeinen Pauschalen und dem Tagegeld ein entsprechender besonderer Aufwand aus dem Mandat zugrundeliegt, ist fragwürdig, zumal die Minister schon aufgrund ihres Amtes über eine Dienstaufwandsentschädigung sowie über eine besondere Ausstattung verfügen und sowieso am Sitz der Landesregierung, der zugleich Sitz des Landtags ist, anwesend sein müssen. Gestützt werden die Zweifel dadurch, daß in diesen Fällen die allgemeine Kostenpauschale in Sachsen-Anhalt um 80%, in Mecklenburg-Vorpommern immerhin noch um 25% gekürzt wird.

Die Kostenerstattung für *Mitarbeiter der Abgeordneten* übersteigt schon seit 1992 die entsprechende Kostenerstattung der alten Länder. Wenn die Gehälter nach BAT-Ost auf West-Niveau sein werden, wird die Differenz aber noch ansteigen, da die alten Länder nur Teilzeitstellen auf der Grundlage von zumeist BAT VIb oder VII vergüten, die neuen Länder hingegen meist ganze Stellen mit BAT Vb oder VI b bezahlen. Dabei ist nicht gewährleistet, daß die Mitarbeiter nicht für Parteizwecke, wie etwa zur Wahlwerbung und zur Arbeit in den Wahlkreisgeschäftsstellen der Parteien eingesetzt werden.

Die Fraktionen der Landtage der fünf neuen Länder erhalten sogenannte *Fraktionszuschüsse* in Höhe von 6-10 Mio. DM (1993) und reichen damit an die Zahlungen in Westdeutschland heran. Die Mittel werden monatlich nach einem Grundbetrag von 50.000-72.917 DM je Fraktion, einem weiteren Betrag von 2.100-3.855 DM (Stand 1993) je Fraktionsmitglied und einem zusätzlichen Bonus von 25% des Grund- oder des Mitgliedsbetrags für die Oppositionsfraktionen verteilt. Darüberhinaus bekommen die Fraktionen neben den Räumen im Landtag Gelder für Personal, Möbel, technische Einrichtungen, Büro- und Kommunikationseinrichtungen und Kraftfahrzeuge oder ihnen werden derartige Sach- und Dienstleistungen kostenlos zur Verfügung gestellt. Auf diese Weise werden die Fraktionen fast völlig vom Staat finanziert. Daß die Fraktionen einen der Höhe der Mittel entsprechenden legitimen Bedarf haben, ist indes öffentlich nicht begründet worden. Die jährlichen Erhöhungen der Zahlungen wurden nur mit den entsprechend den BAT-Tarifen steigenden Gehältern der Fraktionsangestellten begründet.

Rechtsgrundlagen der Fraktionsfinanzierung sind zunächst die *Verfassungen* von Brandenburg (Art. 67 I), Sachsen-Anhalt (Art. 47 II) und Mecklenburg-Vorpommern (Art. 25 II), die den Fraktionen Anspruch auf eine angemessene Ausstattung geben. Dieser Anspruch wird durch die Abgeordneten- bzw. Fraktionsgesetze konkretisiert. Nur in Sachsen gibt es keine gesetzliche Regelung.

Die Zulässigkeit der staatlichen Fraktionsfinanzierung folgt daraus, daß die Fraktionen als ständige Gliederungen des jeweiligen Parlaments in die organisierte Staatlichkeit eingefügt sind. Wegen der Stellung der Fraktionen innerhalb der Staatsorganisation handelt es sich bei den staatlichen Zahlungen trotz der allgemein üblichen Bezeichnung als Zuschüsse nicht um solche, sondern um *Haushaltsmittel*. Die Mittel sind *zweckgebunden* für die der Koordination dienende Parlamentsarbeit der Fraktionen. Sie dürfen nicht für Zwecke der jeweiligen Partei, wie z.B. für die Unterstützung von Parteiveranstaltungen oder die Verbesserung der Wahlchancen der Partei durch Wahlkampfwerbung, verwendet werden. Auch darf die Partei nicht durch die kostenlose Zurverfügungstellung von Personal und fachlichem Sachverstand, Räumen oder anderen Sachmitteln der Fraktionen unterstützt werden. Dies verstieße gegen den Grundsatz der Chancengleichheit der Parteien und das Verbot der verdeckten Parteienfinanzierung.

Damit die Zweckbindung der Mittel an die legitimen Fraktionsaufgaben eingehalten wird und es nicht zu einer verbotenen Überfinanzierung der Fraktionen kommt, sollte die *Rücklagenbildung* auf jährlich 10% der Haushaltsmittel und insgesamt die Dauer einer Wahlperiode begrenzt werden. Eine Beschränkung auf jährlich 20% der Mittel und auf 60% für die gesamte Wahlperiode, wie im Abgeordnetengesetz Mecklenburg-Vorpommerns, oder gar auf 35% der jährlichen Mittel wie im Brandenburger Fraktionsgesetz, ist dagegen zu hoch gegriffen.

Die Gefahr der verdeckten Parteienfinanzierung besteht insbesondere bei der *Öffentlichkeitsarbeit* der Fraktionen aufgrund ihrer möglichen Ersatzfunktion für die Werbetätigkeit der Partei. Wegen der schwierigen Abgrenzung und auch um die sonst zu befürchtende Ausuferung der Mittel zu verhindern, sollte die Öffentlichkeitsarbeit nicht wie in den Fraktions- bzw. Abgeordnetengesetzen von Sachsen-Anhalt, Brandenburg und Mecklenburg-Vorpommern ausdrücklich und unbeschränkt erlaubt werden, sondern einem Begründungszwang im Einzelfall unterliegen.

Die Regelungen der Fraktionsfinanzierung durch die Abgeordneten- bzw. Fraktionsgesetze von Mecklenburg-Vorpommern, Thüringen, Sachsen-Anhalt und Brandenburg genügen nur zum Teil dem wegen der Bedeutsamkeit des Bereichs und der Notwendigkeit der Publizität durch Verfahren geltenden *umfassenden Gesetzesvorbehalt.*

Unter den entscheidenden Aspekten der Publizität, Transparenz und Kontrollierbarkeit völlig ungenügend ist die bloße Einstellung der Mittel in den Haushaltsplan, wie es in Sachsen der Fall ist. Aber auch die Bestimmungen Brandenburgs, Mecklenburg-Vorpommerns und Sachsen-Anhalts, die die Fraktionsfinanzierung dem Grunde nach regeln, genügen dem Gesetzesvorbehalt nicht. Denn auch hier sind die Beträge erst aus dem Haushaltsplan ersichtlich und können relativ einfach und von der Öffentlichkeit unbemerkt erhöht werden, weil das Gesetz nicht geändert werden muß. Nur Thüringen hat die erforderliche *Regelung nach Grund und Betrag.*

In den Abgeordneten- und Fraktionsgesetzen fehlt die Festsetzung einer *absoluten Obergrenze* für die Fraktionsfinanzierung. Eine solche ist aus den gleichen Gründen wie bei der Parteienfinanzierung geboten, ja sogar erst recht angezeigt, da die Fraktionen in noch größerem Umfang und ohne Begrenzung auf eine hälftige Quote vom Staat finanziert werden.

Die Haushalts- und Wirtschaftsführung der Fraktionen gehört zu der des Parlamentes und damit zu der des Staates, weil die Fraktionen in die organisierte Staatlichkeit eingefügt sind und deshalb voll mit staatlichen Mitteln finanziert werden. Daraus folgt, daß ihre Finanzwirtschaft auch den *haushaltsrechtlichen Grundsätzen* genügen muß, die für die staatliche Finanzwirtschaft gelten. Danach ist vor allem eine getrennte Einzelveranschlagung der

Einnahmen und Ausgaben jeder Fraktion, getrennt nach bestimmten Einnahme- und Ausgabearten entsprechend dem Gruppierungsplan sowie die Ausweisung eines Stellenplans geboten. Diesen Anforderungen genügen die neuen Länder nicht, ihre Haushaltspläne veranschlagen die sogen. Fraktionszuschüsse lediglich in einem Globalbetrag oder unterteilt nach Fraktionen und dem entsprechenden Grund-, Mitglieds- und Oppositionsbetrag.

Die Forderung nach *öffentlicher Rechenschaftslegung* über die Herkunft und Verwendung der Mittel und über das Vermögen der Fraktionen sowie nach der Veröffentlichung der Rechenschaftsberichte als Parlamentsdrucksache erfüllen die Abgeordneten- bzw. Fraktionsgesetze Mecklenburg-Vorpommerns, Sachsen-Anhalts und Brandenburgs im wesentlichen. Allerdings ist die Frist für die Rechnungslegung gegenüber dem Landtagspräsidenten mit sechs Monaten etwas lang bemessen. Für die eigentliche Veröffentlichung der Rechenschaftsberichte durch den Landtagspräsidenten, wichtig als Voraussetzung für eine effektive zeitnahe Öffentlichkeitskontrolle, fehlt dagegen eine Frist. Eine solche sollte höchstens drei weitere Monate betragen. Dagegen ermangelt es dem Thüringer Abgeordnetengesetz trotz Erwähnung der Fraktionsfinanzierung völlig an Bestimmungen über eine öffentliche Rechenschaftspflicht der Fraktionen.

Das Bundesverfassungsgericht hat 1989 im sogen. Wüppesahl-Urteil eindeutig festgestellt, daß der *verfassungsrechtliche Prüfungsauftrag des Rechnungshofes* die Rechtmäßigkeit und Wirtschaftlichkeit der Verwendung von Fraktionsmitteln in gleicher Weise und nach den gleichen verfassungsrechtlichen und haushaltsrechtlichen Maßstäben umfaßt wie bei anderen Etatmitteln auch. Dennoch ist die Rechnungshofprüfung nach den Abgeordneten- bzw. Fraktionsgesetzen von Mecklenburg-Vorpommern und Sachsen-Anhalt dahingehend eingeschränkt, daß "die Erforderlichkeit der Wahrnehmung der Aufgaben der Fraktion" nicht Gegenstand der Prüfung durch den Rechnungshof ist bzw. "politische Entscheidungen der Fraktionen ... nicht Gegenstand der Prüfung" sind (Brandenburger Fraktionsgesetz). Diese Bestimmungen sind nicht mit dem verfassungsmäßig umfassenden Prüfungsrecht der Rechnungshöfe vereinbar, das auch die Prüfung der Zweckmäßigkeit und Verhältnismäßigkeit von Maßnahmen sowie die Befugnis zur Überprüfung der tatsächlichen Voraussetzungen politischer Entscheidungen und zum Aufzeigen unvorhergesehener negativer Konsequenzen beinhaltet. Um die gebotene effektive Öffentlichkeitskontrolle zu ermöglichen und die Rationalität der kostenrelevanten Maßnahmen zu fördern, ist eine möglichst umfassende Prüfung auch politischer Entscheidungen durch die Rechnungshöfe erforderlich.

Die Festsetzung der Abgeordnetenentschädigung und der Mittel der staatlichen Fraktionsfinanzierung in einem *transparenten und für die Öffentlich-*

keit kontrollierbaren Verfahren ist geeignet, die typischen Gefahren bei Entscheidungen des Parlaments in eigener Sache zu verhindern. Die folgenden Vorschläge tragen zur Verbesserung von Transparenz und Öffentlichkeit bei.

Die Einsetzung von *beratenden, unabhängigen Kommissionen* von Sachverständigen, die die tatsächlichen und rechtlichen Voraussetzungen der Entschädigung und der Fraktionsfinanzierung aufbereiten und dem Parlament sowie der Öffentlichkeit mit zu veröffentlichenden Stellungnahmen Grundlagen für die Beurteilung liefern, fördert die Rationalität der Entscheidung.

Die *Anforderungen an das parlamentarische Gesetzgebungsverfahren* sind zu verschärfen. So müssen die Fristen für die Lesungen im Plenum und die Verabschiedung von Gesetzentwürfen unbedingt eingehalten werden und dürfen nicht durch interfraktionelle Vereinbarungen verkürzt werden. Außerdem sollte eine sachlich hinreichende und allgemein verständlich gefaßte schriftliche Begründung der Gesetzentwürfe zwingend vorgeschrieben werden.

Eine weitere Verbesserungsmöglichkeit besteht darin, gesetzliche Regelungen der Politikfinanzierung durch das Parlament erst mit *Wirkung für die nächste Wahlperiode* zuzulassen, so daß die entscheidenden Abgeordneten nicht zwangsläufig auch die Begünstigten der nächsten Legislaturperiode wären. Dann lägen zwischen der Parlamentsentscheidung und ihrem Inkrafttreten Wahlen, in denen die Bürger ihre diesbezügliche Meinung zum Ausdruck bringen könnten.

Schließlich wäre es sinnvoll, ähnlich wie bei der in einigen Ländern mittlerweile möglichen *Verbandsklage* von Naturschutzverbänden in Angelegenheiten des Naturschutzrechts, den Rechnungshöfen und Verbänden, die Allgemeininteressen vertreten, wie etwa dem Bund der Steuerzahler e.V., de lege ferenda das Recht zu geben, Normenkontrollanträge bei den Verfassungsgerichten zu stellen.

Dagegen führt die *Indexierung der Entschädigung*, die in der *Thüringer Verfassung* (Art. 54 II) vorgesehen ist, nicht zu einem transparenteren Verfahren und auch nicht zu sachgerechteren Ergebnissen.

Die Indexierung entspricht nicht dem notwendigen öffentlichkeitswirksamen formalisierten Regelungsverfahren der demokratischen Parlamentsgesetzgebung und ist "der Intention nach dazu bestimmt, das Parlament der Notwendigkeit zu entheben, jede Veränderung in der Höhe der Entschädigung im Plenum zu diskutieren und vor den Augen der Öffentlichkeit darüber als einer selbständigen politischen Frage zu entscheiden."[1]

---

[1] BVerfGE 40, 296 (316 f.) zur automatischen Ankoppelung der Entschädigung an die Beamtenbesoldung.

Auch wird die Regelung nicht dem Grundsatz gerecht, daß das Parlament für die Ausübung seiner Kompetenzen der Öffentlichkeit gegenüber erkennbar verantwortlich sein und sich für die Entscheidung rechtfertigen muß.

Schließlich entbindet die Anpassungsregelung das Parlament gerade hinsichtlich der grundlegenden Festsetzung der Entschädigungshöhe und der problematischen Entschädigungsbestandteile (insbes. dreizehnte Entschädigung, Funktionszulagen, Übergangsgeld und Altersversorgung) nicht von der Entscheidung in eigener Sache, sondern beläßt dies weiterhin in seiner Kompetenz.

Tabellenanhang

Tabelle 1: Entwicklung der Grundentschädigung
Tabelle 2: Funktionszulagen
Tabelle 3: Übergangsgeld
Tabelle 4: Altersversorgung
Tabelle 5: Aufwandsentschädigung
Tabelle 6: Amtsaufwandsentschädigung
Tabelle 7: Aufwendungen für Abgeordnetenmitarbeiter
Tabelle 8: Kostenerstattung für Wahlkreis- und Bürgerbüros der Abgeordneten
Tabelle 9: Sogen. Fraktionszuschüsse in den neuen Ländern

*Tabelle 1: Entwicklung der Grundentschädigung
(monatl. in DM)*

Jahr	1990	90/91	91/92	1993	93/94
Brdb.	2.900	3.500	4.875	5.290	5.740
MVp.	3.500	3.500	4.550	5.350	5.620
Sachs.	3.500	3.500	4.550	5.350	5.350
SAnh.	4.832	4.832	4.832	5.252	5.600
Thür.	3.792	3.792	5.308	5.308	5.308

Anmerkung: Thür.: 13 Zahlungen umgerechnet auf 12

*Tabelle 2: Funktionszulagen
(Erhöhte Entschädigung in DM)*

	Präs.	Vizepräs.	Frakt. vors.	Aussch. vors.	stellv. Fraktvors.	Parl. GF	Arbeits. krsv.	Schatzm.
Brdb.	10.580	7.935	-	-	-	-	-	-
MVp.	10.700	8.025	10.700	6.955	6.955	9.363	6.688	-
Sachs.	10.700	8.025	10.700	-	6.688	8.025	6.688	6.688
SAnh.	10.504	7.878	10.504	6.302	6.828	8.403	6.302	-
Thür.	10.616	9.024	10.616	7.431	7.431	9.024	-	-

Anmerkungen:
- *Stand 1.7.1993*
- *Sachs.: Zulagen für Fraktionsvorsitzende und ihre Stellvertreter, Parlamentarische Geschäftsführer, Arbeitskreisvorsitzende und Schatzmeister aus den Fraktionszuschüssen nach § 6 VI S. 3 AbgG und dem Haushaltsplan*
- *Thür.: 13 Zahlungen auf 12 umgerechnet*

Tabelle 3: Übergangsgeld

Betrag in DM nach

	1 J. E x 3	4 J. E x 6	8 J. E x 10	12 J. E x 14	Höchstbetrag E x 24	Parl. zeit
Brdb.	17.220	34.440	57.400	80.360	137.760	22 J.
MVp.	16.860	33.720	56.200	78.680	134.880	"
Sachs.	16.050	32.100	53.500	74.900	128.400	"
SAnh.	16.800	33.600	56.000	78.400	134.400	"
Thür.	14.700	29.400	49.000	-	58.800	10 J.

Anmerkungen:
- Stand: 1.1.1994, Thür. 1.7.1993
- In Thür.: Höchstbetrag = E x 12
- In MVp., Sachs., SAnh.: erhöhtes Übergangsgeld für Funktionsträger
- E = Entschädigung

Tabelle 4: Altersversorgung

	Mindestrente 1. Landtage				normale Mindestrente				jährl. Steig. rate	Höchstrente			
	Höhe in DM	in % d. E.	Parl. zeit	Zahl. Anf.	Höhe in DM	in % d. E.	Parl. zeit	Zahl. Anf.		Höhe in DM	in % d.E.	Parl. zeit	Zahl. Anf.
Brdb.	1.091	19%	4J.	65.Lj	1.894	33%	8J.	65.Lj	3,5%	4.305	75%	20J.	55.Lj
MVp.	-	-	-	-	1.967	35%	"	60.Lj	5 %	4.215	"	16 J.	"
Sachs.	1.338	25%	3 J.	53.Lj	1.873	35%	"	"	4 %	4.013	"	18 J.	"
SAnh.	2.156	38,5%	3 J.	55.Lj	2.156	38,5%	6 J.	55.Lj	5 %	4.200	"	16 J.	"
Thür.	1.421	29%	4 J.	55.Lj	1.421	29%	"	"	3 %	3.675	"	20 J.	"

Anmerkungen:
- Stand: 1.1.1994 (Brdb., MVp.), übrige Länder 1.10.1993
- SAnh.: Mindestrente nach einer WP, die mind. 3 J. gedauert haben muß

Tabelle 5: Aufwandsentschädigung
(Monatsbeträge in DM, soweit nicht anders angegeben)

	Allg. Kostenp.	Tagegeld	Fahrtkosten	Übernachtungsgeld	Beschäftig. v. Mitarb.	Bürokosten
Brdb.	1580	431	308-1232 0 bei Dienstw.	ja BAT-O IIa	50% v.	Erstausst. 4000
MVp.	1920 -25% f. Min.	40/Tag	0,52 DM/km	39/Tag* 0 bei Dienstw.	BAT-O VIb	Erstausst. 5000
Sachs.	1800	zusammengefaßte Pauschale 1000 -400 bei Dienstw. -50% f. Min.		nach LRKG	nach Haushpl.	Erstausst. 4000
SAnh.	1800 -80% f. Min.	40-60/Tag	216-1290 0 bei Dienstw.	39/Tag*	BAT-O VIb	Erstausst. 5000 750 monatl. Miete
Thür.	1600	500	300-1250 0 bei Dienstw.		max. 200/Tag BAT-O Vb	Erstausst. ja

Anmerkungen:
- Stand: 1.10.1993
- Mitarbeiterkosten zzgl. Gehaltsnebenkosten
- Fahrtkosten Sachs.: darüberhinaus Erstattung der Fahrtkosten auf Nachweis
- * = auf Nachweis höhere Übernachtungskosten
- Min. = Minister
- Dienstw. = Dienstwagen zur alleinigen Verfügung

Tabelle 6: Amtsaufwandsentschädigungen
(Betrag in DM)

	Präs.	Vizepräs.	Frakt. vors.	Aussch. vors.	stellv. Vors. d. Petaussch.
Brdb.	1044	783/522*	-	-	-
MVp.	-	-	-	-	-
Sachs.	900	450/300*	600	450/500**	450
SAnh.	-	-	-	-	-
Thür.	-	-	-	-	-

Anmerkungen:
- Stand 1.10.1993
* andere Präsidiumsmitglieder
** Vorsitzender des Petitionsausschusses

Tabelle 7: Aufwendungen für Abgeordnetenmitarbeiter

	1991 insges. Mio. DM	1991 je Abg. DM	1992 insges. Mio. DM	1992 je Abg. DM	1993 insges. Mio. DM	1993 je Abg. DM
Brdb.	1,138	12.932	2,066	23.478	2,770	31.477
MVp.	1,709	25.892	2,650	40.152	2,650	40.152
Sachs.	5,918	36.988	7,429	46.430	7,360	46.006
SAnh.	1,908	18.000	2,035	19.200	3,816	36.000
Thür.	2,735	30.731	3,429	38.533	4,220	47.418

Anmerkungen:
- Sollzahlen nach den Haushaltsplänen
- Brdb., MVp. 1991: Istzahlen
- Thür.: 1993 Entwurf

Bürokosten wurden bei Thür. vorher in mutmaßl. Höhe abgezogen wie folgt:
1991 -445.000, 1992 -45.00, 1993 -45.000 DM

Tabelle 8: *Kostenerstattung für Wahlkreis- u. Bürgerbüros der Abgeordneten (Sollzahlen in DM)*

	1991 insges.	1991 je Abg.	1992 insges.	1992 je Abg.	1993 insges.	1993 je Abg.
Brdb.	324.000	3.682	-	-	-	-
MVp.	330.000	5.000	330.000	5.000	-	-
Sachs.	640.000	4.000	-	-	-	-
SAnh.	530.000	5.000	75.000	708	55.000	519
SAnh.	636.000	6.000	954.000	9.000	954.000	9.000
Thür.	445.000	5.000	-	-	-	-

Anmerkungen:
- Quelle: Haushaltspläne der Länder, Einzelplan 01
- Brdb.: 1991 = Istzahl
- SAnh.: 1. Zahl = Zuschuß für Erstausstattung
  2. Zahl = für Bürounterhaltungskosten
- Thür.: Titel umfaßt Abgeordnetenmitarbeiter u. Büroausstattung zusammen, für 1991 berechnet aufgrund Angaben im AbgG

Tabelle 9: *Sogen. Fraktionszuschüsse in den neuen Ländern (Sollzahlen in Millionen DM, gerundet)*

	1991	1992	1993
Brdb.	5,570	6,706	7,681
MVp.	6,028	6,030	6,779
Sachs.	6,526	9,306	10,048
SAnh.	8,705	7,212	7,794
Thür.	6,008	5,965	6,045

Anmerkungen:
- Quelle: Haushaltspläne der Länder, Einzelplan 01
- 1991 Ist-Zahlen
- Sachs., Thür. 1993 Entwurf
- Sachs. 1993: davon 1,568 Mio. DM für Bezüge der Fraktionsgeschäftsführer u. Fraktionsfunktionszulagen

Abkürzungsverzeichnis

a.A.	anderer Auffassung	BT	Deutscher Bundestag
a.a.O.	am angegebenen Ort	BT-Drs.	Bundestagsdrucksache
Abg.	Abgeordnete(r)		
AbgG	Abgeordnetengesetz	BRKG	Bundesreisekostengesetz
Abs.	Absatz		
a.F.	alte Fassung	BVerfGE	Entscheidung des Bundesverfassungsgerichts
Anhör.	Anhörung		
ähnl.	ähnlich		
AL	Alternative Liste	BVerfGG	Bundesverfassungsgerichtsgesetz
ÄnderungsG	Änderungsgesetz		
Anm.	Anmerkung	BW	Baden-Württemberg
AÖR	Archiv des öffentlichen Rechts	bzw.	beziehungsweise
		CDU	Christlich Demokratische Union Deutschlands
Art.	Artikel		
Aufl.	Auflage		
Aussch.	Ausschuß	CSU	Christlich Soziale Union
Az.	Aktenzeichen		
B	Bund(es)-	DDR	Deutsche Demokratische Republik
B 90	Bündnis 90		
BAT	Bundesangestelltentarif	ders.	derselbe, dieselbe
		DGB	Deutscher Gewerkschaftsbund
Bay.	Bayern		
BayVBl.	Bayerische Verwaltungsblätter	d.h.	das heißt
		Diss.	Dissertation
Bay.VerfGH	Bayerischer Verfassungsgerichtshof	DJ	Demokratie Jetzt
		DM	Deutsche Mark
BBesG	BundesbesoldungsG	DÖV	Die Öffentliche Verwaltung
Bd.	Band		
BeamtVG	Beamtenversorgungsgesetz	dpa	Deutsche Presse-Agentur
Bekanntm.	Bekanntmachung	Drs.	Drucksache (des jeweiligen Parlaments)
Beschl.	Beschluß		
BGBl.	Bundesgesetzblatt	DSU	Demokratisch-Soziale Union
Bgsch.	Bürgerschaft		
BHO	Bundeshaushaltsordnung	dtsch.	deutsch
		d. Verfass.	die Verfasserin
Berl.	Berlin	DVBl.	Deutsches Verwaltungsblatt
Brdb.	Brandenburg		
Brem.	Bremen	DVP	Demokratische Volkspartei
BRH	Bundesrechnungshof		

Entsch.	Entscheidung	L	Land(es)
Einzelpl.	Einzelplan (des Haushalts)	LHO	Landeshaushaltsordnung
Entw.	Entwurf	lit.	Litera (Buchstabe)
Erläut.	Erläuterung(en)	LRH	Landesrechnungshof
EStG	Einkommensteuergesetz	LL	Linke Liste
		LKV	Landes- und Kommunalverwaltung
f.	folgende		
FAZ	Frankfurter Allgemeine Zeitung	LRKG	Landesreisekostengesetz
FDP	Freie Demokratische Partei	LT	Landtag
		lt.	laut
ff.	fortfolgende	MinG	Ministergesetz
FN	Fußnote	Mio.	Million(en)
FR	Frankfurter Rundschau	Mitgl.	Mitglied
		MVp.	Mecklenburg-Vorpommern
FraktionsG	Fraktionsgesetz		
G	Gesetz	m.w.N.	mit weiteren Nachweisen
GAL	Grün-Alternative Liste		
		Nds.	Niedersachsen
GBl.	Gesetzblatt	NF	Neues Forum
Gesetzentw.	Gesetzentwurf	NJW	Neue Juristische Wochenschrift
geänd.	geändert		
ggf.	gegebenenfalls	Nr.	Nummer
gem.	gemäß	NVwZ	Neue Zeitschrift für Verwaltungsrecht
GF	Geschäftsführer		
GG	Grundgesetz für die Bundesrepublik Deutschland	N(R)W	Nordrhein-Westfalen
		NWVBl.	Nordrhein-Westfälische Verwaltungsblätter
GO	Geschäftsordnung (des jeweiligen Parlaments)		
		öff.	öffentlich
		OVG	Oberverwaltungsgericht
Gr.	Die Grünen		
GVBl.	Gesetz- und Verordnungsblatt	ParteienG	Parteiengesetz
		PDS	Partei des Demokratischen Sozialismus
Haushpl.	Haushaltsplan		
HGrG	Haushaltsgrundsätzegesetz		
		Plpr.	Plenarprotokoll (des jeweiligen Parlaments)
Hmb.	Hamburg		
Hess.	Hessen		
Hrsg.	Herausgeber	Präs.	Präsident(in)
i.d.F.	in der Fassung	Prot.	Protokoll
i.H.v.	in Höhe von	RhPf.	Rheinland-Pfalz
J	Jahr	Rz.	Randziffer
JuS	Juristische Schulung	S.	Satz, Seite
JZ	Juristenzeitung	s.	siehe
Kap.	Kapitel	s.a.	siehe auch

s.o.	siehe oben	Verf.	Verfassung
s.u.	siehe unten	VerfGH	Verfassungsgerichtshof
Saarl.	Saarland		
Sachs.	Sachsen	VersR	Versicherungsrecht
SAnh.	Sachsen-Anhalt	VerwArch	Verwaltungsarchiv
Schrifts.	Schriftsatz	VG	Verwaltungsgericht
SH	Schleswig-Holstein	VGH	Verwaltungsgerichtshof
Sitz.	Sitzung		
SPD	Sozialdemokratische Partei Deutschlands	vgl.	vergleiche
		Vizepräs.	Vizepräsident
std.	ständig	Vollvers.	Vollversorgung
StGH	Staatsgerichtshof	Vorbem.	Vorbemerkung
stellv.	stellvertretend	vorl.	vorläufig
Südd. Ztg.	Süddeutsche Zeitung	Vors.	Vorsitzende(r)
teilw.	teilweise	WP	Wahlperiode
Thür.	Thüringen	z.B.	zum Beispiel
ThürVBl.	Thüringer Verwaltungsblätter	zgl.	zugleich
		Ziff.	Ziffer
TU	Technische Universität	ZParl.	Zeitschrift für Parlamentsfragen
u.	und	ZRP	Zeitschrift für Rechtspolitik
Univ.	Universität		
v.	von, vom	zzgl.	zuzüglich

Literaturverzeichnis

Achterberg, Norbert: Parlamentsrecht, Tübingen 1984
Apel, Hans: Die deformierte Demokratie. Parteienherrschaft in Deutschland, Stuttgart 1991
von Arnim, Hans Herbert: Die Abgeordnetendiäten. Dokumentation, Analyse und Reformvorschläge zur Abgeordnetenbesoldung in Bund und Ländern. Schriften des Karl-Bräuer-Instituts des Bundes der Steuerzahler, Heft 28, Wiesbaden 1974
- Das neue Abgeordnetengesetz Rheinland-Pfalz. Ein verfassungsrechtliches Gutachten, 1978
- Anmerkung zu BVerfG-Beschluß v. 19.5.1982, DÖV 1983, S. 155
- Anmerkung zu BayVerfGH-Entscheidung v. 15.12.1982, DVBl. 1983, S. 712
- Art. 48 GG, Zweitbearbeitung März 1980, in: Kommentar zum Bonner Grundgesetz (BK)
- Entschädigung und Amtsausstattung, in: Schneider, Hans-Peter/ Zeh, Wolfgang (Hrsg.), Parlamentsrecht und Parlamentspraxis in der Bundesrepublik Deutschland, § 16, Berlin u.a. 1989, (zitiert: Entschädigung und Amtsausstattung)
- (Hrsg.) Finanzkontrolle im Wandel. Vorträge und Diskussionsbeiträge der 15. Verwaltungswissenschaftlichen Arbeitstagung 1988 des Forschungsinstituts für öffentliche Verwaltung bei der Hochschule für Verwaltungswissenschaften Speyer, Berlin 1989
- Staatliche Fraktionsfinanzierung ohne Kontrolle? Schriften des Karl-Bräuer-Instituts des Bundes der Steuerzahler e.V., Nr. 62, Wiesbaden 1987 (zitiert: Fraktionsfinanzierung)
- Gemeinwohl und Gruppeninteressen. Die Durchsetzungsschwäche allgemeiner Interessen in der pluralistischen Demokratie, Frankfurt a.M. 1977
- Der strenge und der formale Gleichheitssatz, DÖV 1984, S. 85
- Ist die Kritik an den politischen Parteien berechtigt?, in: Aus Politik und Zeitgeschichte, Beilage zur Wochenzeitung Das Parlament, Nr. 11/93 v. 12.3.1993, S. 14.
- Macht macht erfinderisch. Der Diätenfall: ein politisches Lehrstück, Zürich/Osnabrück 1988 (zitiert: Macht)

- Die Partei, der Abgeordnete und das Geld, Mainz 1991 (zitiert: Die Partei)
- Parteienfinanzierung. Eine verfassungsrechtliche Untersuchung, Schriften des Karl-Bräuer-Instituts des Bundes der Steuerzahler e.V., Nr. 52, Wiesbaden 1982
- Die finanziellen Privilegien von Ministern in Deutschland. Ein Beitrag zur Reform der staatlichen Politikfinanzierung. Schriften des Karl-Bräuer-Instituts des Bundes der Steuerzahler e.V., Heft 74, Wiesbaden 1992 (zitiert: Ministerprivilegien)
- Reform der Abgeordnetenentschädigung. Stellungnahme zum Entwurf eines Abgeordnetengesetzes 1976. Schriften des Karl-Bräuer-Instituts des Bundes der Steuerzahler e.V., Heft 35, Wiesbaden 1976
- Der Staat als Beute. Wie Politiker in eigener Sache Gesetze machen, München 1993
- Staatslehre der Bundesrepublik Deutschland, München 1984 (zitiert: Staatslehre)
- Stellungnahme zum Gesetzentwurf der Fraktionen der CDU, der SPD, der Grünen und der FDP für ein Gesetz über die Rechtsstellung und Finanzierung der Fraktionen im Hessischen Landtag vom 1.12.1992 (Drs. 13/3153) bei einer öffentlichen Anhörung des Hessischen Landtages am 9.1.1993 in Wiesbaden (zitiert: Stellungnahme Hess. FraktionsG-Entw.)
- Zur haushaltsrechtlichen Veranschlagung von Fraktionsmitteln. Rechtsgutachten für den Landesrechnungshof Schleswig-Holstein, Speyer September 1992 (zitiert: Haushaltsrechtliche Veranschlagung)
- Verfassungsfragen der Fraktionsfinanzierung im Bundestag und in den Landesparlamenten, ZRP 1988, S. 83
- Zur "Wesentlichkeitstheorie" des Bundesverfassungsgerichts. Einige Anmerkungen zum Parlamentsvorbehalt, DVBl. 1987, S. 1241
- Wirtschaftlichkeit als Rechtsprinzip, Berlin 1988

Badura, Peter: Kommentar zum Bonner Grundgesetz, Art. 38 GG, Zweitbearbeitung Okt. 1966
- Die parlamentarische Demokratie, in: Isensee, Josef/ Kirchhof, Paul (Hrsg.), Handbuch des Staatsrechts Band I, § 23, Heidelberg 1987

Blasius, Hans/ *Sauer*, Herbert: Politik und Finanzkontrolle durch Rechnungshöfe, DVBl. 1985, S. 548

Blasius, Hans: DÖV 1993, S. 359 (Besprechung von: Ernst Heuer, Kommentar zum Haushaltsrecht, Neuwied, 16. Lief. Dez. 1992)

Bick, Ulrike: Die Ratsfraktion, Berlin 1989 (zugl. Diss. Univ. Bochum 1988)

Böckenförde, Ernst-Wolfgang: Demokratie als Verfassungsprinzip, in: Isensee, Josef/ Kirchhof, Paul (Hrsg.), Handbuch des Staatsrechts Band I, § 22, Heidelberg 1987
- Gesetz und gesetzgebende Gewalt, 2. Aufl. Berlin 1981
- Staat, Verfassung und Demokratie. Studien zur Verfassungstheorie und zum Verfassungsrecht, Frankfurt a.M. 1991

Borchert, Hartmut: Die Fraktion - eine eigenständige, demokratisch legitimierte Repräsentation im parteienstaatlichen parlamentarischen System, AÖR 1972, S. 210

Brugger, Winfried: Ein amerikanischer Vorschlag zur Kontrolle von Diätenerhöhungen, ZRP 1992, S. 321

Bund der Steuerzahler Baden Württemberg e.V. (Hrsg.): Die Entschädigung der Landtagsabgeordneten in Baden-Württemberg, 1962

Clemens, Horst/ *Millack*, Christian/ *Engelking*, Helmut/ *Lantermann*, Heinrich/ *Henkel*, Karl-Heinz: Besoldungsrecht des Bundes und der Länder. Kommentar, Stuttgart, Stand Nov. 1992

Conradi, Peter: Parlamentarier in privilegienfeindlicher Demokratie. Anmerkungen eines Bundestagsabgeordneten zum "Diäten-Urteil" des Bundesverfassungsgerichts, ZParl 1976, S. 113

Degenhardt, Christoph: Gesetzgebung im Rechtsstaat, DÖV 1981, S. 477

Deneke, J. F. Volrad: Das Parlament als Kollektiv, in: Kluxen, Kurt (Hrsg.), Parlamentarismus, S. 272, 5. Aufl. Königstein 1980

Dittmann, Armin: Unvereinbarkeit von Regierungsamt und Abgeordnetenmandat - eine unliebsame Konsequenz des "Diätenurteils"?, ZRP 1978, S. 52

Dommach, Hermann in: Heuer, Ernst (Hrsg.), Kommentar zum Haushaltsrecht (KHR), Neuwied, 16. Lief. Dez. 1992

Eberle, Carl-Eugen: Gesetzesvorbehalt und Parlamentsvorbehalt, DÖV 1984, S. 485

Eicher, Hermann: Der Machtverlust der Landesparlamente. Historischer Rückblick, Bestandsaufnahme, Reformansätze, Diss. Univ. Mainz 1988

Eisermann, Gottfried: Partei und Fraktion in Staat und Gesellschaft, Gewerkschaftliche Monatshefte 1953, S. 74

Eschenburg, Theodor: Der Sold des Politikers, Stuttgart-Degerloch 1959

Fensch, Hans-Friedrich: Die Veranschlagung der Fraktionskostenzuschüsse im Spannungsfeld zwischen freiem Mandat und Haushaltstransparenz, ZRP 1993, S. 209

Friedrich, Manfred: Der Landtag als Berufsparlament? Ein verfassungspolitisches Gutachten zu der Frage, ob den Landtagsabgeordneten in der Bundesrepublik Diäten auf der Grundlage von einer "Vollzeitbeschäftigung" gewährt werden sollen. Heft 38 der Schriften des Karl-Bräuer-Instituts des Bundes der Steuerzahler e.V., Wiesbaden 1977

Geiger, Willi: Der Abgeordnete und sein Beruf. Eine kritische Auseinandersetzung mit folgenreichen Mißdeutungen eines Urteils, ZParl 1978, S. 522

Götz, Volkmar/ *Klein*, Hans Hugo/ *Starck*, Christian (Hrsg.): Die öffentliche Verwaltung zwischen Gesetzgebung und richterlicher Kontrolle. Göttinger Symposium, München 1985. Darin: Diskussionsbeiträge u.a. von Andreas Sattler und Hans Hugo Klein

Grosse-Sender, Heinrich A.: Flächenländer, in: Schneider, Hans-Peter/ Zeh, Wolfgang (Hrsg.), Parlamentsrecht und -praxis in der Bundesrepublik Deutschland, § 64, Berlin u.a. 1989

Grysczyk, Horst: Stellungnahme des Rechnungshofs von Berlin zu den Berliner Fraktionsgesetz-Entwürfen v. 12.10.1992

Günther, Uwe: Das Alte geht nicht mehr, das Neue geht noch nicht. Zum Dilemma der Parteienfinanzierung - Vorschläge zur Abhilfe, ZRP 1989, S. 265

Häberle, Peter: Freiheit, Gleichheit und Öffentlichkeit des Abgeordneten. Zum Diätenurteil des Bundesverfassungsgerichts, NJW 1976, S. 537

Hagelstein, Bilfried: Die Rechtsstellung der Fraktionen im Deutschen Parlamentswesen, Frankfurt 1992 (zgl. Diss. Univ. Heidelberg 1990)

Hahn, Dittmar: Die Beteiligtenfähigkeit von Fraktionen im Kommunalverfassungsstreit, DVBl. 1974, S. 509

Hanauer, Rudolf: Der Abgeordnete und seine Bezüge. Fragen zu einer Antwort von Willi Geiger, ZParl 1979, S. 115

Hauenschild, Wolf-Dieter: Wesen und Rechtsnatur der parlamentarischen Fraktionen, Berlin 1968

Hardmann, Clemens: Die Wahlkampfwerbung von Parteien in der Bundesrepublik Deutschland, Diss. Univ. Köln 1992.

Hatschek, Julius: Das Parlamentsrecht des Deutschen Reiches, 1. Teil, Berlin/Leipzig 1915

Henke, Wilhelm: Kommentar zum Bonner Grundgesetz (BK), Art. 21 GG, Bearbeitung Nov. 1991
- Das Recht der politischen Parteien, 2. Aufl. Göttingen 1972
- Geld, Parteien, Parlamente, Der Staat 1992, S. 98
- Der Staat 1984, S. 137

Henkel, Joachim: Das Abgeordnetengesetz des Bundestages. Kritische Anmerkungen und Ausblick auf die Landtage, DÖV 1977, S. 350
- Amt und Mandat. Die Rechtsstellung der in den Deutschen Bundestag gewählten Angehörigen des Öffentlichen Dienstes, Berlin u.a. 1977
- Anmerkung zu BVerfGE 40, 296 in: DÖV 1975, S. 819

Hermes, Reinhard: Der Bereich des Parlamentsgesetzes, Berlin u.a. 1988 (zugl. Diss. Univ. Hamburg 1988)
Hessischer Landtag: Stenographische Niederschrift der öffentlichen Anhörung am 31.8.1989 durch die Kommission zur Überarbeitung des Hessischen Abgeordnetengesetzes zum Gesetzentwurf der Fraktionen der CDU, der SPD, der Grünen und der FDP für ein Gesetz über die Rechtsverhältnisse der Abgeordneten des Hessischen Landtags, Drs. 12/4803 (zitiert: Anhör. Hess. AbgG 1989)
- Stenographische Niederschrift der öffentlichen Sitzung des Ältestenrats am 19.1.1993 zu dem Gesetzentwurf der Fraktionen der CDU, der SPD, der Grünen u. der FDP für ein Gesetz über die Rechtsstellung und Finanzierung der Fraktionen im Hessischen Landtag, Drs. 13/3153 (zitiert: Anhör. Hess. FraktionsG-Entw.)
Heuer, Ernst: Grenzen von Prüfungs- und Erhebungsrechten. Die Anwendung des § 91 BHO im Länderbereich und in der Sozialversicherung, Erhebungsrechte bei Rüstungsfirmen, in: Zavelberg, Heinz Günter (Hrsg.), Die Kontrolle der Staatsfinanzen, S. 181 ff., Berlin 1989
- Kontrollauftrag gegenüber den Fraktionen. Dokumentation der zweiten wissenschaftlichen Fachtagung des Landesrechnungshofs Schleswig-Holstein und des Lorenz-Stein-Instituts am 23./24.2.1989, in: Böning, Wolfgang u. von Mutius, Albert (Hrsg.), Finanzkontrolle im repräsentativdemokratischen System, S. 107, Heidelberg 1990 (zitiert: Kontrollauftrag)
- Kommentar zum Haushaltsrecht (KHR), Neuwied, 16. Lief. Dez. 1992
Hill, Hermann: Bemühungen zur Verbesserung der Gesetzgebung, ZG 1993, S. 1
Hirsch, Martin: Die persönlichen Mitarbeiter der Bundestagsabgeordneten, ZParl 1981, S. 203
- Kurzgutachten für die vom Hessischen Landtag eingesetzte Kommission zur Überarbeitung des Hessischen Abgeordnetengesetzes, Berlin, 1.9.1988
Huber, Peter M.: Gedanken zur Verfassung des Freistaates Thüringen, ThürVBl. 1993, Sonderheft (Okt. 1993), S. B 4
Jäger, Claus/ *Bärsch*, Ralf: Dürfen Fraktionsmittel für Öffentlichkeitsarbeit eingesetzt werden? Eine Auseinandersetzung mit dem "Wüppesahl-Urteil", ZParl 1991, S. 204
Jekewitz, Jürgen: Das Geld der Parlamentsfraktionen. Zur rechtlichen Verortung der Fraktionen an Hand ihrer finanziellen Ausstattung, ZParl 1982, S. 314
- Fraktionszuschüsse in der Rechtsprechung des Bundesverfassungsgerichts, ZParl 1984, S. 14

- Die Bundestagsfraktionen, in: Schneider, Hans-Peter/ Zeh, Wolfgang (Hrsg.), Parlamentsrecht und -praxis in der Bundesrepublik Deutschland, § 37, Berlin u.a. 1989

Kahl: Statement zum Hessischen Fraktionsgesetz-Entwurf v. 15.1.1993

Kassing, Reinhold: Das Recht der Abgeordnetengruppe, Berlin 1988 (zgl. Diss. Univ. Münster 1987)

Kerbusch, Hermann: Die Fraktion im Spiegel der Judikatur der Verfassungsgeschichte, ZParl 1982, S. 225

Kirchheimer, Otto: Parteistruktur und Massendemokratie in Europa, AÖR 1953/54, S. 301

Kisker, Gunter: Neue Aspekte im Streit um den Vorbehalt des Gesetzes, NJW 1977, S. 1313
- Rechnungshof und Politik, in: von Arnim, Hans Herbert (Hrsg.), Finanzkontrolle im Wandel, S. 195, Berlin 1988

Klatt, Hartmut: Die Abgaben der Mandatsinhaber an Partei und Fraktion, ZParl 1976, S. 61

Klein, Hans H.: Status des Abgeordneten, in: Isensee, Josef/ Kirchhof, Paul, (Hrsg.), Handbuch des Staatsrechts Band II, § 40, Heidelberg 1987

Kloepfer, Michael: Diätenurteil und Teilalimentationen, DVBl. 1979, S. 378
- Der Vorbehalt des Gesetzes im Wandel, JZ 1984, S. 685

Konferenz der CDU/CSU-Fraktionsvorsitzenden: Beschluß v. 19.10.1990 zur Rechtsstellung und Finanzierung der Fraktionen

Konferenz der Vorsitzenden der SPD-Fraktionen des Bundes, der Landtage und Bürgerschaften sowie der Deutschen Gruppe der Sozialistischen Fraktion des Europäischen Parlaments am 2./3.5.1991 in Potsdam: Entschließung zu Rechtsstellung und Aufgaben der Fraktionen

Konferenz der Präsidentinnen und Präsidenten der deutschen Landesparlamente: Beschluß vom 2.12.1991 über Formulierungsvorschläge zu gesetzlichen Regelungen über Fraktionen und deren Finanzierung als Bestandteil eines Abgeordnetengesetzes oder gegebenenfalls als selbständiges Gesetz

Konferenz der Präsidenten der Rechnungshöfe des Bundes und der Länder am 11.6.1991 in Frankfurt a.M.: Beschluß über Leitsätze zur Prüfung der Fraktionen in den Parlamenten des Bundes und der Länder

Krebs, Walter: Kontrolle in staatlichen Entscheidungsprozessen. Ein Beitrag zur rechtlichen Analyse von gerichtlichen, parlamentarischen und Rechnungshof-Kontrollen, Heidelberg 1984

Kretschmer, Gerald: Fraktionen: Parteien im Parlament, 2. Auflage Heidelberg 1992

Krüger, Hildegard: Die Diäten der Bundestagsabgeordneten, DVBl. 1964, S. 220

Kürschner, Jörg: Die Statusrechte des fraktionslosen Abgeordneten, Berlin 1984 (zgl. Diss. Univ. Bonn 1983)

Landfried, Christine: Parteienfinanzierung: Das Urteil des Bundesverfassungsgerichts vom 9.4.1992, ZParl 1992, S. 439

Landesrechnungshof von Berlin: Stellungnahme v. 12.10.1992 zu den Berliner Fraktionsgesetz-Entwürfen, gerichtet an den Vorsitzenden des Rechtsausschusses des Abgeordnetenhauses von Berlin als Verfassungsausschuß

Landesrechnungshof Sachsen-Anhalt: Erster Jahresbericht zur Haushalts- und Wirtschaftsführung im Haushaltsjahr 1991, Teil 2, Denkschrift und Bemerkungen, Abschnitt C. 1., Magdeburg 1992

Landtag Rheinland-Pfalz (Hrsg.), Legitimation der Parlamente zur Entscheidung in eigener Sache. Fachtagung der deutschen Gesellschaft für Gesetzgebung und des Landtages Rheinland-Pfalz am 26.6.1992 in Mainz, darin Referate von Hans Heinrich Rupp und Hans-Jochen Vogel sowie Diskussionsbeiträge u.a. von Hans Herbert von Arnim, Christoph Grimm, Heinz Peter Volkert, Hans Hermann Dieckvoß, Ulrich Karpen, Schnellbach

Lange, Klaus: Die Prüfung staatlicher Zuwendungen durch den Bundesrechnungshof, in: Zavelberg, Heinz Günter (Hrsg.), Die Kontrolle der Staatsfinanzen, S. 279 ff., Berlin 1989

Lerche, Peter: Bayerisches Schulrecht und Gesetzesvorbehalt, Rechtsgutachten im Auftrag des Bayerischen Staatsministeriums für Unterricht und Kultus, München 1981

Linck, Joachim: Zur Zulässigkeit parlamentarischer Funktionszulagen, ZParl 1976, S. 54

Linck, Joachim/ *Jutzi*, Siegfried/ *Hopfe*, Jörg: Die Verfassung des Freistaats Thüringen (Kommentar), Stuttgart u.a. 1994

Löhning, Bernd: Art. 83 Berliner Verfassung, in: Pfennig, Gero/ Neumann, Manfred J. (Hrsg.), Verfassung von Berlin. Kommentar, 2. Aufl., Berlin u.a. 1987

Maaß, Wolfgang/ *Rupp*, Hans H.: Verfassungsrechtliche Fragen der Abgeordnetenentschädigung in Hessen. Gutachtliche Äußerung für die vom Hessischen Landtag eingesetzte Kommission zur Überarbeitung des Hessischen Abgeordnetengesetzes vom 10.9.1988, Darmstadt/Mainz (zitiert: Maaß/Rupp)

Magiera, Siegfried: Parlament und Staatsleitung in der Verfassungsordnung des Grundgesetzes, Berlin 1979

Von Mangoldt, Hermann/ *Klein*, Friedrich/ *Achterberg*, Norbert/ *Schulte*, Martin: Das Bonner Grundgesetz, Band 6, 3. Aufl. München 1991

Von Mangoldt, Hermann/ *Klein*, Friedrich: Das Bonner Grundgesetz, Band I, 1. Aufl. 1966 Berlin u.a.
Mardini, Martina: Die Finanzierung der Parlamentsfraktionen durch staatliche Mittel und Beiträge der Abgeordneten, Frankfurt a.M. 1990 (zugl. Diss. Univ. Göttingen 1989)
Maurer, Hartmut: Allgemeines Verwaltungsrecht, 7. Aufl. München 1990
Maunz, Theodor: Art. 28 GG, Stand Mai 1977, in: Maunz/ Dürig/ Herzog/ Scholz (MDHS), Grundgesetz Kommentar, München
- Art. 40 GG, a.a.O., Stand Sept. 1960
- Art. 48 GG, a.a.O., Stand 1976

Menger, Christian-Friedrich: Zur Kontrollbefugnis des Bundesverfassungsgerichts bei Verfassungsbeschwerden gegen Rechtsnormen - Zum Diätenurteil des Bundesverfassungsgerichts v. 5.11.1975, VerwArch 1976, S. 303
Meyer, Hans: Anmerkungen zu dem Entwurf der Fraktionen der CDU, der SPD, der Grünen und der FDP für ein Gesetz über die Rechtsstellung und Finanzierung der Fraktionen im Hessischen Landtag vom 1.12.1992 (Drs. 13/3153), Frankfurt 18.1.1993 (zitiert: Anmerkungen Hess. FraktionsG-Entw.)
Moecke, Hans-Jürgen: Die Rechtsnatur der parlamentarischen Fraktionen, NJW 1965, S. 276
Morlok, Martin: Anmerkung zur Entscheidung des OVG Münster v. 18.8.1989 (= NJW 1990, 1684), NWVBl. 1990, S. 230
- Parlamentarisches Geschäftsordnungsrecht zwischen Abgeordnetenrechten und politischer Praxis, JZ 1989, S. 1035

Müller, Theodor: Die Fraktionszuschüsse, in: Rechnungshof Baden-Württemberg (Hrsg.), Finanzkontrolle in Baden-Württemberg. Beiträge zu Geschichte, Aufgaben und Arbeit der Rechnungshofbehörden, Band II, S. 125, Karlsruhe 1992
Müller, Udo: Fraktionsfinanzierung unter Kontrolle der Rechnungshöfe, NJW 1990, S. 2046
- Stellungnahme zum Gesetzentwurf der Fraktionen der CDU, der SPD, der Grünen und der FDP für ein Gesetz über die Rechtsstellung und Finanzierung der Fraktionen im Hessischen Landtag (Drs. 13/3153), Darmstadt 19.1.1993 (zitiert: Stellungnahme Hess. FraktionsG-Entw.)

Münchener Kommentar zum Bürgerlichen Gesetzbuch, Band 2, §§ 241-432, 3. Aufl. München 1994
Mußgnug, Reinhard: Der Haushaltsplan als Gesetz, Göttingen 1976
Nevermann, Kurt: Lehrplanrevision und Vergesetzlichung, VerwArch 1980, S. 241

Nowka, Harry: Das Machtverhältnis zwischen Partei und Fraktion in der SPD, Berlin u.a. 1973
Ockermann, Jürgen: Die staatliche Finanzierung parteinaher bzw. parteibeeinflußter Organisationen im Licht der Wesentlichkeitstheorie, ZRP 1992, S. 323
Ossenbühl, Fritz: Verwaltungsvorschriften und Grundgesetz, Bad Homburg u.a. 1968
- Aktuelle Probleme der Gewaltenteilung, DÖV 1980, S. 545
- Vorrang und Vorbehalt des Gesetzes, in: Isensee, Josef/ Kirchhof, Paul (Hrsg.), Handbuch des Staatsrechts der Bundesrepublik Deutschland, Band III, § 62, Heidelberg 1988

Papier, Hans-Jürgen: Der Vorbehalt des Gesetzes und seine Grenzen, in: Götz, Volmar/ Klein, Hans Hugo/ Starck, Christian (Hrsg.), Die öffentliche Verwaltung zwischen Gesetzgebung und richterlicher Kontrolle. Göttinger Symposium, S. 36, München 1985

Pappi, Franz Urban: Der Zeitaufwand der Abgeordneten für Parlamentsarbeit. Gutachten im Auftrage der Enquete-Kommission Verfassungs- und Parlamentsreform des Schleswig-Holsteinischen Landtages, Anlage zu Drs. 12/180, Kiel Dez. 1988

Pestalozza, Christian: Die Staffeldiät oder: Das Parlament als Dunkelkammer, NJW 1987, S. 818

Ritzel, Heinrich G./ *Bücker*, Joseph: Handbuch für die parlamentarische Praxis, Stand 7. Lief. Jan. 1990, Frankfurt/M.

Rommelfanger, Ulrich: Die Verfassung des Freistaats Thüringen des Jahres 1993, ThürVBl. 1993, S. 145, 173

Ronge, Volker: Mandatsausübung in der Freien und Hansestadt Hamburg. Untersuchung und Gutachten für die Enquete-Kommission "Parlamentsreform" der Hamburger Bürgerschaft vom Mai 1992, Anlage I zu Hmb. Bgsch., Drs. 14/2600 v. 20.10.1992

Roters, Wolfgang: Art. 28 GG, in: von Münch, Ingo (Hrsg.), Grundgesetz-Kommentar, Band II, 1. Aufl. München 1976

Roth, Reinhold: Das Bundesverfassungsgerichtsurteil und die Abgeordnetendiäten, in: Kaack, Heino/ Kaack, Ursula (Hrsg.), Parteien-Jahrbuch 1976, Dokumentation und Analyse der Entwicklung des Parteiensystems der Bundesrepublik Deutschland im Jahr 1975, S. 276, Meisenheim 1978

Rundel, Otto: Kontrolle der Fraktionsfinanzierung, in: Schneider, Erich (Hrsg.), Der Landtag - Standort und Entwicklungen, S. 141, Baden-Baden 1989

Rupp, Hans-Heinrich: Legitimation der Parlamente zur Entscheidung in eigener Sache, ZG 1992, S. 285

Sasse, Christoph: Koalitionsvereinbarung und Grundgesetz, JZ 1961, S. 719

Schäfer, Friedrich: Der Bundestag. Eine Darstellung seiner Aufgaben und seiner Arbeitsweise, Opladen 4. Aufl. 1982

Schlaich, Klaus/Schreiner, Hermann Josef: Die Entschädigung der Abgeordneten. Die neuen Abgeordnetengesetze der Länder und das Diätenurteil des Bundesverfassungsgerichts, NJW 1979, S. 673

Schmidt, Corinna: Zum Hausrecht der Fraktionen an ihren Geschäftsräumen, DÖV 1990, S. 102

Schmidt-Bens, Walter: Finanzkontrolle und Fraktionen, ZRP 1992, S. 281

Schneider, Hans-Peter: Art. 48 GG, in: Kommentar zum Grundgesetz für die Bundesrepublik Deutschland, Band II (hrsg. von Rudolf Wassermann), Neuwied/Darmstadt 1984 (zitiert: Alternativkommentar)
- Gesetzgeber in eigener Sache. Zur Problematik parlamentarischer Selbstbetroffenheit im demokratischen Parteienstaat, in: Grimm, Dieter/ Maihofer, Werner (Hrsg.), Gesetzgebungstheorie und Rechtspolitik, Jahrbuch für Rechtssoziologie und Rechtsstheorie, S. 327, Opladen 1988

Schneider, Herbert: Länderparlamentarismus in der Bundesrepublik Deutschland, Opladen 1979
- Parlamentsreform in Hessen. Gutachten im Auftrag des Bundes der Steuerzahler Hessen e.V., Heidelberg 1990

Scholz, Rupert: Rezensionsabhandlung von: Schneider/Zeh (Hrsg.), Parlamentsrecht und Parlamentspraxis, in: AÖR 1992, S. 259

Schönberger, Kurt: Die Rechtsstellung der Parlamentsfraktionen, Hamburg 1990 (zugl. Diss. Univ. Tübingen 1990)

Schreiber, Wolfgang: Handbuch des Wahlrechts zum Deutschen Bundestag. Kommentar zum Bundeswahlgesetz, 4. Aufl. Köln u.a. 1990

Schröder, Horst: Statement zum Prüfungsrecht des Landesrechnungshofes nach dem Rechtsstellungsgesetz (Fraktionsgesetz Sachsen-Anhalt) v. 14.10.1992
- Finanz- und Wirtschaftlichkeitskontrolle aus der Sicht des Rechnungshofes eines neuen Bundeslandes (am Beispiel Sachsen-Anhalt), LKV 1992, S. 278

Schürmann, Frank: Öffentlichkeitsarbeit der Bundesregierung. Strukturen, Medien, Auftrag und Grenzen eines informalen Instruments der Staatsleitung, Berlin 1992 (zgl. Diss. Univ. Bonn 1991)

Seuffert, Karl Heinz: Sondervotum zu BVerfGE 40, 296, S. 330

Selmer, Peter: Zur Intensivierung der Wirtschaftlichkeitskontrolle durch die Rechnungshöfe: Rechtliche Bemerkungen unter Einbeziehung der Finanzkontrolle öffentlich-rechtlicher Rundfunkanstalten, in: Engelhardt, Gunther/ Schulze, Harald/ Thieme, Werner (Hrsg.), Stellung und Funktion der Rechnungshöfe im Wandel?, S. 67, Baden-Baden 1993

Starck, Christian: Der Gesetzesbegriff des Grundgesetzes, Baden-Baden 1970

Staupe, Jürgen: Parlamentsvorbehalt und Delegationsbefugnis. Zur "Wesentlichkeitstheorie" und zur Reichweite legislativer Regelungskompetenz, insbesondere im Schulrecht, Berlin 1986 (zgl. Diss. Univ. Hamburg 1985)

Steiger, Heinhard: Organisatorische Grundlagen des parlamentarischen Regierungssystems. Eine Untersuchung zur rechtlichen Stellung des Deutschen Bundestages, Berlin 1973

- Selbstorganisation und Ämterbesetzung, in: Schneider, Hans-Peter/ Zeh, Wolfgang (Hrsg.), Parlamentsrecht u. -praxis, § 25, Berlin u.a. 1989

Stern, Klaus, Art. 28 GG, Zweitbearbeitung Dez. 1964, in: Kommentar zum Bonner Grundgesetz

- Das Staatsrecht der Bundesrepublik Deutschland, Band I, 2. Aufl. München 1984 (zitiert: Staatsrecht I)
- Der verfassungsrechtliche Status der Rechnungshöfe des Bundes und der Länder, in: Böning, Wolfgang/ von Mutius, Albert (Hrsg.), Finanzkontrolle im repräsentativ-demokratischen System, S. 11, Heidelberg 1990

Stolz, Werner: Die persönlichen Mitarbeiter der Bundestagsabgeordneten - ein neues Feld verdeckter Parteienfinanzierung? ZRP 1992, S. 372

Thaysen, Uwe: Die Volksvertretungen der Bundesrepublik und das Bundesverfassungsgericht: Uneins in ihrem Demokratie- und Parlamentsverständnis, ZParl 1976, S. 3

Trautmann, Helmut: Innerparteiliche Demokratie im Parteienstaat, Berlin 1975

Umbach, Dieter C.: Das Wesentliche an der Wesentlichkeitstheorie, in: Festschrift Hans Joachim Faller, S. 111, München 1984

Versteyl, Ludger Anselm, Art. 40 GG, in: von Münch, Ingo (Hrsg.), Grundgesetz-Kommentar, Band 2, 1. Aufl. München 1976

Vogel, Hans-Jochen: Entscheidungen des Parlaments in eigener Sache, ZG 1992, S. 293

Vogel, Klaus/ Kirchhof, Paul: Art. 114 GG, Zweitbearbeitung März 1973, in: Kommentar zum Bonner Grundgesetz

Volkmann, Uwe: Verfassungsrecht und Parteienfinanzierung, ZRP 1992, S. 325

Wewer, Göttrik: Die Dialektik der Stabilität - Politischer Wettbewerb in der Bundesrepublik Deutschland, in: ders. (Hrsg.), Parteienfinanzierung und politischer Wettbewerb, S. 459, Opladen 1990

- Plädoyer für eine integrierende Sichtweise von Parteien-Finanzen und Abgeordneten-Alimentierung, in: ders. (Hrsg.), Parteienfinanzierung und politischer Wettbewerb, S. 420, Opladen 1990

Wieland, Joachim: Rechtsgutachten zur Verfassungsmäßigkeit des Abgeordnetengesetzes des Landes Rheinland-Pfalz, erstattet im Auftrag des Bundes der Steuerzahler Rheinland-Pfalz e.V., Freiburg 1990 (zitiert: Rechtsgutachten AbgG RhPf.)
- Zur Verfassungsmäßigkeit des Thüringer Abgeordnetengesetzes. Gutachterliche Stellungnahme im Auftrag des Bundes der Steuerzahler Thüringen e.V., Freiburg Febr. 1991

Wildenmann, Rudolf: Partei und Fraktion, in: Parteien-Fraktionen-Regierungen, Band II, Meisenheim a.d. Glan 1954

Wittrock, Karl: Diskussionsbeitrag, in: Finanzkontrolle: Zu spät, zu dürftig, zu politisch?, ZParl 1982, S. 219

Zeh, Wolfgang: Gliederung und Organe des Bundestages, in: Isensee, Josef/ Kirchhof, Paul (Hrsg.), Handbuch des Staatsrechts Band II, § 42, Heidelberg 1987
- Parlamentarisches Verfahren, a.a.O., § 43

Ziekow, Jan: Der Status des fraktionslosen Abgeordneten - BVerfGE 80, 190, JuS 1991, S. 28

Zimmer, Gerhard: Funktion - Kompetenz - Legitimation. Gewaltenteilung in der Ordnung des Grundgesetzes, Berlin 1979

Zuleeg, Manfred: Die Fraktionen in den kommunalen Vertretungskörperschaften, in: Handbuch der kommunalen Wissenschaft und Praxis, Band II, S. 145, 2. Aufl. Berlin 1982

Berichte, Empfehlungen, Gutachten, Stellungnahmen u. Vorschläge von Kommissionen und Sachverständigengremien:

Beirat für Entschädigungsfragen beim Präsidium des Deutschen Bundestages. Zweites Gutachten zur Neuregelung der Diäten der Mitglieder des Bundestages v. 30.6.1976, Anhang zu BT-Drs. 7/5531 (zitiert: Rosenberg-Beirat)

Bericht zur Neuordnung der Parteienfinanzierung. Vorschläge der vom Bundespräsidenten berufenen Sachverständigenkommission. Beilage zum Bundesanzeiger, Köln 1983 (zitiert: Parteienfinanzierungskommission v. 1983)

Bericht der unabhängigen Persönlichkeiten über die Beratung der Präsidentin bei Überprüfung der für die Mitglieder des Deutschen Bundestages bestehenden materiellen Regelungen und Bestimmungen vom 13.6.1990, BT-Drs. 11/7398 (zitiert: Diätenkommission des BT v. 1990)

Fachkommission "Politikfinanzierung" von Bündnis 90/Die Grünen im Bundestag: Reformvorschläge zur Parlaments- und Regierungsfinanzierung v. 25.1.1993
Empfehlungen der Kommission unabhängiger Sachverständiger zur Parteienfinanzierung v. 17.2.1993, BT-Drs. 12/4425 v. 19.2.1993 (zitiert: Parteienfinanzierungskommission v. 1993)
Bericht und Empfehlungen der Unabhängigen Kommission (des BT) zur Überprüfung des Abgeordnetenrechts v. 19.5.1993, BT-Drs. 12/5020 v. 3.6.1993 (zitiert: Kissel-Kommission)
Bericht der Kommission zur Erörterung von Fragen der Abgeordnetenentschädigung vom 16.5.1989 (zitiert: Kommission der Landtagsdirektoren v. 1989)
Stellungnahme der (Bayer.) Kommission nach Art. 23 II des Bayerischen Abgeordnetengesetzes vom 28.11.1991 (zitiert: Bayer. Kommision v. 1991)
Bericht der (Brdb.) ad-hoc-Sachverständigenkommission zur Anpassung der Abgeordnetenentschädigung, der Kostenpauschalen sowie der besonderen Amtsaufwandsentschädigungen v. 1.4.1993, LT Brdb., Anlage zu Drs. 1/1915 v. 21.4.1993
Bericht der (Hmb.) Enquete-Kommission "Parlamentsreform" v. 20.12.1992, Hmb. Bgsch., Drs. 14/2600 v. 20.12.1992 (zitiert: Hmb. Enquete-Kommission "Parlamentsreform")
Bericht der vom Präsidenten des Hessischen Landtags eingesetzten Kommission zur Beratung über die Angemessenheit der Abgeordnetenentschädigung vom 5.4.1989 (zitiert: Hessischer Präsidentenbeirat)
Stellungnahme des (MVp.) Sachverständigengremiums zur Überprüfung der Angemessenheit der Entschädigung v. 23.4.1993, LT MVp., Drs. 1/3149 v. 13.5.1993, S. 8 ff.
Bericht der (Nds.) Kommission zur Überprüfung der Angemessenheit der Abgeordnetenentschädigungen vom 8.5.1987, LT Nds., Drs. 11/1030 (zitiert: Nds. Kommission v. 1987)
Bericht der (Nds.) Kommission zur Überprüfung der Angemessenheit der Abgeordnetenentschädigung vom 24.11.1989, LT Nds., Drs. 11/4720 (zitiert: Nds. Kommission v. 1989)
Bericht der (Nds.) Kommission zur Überprüfung der Angemessenheit der Abgeordnetenentschädigungen vom 26.8.1992, LT Nds., Drs. 12/3640 (zitiert: Nds. Kommission v. 1992)
Gutachtliche Stellungnahme der (NRW) Kommission zur Begutachtung der Rechtsstellung und Entschädigung der Mitglieder des Landtags von Nordrhein-Westfalen vom 19.12.1978 (zitiert: Weyer-Kommission)

Stellungnahme des (RhPf.) Sachverständigengremiums zur Entschädigung der Abgeordneten, LT RhPf., Drs. 10/1316 v. 7.3.1985 (zitiert: RhPf. Kommission v. 1985)

Vorschläge der (RhPf.) Diätenkommission zur Neuordnung der Diäten-Regelung für den Rheinland-Pfälzischen Landtag vom 16.12.1992 (zitiert: RhPf. Kommission v. 1992)

Unabhängige (Sächs.) Diätenkommission zur Überprüfung der Angemessenheit der Entschädigungen nach §§ 5 u. 6 des Sächs. AbgG: Pressemitteilung v. Jan. 1993 (zitiert: Sächs. Diätenkommission v. 1993)

Bericht der (SAnh.) Kommission zur Überprüfung der Angemessenheit der Entschädigung der Abgeordneten vom 3.12.1991, LT SAnh., Anlage zu Drs. 1/1173 (zitiert: SAnh. Diätenkommission v. 1991)

Diätenkommission des Landtages von Sachsen-Anhalt: Presseerklärung v. 23.6.1992

Bericht der (SAnh.) Diätenkommission zur Angemessenheit der Abgeordnetenentschädigung im Landtag Sachsen-Anhalt für das Jahr 1993 v. 1.2.1993, LT SAnh., Drs. 1/2326 v. 12.2.1993 (zitiert: SAnh. Diätenkommission v. 1993)

Stellungnahme des (SH) Sachverständigengremiums gemäß § 28 des Abgeordnetengesetzes, 1989, LT Schleswig-Holstein, Anlage zu Drs. 12/300 (zitiert: Schleswig-Holstein. (SH) Kommission v. 1989)

Stellungnahme des (SH) Sachverständigengremiums gemäß § 28 des Abgeordnetengesetzes, 1991, LT Schleswig-Holstein, Anlage zu Drs. 12/1412 (zitiert: SH Kommission v. 1991)

Stellungnahme des (SH) Sachverständigengremiums gemäß § 28 des Abgeordnetengesetzes, 1992, LT Schleswig-Holstein, Umdruck 13/170 (zitiert: SH Kommission v. 1992)

Martina Mardini

Die Finanzierung der Parlamentsfraktionen durch staatliche Mittel und Beiträge der Abgeordneten

Frankfurt/M., Bern, New York, Paris, 1990. 215 S.
Europäische Hochschulschriften: Reihe 2, Rechtswissenschaft. Bd. 926
ISBN 3-631-42593-7   br. DM 67.--*

Bei der Fraktionsfinanzierung geht der Trend zur hundertprozentigen Abdeckung durch staatliche Mittel. Demgegenüber verlieren die noch vielfach erhobenen Mitgliedsbeiträge der einzelnen Abgeordneten an die Fraktionskasse zunehmend an Bedeutung. Dieses zeigte eine von der Verfasserin jüngst durchgeführte Umfrage bei allen Parlamentsfraktionen. Inwieweit der besondere verfassungsrechtliche Status der Fraktion neben der parlamentsbezogenen Aufgabenfinanzierung auch die staatliche Finanzierung der parteipolitischen Fraktionstätigkeit gebietet, bildet neben Fragestellungen nach den gesetzlichen Grundlagen für die Mittelvergabe sowie derzeitigen Kontrollbefugnissen bei der Mittelverwendung einen Schwerpunkt der vorliegenden Untersuchung.
Aus dem Inhalt: Fraktionsfinanzierung nach 1945 · Die rechtliche Regelung der staatlichen Fraktionsfinanzierung und Kontrollmöglichkeiten der Mittelverwendung · Verfassungsmäßigkeit der Beitragsforderungen durch die Fraktionen

Peter Lang Europäischer Verlag der Wissenschaften
Frankfurt a.M. • Berlin • Bern • New York • Paris • Wien
Auslieferung: Verlag Peter Lang AG, Jupiterstr. 15, CH-3000 Bern 15
Telefon (004131) 9411122, Telefax (004131) 9411131
- Preisänderungen vorbehalten - *inklusive Mehrwertsteuer